一本书读懂民国

朱汉国 宋亚文 等著

中华书局
ZHONGHUA BOOK COMPANY

图书在版编目(CIP)数据

一本书读懂民国/朱汉国,宋亚文著. —北京:中华书局,
2011.7(2025.8重印)
ISBN 978-7-101-07959-3

Ⅰ.一··· Ⅱ.①朱···②宋··· Ⅲ.中国历史–研究–民国
Ⅳ.K258.07

中国版本图书馆 CIP 数据核字(2011)第 065837 号

书　　名	一本书读懂民国	
著　　者	朱汉国　宋亚文 等	
责任编辑	李洪超　刘冬雪	
装帧设计	毛　淳	
责任印制	管　斌	
出版发行	中华书局	
	(北京市丰台区太平桥西里 38 号　100073)	
	http://www.zhbc.com.cn	
	E-mail:zhbc@zhbc.com.cn	
印　　刷	河北新华第一印刷有限责任公司	
版　　次	2011 年 7 月第 1 版	
	2025 年 8 月第 13 次印刷	
规　　格	开本/710×1000 毫米　1/16	
	印张 21¾　插页 2　字数 300 千字	
印　　数	51001-53000 册	
国际书号	ISBN 978-7-101-07959-3	
定　　价	48.00 元	

如何使用本书

历史故事

生活与风俗

篇章概述

常识介绍

知识链接

大事年表

图片传真

本书分为上下两编。上编"民国历史大势"，以时间为序，勾勒民国历史的发展进程；下编"民国历史专题"，从不同方面，展示民国时代的社会风貌。书中设置以下栏目：

篇章概述：介绍各个历史时期的发展概况；

历史故事：用故事的形式讲述重要史实中的细节或人物，注重可读性和趣味性；

大事年表：以编年的方式，简要展示历史演进线索，从中可以找到历史故事所处的地位；

知识链接：以名词形式阐释与历史故事相关的事件等；

常识介绍：介绍一些必要的背景知识，如典章制度、人物史实等；

图片传真：选择历史图片，展示讲述内容的相关场景等。

目　录

下编：民国历史专题

制度与国策

思想与学术

前 言

从 1912 年到 1949 年，中华民国在短短的 38 年中，谱写了中国历史上独特的篇章。从孙中山到袁世凯，从蒋介石到毛泽东，从北洋军阀的兴衰和沉浮到国共两党的恩怨与较量，无不如此。中华民国在演绎自身历史的同时，也展现着它的纷繁复杂，颇有点让人眼花缭乱。

在短时间内，以简约的方式把这部曲折而精彩的中华民国史呈现给广大读者朋友，是我们编写这本书的宗旨所在。

本书共 10 章，分为上下两编。上编侧重中华民国的政治，以时间先后顺序，讲述中华民国从创建直至解体的大势走向；下编侧重民国的社会、经济、文化等，用专题形式分别讲述这一时期的典章制度、学术、思想、科技、教育、文学、艺术、生活、风俗等。通过如此的篇章结构，意在有限的篇幅中尽量为读者呈现一个立体的、多姿多彩的中华民国历史全景。

每章包括若干小节，每个小节一般由三部分组成：

一、历史故事。选取民国时期重要的人物、事件、制度、现象等，用讲故事的方式加以阐述，篇幅大致控制在两千字左右。在该部分中，我们试图把相关的历史背景、人物的喜怒哀乐、事件的来龙去脉、制度的产生与演进、现象的实态和流变等，为读者作尽量详实的描述。

二、大事年表。以历史时间为顺序，为上述"故事"提供一个大事年表，简要勾勒相关人物和事件的演变线索。

三、知识链接。以名词形式阐释与历史故事相关的事件等，意在扩展对相关知识的了解。

毋庸置疑，在现代生活中，经济、科学、技术的重要性不断提高，但细心的人也不难发现,人文历史知识不仅没有丧失作用,反而变得更加重要了。原因在于,一个健全的现代人,不仅需要富足的经济生活,便捷的科技生活,还需要相当的人文历史知识涵养,这是一个简单明了的道理,不用在此赘述。但是,我们也发现,时代在变化、社会在发展,人们生活节奏也变得更快,人文历史知识的展现形式也要与时俱进,以便更好地满足现代生活的需要。本书就是适应这种变化需求而出现的。当然,在适应现代生活变化的同时,我们依然坚持我们的学术操守,不用文学的笔法渲染历史事实,不用戏说的方式胡乱地制作哗众取宠的娱乐快餐。

参加本书编写的有朱汉国、宋亚文、陈雁、李在全、陈文龙、王纯、白杨。全书由朱汉国、宋亚文统稿、定稿。

在写作过程中,为达成预设目标,我们曾下了很大的功夫,但我们深知,要以本书这样的篇幅,呈现出民国社会的全景,不是一件易事。书中如有不足或谬误,敬请读者朋友批评指正。中华书局李洪超先生从本书的策划到稿件的完善起了极其重要的作用,在此一并表示感谢。

民国历史大势

民国创建与军阀政争

　　1911 年 10 月 10 日武昌起义爆发,全国各地纷纷响应,清政府陷于土崩瓦解的境地,被迫让袁世凯出掌军政大权,开始南北议和。1912 年 1 月 1 日,孙中山在南京宣誓就任中华民国临时大总统,组建临时政府,中国历史步入中华民国时期。但不久,南北议和告成,中央政权落入北洋军阀袁世凯手中。一心谋求个人专权的袁世凯,与寄望于民主政治的革命派发生了尖锐的矛盾,这导致"二次革命"、洪宪帝制、护国运动等接踵而来。1916 年 6 月,袁世凯死去,中央政权先后被北洋军阀中的皖系、直系、奉系所掌控,内阁更换频繁,似乎应验了中国的一句老话——"皇帝轮流做,明年到我家"。各地各派大大小小军阀之间的战争,接连不断,此起彼伏。在这种时局之下,广大人民饱受兵灾战祸,流离失所,生计艰难。可以说,军阀混战、政争迭起、社会失序是这个时期中国的显著特征。

南京孙中山临时大总统办公处原址

孙中山临时大总统办公处坐落在南京市长江路 292 号大院西侧的煦园内,是一坐北朝南的西式平房,共 7 间,厅前正中有一向外凸出的方亭,入内为东西走廊。东边三间为办公室、会议室与休息室,中间是穿堂,西边三间通连,是大会议室。1912 年 1 月 1 日,孙中山在这座大厅的大会议室宣誓就任临时大总统,故又称宣誓厅。

孙中山就任临时大总统

在中华民国时期，孙中山之名世人皆知，但实际上，在1912年中华民国建立之前，孙中山在国内的知名度并不高，因为他长期在海外从事革命活动。孙中山的大名被国人所熟知，是在1912年当上中华民国临时大总统以后。那么，孙中山是如何当上中华民国临时大总统的呢？

1911年10月10日，武昌起义爆发，这时的孙中山正在美国科罗拉多州丹佛市为革命筹款而奔波。两天后，即10月12日，他在当地报纸上获悉武昌起义成功的消息，心情非常兴奋。孙中山本拟立即起程回国，但经过一番考虑后，他决定尽自己所能，争取西方各国对中国革命的支持。所以，他于兼程回国途中，在华盛顿、伦敦、巴黎等地短暂逗留，争取列强在财政、政治、道义上对中国革命的支持，但都无功而返。无奈，他只好于11月24日从法国马赛起程回国。

12月21日，孙中山抵达香港。胡汉民、廖仲恺等人从广州前往迎接。胡汉民劝孙中山应暂时留在广东，待整兵蓄势后北伐，可收全局之功，反对立即北上。孙中山不以为然，他认为必须立即北上，建立统一的革命政府。最后，孙中山说服了胡汉民，并携胡汉民等人于当晚乘船离开香港前往上海。25日，孙中山一行抵达上海，受到黄兴、陈其美等同盟会要人和各界人士的热烈欢迎。

孙中山从海外归来的消息，立刻传遍全国。各省都热烈欢迎，函电如雪片般飞往上海，表达对孙中山的敬仰和对建立共和国的期待。

就任临时大总统时的孙中山

1840年
英国发动鸦片战争。两年后，中英签订《南京条约》，中国步入半殖民地半封建的近代社会。

1905年
8月20日，同盟会在日本东京成立，孙中山任总理。

1911年
4月27日，孙中山、黄兴领导广州起义，革命者牺牲很多，后有72人埋葬于黄花岗，称为"黄花岗七十二烈士"。
10月10日，武昌起义爆发。

1912 年

1 月 1 日,中华民国临时政府在南京成立,孙中山就任临时大总统。

南京临时政府

　　1912 年 1 月 1 日,孙中山在南京宣誓就职,组建临时政府。南京临时政府包括革命派、立宪派、旧官僚三种势力在内,但领导权掌握在以孙中山为首的革命派手中。南京临时政府发布了一系列政策法令,如禁止刑讯、保障人权、振兴实业、改革教育、革除社会恶习等,颁布具有宪法效力的《临时约法》,这些举措都在不同程度上推动了社会进步,具有积极意义。但不久,南北议和告成,清帝退位,孙中山解职。4 月,临时政府迁往北京。从此,政权落入袁世凯为首的北洋集团手中。

　　孙中山成为全国公认的革命领袖。当时盛传他带巨款回国资助革命事业,各报记者纷纷以此相问,孙中山坦然回答:"革命不在金钱,而全在热心。吾此次回国,未带金钱,所带者精神而已。"

　　孙中山回国后,立即着手组建革命政府。12 月 26 日,黄兴、陈其美、宋教仁、汪精卫等同盟会骨干人物在哈同花园举行宴会欢迎孙中山,并且议定临时政府采取总统制,选举孙中山为临时大总统。27 日,各省代表在南京举行会议,商讨组建中央临时政府相关事宜。29 日,各省代表会议选举临时大总统,到会代表 17 省 49 人,每省一票,共计 17 票。投票结果:孙中山以 16 票的绝对多数,当选中华民国临时大总统。

　　1912 年 1 月 1 日上午 10 时左右,孙中山在王宠惠、陈其美等人陪同下,乘坐火车离开上海,赴南京就任临时大总统。下午 6 时许,孙中山一行到达南京,由黄兴等人迎接进入设在前两江总督衙门(曾为太平天国天王府)的临时大总统府。当晚,总统府的礼堂里灯火辉煌,各省代表、起义军官、记者和国内外有关方面人士济济一堂。晚上 10 时,临时大总统的就职典礼正式举行。在"共和万岁"的欢呼声中,孙中山庄严宣誓:"倾覆满洲专制政府,巩固中华民国,图谋民生幸福,此国民之公意,文实遵之,以忠于国,为众服务。至专制政府既倒,国内无变乱,民国卓立于世界,为列邦公认,斯时文当解临时大总统之职。谨以此誓于国民。"

　　随后,孙中山发布《临时大总统宣言书》,宣称"临时政府,革命时代之政府也",其任务是"尽扫专制之流毒,确定共和,以达革命之宗旨,完国民之志愿"。宣言确定对内方针是:"民族之统一、领土之统一、军政之统一、内政之统一、财政之统一。"对外方针是:"持平和主义,与我友邦益增亲睦,将使中国见重于国际社会,且将使世界渐趋于大同。"

　　宣誓就职后,孙中山下令定国号为"中华民国",正式宣告中华民国成立。一个划时代的崭新的共和国在东方诞生了。

相关链接

武昌起义

　　1911 年夏,清政府以铁路国有之名,将已归属民间所有的川汉、粤汉铁路筑路权收归

"国有"，接着又将其出卖给英、法等国，此举激起湘、鄂、粤、川等省人民的强烈反对，掀起了轰轰烈烈的保路运动。尤其以四川最为激烈，各地纷纷组织保路同志会，保路运动蓬勃发展。清政府派端方从湖北率部分新军入川镇压，因此造成湖北清军力量空虚，为武昌起义创造了条件。

革命党人领导下的两个革命团体文学社和共进会，在湖北新军中开展了长期的革命工作，在这过程中，两个团

湖北军政府成立

体逐渐联合起来，组建统一的领导机构，推举文学社领导人蒋翊武为总指挥，共进会领导人孙武为参谋长。10 月 9 日，孙武等人在汉口俄租界赶制炸弹，不慎引起爆炸，俄国巡捕闻声而至，受伤的孙武出逃，但革命党人名册、文告、印信、旗帜等均被搜走，起义秘密泄露。湖广总督瑞澂下令全城搜捕革命党人，武汉三镇笼罩在白色恐怖之中。在失去指挥机关之后，新军中的革命党人只能被迫自行起事。武昌城内新军第八镇工程第八营的革命党人熊秉坤深知形势危急，火速召集骨干人员开会，他们当机立断，决定 10 月 10 日晚 7 时起义。

起义士兵很快占领了楚望台军械所，缴获大量武器弹药。工程营队官吴兆麟被推举为临时总指挥。很快，武昌城内外各标、营的革命党人也纷纷率众起义，并赶往楚望台，起义人数迅速增多，士气大振。晚上 10 时许，起义军分兵三路进攻总督署和附近的第八镇司令部，湖广总督瑞澂凭借守卫督署的 3000 名士兵负隅顽抗。晚 12 点后，起义军发起强攻，瑞澂逃走，起义军占领了督署。11 日清晨，起义军控制了整个武昌。当天湖北军政府成立，黎元洪被推举为都督。汉阳、汉口的革命党人也先后起义，到 12 日清晨，光复了汉阳和汉口。武汉三镇全部被革命军所占领，武昌起义取得胜利。因为 1911 年是农历辛亥年，所以这场以 10 月 10 日武昌起义为标志的资产阶级民主革命被称为辛亥革命。

武昌起义胜利后，在短短两个月内，湖南、陕西、江西、山西、云南、浙江、贵州、江苏、安徽、广西、福建、广东、四川等省相继宣布脱离清政府独立，清政府的统治土崩瓦解。

袁世凯逼宫

1908 年 11 月,光绪皇帝、慈禧太后相继死去,溥仪继位,即宣统皇帝,实权操在其父摄政王载沣手中。因戊戌政变光绪帝被囚,载沣非常痛恨袁世凯,免去袁一切职务,令其回籍"养疴"。袁世凯被迫回到河南彰德,他表面上甘做渔翁,息影林泉,实际上暗藏心机,养精蓄锐,随时准备东山再起。

1911 年 10 月 10 日武昌起义爆发,风雨飘摇中的清政府被迫让袁世凯出任内阁总理大臣,掌握内政外交大权,这位在晚清官场摸爬滚打数十年的乱世枭雄,在这时候,开始筹划如何走向权力的顶峰。他又玩弄起了自己的看家本领——两面手法,一面挟清政府之势,陈兵长江北岸,以武力威胁革命党人;另一面利用革命党人之力,给清政府施压,逼迫清政府交出权力。

袁世凯派人与南方革命党人接触后,得知只要清帝退位,就可以举他为大总统。在获得革命党人的保证之后,袁世凯加紧"逼宫",软硬兼施,迫使清帝退位。

1912 年 1 月 3 日,驻俄公使陆徵祥联合驻外各国公使,电请清帝逊位。12 日,驻上海外国商会致电袁世凯、奕劻、载沣,认为清政府已经对全国大部分地区失去控制力,而全国大部分人民的思想是承认共和,反对专制体制,要求奕劻、载沣考虑清帝逊位事宜。此外,还有其他各方人士也纷纷电奏清廷,赞成共和。其实,这些大都出自袁世凯的授意及其党羽的策划,由此给人造成一种各方面都要求清帝退位的气氛。

袁世凯本人也把清帝退位的优待条件,秘密告诉奕劻,说这是为皇室和满人谋安全的最好办法,革命党既不让步,用兵实在危险,意在让奕劻把这消息转告给清室王公贵胄。1 月 13 日,载沣探访袁世凯,探询了清帝退位问题,袁世凯敷衍了事。到此,关于清帝退位问题,袁世凯已经心中有底了。

1 月 16 日,袁世凯亲自出马,以内阁总理大臣的身份,率领全体国务大臣联衔上奏清廷,宣称清廷大局岌岌可危。次日,清廷召开内阁会议,载沣、奕劻等王公大臣都参加了,袁世凯称病未到,派亲信赵

袁世凯与北洋将领合影

秉钧、梁士诒为代表。会上，赵秉钧转达了袁世凯的意思。19 日，隆裕太后在养心殿举行御前会议，讨论君主立宪与民主共和问题。同一天，外务大臣胡惟德、民政大臣赵秉钧、邮传大臣梁士诒联衔上奏，要求赞成共和，以维大局。这是袁世凯意图的进一步公开表露。他还威吓说清廷大势已去，如果革命军攻入北京，则皇室性命难保；如果同意让位，则可有优待条件。

为了最终逼迫清廷就范，袁世凯再次打出北洋军这张王牌。在袁世凯授意下，1 月 26 日，段祺瑞联合北洋将领姜桂题、段芝贵、倪嗣冲、曹锟等 50 多人，联名致电内阁、军咨府、陆军部和各王公大臣，提出民军已答应对皇室、皇族及满、蒙、回、藏各族的优待条件，要求清政府"涣汗大号，明降谕旨，宣示中外，立定共和政体"。

在这种时局下，已是惊弓之鸟的清政府无可奈何，只能接受清帝逊位。1 月 30 日，隆裕太后在御前会议上，同意清帝退位，接受共和政体；2 月 3 日，授权袁世凯与南京临时政府商订退位条件。2 月 12 日，清帝溥仪下诏退位。次日，袁世凯通电声明赞成共和，孙中山辞去临时大总统职务。接着临时参议院选举袁世凯为临时大总统。

袁世凯逼宫成功了，这位乱世枭雄终于站在了中国权力之巅。

北洋三杰

1895 年袁世凯在天津小站练兵的时候，极需军事人才，便任用北洋武备学堂毕业的王士珍、段祺瑞、冯国璋三人担任要职，他们不仅要带兵，而且还要兼管训练，这样，三人就成为袁世凯编练新军的中坚力量，被称为"北洋三杰"。这三人跟随袁世凯纵横捭阖于清末民初的历史舞台。袁世凯死后，他们在风云变幻的时代大潮中，以各自力量结成派系，穷兵黩武，长期控制北京政权。

南北议和

　　为了对付南方革命党人,袁世凯也是软硬兼施,打拉并举,除了进兵武汉、准备开战之外,开始筹划南北议和。在袁世凯的幕后运作下,英国公使朱尔典出面进行斡旋。1911 年 11 月 26 日,由英国驻汉口领事葛福出面"调停",向湖北军政府提出南北停战议和建议。湖北都督黎元洪等人以军事失利为由,也主张停战议和。11 月 30 日,袁世凯派密使过江与黎元洪谈判。12 月 1 日,南北双方首先签订了武汉地区停战协定,武汉地区于 12 月 3 日至 6 日停火三天。12 月 3 日,武汉地区停火,进行休战谈判。

　　12 月 8 日,袁世凯派唐绍仪为全权代表,离京赴南方议和。同日,各省代表正式推举伍廷芳为革命党人议和全权总代表,组织议和代表团。12 月 18 日,双方在上海英租界市政厅举行谈判。参加会议的除南北议和代表外,还有英、日、美、德、法、俄等国驻沪领事及外商代表等。伍廷芳代表革命军政府方面提出清帝退位、选举总统、建立共和政府等条件;唐绍仪代表袁世凯向革命军政府进行要挟。双方围绕停战问题、"国体"问题、召开"国民会议"以表决国体问题等争执不下。

　　此时,英、美、德、俄、法、日等列强开始对南方革命党人施加压力,声称"中国的战争若持续下去,将有危于外人的利益与安全",促使双方尽快重开议和,达成协议,以维护这些国家在中国的利益。这时,革命阵营的许多立宪派和旧官僚也力促南北议和,用和平方式统一全国,避免战争。在内外胁迫下,以孙中山为代表的革命党人作出让步。1912 年 1 月 20 日,南京临时政府向袁世凯正式提出清帝退位优待条件。22 日,孙中山发表声明,表示只要清帝退位,袁世凯赞成共和,即行辞职,并举袁世凯为临时大总统。至此,南北议和结束。

宋教仁遇刺

　　1913 年 3 月 20 日夜间 10 时左右，国民党代理理事长宋教仁，在黄兴、于右任等人陪同下前往上海火车站，准备乘车北上。突然，"砰"的一声枪响，走在前面的宋教仁手扶着身边的铁栏杆，面色极其痛苦，对身边人说："我中枪了。"接着，又是两声枪响，火车站乱作一团，等大家缓过神来，宋教仁已倒在血泊中。他被紧急送往医院抢救。由于中弹的是要害部位，而且子弹有毒，伤势非常严重，经多方抢救无效，宋教仁于 22 日凌晨去世，年仅 32 岁。这位即将出任国务总理的人物遇刺身亡，震惊了全国，也震惊了全世界。人们纷纷猜测，宋教仁为何会被刺？

　　宋教仁遇刺身亡的消息迅速传开，几乎所有朝野人物都对此作出了自己的反应，但有一点则是共同的，即要求迅速缉拿真凶，告慰亡者。远在海外的孙中山立即致电国内，要求："望党人合力查此事原因，以谋昭雪。"临时大总统袁世凯在得知消息后，也命令江苏都督程德全等人"迅缉真凶，穷追主名，务得确情，按法严办"。那么，凶手到底是谁呢？

　　很多人都认为宋案是件毫无头绪的突发案件，但其破获之迅速却出乎各方意料。3 月 23 日，即宋教仁死后的第二天，上海公共租界巡捕房即因古董商人王阿法提供的线索，缉获凶犯应夔丞，随后又缉获杀手武士英，并查获两名凶犯与内务部秘书洪述祖、国务总理赵秉钧的往来密电，案情很快大白于天下。原来，国民党在国会选举获胜之后，赵秉钧即通过洪述祖收买上海流氓头目应夔丞，准备对宋教仁下毒手。双方经过讨价还价，达成杀宋之议，由应夔丞手下的亡命之徒武士英具体行事。3 月 13 日，洪述祖致电应夔丞，告"毁宋酬勋位，相度机宜，妥筹办理"。次日，应回复"已发紧急命令设防剿捕"。18 日，洪再次电告应"事速行"。21 日，应电告洪"匪魁

1912 年

8 月 25 日，同盟会、统一共和党、国民共进会、共和实进会、国民公党合并为国民党。

9 月 3 日，国民党推孙中山为理事长，孙中山请宋教仁代理。

1913 年

1 月，国会两院选举结束，国民党获胜。

3 月 20 日，宋教仁在上海遇刺，22 日逝世。

7 月，"二次革命"爆发。

宋教仁遇刺遗像

已灭，我军一无伤亡"。这些往来函电说明刺杀宋教仁是事先周密部署的政治谋杀。而且，这些函电还证实袁世凯、赵秉钧与此案有关联。4月25日，江苏都督程德全等人对外公布了所有查获的函电证据。至此，宋案真相大白，举国震惊，也完全出乎袁世凯的预料，他因此在政治上陷于被动地位，国务总理赵秉钧也被迫于5月1日称病离职。

那么，袁世凯、赵秉钧为何要暗杀宋教仁呢？这还得从宋教仁其人说起。

宋教仁（1882—1913），字遯初（一作钝初），号渔父，湖南桃源人。早年参加反清革命活动，后赴日留学，入东京政法大学、早稻田大学学习，笃信西方政党政治理念。民国成立后，宋教仁热衷于议会选举，他改组同盟会，联合其他党派，组建国民党，为议会选举造势。1913年初，国会选举告成，国民党大获全胜，成为国会第一大党。对宋教仁来说，实现政党政治的前景仿佛就在眼前，他为此兴奋不已。所到之处，他发表演讲，主张实行议会政治，组织责任内阁。他也一改往日较为"稳健"的形象，不断责难袁世凯为首的北洋派主导下的政府。这必然导致袁世凯和北洋派的嫉恨，因为一旦宋教仁组阁，必践行其政治理念，于袁世凯个人专制图谋十分不利，宋教仁也因此为袁世凯所不容。更何况，宋教仁富于理想，人格高尚，他曾对袁世凯50万元巨款的金钱拉拢毫不动心。软的不行，袁世凯只能用硬的办法——暗杀，让宋教仁从这个世界上永远消失，于是发生了上述一幕。

宋案发生后，孙中山等人认识到，袁世凯非民主守护神，实为破坏民主共和之真凶。革命党方面强烈要求审判宋案真凶洪述祖、赵秉钧，矛头直指袁世凯。但能将凶手绳之以法吗？

就宋案的司法解决程序来说，凶手应夔丞、武士英经租界会审公廨多次审讯，案情已经较为明朗，随

当时报纸刊登的宋案有关人犯。上排中为袁世凯、左为洪述祖、右为赵秉钧，下排左为武士英、右为应夔丞

后,应、武两犯被移交上海地方检察厅。但就在审讯前日,武士英暴死狱中,死得很蹊跷,不禁令人起疑。指使应、武犯案的内务部秘书洪述祖藏身于青岛租界,无法引渡至上海受审。国务总理赵秉钧则公然蔑视上海地方检察厅的传票,以"旧疾复发"为由,拒绝到庭受审。这样,司法解决宋案已不可能,幕后的真凶逍遥法外。

围绕宋案,革命党人与袁世凯北洋派你来我往,针锋相对,关系急剧恶化。加之,此时袁世凯进行善后大借款,革命党与袁世凯的紧张关系进一步加剧。很快,"去袁"逐渐成为革命党的共识,革命党与北洋派的矛盾因此迅速激化,双方诉诸武力对决已成定局,"二次革命"随之到来。

相关链接

二次革命

宋教仁遇刺案发生后,对如何解决宋案,国民党内意见不一,孙中山主张以武力讨伐袁世凯,而黄兴等人倾向用法律手段解决。1913 年 4 月,袁世凯同英、法、德、日、俄五国银行团签订《善后借款合同》,革命党人等认为此借款为袁世凯镇压革命党的经费,且借款未经国会批准,属非法行为。孙中山主张发动"二次革命",迅速兴师讨袁。但袁世凯已率先下手。6 月,袁世凯免去国民党籍的江西都督李烈钧、广东都督胡汉民、安徽都督柏文蔚职务,派北洋军南下。革命党人仓促迎战。7 月 12 日,李烈钧在江西宣布独立,举兵讨袁,"二次革命"爆发。15 日起,江苏、上海、安徽、湖南、广东、福建等地相继宣布独立。

由于北洋军实力超过国民党的军事力量,加之,独立各省之间在军事上缺乏统一指挥,各地讨袁军先后被各个击败。孙中山、黄兴等被迫再度流亡海外,"二次革命"宣告失败。

袁克定伪造《顺天时报》

1913 年

10 月 10 日,袁世凯就任中华民国正式大总统。

1914 年

12 月,袁世凯公布《修正大总统选举法》,规定总统任期十年,可连任。

众所周知,报纸作为一种媒介,在现代社会中起着重要作用,因为它能在很短时间内将信息传播给很多人。但在民国史上却发生了一件怪事,制作一份报纸专门供一个人看。看报纸的人不是别人,就是民国大总统袁世凯;制作报纸的人也不是外人,正是袁世凯的亲儿子袁克定。儿子为何要如此"孝敬"老子呢?说来真让人哭笑不得,其实都是"皇帝"惹的祸。

袁克定是袁世凯的长子,袁世凯对此儿也是另眼相看,重点培养。袁克定从小就跟着袁世凯,无论袁世凯驻节朝鲜,或小站练兵,或巡抚山东、总督直隶时期,袁克定基本未曾离开过。但天有不测风云,人有旦夕祸福。1912 年初,袁克定在河南老家骑马的时候不慎摔伤,因为医治不及时而落下病根,走路有点跛态,袁世凯便于次年送他到德国治疗。据说,德国皇帝威廉二世得知中华民国的"太子"前来就医,十分重视,招待也甚是殷勤。威廉二世是个有野心的人,他当时正想在远东扩展势力,于是趁着宴会时在袁克定耳边吹风:民主共和制不适合中国国情,中国必须向德国学习,非帝制不能发达,中国若想恢复帝制,德国定尽力帮助。在德国期间,袁克定为德国所取得的成就惊叹不已,由此也对德国帝制之功效深信不疑。1914 年,袁克定在德国脚伤没治好,倒是怀揣着一个皇帝梦回国了。

"二次革命"之后,袁世凯在个人独裁集权道路上急速前进。为加强对军队的训练与控制,袁世凯开办了以训练军官为主的模范团,以改造优化军队中的军官结构。模范团一期团长由袁世凯自兼,自二期开始由袁克定担任。袁克定本与军队毫无关系,居然出任训练军队骨干的模范团团长,这也透露出,袁世凯不信任外人,准备传子,通过模范团培

青年时期的袁克定

养"太子"接班班底的信息。这时的袁克定也注意培植自己的势力，他借口在北京小汤山继续疗养腿疾，拉拢各方面的人物，组建以变更国体为目的的"太子党"势力集团，中央的梁士诒、杨度、段芝贵、雷震春、夏寿田、杨士琦等，地方的陈宧、汤芗铭、龙济光等，一时都聚集在袁克定周围。

对于袁世凯帝制自为，袁克定甚为积极，因为其父袁世凯登基当皇帝了，他便是"太子"，将来就是皇帝了。在这过程中，最令人捧腹的莫过于袁克定伪造《顺天时报》来蒙骗袁世凯一事。

《顺天时报》是袁世凯经常阅读的一份报纸，因为该报不仅发行量大，而且是日本人所办，从中可以看出日本政府的意向与动向，当时袁世凯对日本的态度最为敏感。为了促成其父称帝，袁克定竟然伪造了一份专门刊登一些鼓吹帝制、拥护袁大总统登基当皇帝之类消息的假报纸，每天送给袁世凯看。

据袁世凯一个女儿回忆，假版的《顺天时报》是袁克定纠合一班人印制出来的，不但给袁世凯看的是假版，就是给家里其他人看的也是假的，使袁氏一家人和外面舆论隔绝开来。不料，有一天，袁家一位丫头买来一包零食，是用整张的《顺天时报》包着带回来的。袁世凯的这个女儿在吃零食时，无意中看到这张前几天的报纸，竟然和她平时所看到的《顺天时报》的论调不同，就赶忙找到同一天的报纸来查对，结果发现日期相同，而内容很多都不一样。她觉得非常奇怪，便去找袁克文（袁世凯另一个儿子），问他是怎么回事。袁克文说，他在外边早已看见和府里不同的《顺天时报》了，只是不敢对父亲说明。很快，袁世凯这个女儿就把真版《顺天时报》给了其父。袁世凯看后，气愤已极，就把袁克定找来，问明是他在捣鬼，就用皮鞭子把袁克定痛打一顿，一边打，一边骂他"欺父误国"。

应该说，袁世凯称帝主要出于其主观意愿，以及对自身实力和时局的不恰当考虑，但其长子袁克定伪造《顺天日报》给了袁世凯错误的舆论信息，在促进袁世凯走向帝制的道路上，推了一把。据传，袁世凯临死的时候，嘴里还嘟囔了一句："是他害了我。"当时袁世凯没说这个"他"到底是谁，一般人都认为指的就是他的长子、中国最后的"皇太子"袁克定。

1915 年
8 月 23 日，筹安会成立，杨度为理事长，鼓吹君主制。
12 月 12 日，袁世凯承认帝制，次日接受文武官员朝贺。

洪宪帝制

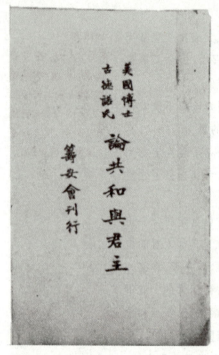

筹安会刊行的古德诺《论共和与君主》

1913 年袁世凯当上正式大总统后,进一步强化独裁统治,解散国会,废除《临时约法》。在袁世凯的授意下,1915 年 8 月,总统府美籍顾问古德诺公开宣称共和宪政不符合中国国情,君主制才适合。同月,杨度、孙毓筠、李燮和、胡瑛、刘师培和严复联名发起成立"筹安会",以讨论学术为名,鼓吹帝制,电请各省军政长官和各团体派代表赴京讨论,并请愿变更国体。但袁世凯故作姿态,表示改行帝制"不合时宜"。同时授意党羽组织"全国请愿联合会",制造"民意",向参政院请愿,要求召开国民代表大会,改共和为君主立宪。12 月,参政院举行所谓国民代表大会投票,赞成帝制,上书推戴袁世凯为中华帝国皇帝。12 日,袁世凯承认帝位,13 日接受百官朝贺,19 日下令正式成立大典筹备处,筹备皇帝登基大典。31 日,下令改元,以1916 年为中华帝国洪宪元年。与此同时,袁世凯循以往开国帝王惯例,大封群臣。

就在袁世凯兴高采烈地筹备登基大典时,全国各地反袁运动由潜伏走向公开。12 月25 日,蔡锷、唐继尧、李烈钧等在云南宣布独立,组建护国军,护国战争爆发。袁世凯称帝使北洋集团分崩离析,列强也撤回了对袁的支持。袁世凯众叛亲离,内外交困,被迫于1916 年 3 月 22 日宣布取消帝制。

蔡锷出京

众所周知，蔡锷乃近代名将，民国风云人物。辛亥首义成功，蔡锷领导昆明新军响应，宣布云南独立，云南军政府成立后，任都督，名重一时。1913年"二次革命"爆发，蔡锷虽然拥护袁世凯武力统一，维护中央集权，但仍受到袁世凯的疑忌。同年冬，他被袁世凯调入北京，授陆军部编译处副总裁、全国经界局督办等空头职衔，实际上是被监视起来。1915年，袁世凯开始帝制自为，蔡锷深感袁世凯之举乃倒行逆施，决计与他决裂。后来的事情大家都知道，他离开北京，踏上回滇之路，高举反袁义旗，打响了护国战争的第一枪。

蔡锷摆脱袁世凯耳目的监视离开北京，经历了好大一番周折，其具体过程到底是怎样的呢？很多人认为，蔡锷出京得益于北京八大胡同的风尘女子小凤仙的帮助，可谓英雄美女天仙配，但真的是这样的吗？

为离开袁世凯控制的京津地区，蔡锷确实绞尽脑汁、费尽心思，并得到他老师梁启超的指点，做了周全的准备。过程大概如下：

1915年11月10日，蔡锷友人哈汉章为祖母祝寿，宴宾客于北京钱粮胡同聚寿堂，蔡锷应邀出席。这天天空飘起大雪，晚上蔡锷很早来到宴会地点，对哈汉章说：今天下雪，可以在此长夜打牌。哈汉章便张罗了其他三人与蔡锷一起打牌。一直打到次日（即11月11日）凌晨7时才散去。蔡锷很快离开哈宅，径直入新华门（袁世凯办公地点），因为离上班时间太早，门卫感觉奇怪，但以为是袁世凯召他来的，也不敢多问。监视蔡锷的密探跟到新华门，见蔡锷进入总统办公地

1915 年

9 月 3 日，梁启超发表《异哉所谓国体问题者》，反对袁世凯称帝。

12 月 25 日，蔡锷、唐继尧等宣布云南独立，反对帝制，组织护国军。

蔡锷

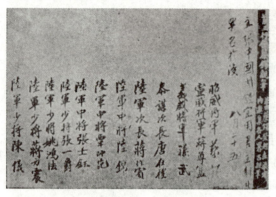

为迷惑袁世凯，蔡锷曾署名赞成帝制

方,觉得很安全,没啥事,也就散开了。蔡锷来到总统办事处,侍者问他:"将军今日为何这么早来?"蔡锷回答说:"我的表快两个小时。"随即打电话给在北京八大胡同的小凤仙,约她午后 12 点半到某处一起吃饭,装作一副闲暇的样子。这时,蔡锷见已摆脱密探监视,便出西苑门,乘车直奔天津。

蔡锷离京赴津,在袁世凯等人看来,其实没有什么大不了的,因为此前数月之内,蔡锷已经对袁世凯称帝表了决心,也主张中国国体宜用君主制,并亲笔签了名(此招乃虚与委蛇)。这样,袁世凯对蔡锷的疑心自然少了很多。此外,蔡锷大打"患病"、"养病"牌,申请赴天津治疗,也获得袁世凯的许可,可以公开、自由地往返京津两地。对于袁世凯而言,他依然可以遥控在天津的蔡锷。

1916 年

1 月,护国军攻入四川、贵州等地,声势大振。

3 月 22 日,袁世凯宣布取消帝制。

6 月 6 日,袁世凯死去。7 日,副总统黎元洪就大总统职。

11 日下午,蔡锷到达天津。刚开始,他入住日租界的日本共立医院。这时,袁世凯手下密探得悉,蔡锷所有书籍、行李已于数日内由其家属陆续搬出北京,蔡锷家眷也乘火车离开北京。热衷于帝制的杨度提醒袁世凯说:"此人一去,无异纵虎归山,放鱼入海,从此我华无宁日矣。"袁随即派人到天津探察蔡锷,但得到的回报说,蔡锷在天津没有什么异常,他"时赴病院,时或不往"。实际上,蔡锷正在紧张而有序地做着离开天津前的各种准备。

为了消除袁世凯对自己的疑心,蔡锷一面向新闻界放风,表示在天津治病,很有效果,很快就可返回北京;一面指示他所在的单位(北京经界局)上呈袁世凯,请袁世凯派人代理,以示他要对经界局事务负责,不能因为他在天津养病而造成工作上的损失。这样,袁世凯对蔡锷自然不再那么疑心。待监视稍懈时,蔡锷很快将住所转移到同在日租界的"德义楼饭店",这是一家比较高级的饭店,每日都派人在轮船码头和火车站迎接客商,搬运行李,11 月 18 日蔡锷离开天津,就是由该楼茶役夜间送他上火车站的。在如此精心策划和安排下,蔡锷才从京津脱险,辗转回到云南,领导了护国运动。

　　至于风尘女子小凤仙,在蔡锷离京过程中仅是接了蔡锷的一个电话,至于这个电话有什么作用,她本人也不知道。蔡锷离开京津之后,和小凤仙也没有再联络过。历史事实中的蔡锷与小凤仙,不是后来文学或影视作品描述的那样:英雄美人,两情相悦,悱恻缠绵,几乎成了千古美谈。

相关链接

护国战争

　　1915 年底,袁世凯帝制自为的行径,激起了全国人民的强烈反对。在袁准备称帝期间,梁启超为首的进步党、黄兴等人的欧事研究会、孙中山为首的中华革命党等不同派别都投入反袁斗争中。1915 年 12 月 25 日,蔡锷、唐继尧等人,在昆明宣布云南独立,反对帝制,旋即组建云南军政府,组织讨袁护国军。蔡锷担任护国军第一军司令,领兵北征四

护国军部分将领。左二为李烈钧,左三为蔡锷

川;李烈钧任第二军司令,领兵东征广西;唐继尧任都督兼第三军司令,留守昆明,担当后勤。护国战争的序幕由此揭开。

　　1916 年 1 月 21 日,云南护国军蔡锷所部攻入四川,李烈钧所部进入两广地区,袁世凯调集重兵,征讨护国军。不久,贵州、广西等省加入讨袁护国运动中,护国军声势大振。4 月 18 日,云南、贵州、广西、广东四省都督唐继尧、刘显世等发表宣言,要求免袁世凯大总统职。此时的袁世凯众叛亲离,列强也改变主意,让他暂缓称帝。迫于内外压力,袁世凯于 3 月 22 日宣布取消帝制,但仍任大总统,所以,袁世凯取消帝制后国内政治形势并未立即缓和,各派反袁力量继续讨伐袁世凯。6 月 6 日,袁氏在全国人民的唾骂声中死去。护国战争推翻了洪宪帝制,埋葬了袁世凯,恢复了民主共和制。

张勋复辟

1917年7月上旬,一份报纸描述了北京城内的"三多",即"沿城一带辫子多,城厢内外黄龙旗多,伪宫门外红顶子多"。人们不禁要问,都已经是民国第六个年头了,北京为何还有这么多"辫子"、"黄龙旗"、"红顶子"这些君主帝制时代的东西呢?这还得从"辫帅"张勋这个人说起。

张勋(1854—1919),字少轩,江西奉新人。1895年投靠袁世凯,历任管带、副将、总兵等职。1911年升为江南提督,率巡防营驻南京。武昌起义后,驻兵徐州一带。清帝退位以后,所部改称武卫前军,不剪辫子,以示效忠清王朝,时称"辫子军",张勋本人以"辫帅"自居。1913年"二次革命"时,奉袁世凯之命进攻革命军,重占南京,后调徐州任长江巡阅使。袁死后,张勋在徐州成立北洋七省同盟,不久,任安徽督军,扩充至十三省同盟,图谋复辟清室。对张勋来说,复辟万事俱备,只欠时机了。

1917年5月,大总统黎元洪与国务总理段祺瑞之间的"府院之争"日趋白热化。5月23日,黎元洪下令免段祺瑞国务总理职,但黎元洪无力掌控时局。6月1日,黎元洪发布命令,以张勋"功高望重,至诚爱国"为由,要他"迅速来京,共商国是",想以此来调停"府院之争"。张勋苦苦等待的复辟时机终于来了。6月7日,张勋率所部十营兵力数千人由徐州北上,次日,张部到达北京。但张勋未随其部进京,而是在天津与段祺瑞等人会见,筹划复辟之举,段祺瑞玩了一招两面手段,不表赞成,也不反对。此时,段祺瑞要借张

"辫帅"张勋

勋推倒国会、赶走黎元洪，黎元洪则希望借张勋自保，张勋却要拥清室复辟，各人都有自己的如意算盘。

那么，张勋如何复辟，最后又是如何收场的呢？

首先，张勋以解散国会为"调停""府院之争"的基本条件，迫使黎元洪解散国会，这为他进京拥清室复辟铺平了道路。6月14日，张勋进京。16日，秘密前往紫禁城"觐见"前清废帝溥仪，表示拥其复辟的决心。同时，张勋急电各地清朝遗老进京，共谋"复辟大业"。28日，力主复辟的"圣人"康有为抵达北京，立即与张勋和其他复辟要人开会，最后敲定了拥清室复辟的具体计划。30日，张勋换上前清蓝袍黄褂官服，顶戴花翎，率康有为、王士珍、江朝宗等人前往紫禁城溥仪寝宫，召开"御前会议"，宣布复辟，改民国六年为"宣统九年"，通电全国改挂龙旗。张勋自任直隶总督、北洋大臣，康有为被封为"弼德院"副院长。一时间，北京街头又出现了穿着清朝袍褂、脑后拖着真假发辫的遗老遗少，光怪陆离，乌烟瘴气。

这时，本想请张勋进京调停的黎元洪，总算尝到了与虎谋皮的苦头，不过，此时的他虽无力抵抗张勋的举动，但仍拒绝拥戴复辟。7月1日，黎元洪发表通电，对复辟"誓不承认"。2日，致电冯国璋，请冯代行大总统职权，并任命段祺瑞为国务总理，请他们迅速出兵讨伐张勋。其实，不待黎元洪发布命令，段祺瑞已经在筹划起兵讨伐张勋了。复辟消息传出后，全国各界几乎一致反对。段祺瑞早就视此为自己复出的好机会，他加紧策划，准备武装讨伐张勋。

7月3日，段祺瑞通电讨伐张勋，在天津近郊的马厂设立司令部，自任"讨逆军"总司令。第二天，段祺瑞率领东西两路"讨逆军"与张勋军队接战，交火之后，张部无法与段军较量，速即后退。6日，在南京的冯国璋宣布"代理"大总统职权，也宣布讨伐张勋。此时的张勋，因为复辟之举已为千夫所指。7日，段祺瑞的"讨逆军"进至北京近郊军事与交通要地丰台，张军被迫退守城内。8日，张勋被迫辞去溥仪所委各职。12日，"讨逆军"分三路向北京发动总攻，张部军心涣散，几乎没有招架之力，溃不成军，张勋逃入荷兰使馆，溥仪再次宣告退位。

这出复辟闹剧，仅上演12天就宣告收场了。

9月10日，孙中山在广州宣誓就任中华民国军政府大元帅，随后下令讨伐段祺瑞，揭开护法战争序幕。

护法运动

张勋复辟失败后，段祺瑞再任国务总理，拒绝恢复《临时约法》与国会。孙中山认为，拒绝恢复《临时约法》和国会是对民国的背叛。因此，孙中山等人由上海抵达广州，举起"护法"的旗帜。西南军阀唐继尧、陆荣廷等从自己利益考虑，也加入护法运动中，并成立护法军政府，孙中山为大元帅，唐继尧、陆荣廷为元帅。护法军政府成立后，出兵北伐，在三四个月内，护法烽火遍及数省区。但不久，西南军阀和直系军阀（以冯国璋为首）相勾结，排挤孙中山。1918年5月在西南军阀操纵下，护法军政府进行改组，改大元帅制为七总裁制，把孙中山的地位降至七总裁之一。孙中山被迫离粤赴沪，叹曰：南北军阀实"如一丘之貉"。护法运动失败。

府院之争

北洋政要合影。前排中为黎元洪，左三为段祺瑞，右三为冯国璋

"府"指以黎元洪为代表的总统府，"院"指以段祺瑞为代表的国务院。1916年6月袁世凯死后，黎元洪任大总统，段祺瑞任国务总理。段祺瑞掌握军政大权，处于强势地位。黎元洪出任大总统并没有实际力量为后盾，处于弱势地位，但他不甘心当个空头总统。因此，双方关系日趋紧张，引发所谓"府院之争"。

在要不要参加第一次世界大战、对德国宣战问题上，双方斗争日趋激烈。由段祺瑞主导的北京政府力主参战，以参战而获取日本的金钱、军械援助，壮大自己力量，因此带有为北洋派，尤其是皖系谋利益的色彩，这遭到黎元洪为首的总统府方面的反对。在这种情况下，主张参战的以国务总理段祺瑞为一方，以日本为奥援；反对参战的大总统黎元洪为另一方，则企求美国的支持，双方围绕对德宣战问题，你来我往，使"府院之争"白热化。斗争的结果是，黎元洪于1917年5月23日下令免除段祺瑞国务总理职务，段祺瑞离京赴津，策划解散国会并倒黎，以图重起。无法掌控时局的黎元洪请张勋进京"调停"，张勋入京策划了清室复辟的闹剧。很快，张勋复辟为段祺瑞所镇压，黎元洪去职，段祺瑞再任国务总理。"府院之争"告一段落。

徐世昌任总统

众所周知,北洋时期的中国,军阀混战,武人专权。但在这期间,却有一位文人当上了民国大总统,此人便是徐世昌。在武夫当国的年代里,为何容得下这位文人当总统呢? 我们先从当时中国政局的乱象讲起。

张勋复辟失败后,直系军阀首领冯国璋代理大总统,皖系军阀首领段祺瑞再任国务总理,形成直皖合作主导的政治新格局。但好景不长,因冯、段的关系并不和谐,两派之间的明争暗斗不断发生,总的说来,皖系占优势地位。段祺瑞开始策划排挤冯国璋,因为只有除去冯国璋,才能使皖系独掌北京政权。根据 1913 年 10 月公布的《大总统选举法》,大总统任期为 5 年,自 1913 年 10 月 10 日袁世凯任大总统算起,本届总统任期到 1918 年 10 月 9 日届满,这给了皖系以改选总统排挤冯国璋的"法理"依据。

那么,继冯国璋之后,由谁出任总统呢? 考虑到南方护法军政府的强烈反对和北洋派内部的关系,段祺瑞决定以退为进,于 1918 年 8 月明确表示,自己不愿意出任总统,但实际上他依然操控着北京政府。直系首领冯国璋进京任总统后,在皖系压迫之下,也感觉到坐在大总统位子上的无趣,不愿再看人家脸色,听人摆布,故萌生引退之心。如此一来,皖系、直系首领都退出总统竞选,大总统之位非北洋老官僚徐世昌莫属了。

徐世昌(1855—1939),字卜五,号菊人,直隶天津人。光绪年间进士,授翰林院编修,先后兼充国史馆协修、武英殿协修,颇有文人风采。但他也有一定的"武装"经历,从袁世凯小站练兵开始,徐世昌即为袁的主要策士,号称"北洋军师"。

1918 年
8 月 12 日,皖系控制的安福国会开场。10 月 10 日,徐世昌就任总统,主张南北和平统一。

徐世昌

自晚清到民国,徐世昌久居官场,长袖善舞,各方笼络,随机应变,以其和各派别的历史渊源和人脉关系而周旋于皖、直、奉系之间。

1916 年 6 月袁世凯称帝败亡以后,徐世昌归隐河南辉县百泉山,对外表示消极,愿终老田园,自额其居曰"水竹邨",自号"水竹邨人"。同年 11 月,即徐世昌归隐数月之后,黎元洪与段祺瑞之间发生"府院之争",僵持不下,双方皆属意徐世昌出山,从中调解,乃托人专程赴河南辉县接迎,徐欣然进京。调停结果,总统府方面的孙洪伊和国务院方面的徐树铮均去职,"府院之争"告一段落。事毕,徐世昌仍欲重返河南辉县,双方执意挽留,徐就近移居天津。可见,徐世昌成为各方皆可接受的人物,也成为缓和皖系、直系矛盾的不二总统人选。

这样,皖系即开始紧锣密鼓地筹备总统选举事宜。当时国会中,皖系段祺瑞掌控的安福系议员占绝大多数,人称"安福国会"。1918年 8 月 27 日、29 日,安福系议员分别在众、参两院提出速行总统选举案。31 日,两院联席会议决定在 9 月 4 日举行总统选举。9 月 4 日,总统选举会举行,在共计 436 张选票中,徐世昌得到 425 票,高票当选。10 月 10 日,徐世昌就任民国大总统。

徐世昌任总统三年多,主张以文辖武,废督裁兵,被人称为"文人总统"。他对南北各派首脑,承认其实力,确定其地盘,授之以较高官职;继则实行裁兵,集中兵权于中央,各省省长悉由中央改派文人主持。但各派军阀只知一味扩兵争权,跋扈干政,岂容徐世昌实践其文治理念,故徐世昌任内中国依然是军阀混战、政争迭起的老样子。

徐世昌任内的首任内阁总理由钱能训充任,但钱内阁对于南北和议、胶东问题、学潮等,都穷于应付,且为皖系段祺瑞所排挤,于 1919 年 6 月辞职,由财政总长龚心湛暂代。总理继任人选,徐世昌属意于其旧友周树模,但为段祺瑞所反对,不得已乃在原有阁员中任命,结果由陆军总长靳云鹏继任。1920 年 5 月,靳因拒绝日本要求直接交涉山东问题,得罪段祺瑞,被迫辞职。靳辞职后,徐世昌先以海军总长萨镇冰兼代。不久,直皖战争爆发,直胜皖败,靳云鹏在张作霖、曹锟支持下,于 8 月再出组阁。1921 年 12 月,靳内阁辞职,徐世昌以外交总长颜惠庆暂代。同月,梁士诒在张作霖支持下,继任总理。1922 年 1 月再以颜惠庆暂代,后又任命周自齐署理内阁。1922

1919 年
2 月 20 日,南北和平会议在上海开幕。

1920 年
7 月,直皖战争爆发,直胜皖败,直系控制北京政权。8 月,安福国会被解散。

1922 年
6 月,徐世昌通电辞职。

年4月,第一次直奉战争爆发,直胜奉败,直系首领曹锟、吴佩孚迫使徐世昌下台。6月,徐世昌通电辞职。

　　徐世昌的下台似乎验证了这样一句话:战争,请文人走开。

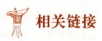
相关链接

安福国会

　　1917年7月1日张勋复辟,解散民国元年的国会(第一届国会)。7月12日,段祺瑞扑灭张勋复辟,再度出任国务总理,掌握北京政权。但是,段祺瑞因为民元国会曾反对他对德宣战,拒绝恢复。1918年,为了抵制孙中山等人在广州召集的非常国会,段祺瑞决定制定新的国会组织法,重新选举国会议员。为了让国会成为自己的御用机构,段祺瑞指使部属徐树铮、王揖唐等人策划包办选举,他们在北京安福胡同组织俱乐部,拉拢许多政客、议员,这些人被称为安福系。这次议员选举,湖南、湖北、陕西三省因战乱,选举无法正常举行;广东、广西、云南、贵州、四川五省均反对选举,实际进行选举的仅十多个省,而且选举过程中出现了大量腐败作弊现象。选举结果是,安福系获得多数,其次是交通系和研究系。

　　1918年8月12日,所谓第二届国会开场,参议院议员168名,选举安福系领袖王揖唐为参议院议长,刘恩格为副议长;众议院议员406名,选举交通系领袖梁士诒为众议院议长,朱启钤为副议长。安福系政客在参、众两院574名议员中占据330多席(一说380席),故本届国会又被人称为“安福国会”。9月,国会正式选举徐世昌为民国大总统,以接替冯国璋。1920年7月,直皖战争爆发,直胜皖败,直系控制北京政权。8月,安福国会被解散。

顾维钧在巴黎和会上

1919 年

1月,中国政府派出以外交总长陆徵祥为首的代表团出席巴黎和会,包括顾维钧等人。

4月,巴黎和会把德国在山东的一切权益交给日本,中国外交失败。

5月4日,五四运动爆发。

6月28日,中国代表团拒绝签署对德和约,中国近代史上第一次对列强说"不"。

常言道:"弱国无外交。"中国近代屈辱的外交史基本验证了这句话,但并非绝对如此,也要注意到"事在人为"的古训。在 1919 年世界瞩目的巴黎和会上,一位年轻的中国外交官,让全世界看到了中国的"不弱",他就是顾维钧。顾维钧是如何让中国做到"弱国也有外交"的呢?这需要从顾维钧其人说起。

顾维钧(1888—1985),江苏嘉定人。1904 年赴美留学,1912 年获得博士学位后回国,曾任袁世凯英文秘书及内阁秘书,1915 年出任驻美公使,由此开始了其长达半个多世纪的职业外交生涯。

1917 年 8 月,中国正式对德国宣战,成为协约国集团成员之一。敏锐的顾维钧感觉到协约国很快将获胜,中国可以战胜国身份收回德国在华特权。为此,他在第一次世界大战结束前就在驻美使馆内成立小组,研究与战后谈判相关的问题,为将来参加和会做准备。

1919 年 1 月,中国政府派出以外交总长陆徵祥为首的代表团出席巴黎和会,其中就有顾维钧。刚抵达巴黎,中国代表团就开始紧锣密鼓地准备相关提案,争取收回部分权利。但日本抢先向和会提出无条件继承德国在山东权益的要求。由于此事关系美国在华利益,美国总统威尔逊提议和会请中国代表团就此进行说明,这对中国代表团来说是一次难得的机会,年仅 31 岁的顾维钧毅然决定承担这一重任。

1919 年 1 月 28 日,经过精心的准备,顾维钧在由英、法、美、日、意五国组成的和会最高机构"十人会"上代表中国发言。此乃顾维钧第一次在国际外交舞台上作长篇演讲,他的发言有理有据,语言流畅,极富感染力,爱国热忱和民族意识溢于言

顾维钧

表。顾维钧从历史、经济、文化等方面说明了山东是中国不可分割的一部分，有力批驳了日本的无理要求。他声情并茂地说道："三千六百万之山东人民，有史以来为中国民族，操中国语言，奉中国宗教"；"胶州为中国北部之门户，亦为沿岸直达国都之最捷径路"，在国防上具有重要地位；"以文化言之，山东为孔孟降生，中国文化发祥之圣地"；"以经济言之，人口既已稠密，竞存已属不易，设有他国侵入其间，不过鱼肉土著而已，亦不能为殖民地也"。为了争取西方的同情，顾维钧将孔子比作耶稣，把山东比作耶路撒冷，说："中国的孔子有如西方的耶稣，中国不能失去山东正如西方不能失去耶路撒冷。"顾维钧情深意切的发言，在会场上引起强烈反响。美国总统威尔逊、英国首相劳合·乔治、法国总理克里孟梭均表示赞赏。顾维钧的演讲获得巨大成功！很快，中国代表团又向和会提出了废除不平等条约的要求，山东问题的解决似乎朝着有利于中国的方向发展。

　　但是巴黎和会毕竟是帝国主义大国的分赃会议，列强为了各自的利益决定牺牲中国。1919 年 4 月 29 日，美、英、法三国代表把最高会议决定的方案通知中国代表，将德国在山东的一切权益均让与日本，中国外交濒临失败境地。消息传到国内，五四运动爆发了。面对来自国内外日益强大的压力，中国代表团日渐涣散。6 月中旬，陆徵祥致电北京，以生病为由请辞外交总长一职，并住进了医院，整个代表团群龙无首。顾维钧做出了巨大的努力，誓要为国家争取最大利益，他向有关各方表示强烈抗议，连续会晤各国代表，试图找到最终能够解决问题的方法，但均无效果。

　　在保留不成的情况下，中国代表团集体缺席巴黎和会，拒绝签署对德和约。1919 年 6 月 28 日下午，经过数月讨价还价而拟定的对德和约在巴黎凡尔赛宫举行签字仪式，德国、美国、英国、法国、意大利、日本等国相继在条约上签字。大约 3 时，至中国代表应出场签字时，未见他们露面，中国近代史上极富意义的历史性时刻由此诞生了，且为在场的各国代表所见证。这次拒签是近代外交史上，中国第一次对列强说"不"，具有里程碑式的意义。晚年的顾维钧对此回忆说："这对我、对代表团全体、对中国都是一个难忘的日子"，"无论从国内还是国际观点来看，它都是中国历史上的一个转折点"。

"二十一条"

　　1914 年第一次世界大战爆发，欧洲列强无暇东顾。日本于该年 8 月对德宣战，出兵占领了德国在中国的势力范围山东。1915 年 1 月，日本公使日置益向袁世凯提出"二十一条"要求，意欲独占中国。"二十一条"主要内容是：承认日本继承德国在山东的一切权益；承认日本人有在南满和内蒙古东部居住、往来、经营工商业及开矿等特权；所有中国沿海港湾、岛屿概不租借或让给他国；中国政府聘用日本人为政治、军事、财政顾问等。"二十一条"严重损害了中国的主权，袁世凯之后的历届中国政府均未承认它的有效性。

五四运动

巴黎和会上中国外交失败的消息传到国内,各界民众群情激昂,北京学生首先起来了! 1919 年 5 月 4 日,北京大学等 10 余校学生 3000 多人在天安门集会,举行示威游行,反对巴黎和会关于中国山东问题等的决议,高喊"外争国权,内惩国贼"、"还我青岛"、"取消二十一条"等口号,并且要求惩办曹汝霖(交通总长,订"二十一条"时任外交次长)、陆宗舆(币制局总裁,订"二十一条"时任驻日公使)、章宗祥(驻日公使)三个卖国贼。会后游行人员火烧位于赵家楼胡同的曹汝霖住宅,并痛打了正在曹宅的章宗祥。北洋政府出动军警镇压,逮捕学生 30 多人。5 日,为抗议政府逮捕爱国学生,北京专科以上学校学生举行总罢课,并通电全国,各地民众纷纷声援、响应。6 月 3 日,北京学生联合会派出学生 2000 多人到街头演讲,近 200 人被捕,次日,又有 700 多名学生被捕,这进一步激怒了全国人民。6

北京高师被捕学生获释返校

月 5 日,为声援北京学生,上海部分纱厂工人举行罢工,同时上海许多商店开始罢市,学生开始罢课。五四运动进入新的阶段,运动中心由北京转到上海。"三罢"斗争迅速波及全国 20 多省区、150 多个城市,成为广大的工人阶级、小资产阶级、民族资产阶级及其他爱国人士参加的全国范围的革命运动。

在全国人民的压力下,6 月 10 日,北洋政府被迫罢免曹汝霖、章宗祥、陆宗舆三人职务,释放被捕学生,并拒绝在巴黎和约上签字。五四运动取得了重大胜利,揭开了中国新民主主义革命的新篇章。

陈 炯 明 叛 变

在中华民国史上，陈炯明算得上一位叱咤风云的人物，也是一位充满争议的人物。他原是孙中山的左膀右臂，两人曾经共同经历了许多风风雨雨，可谓兄弟情深，但最后两人又为何分道扬镳，反目成仇了呢？

陈炯明（1878—1933），粤系军事将领，曾参加过辛亥革命、护法战争等。他支持孙中山在广东的发展，同样，孙中山对陈炯明也十分器重，不断加以扶植。但后来，两人逐渐产生分歧。他们的分歧源于政治理念的不同：孙中山的理想是成立中央政府，领导全国革命，并把革命分为军政、训政、宪政三个时期，在孙中山看来，人民是"无知可怜"的幼儿，革命党则是保姆。对此，陈炯明并不赞成，他认为民主政治以人民自治最为重要。这种理念分歧在当时的具体表现为：孙中山主张迅速北伐，建立集权的中央政府；而陈炯明则倾心于联省自治，先建设好广东。

陈炯明的想法有一定的时代背景。五四运动后，许多人认为既然南北政府都无力统一全国，与其连年征战，不如各省先行自治，把自己的事情办好了，再实行联省自治。这样便可以不用武力而最终实现全国统一。这似乎为久经战祸、渴望和平统一的中国人提供了另一种可行性选择。因此，联省自治的主张不仅风靡南方各省，而且迅速波及北洋政府统治下的北方各省。陈炯明对联省自治尤为向往，但孙中山决计用武力统一中国。于是，孙中山与陈炯明的政治分歧，几经波澜起伏，最终不得不诉诸

陈炯明

1921 年

5 月 5 日，孙中山在广州就任非常大总统职。

12 月 4 日，孙中山在桂林设立大本营，准备北伐。

1922 年

2 月 27 日，孙中山在桂林举行北伐誓师典礼。

6 月 15 日、16 日，陈炯明所部攻击广州观音山总统府，兵变开始。

1923 年

1 月，陈炯明战败，宣告下野，广东方面欢迎孙中山回粤。

武力解决，以悲剧收场。

1922年2月，孙中山发布北伐动员令，在广西桂林举行北伐誓师典礼，开始北伐。孙中山倚重的军事主力是粤军，其总司令陈炯明对北伐并不热心，孙中山无法说动陈出兵北伐，只能令他回广东筹备后勤与军饷事宜。不料，3月21日，积极支持北伐的粤军参谋长邓铿在广州遇袭，23日身亡。4月20日，孙中山下令免去陈炯明的粤军总司令、广东省长、内务总长职务。两人关系恶化。

虽然孙中山免除了陈炯明的职务，但为了稳定后方，对陈还是留有余地的，除了仍保留其陆军总长职务外，还任命其亲信叶举为粤桂边防督办，以安其心。此时，陈炯明认为政变尚未准备周全，因此，他对孙中山表面敷衍，退居惠州装作不问政事，私下则联络亲信部属，准备发动兵变。在陈炯明的指示下，叶举率部离桂回粤，于5月中旬不顾孙中山各军不得入驻广州的命令，擅自进驻广州，占据城内各军事要地，构筑工事，为兵变做准备。随后，叶举等以粤军官兵名义致电孙中山，要求恢复陈炯明原职。5月25日，孙中山回电叶举等人，表明对陈"始终动以至诚"。27日，孙中山迫于情势，任命陈炯明以陆军总长名义"办理两广军务，肃清匪患，所有两广地方，均听节制调遣"。但孙中山的做法已经不能挽回陈炯明发动兵变的心。6月1日，孙中山回到广州，以图稳定后方局势。然而，陈炯明及其部下对孙中山多避而不见，同时加紧策划兵变。14日，陈炯明召集部属开会，决定发动兵变。15日晚，陈炯明以叶举部为先锋，分头攻击观音山总统府、粤秀楼孙中山住宅等处，兵变开始。

在陈军兵变前，孙中山已得到情报，部属劝其离开总统府避往安全地方，孙不避走。直到深夜，广州各处枪声四起，孙中山才在部属恳求下离开住所，潜行到珠海长堤天字码头，登上军舰，安

陈炯明叛变时，孙中山到永丰舰避难。这是1923年蒙难一周年之际，孙中山、宋庆龄与永丰舰海军官兵留影

然脱险。16 日凌晨,陈军开始进攻总统府和粤秀楼,与警卫团发生激战,并用大炮轰击,但未能突破警卫团的防线。16 日下午,陈军利用广州卫戍司令调停之机冲入总统府,孙中山夫人宋庆龄在此坚持到最后,化装后由卫兵护送到沙面,次日登舰与孙中山会合。

　　陈炯明叛变对孙中山来说,是一次沉重的打击,使他感到莫大的痛苦。但孙中山的可贵之处在于,虽然屡历失败,但不放弃对理想始终如一的追求。他在进行新的思索,寻求新的道路,发现新的力量,由此开始酝酿他晚年的又一次新的转折。

 相关链接

联省自治

　　联省自治运动发端于湖南。为避免湖南卷入南北军阀的战争中,1920 年 7 月 22 日,湖南督军谭延闿等人通电号召"湘人治湘"。11 月 1 日,谭又发表通电,主张"联省自治",并宣布湖南与护法各省一致,实行自治。同时,谭延闿等人还积极筹划起草省宪法,派人四处宣传和活动,建议召开各省联席会议,进一步策划组织全国性的联省自治政府,以此来改良当时腐败的政治、纷乱的时局。这一倡议,得到四川、贵州、云南、广东、广西、浙江、江西等十多个省份的响应,形成一个较大规模的要求省自治和联省自治的浪潮。一些社会名流、著名知识分子,如梁启超、蔡元培、章太炎、胡适等,也参与其中,推动浙江自治和苏、浙、皖三省联省自治,反对军阀孙传芳的统治,等等。1926 年广东国民政府开始北伐后,联省自治主张很少有人再提起,逐渐消失于民国政坛,成为了历史名词。

曹锟贿选

1922 年

4 月，第一次直奉战争爆发，直胜奉败，曹锟、吴佩孚等控制北京政府。

1923 年

6 月，直系军阀迫使黎元洪交出总统大位。

10 月 5 日，曹锟通过贿赂议员当选总统。

现代国家的总统按说要通过选举产生，但民国时期有一位总统，他耗资千万元巨款，"买"到了中华民国大总统职位，真可谓"有钱能使鬼推磨"。这个人就是曹锟，民国史上著名的"贿选总统"。那么，他这个总统是如何买到的呢？

1922 年 6 月第一次直奉战争结束后，直系军阀曹锟、吴佩孚等控制了北京政府，他们以"恢复法统"为旗号，抬出黎元洪复任总统，暂时解决了政治善后问题。但直系无意拥护黎元洪在总统位子上长期待下去，他们的目的还是让曹锟当总统，使直系成为北京政权的完全主人。他们在准备条件，等待时机。一年之后，1923 年 6 月，直系党羽用"停水"、"断电"等手段把黎元洪逼出北京，交出总统宝座，为曹锟上台当总统扫清了道路。

曹锟既想登上总统宝座，又要披上"合法"外衣，必须经过国会选举这个程序。当时许多议员离京南下，加大了他当选总统的难度。为此，曹锟等人想出用金钱买选票、贿赂议员的方法，以选举曹锟当总统。曹锟派人设立俱乐部，以巨款收买国会众院议长吴景濂等人，并收买议员北上，每票贿 5000 元至 1 万元不等。为在 10 月 5 日的总统正式选举大会上凑足议员法定出席人数，曹锟派人设立了"暗察处"，防止议员擅自离京。有意思的是，反对曹锟的势力也不甘示弱，开出了更高的价码收买议员，但终因财力有限，敌不过曹锟，所收买的议员只有 50 余人，其中有几人还是两边拿钱的。

10 月 5 日，总统选举大会正式举行，曹锟派出大批军警，国会议场戒备森严。众院议长吴景濂走进会场一看，发现签到者不够法定人数，于是他宣布等签到人数够了再进

曹锟

行选举。可是，一直等到中午时分，签到的议员也不过 400 人，还是不足法定人数。吴景濂等人这下急了，经请示曹锟，他临时决定，只要议员出席会议，即使不投曹锟的票，也发给 5000 元支票。很快，他们调来几十辆汽车，派出可靠的议员分别劝说或拉拢同乡、同党的议员，要求每人至少要拉一个回来。于是，议员们分头活动，会场外汽车喇叭声乱响，好一派热闹的景象。由于曹锟不能当选，支票就不能兑现，因而财迷心窍的议员们都费尽力气去拉人，好几个正生着病的议员也被拉来，搞得议场乌烟瘴气。直到下午 1 点多，签到的议员近590 名，达到法定人数。吴景濂下令开始投票。下午 4 时选举结束，结果曹锟得到 480 票，超过到会议员总数的四分之三，当选中华民国大总统。

　　曹锟这次贿选总统耗费特别巨大，除了每张选票 5000 至 1 万元不等外，还需要给那些上下奔走的政客们酬劳，此外，还有各种招待费、秘密费等，总数应不下千万元。10 月 10 日，曹锟就任中华民国大总统，同时公布仓促出台的《中华民国宪法》。这是中国历史上第一部正式宪法，也是历时近十年才完成的一项成果，可惜这部宪法在贿选的恶名下，无法得到应有的反响和实践。

　　曹锟以公然行贿的方式当选民国大总统，遭到全国各界的反对与声讨，各地举行游行示威大会，否认贿选总统的合法性。南方的孙中山下令讨伐曹锟，通缉贿选议员，并通告各国使馆否认曹锟为民国总统。时人称曹锟为"贿选总统"，那届国会被称为"猪仔国会"，那些议员被称为"猪仔议员"。然而，在各种名义的声讨之外，曹锟贿选总统最恶劣的政治后果，是使以国会制和内阁制为代表的西式民主制度由此而声名狼藉，从而在实际上动摇了民国法统的政治基础，北洋政权的覆灭也就为时不远了。

10 月 10 日，曹锟就任民国大总统，同时公布仓促出台的《中华民国宪法》，这是中国历史上第一部正式宪法。

 相关链接

直奉战争

　　在帝国主义的支持下，直系军阀与奉系军阀为争夺中央政权而进行的战争，前后有两次。1920 年的直皖战争以皖系的失败告终，直系与奉系控制了中央政权，但此后，以英、美为后台的直系军阀曹锟、吴佩孚和日本支持的奉系军阀张作霖之间的利益冲突日益严重。

在山海关前线督战的吴佩孚

1922年，张作霖支持的亲日派梁士诒出任国务总理，影响了直系的利益，双方矛盾进一步恶化，战争不可避免。1922年4月，第一次直奉战争爆发，双方各投入兵力10余万人，在河北固安、马厂、长辛店一带展开拉锯战。5月3日，直军迂回到奉军后方，占领卢沟桥，致使奉军溃败，张作霖被迫退回关外。6月，直奉双方以榆关为界，订立停战协定。第一次直奉战争以直胜奉败告终，直系控制了中央政权。

1924年9月，在关外韬光养晦两年的张作霖卷土重来，派兵入关，向直系宣战，第二次直奉战争爆发。直系投入兵力近20万人，奉系投入约15万人，而且都将海空军投入战斗，战场从山海关到热河一带全面铺开。10月17日，奉军攻下山海关，直军增兵反攻。就在双方打得难分胜负之际，直系将领冯玉祥秘密率部回到北京，发动政变，囚禁大总统曹锟，直系前线部队速即溃败，吴佩孚只能率领残部乘军舰从塘沽南逃长江流域。第二次直奉战争以奉胜直败而告终，奉系开始掌控中央政权。

冯 玉 祥 倒 戈

　　北洋时期,各派军阀为地盘、军饷等利益而战,"有奶便是娘",因此,军阀混战中"朝秦暮楚"的倒戈事件不时发生。其中,民国风云人物冯玉祥一生多次临阵倒戈,有人称他为"倒戈将军"。1924 年冯玉祥反直倒戈,囚禁大总统曹锟,使得他自己所在的直系军阀大有土崩瓦解之势。可以说,这次倒戈改变了北洋军阀统治后期的政治走向。

　　在 1922 年第一次直奉战争中败北的奉系军阀张作霖退居东北,韬光养晦,养精蓄锐,意图卷土重来,向直系复仇。1924 年 9 月 15日,张作霖向直系宣战,曹锟急电吴佩孚由洛阳来京,任命他为讨逆军总司令,王丞斌为副司令,彭寿莘、王怀庆、冯玉祥分别为第一、二、三军总司令,分兵三路迎击奉军,第二次直奉战争正式爆发。此次战争双方出动兵力合计约 35 万人,而且均有海空军参战,作战方式和技术据称已经达到甚至超过第一次世界大战的水平,战事非常激烈。正当直奉双方激战正酣、难分胜负之际,直系将领冯玉祥于 10 月 23 日率部秘密回京,发动政变,囚禁大总统曹锟,迫使曹锟下令停战,撤销讨逆军总司令等职,免去吴佩孚本兼各职。这次政变,当时报纸上称作"冯玉祥倒戈",冯玉祥自称"班师之役",有的也称"首都革命"。

　　冯玉祥倒戈是个突发性事件,彻底打乱了吴佩孚的军事部署。吴佩孚只好一面分兵防御关外的奉军,一面率部回京救驾。冯玉祥则与胡景翼、孙岳等组织"国民军",准备迎战。听到冯玉祥倒戈消息后,奉军趁势大举进攻,吴佩孚腹背受敌,迅速败退。11 月 3 日,吴佩孚收拾残部,由大沽乘船南下。历时 50 多天的第二次直奉战争以直系军阀惨败告终。冯玉祥倒戈是第二次直奉战争的转折点。让人感到奇怪的是,本为直系将领的冯玉祥为何临阵倒戈呢?

　　第一次直奉战争结束后,直系军阀曹锟、吴佩

1924 年
9 月,第二次直奉战争爆发。
10 月,冯玉祥发动北京政变,囚禁大总统曹锟,解除吴佩孚本兼各职,同时邀请孙中山北上,主持大计。

直奉之战时的冯玉祥

孚等控制了北京政府,直系力量发展到顶峰时期。然而,此后直系的种种作为,不仅不能一统天下,反而使得它声望大跌,尤其是1923年10月曹锟通过贿选当上大总统,这一丑剧更成为直系由盛转衰的转折点,直系军阀成为众矢之的,内外矛盾不断加深。在诸多矛盾中,最为致命的是直系内部的矛盾。

在直系内部,津派、保派、洛派三派各据地盘,在政治上互争长短,各自以本派系利益至上,大大削弱了直系的力量。直系最主要的军事将领吴佩孚在曹锟出任总统后,任直鲁豫巡阅使职,开府洛阳,主张武力统一全国,干涉北京政治,颇为引人注目。其他各派,例如,以王丞斌为代表的津派、高凌霨为代表的保派、地方的苏皖赣巡阅使齐燮元、两湖巡阅使萧耀南等,对吴佩孚均存有戒心,他们或极力发展自己的派系力量,或令人在曹锟身边说吴佩孚的坏话,离间曹吴关系,使得吴佩孚在直系内部处于孤立境地。就吴佩孚本人来说,他心高气傲,目中无人,对本派内部关系的处理也不甚注意,尤其是与河南督军冯玉祥的关系日趋恶化。吴佩孚夺去冯玉祥的兵权,将冯放到北京担任有名无实的陆军检阅使,使得冯对吴怀恨在心,这是吴佩孚的一大失误,种下了冯玉祥后来背直联奉的远因,致使直系失败下台。

第二次直奉战争恰好给了冯玉祥提供了一个难得的机会。早在这次战争的前奏江浙战争爆发时,冯玉祥就曾请命援助江苏,意在向东南谋取地盘和利益,但吴佩孚欲为孙传芳留地盘,没有应允。直奉大战期间,吴佩孚也没有把冯玉祥所部放在山海关的正面战场,而是置于热河,意在不让冯染指东北富庶之地。在分配枪械、军饷时,吴佩孚又对冯玉祥异常苛刻和吝啬。

诸多因素叠加在一起,更加激发了冯玉祥对吴佩孚的忿恨,最终促使冯玉祥下定倒戈反叛曹锟、吴佩孚的决心。

1925 年

2月1日,段祺瑞主导的善后会议在北京召开,4月21日闭幕,其目的是为了抵制国民会议。

 相关链接

国民会议运动

1924年10月冯玉祥倒戈,直系军阀政府垮台之后,冯玉祥暂时控制了中央政权。他多次邀请孙中山北上,主持大计,共商国是。但同时,由于冯玉祥毕竟势单力薄,无法掌控局面,只得把已经蛰居天津多年的皖系军阀首领段祺瑞抬出来,以收拾局面。很快,中华民国临时执政府宣告成立,段祺瑞就任临时执政。11月中旬,孙中山北上,并发表《北上宣言》,提出召集各人民团体参加的国民会议,谋求国家和平统一和建设。孙中山的主张得到中国共产党的支持。孙中山在离粤北上沿途中宣传召集国民会议的必要性与重要性,指派宣传员数十人分赴各省区推动各地的国民会议运动。这个主张也得到了全国人民的拥护,于是国民会议运动与废除不平等条约运动汇合一起,在全国范围开展起来。

孙中山于1924年12月31日到达北京,但是,段祺瑞为首的临时执政府为了抵制国民会议,筹备召开善后会议,企图通过善后会议产生国民代表会议,再通过国民代表会议制定宪法,组织正式政府,使其统治合法化。国民党对此表示反对,孙中山决定国民党员不参加善后会议。

国民会议运动是国共合作的产物,是国共两党共同领导人民群众向军阀和帝国主义夺取解决国事权利的斗争,运动广泛宣传了国共两党的反帝反封建主张,促进了国民革命高潮的到来。

国民革命

1921年7月中国共产党的成立和1924年1月中国国民党的改组,是中华民国史上的两个重大事件,二者基本精神都是"以俄为师",推进中国革命的发展。1924年1月,中国国民党第一次全国代表大会在广州召开,孙中山宣布对外联俄联共,对内革新党务组织,并以此为契机,国共两党携手合作,发动和主导了一场旨在"打倒列强除军阀"的国民革命运动。在这场持续三四年的革命运动中,国共两党都迅速壮大,国民党由一个没有多少群众基础的在野党变为掌握全国政权的执政党,共产党则由一个秘密革命组织变为具有重要影响的政治新锐力量,但两党的矛盾冲突也在合作中日渐凸显。国民革命运动最后通过北伐战争推翻了北洋军阀的统治,但国共两党也在此过程中分道扬镳,开始了一场更为持久,也更为激烈的军事和政治较量。

北伐前国民革命军在广州誓师阅兵

    1926年,广东国民政府决定北伐。5月,以共产党员和共青团员为骨干的第四军叶挺独立团,奉命作为北伐先锋,首先开赴湖南前线,揭开了北伐序幕。7月,国民革命军约10万人,正式出师北伐。7月9日,国民革命军在广州东校场隆重举行北伐誓师大会。这是当时誓师阅兵时的情景。

南 陈 北 李 相 约 建 党

中国共产党是如何创建的？很多人未必很清楚，其中，南陈北李相约建党，尤其值得说一说。

南陈，指的是南方的陈独秀。陈独秀（1879—1942），字仲甫，安徽怀宁人。早年就学于杭州求是书院，后赴日留学。回国后在浙江陆军学堂任教，辛亥革命后任安徽省都督府秘书长。1915年，他在上海创办《青年杂志》（后改名《新青年》），新文化运动由此兴起。1917年，担任北京大学文科学长。

北李，指的是北方的李大钊。李大钊（1889—1927），字守常，河北乐亭人。1913年北洋法政学校毕业，后赴日留学。1916年回国，先后任《晨钟》报总编辑、北京大学教授兼图书馆馆长等职。1917年俄国十月革命爆发，消息传至中国，李大钊即撰文予以宣传，欢呼："人道的警钟响了！自由的曙光现了！试看将来的环球，必是赤旗的世界！"1919年，李大钊连续在《新青年》杂志第6卷第5、6号发表《我的马克思主义观》，对马克思主义的各个部分作了系统的阐释，并强调了阶级斗争的意义。

南陈北李相约建党，大体而言，经历了酝酿、发动、创建三个阶段。

第一阶段，1914年至1920年2月，为酝酿时期，陈、李两人由相识到相约建党，经历了革命斗争的实践锻炼和考验，产生了相约建党的共识。1914年夏天，李大钊与陈独秀开始相识。此后，李大钊积极为陈独秀主编的《新青年》撰稿，共同推动新文化运动的发展。1918年12月，陈独秀、李大钊等人创办《每周评论》，积极宣传马克思主义。五四运动中，他们的友谊也日益加深，在带领学生进行社会运动过程中，双双成为北京五四运动的组织者。这样，南陈北李相约

1917 年
俄国十月革命爆发，马克思主义在中国传播开来。

陈独秀

李大钊

建党有了一定的组织基础。

1920 年

8 月，陈独秀等人在上海成立共产党早期组织，当时取名为"中国共产党"。

10 月，李大钊等人在北京成立共产党早期组织，当时取名为"共产党小组"。

1921 年

6 月，共产国际派马林、尼克尔斯基等来到上海，帮助成立中国共产党。

7 月 23 日至 31 日，中共"一大"在上海（最后一天移至浙江嘉兴南湖一艘游船上举行）召开，中国共产党正式成立。

第二阶段，1920 年 2 月至 1921 年 3 月，为发动时期，陈、李两人按照共同约定，分别在南方（中心在上海）和北方（中心在北京）团结先进分子，发展进步势力，积聚革命力量，建立了共产党早期组织，并确定通过召开全国代表大会的方法建立党的全国统一组织。1920 年 2 月，陈独秀为躲避北洋政府的搜捕，由李大钊陪同秘密离开北京，前往天津（陈独秀再乘船到上海），途中，两人商讨了建党事宜，决定分头在南方和北方进行建党的准备工作。3 月，共产国际代表维经斯基来华联络中国革命者，首先联系上了李大钊，接着，李大钊将他们介绍给陈独秀。此后，陈独秀在上海，李大钊在北京，一南一北正式开始了建党活动。在党的名称上，陈独秀主动征求李大钊的意见，李大钊表示应该叫"共产党"，陈独秀表示同意。在南陈北李的领导下，湖南的毛泽东与在法国的蔡和森也探讨了建党问题。1920 年 6 月后，南陈北李继续帮助维经斯基在中国联络革命者，从事培养建党骨干的工作。8 月至 10 月，南陈北李相继在上海、北京等地建立共产党早期组织。

第三阶段，1921 年 3 月至 7 月，为创建时期。这段时间，陈李两人共同确定了党的全国代表大会召开的时间和地点，并由南陈北李联络各地的党组织，请他们分别派出代表，到上海参加中国共产党第一次代表大会。7 月 23 日，中国共产党第一次全国代表大会在上海召开，标志着中国共产党的诞生。南陈北李相约建党最终实现了。

南陈北李两人，虽然都没有参加中共"一大"，但是都在中央担任了相应职务。南陈北李在中国共产党建党过程中，发挥出了其他人无法替代的历史作用。南陈北李相约建党，成为中国共产党建党史上的一段佳话，他们在革命过程中形成的友谊，也成为世界共产主义运动史上的一段佳话，犹如当年马克思与恩格斯的友谊一样。

 相关链接

中共"一大"

1921 年 7 月 23 日，中国共产党第一次全国代表大会在上海法租界贝勒路树德里 3 号（后改为望志路 106 号，今兴业路 76 号）李汉俊之兄李书城的家里秘密举行。出席这次代表大会的有：毛泽东、何叔衡、李达、李汉俊、张国焘、刘仁静、王尽美、邓恩铭、董必武、陈潭秋、陈公博、周佛海，他们代表着全国 50 多名党员。共产国际代表马林和尼克尔斯基也出席了大会。陈独秀、李大钊因为公务繁忙无法脱身，未出席大会。陈独秀委托包惠僧参加大会。

在"一大"的第一次会议上，张国焘说明了这次大会的意义，宣布大会的主要任务是制定党的纲领和实际工作计划；共产国际代表马林讲了话，他建议中国共产党要特别注意建立工人的组织。在第二次会议上，各地代表汇报各地组织的发展情况和存在的问题，接着，大会选出了一个起草党纲和工作计划的委员会，委员会用了两天的时间，起草了党的纲领和工作计划。为此，大会休会两天。第三、四、五次会议，代表们对党纲进行了热烈讨论。第六次会

中共"一大"会址

议，原计划是通过党纲和研究今后的工作计划，选举中央领导机构。但 7 月 30 日夜间发生了让人意想不到的事情，即开会地点突遭租界巡捕的搜查，会议被迫中断，不得不于 31 日转移到距离上海不远的江南小城——浙江嘉兴南湖的一艘游船上进行，完成了大会的最后议程。

经过讨论，大会通过了中国共产党的第一个纲领和第一个决议。党纲规定：党的名称为中国共产党，党的性质是无产阶级政党；党的奋斗目标是：以无产阶级革命军队推翻资产阶级，由劳动阶级重建国家，直至消灭阶级差别。决议指出：党的基本任务是成立工会，加强对工人的教育，出版书报刊物，组织工人学校，提高工人的觉悟，加强对工会和工人运动的研究和领导。大会还选举了中央局，陈独秀为书记，张国焘和李达分别负责组织和宣传工作。

中共"一大"的召开，宣告了中国共产党的正式成立。它的影响在当时还没有为人们充分估计，但随着历史的演进，它的重要性日渐凸显，并且真正成为影响 20 世纪中国历史的大事件。

蒋介石考察苏俄

1919 年

7 月 25 日，苏俄政府发表宣言，宣布废除沙俄时代与中国签订的一切不平等条约，放弃俄国在华的所有特权、租界、赔款等。

1922 年

7 月 26 日，苏俄任命越飞为全权驻华代表，速即来华。

1923 年 8 月 16 日，上海码头人头攒动，"孙逸仙博士代表团"将从这里起航赴苏俄考察访问。作为代表团团长的蒋介石，脸上露出抑制不住的兴奋与得意，不停地向欢送人群招手致意。19 日代表团到达大连，换乘火车，25 日至满洲里边界，换车后进入苏俄境内，经过 9 天的车程，于 9 月 2 日抵达莫斯科。

蒋介石早年即对苏俄很向往。早在 1919 年，蒋介石就萌生了赴俄考察的愿望。当年 1 月 1 日，蒋介石在日记中写道："近年拟学习俄语，预备赴俄考察一番，将来做些事业。"此后，他经常注意俄国革命的消息，研究俄国的形势，把俄国革命看成是"一个新纪元"。1923 年 8 月，作为孙逸仙代表团的团长到苏联进行访问，蒋介石终于圆了访苏梦。

在访俄期间，代表团的主要活动有以下几个方面：1. 会见苏俄有关方面的领导人，听取苏联革命的相关经验，商讨苏联对国民党的援助问题。2. 参观考察苏俄红军、军事学校和军事设施，了解苏联军队和军事院校的组织制度和军事装备。3. 考察苏俄的各级苏维埃政府组织，不仅访问了苏维埃中央政府的各部会，也考察了有关市苏维埃和村苏维埃的政府组织，参观了各级苏维埃政府的讨论会，并与有关党政人员进行了交谈，等等。

此次访苏，苏俄许多方面给蒋介石留下了不错的印象，其中影响最大的是，他比较深入地了解了苏俄的军政制度，开始接受"中国国民革命是世界革命的一部分"的观念，认为中国必须在反对帝国主义运动上与苏俄合作。此外，还有很多，例如，刚到莫斯科，代表团受到俄共中央书记鲁祖塔克的接见，蒋称俄共为"姐妹党"，他在日记中称赞道："俄国

孙中山与蒋介石(中)等合影

人民无论上下大小，比我国人民诚实恳切……其立国基础亦本于此乎。"还在 400 名红军士兵出席的大会上称赞红军战士："你们战胜了你们国内的资本主义和帝国主义。""我们来这里学习并与你们联合起来。"在参观军队过程中，他对苏俄的党代表制和苏军武器赞赏有加。对苏联的领导人也有赞扬的一面，还称苏俄领导人加里宁非常慈祥，像一个中国的老农。

虽然苏俄在军事与革命组织等方面给蒋介石留下了好印象，但是，蒋介石访苏的主要目的是说服苏俄同意援助孙中山的西北军事计划，即在蒙古库伦（现乌兰巴托，1921 年起被苏俄红军进占）建立国民党的军事基地。因为当时的北京政权正受直系军阀的控制，推翻直系军阀有两条路线：一条是从广州出发北上，路途遥远而艰辛，这就是北伐；而另一条路线则是从库伦出发南伐，途中只要经过河北的张家口等地就可以攻入北京。蒋介石当然希望选择后者。

但当蒋介石向苏俄方面提出这一问题时，遭到俄方拒绝。苏俄方面告知蒋介石，孙中山和国民党的当务之急，是要在国内全力以赴地开展政治宣传工作和党的组织工作，不然，在当前形势下，任何军事行动都注定要失败。蒋介石显然对此很不满，他在日记中写道："求人不如求己"，"各国都是考虑自己的利益，什么朋友啊、盟友啊，都靠不住"。这使蒋介石认为苏俄方面并非真诚支援孙中山进行革命，而是为了其自身的利益，特别对中国边疆图谋不轨，其原因就是蒙古问题。蒋介石此次访俄，还看出苏俄政治上的一些毛病，他在日记中说："苏俄是少数人种当国，排斥异己，我很替苏俄担忧。"（这很可能是在批评斯大林，因为斯大林是格鲁吉亚人，不是俄罗斯人）

11 月 29 日，代表团结束为期近三个月的访问回国，蒋介石不无失望地离开苏俄，未能完成孙中山交给他的任务，12 月 15 日抵达上海。回国后，蒋介石在给孙中山的《游俄报告书》中，讲述了苏俄有侵略边陲的企图，不可对其过于信任。但孙中山没有接受，他认为蒋过虑了。

蒋介石后来在他的《苏俄在中国》一书里写道："在我未往苏联之前，乃是十分相信俄共对我们国民革命的援助，是出于平等待我的至诚，而绝无私心恶意的。但是我一到苏俄考察的结果，使我的理想和

1923 年

1 月 26 日，《孙文越飞宣言》发表，孙中山确定联俄政策。

8 月 16 日，"孙逸仙博士代表团"赴苏俄考察，蒋介石为团长。11 月，代表团回国，蒋介石未能完成孙中山交给他的任务。

《孙文越飞宣言》

1923 年 1 月 17 日，苏俄驻华全权外交代表越飞与孙中山在上海进行谈判，双方达成一项重要协议，即体现在 1 月 26 日发表的《孙文越飞宣言》中。宣言表达了双方合作的意愿。此后，越飞与孙中山的代表廖仲恺又在日本进行了一个多月的商谈，就苏俄援助中国革命、创设军官学校、建立革命军队、改组国民党、实行国共合作等问题，详细地交换了意见和看法。《孙文越飞宣言》的发表标志着苏俄与孙中山及其国民党的结盟，没有这份宣言，就没有此后的孙中山改组国民党，也没有国共合作与国民革命。

信心完全消失。我断定了本党联俄容共的政策，虽可对抗西方殖民于一时，决不能达到国家独立自由的目的；更感觉苏俄所谓'世界革命'的策略与目的，比西方殖民地主义，对于东方民族独立运动，更危险。"蒋介石这次考察苏俄及其对苏俄的反感，埋下了他日后反苏的种子。

相关链接

以俄为师

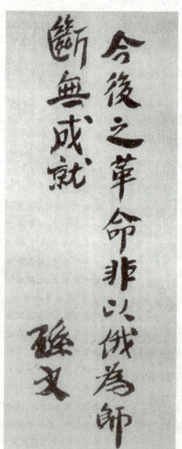

孙中山手书"以俄为师"

作为中国民主革命的伟大先行者，孙中山以不折不挠的精神，领导了辛亥革命、"二次革命"、护法运动等一系列革命活动，但中国依旧是半殖民地半封建社会的老样子，孙中山为此痛心疾首，但他仍在思考新的出路。

1917年俄国十月革命的成功，使孙中山重新看到了希望。于是他提出"以俄为师"的口号，制定了联俄联共的政策。孙中山当时说要"以俄为师"，他最看重的是苏俄的"以党治国"经验。他曾说，俄国完全以党治国，比英、美、法之政党握权更进一步。俄国之能成功，即因它将党放在国上。因此，现在他要以俄国为模范，重新组织，把党放在国上。他制定了《建国大纲》，分"军政"、"训政"、"宪政"三阶段。苏俄政府也加强了对孙中山国民党的援助，除在武器弹药等物资方面提供援助外，还派出大批的政治顾问、军事顾问，指导国民党的改组，使之成为一个反帝反封建的革命政党。在苏俄的帮助下，孙中山创立了黄埔军校，培养了大量的革命军事人才。此外，仿效苏联红军的政治委员制度，在军队中创设党代表制度，这一制度的确立，对于国民党的路线、方针、政策在军队中的贯彻执行，有一定的推动作用。总之，孙中山的"以俄为师"政策，使中国革命焕发出蓬勃的生机。

孙中山演讲三民主义

早在辛亥革命之前,孙中山就已正式提出"三民主义"。中国国民党第一次全国代表大会期间(即 1924 年 1 月 27 日),孙中山在广州亲自开辟了一个系统讲述三民主义的讲座。会后的 3、4 月和 8 月间,孙中山几乎每个星期的休息日都要从珠江南岸的广东士敏土厂大元帅府出发,前往珠江北岸的广州文明路广东高师礼堂演讲三民主义。

在演讲三民主义过程,一件关于孙中山"节俭闹革命"的故事,在革命同志间很快传开了。事情是这样的:刚开始时,孙中山与随从 10 多人先由大元帅府出门到江边,乘轮船过江后改租汽车前往高师,因为人员较多,每次要租三部汽车才能成行。不久,孙中山觉得这样耗费有点高了。一天,他对副官说:"你去把庶务干事找来见我。"庶务干事见孙中山后问:"先生有事找我?"孙中山笑着点了点头说:"我想了解一下每次去高师演讲要付多少车费?"庶务干事回答说:"每次往返租三部车,共计要 15 元钱。"孙中山说:"往返路程总计不过 5 华里左右,要用去车费 15 元,太浪费了!以后过河后不必租车了,我们可以步行往返!"此后,孙中山每次去高师演讲,过江后即偕卫士、秘书和副官等人,从码头步行前往文明路。

孙中山演讲三民主义,原定民族、民权、民生每个主义均为 6 讲,共 18 讲,但从 1924 年 1 月 27 日至 8 月 24 日一共只作了 16 讲,8 月 24 日以后,因为应对广州商团叛乱及准备北伐而中止,民生主义部分没有讲完。每次演讲时,由秘书黄昌谷负责记录,由国民党元老、时任高师校长的邹鲁负责读校,最后由孙中山本人修改审定记录稿。

三民主义宣传册

1923 年

10 月,苏俄代表鲍罗廷抵达广州,向孙中山强调宣传与民众动员的重要性,帮助孙中山改组国民党。

11 月,中国国民党发表改组宣言。

1924 年

1 月 20 日至 30 日,中国国民党第一次全国代表大会在广州召开,大会通过了《中国国民党第一次全国代表大会宣言》、《中国国民党章程草案》等议案,确定对外联俄联共、对内革新党务政策。

1 月至 8 月,孙中山在广州系统地演讲三民主义。

8 月至 10 月,广东商团发动叛乱。

孙中山对于演讲稿的读校工作十分重视,每篇演讲稿一般都经过3次修订才定稿,然后,才交给负责宣传事务的戴季陶拿去出版发行,作为对党员和民众"宣传之课本"。很显然,孙中山想通过系统地讲演三民主义,使得国民党员正确理解他的学说和思想,以此去从事革命实践,当然也与澄清社会上一些人对他联俄联共政策、建立国共合作的误解有关。

孙中山演讲三民主义的主要内容如下:1.民族主义。孙中山指出中华民族面对沉重的危机,因此要实现国家独立,必须联合苏俄,反对帝国主义的强权政治。孙中山认为,救中国危亡的根本方式,在自己先有团体。2.民权主义。孙中山强调五权分立和直接民权,否定由少数地主、资本家阶级把持政治,提倡"全民政治"。孙中山说,我们"发起革命的时候便主张民权,决心建立一个共和国。共和国国家成立以后,是用谁来做起皇帝呢?是用人民来做皇帝,用四万万人来做皇帝"。3.民生主义。孙中山提出了"耕者有其田"的原则。这个原则发展了他早期的"平均地权"思想,把生产资料同劳动者直接结合起来,所以"耕者有其田"政策,不仅满足了广大农民的物质利益,也将激发农民支持革命的热情。孙中山在讲述民生主义与共产主义、社会主义的关系时,他认为:"民生主义就是社会主义,又名共产主义,即是大同主义",它们之间并无矛盾,这表明他对科学社会主义有许多误解之处。

作为伟大民主革命家的孙中山,在三民主义演讲中,他是把政治问题摆在首位的,在处理政治和经济建设的关系时,他也没有重政治轻经济的偏向。然而,由于他的民生史观影响,他以人类求生存的欲望、意志作为社会发展的动力,离开社会生产方式去谈历史发展的动力,以"互助"代替阶级斗争,从而否定了阶级斗争是阶级社会发展动力的观点,这是他的不足之处。

广州商团叛乱

广州商团是帝国主义和地主买办集团所收买的反革命武装组织,以汇丰银行广州分行买办陈廉伯和佛山大地主陈恭受为首。1924年8月至10月期间,商团在美、英帝国主义怂恿下,举行推翻广州革命政府的叛乱。在孙中山领导下,广东革命政府调集了农民自卫军、黄埔学生军等部队,镇压了商团叛乱,陈廉伯、陈恭受被迫缴械投降,使广东革命政权得到初步巩固。

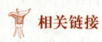 相关链接

国民党"一大"

中国国民党第一次全国代表大会于1924年1月20日在广州召开,会期11天,中间休会2天半,开会17次,30日闭幕。会议主题是对国民党进行全面改组、实现国共合作。大

会代表共 196 人，出席开幕式的代表有 165 人。孙中山以总理身份担任大会主席，并指定胡汉民、汪精卫、林森、谢持、李大钊组成大会主席团，苏联顾问鲍罗廷也出席了大会。孙中山在报告中，总结了国民党的历史经验，提出改组的组织原则是淘汰不纯分子，吸取革命分子，把国民党改组成为强有力的政党，以此去改造国家，争取革命成功。

孙中山步出国民党"一大"会场

　　大会通过了《中国国民党第一次全国代表大会宣言》、《中国国民党章程草案》、《组织国民政府之必要案》、《出版及宣传问题案》等议案；选出了中央执行委员会和监察委员会。在当选为中央执行委员和候补委员的 41 人中，有共产党员李大钊、谭平山、于树德、毛泽东、瞿秋白、林祖涵等 10 人，约占总数的四分之一。大会通过了改组国民党使之革命化的具体办法，在保留总理的名义下，领导机构采取委员制。大会还通过了接受共产党员和社会主义青年团员以个人身份加入国民党的决定。大会通过了国民党的施政纲领，提出了对内对外的基本政策和实行三民主义的具体方针。

　　经过这次大会，联俄联共成为国民党的基本政策。此后，中国政治局面有了很大的改变，它成为革命高潮新的起点。

孙中山逝世

1924 年 1 月,中国国民党"一大"在广州召开,孙中山接受中国共产党和苏俄的帮助,改组国民党,实行联俄联共政策,广东逐渐成为国民革命的中心,汇集全国的革命力量,很快开创出反帝反封建的革命新局面。同年 10 月,冯玉祥在北京发动政变,推翻直系军阀的统治,他联合奉系军阀张作霖,推段祺瑞为临时执政,同时电请孙中山北上共商国是。

为了国家的前途,孙中山毅然决定北上,并提出"召开国民会议"和"废除不平等条约"的主张,同帝国主义和北洋军阀作斗争。1924 年 11 月 12 日,孙中山在夫人宋庆龄陪同下起程,绕道日本,开始北上之行,12 月 4 日到达天津,由于一路颠簸和北方严寒气候,孙中山肝病复发。他一边接受治疗,一边接见京津各方面人士,准备 22 日入京。18 日,孙中山获悉段祺瑞执政府承认近代以来的不平等条约之后,大失所望,病情加剧。段祺瑞又来电催促他进京。孙中山于 12 月 31 日抵达北京,受到群众热烈欢迎,随后入住北京饭店。1925 年 1 月 26 日,孙中山被确诊为肝癌,在北京协和医院接受手术。2 月 18 日,孙中山由协和医院移居铁狮子胡同行馆(今北京市张自忠路 23 号),接受中医治疗。此后虽经中西名医多方治疗,终究回天乏术。3 月 11 日,孙中山自知不久于人世,由夫人宋庆龄扶腕,在《国事遗嘱》和《家事遗嘱》上签了字。《国事遗嘱》的全文是:

余致力国民革命凡四十年,其目的在求中国之自由平等。积四十年之经验,深知欲达到此目的,必须唤起民众及联合世界上以平等待我之民族,共同奋斗。现在革命尚未成功,凡我同志,务须依照余所著《建国方略》、《建国大纲》、《三民主义》及《第一次全国代表大会宣言》,继续努力,以求贯彻。最近主张开国民会议及废除不平等条约,尤须于最短期间促其实现。是所至嘱!

孙中山一生奔走革命,从不谋取私利,临终时留下的私产,除了衣物、书籍外,只有一幢华侨送给他的上海住宅(即今上海市香山路 7 号中山故居)。他在《家事遗嘱》中写道:

余因尽瘁国事,不治家产,其所遗之书籍、衣物、住宅等,一切均付吾妻宋庆龄,以为纪念。余之儿女已长成,能自立,望各自爱,以继余志。此嘱。

孙中山签完国事、家事遗嘱后,他的英文秘书陈友仁将已经备好的《孙中山致苏联遗书》呈给他,这篇遗书是由孙中山以英文口授,鲍罗廷和陈友仁笔记,这时也由孙中山补签。孙中山在遗嘱中说,希望中苏"两国在争取世界被压迫民族自由之大战中,携手并进以取得胜利"。这天下午,孙中山精神似乎好了一些,又与夫人宋庆龄及汪精卫等谈话,表示死后愿像列宁那样保留遗体,并愿葬在南京紫金山。他说:"因南京为临时政府成立之地,所以不可忘辛亥革命也。"他还嘱咐宋庆龄,希望她能代替自己访问苏联。

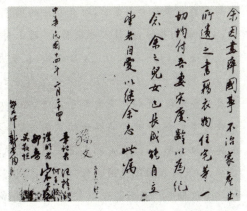

孙中山的《家事医嘱》

3月12日上午9点30分,孙中山与世长辞,终年59岁。3月19日,孙中山灵柩移中山公园,前往致祭者不计其数。4月2日出殡,灵柩暂厝西山碧云寺石塔中。参加送灵到西直门的群众达30万人,步行送到西山的约2万人。1929年5月26日,孙中山灵柩由碧云寺移到南京,6月1日,安葬在紫金山。

宋庆龄、孙科和孙科之子孙治平在孙中山灵堂守灵

孙中山的逝世,是中国革命事业的一大损失,不仅使由他一手创建起来的广东革命根据地处于危险境地,更严重的是使国民党内部展开了争夺继承权的斗争,国民党在加剧分化之中。

相关链接

西山会议

孙中山逝世后,灵柩暂厝于北京西山碧云寺中。1925年11月23日,国民党右派分子谢持、邹鲁、林森、张继、沈定一、居正、石青阳、石瑛、覃振等人,离开革命大本营广州,到北京西山碧云寺孙中山灵前,召开非法的国民党一届四中全会,公开反对孙中山联俄联共政策,史称西山会议,这批人也被称为"西山会议派"。

会议从1925年11月23日开始,直至次年1月4日,前后延续42天之久,此间共开会22次。决议主要内容为:与共产党实行分离,取消共产党员的国民党籍;停止广州中央执行委员会职权,迁移中央党部于上海,改组中执委常委和中央党部各部部长人选,取消中央政治委员会;修改即将召开的国民党"二大"代表选举办法;开除汪精卫党籍六个月,解除其中执委职务,并规定他不得在国民党执政区域之政府机关服务;解雇鲍罗廷。会议还提醒,如果不在国民党内实行"清党",恐怕"再过一年,青天白日之旗,必化为红色矣"。

会议期间,"西山会议派"宣布在上海成立"国民党中央党部",在北方等地设立地方党部。

1926年1月,在国民党左派和中国共产党的支持下,在广州举行的中国国民党第二次全国代表大会,通过了弹劾"西山会议派"的决议案,处分了邹鲁、谢持等人。

汪 精 卫 当 主 席

　　孙中山逝世后，广东革命政府开始改组。1925 年 6 月 14 日，国民党中央政治委员会第十四次会议召开，会议采纳苏俄顾问鲍罗廷的建议，决定把大元帅大本营改组为国民政府。

　　6 月 15 日，国民党中央执行委员会举行全体会议，就成立国民政府等事宜，议决各项议案，主要内容：1. 中国国民党中央执行委员会为最高机关；2. 改组大元帅府为国民政府；3. 建国军及党军改称为"国民革命军"；4. 整顿军政、财政。6 月 24 日，胡汉民以大本营总参议代行大元帅职权的名义，发表《接受中国国民党中央执行委员会关于政府改组决议案》的通电。

　　7 月 1 日，国民政府在广州正式宣告成立，并颁布《国民政府组织法》，该法第一条即规定："国民政府受中国国民党之指导及监督，掌理全国政务"，体现了孙中山"以党治国"原则。国民政府采取委员制，以汪精卫、胡汉民、张人杰、谭延闿、许崇智、于右任、张继、徐谦、林森、廖仲恺、戴季陶、伍朝枢、古应芬、朱培德、孙科、程潜 16 人为委员，推定汪精卫、胡汉民、谭延闿、许崇智、林森 5 人为常务委员，并选

1925 年

2 月至 3 月，广东革命政府举行第一次东征，讨伐企图进攻广州的军阀陈炯明。

6 月 14 日，国民党中央政治委员会议决，大元帅大本营改组为国民政府。

7 月 1 日，国民政府在广州宣告成立，汪精卫当选主席。

10 月，广东国民政府举行第二次东征，全歼陈炯明军。

广东国民政府部分委员合影。前排左起：二为许崇智，三为汪精卫，四为胡汉民，五为孙科，六为廖仲恺

举汪精卫为国民政府主席。由汪精卫而非胡汉民出任国民政府主席，一时间很让人感到意外，这是为什么呢？

这还得从孙中山离粤北上，汪精卫、胡汉民的政治性格，以及当时的政局中去寻找答案。

1924 年 10 月，汪精卫随孙中山北上。胡汉民留守广州，代行大元帅职权。次年 3 月 12 日，孙中山在北京逝世。从理论上讲，胡汉民由代行大元帅出任国民政府主席，顺理成章。但政治舞台背后的运作并非如此。

汪精卫以孙中山逝世时随侍在侧，得为遗嘱起草人，在心态上不免以孙中山继承人自居。当时，国民党执行孙中山的联俄政策，苏俄的态度是决定孙中山继承人的一个重要因素。早在孙中山病危期间，苏俄驻华公使和鲍罗廷等人即开始物色国民党未来的领袖，他们最初拟定的人选有三人：胡汉民、汪精卫、戴季陶，最后敲定的是汪精卫。

1926 年
1 月，国民党"二大"在广州召开，汪精卫成为国民党最高领导人。
6 月，广西省政府正式受辖于国民政府，两广统一。

5 月初，汪精卫办完孙中山丧事后，立即返回广东，但他没有直接回广州，而是先到潮汕会晤粤军总司令许崇智和参谋长蒋介石。此时的蒋介石率领黄埔学生军已经完成第一次东征，手握军权，党内地位今非昔比；许崇智则和胡汉民长期不和，汪精卫此行意在争取此二人的支持。

此外，廖仲恺对汪精卫的支持也是非常重要的。廖仲恺当时在党内的地位仅次于胡汉民、汪精卫，因为胡汉民为人刻薄，不易相处，很多人对他不满意，廖仲恺也不例外。汪精卫到达潮汕后数日，廖仲恺也赶到，同汪精卫、许崇智、蒋介石等人会商。廖仲恺此行另一目的是为了转达已经由北京回到广州的鲍罗廷的意见。随后，汪精卫随同廖仲恺一起回广州。

此后，在讨论国民政府主席人选时，许崇智首先提议汪精卫，并得到廖仲恺、蒋介石的积极支持。这样一来，汪精卫便顺利当选。在选举国民政府主席时候，还有一则小插曲：当时共有 11 人出席会议，采用无记名投票选举方式，汪精卫因为对自己当选缺乏信心，自投了 1 票，独得 11 票，选票公布后，众人都知道汪精卫自己投自己的票，汪本人当场面红耳赤。

　　以汪精卫为主席的国民政府,下设军事部、外交部、财政部和秘书处,三个部分别以许崇智、胡汉民、廖仲恺为部长,聘请鲍罗廷为国民政府高等顾问。此外,还设有大理院、惩吏院、监察院。虽然国民政府初期尚未形成完备的五权制度,但已经初具五权分治的雏形了。

 相关链接

两广统一

　　1924年初国民党改组前后,广西形成陆荣廷、沈鸿英与李(宗仁)黄(绍竑)三足鼎立的局面,就兵力而言,陆最强,沈次之,李、黄最弱。针对这一局面,李宗仁和黄绍竑定下统一广西的策略,即先陆后沈,各个击破。1924年夏,李、黄利用陆与沈在桂林交战对峙之机,乘虚袭击陆的后方,占领省会南宁,掌握全省政治中心,成立"定桂讨贼联军总指挥部",李宗仁为总指挥,黄绍竑副之,白崇禧为参谋长兼前敌总指挥,先联络沈鸿英,在柳州一带击溃陆荣廷主力。9月,陆荣廷被迫宣布下野,广西大部地区成为李、黄的势力范围。

　　广东革命政府见李宗仁、黄绍竑等人统一广西在望,希望能将他们招致革命政府旗下。1924年11月,胡汉民、许崇智电请黄绍竑赴粤商洽,决定任命李宗仁为广西全省绥靖督办兼广西陆军第一军军长,黄绍竑为会办兼第二军军长。12月1日,李、黄宣誓就职,服膺革命政府。此后,他们在广东革命政府协助下,消灭沈鸿英所部,并击溃试图侵桂的滇军唐继尧部,广西完成统一。

　　1926年1月,国民党"二大"召开,李宗仁、黄绍竑当选为国民党候补中央监察委员。1月26日,国民政府主席汪精卫等人前往梧州会晤李、黄,商讨两广统一具体事宜。广西军队整编为国民革命军第七军,李宗仁、黄绍竑、白崇禧分别被任命为第七军军长、党代表、参谋长,全体官兵集体加入国民党。6月,国民政府任命黄绍竑为广西省政府主席,至此,广西省政府正式受辖于国民政府。

　　两广统一,使得革命根据地更加扩大和巩固,以后的北伐战争得以顺利推进,与此密不可分。

廖仲恺被刺

1924 年

6月,国民党中央监察委员张继、邓泽如、谢持等向孙中山和国民党中央提出《弹劾共产党案》,遭到孙中山驳斥。

1925 年 8 月 20 日早晨,廖仲恺与夫人何香凝和往常一样,在卫士陪同下,从东山寓所驱车前往中央党部参加会议,在路上遇到监察委员陈秋霖,陈也一同搭车前往。四个人下汽车后,廖仲恺和陈秋霖走在前面上台阶,卫士跟在后面,何香凝与门口遇到的人谈话。这时,从党部楼下骑墙边冲出四个人,两人掩护,两人举枪就射。"啪啪"、"啪啪",随着一阵枪声,廖仲恺和身边的陈秋霖应声倒地。何香凝跑过去将全身是血的丈夫抱到怀里,没来得及送到医院,廖仲恺就气绝身亡。

当时廖仲恺在国民党内的地位仅次于汪精卫、胡汉民,一人身兼国民党中央执行委员、国民政府委员、军事委员会常务委员、国民党中央工人部和农民部部长、国民政府财政部长、广东财政厅长、黄埔军校党代表等职,他坚决支持孙中山提出的联俄联共政策,被视为国民党左派的领袖人物。廖仲恺被刺身亡,震惊了广东政坛。是日,国民党中央紧急召开临时会议,决定成立由汪精卫、许崇智、蒋介石组成的特别委员会,授以政治、军事及警察全权负责处理廖案。

那么,到底是什么人对廖仲恺下了毒手? 又为何要下毒手呢?

特别委员会经过几天的调查,证明刺杀廖仲恺的主谋是国民党右派团体"文华堂",其主要成员是朱卓文、胡毅生、魏邦平、林直勉等人。据后来调查,廖案发生之前,国民党内有多股势力反对国共合作,反对廖仲恺。胡汉民的家、以胡汉民的堂弟胡毅生为首的文华堂俱乐部、前广东省警察厅长魏邦平的家,都是国民党右派聚会的地方,他们经常聚在一起,商量如何推翻国共合作

廖仲恺

的国民政府,杀害廖仲恺。廖案发生前后,文华堂一伙人每晚都到魏邦平家聚会。有人提供情况说,8月初曾在文华堂亲眼看见右派分子朱卓文和林直勉坐在一起,口口声声说非杀廖仲恺不可。林直勉被捕后,供认在胡汉民家开过几次会,讨论如何驱逐廖仲恺。

根据这些情况,蒋介石很快派兵搜查胡汉民兄弟的住宅,逮捕了胡清瑞(胡汉民的哥哥)和林直勉等人,而胡毅生已经逃跑。这样,胡汉民便牵涉到廖案中,难于在广州立足。9月15日,汪精卫主持国民党中央常务会议,决定以"养病"和商榷"关于政治经济之一切重要问题"为名,让胡汉民赴莫斯科考察,实际将胡汉民逐出广州。

在处理廖案过程中,蒋介石与汪精卫始终密切合作。汪精卫打击了胡汉民,蒋介石则把矛头对准了自己的顶头上司——粤军总司令许崇智。特委会在侦办廖案期间,发现粤军将领魏邦平、梁鸿楷、杨锦龙等人有与廖案主犯通谋及勾结陈炯明部下,阴谋危害广东国民政府的嫌疑。于是,蒋介石把梁鸿楷等逮捕,以李济深接替梁鸿楷的军职。蒋介石更以此为借口打击许崇智,迫使许崇智辞职离粤。蒋介石将许部全部缴械,改组后编入以黄埔学生为主、由蒋介石控制的"党军"中。

廖案发生后,主要嫌疑人胡毅生等人躲到香港,线索中断。国民党当局此后多年表面上纪念廖仲恺,却不再追查主使人,廖案成为历史之谜。

廖案发生后,原来长期聚集在广州坚持反共和反对联共政策的一批国民党员因怕受到牵连,大都逃离广州。国民党高层人事也随之发生变动。汪精卫的政治竞争者胡汉民、蒋介石的军事对手许崇智相继被排挤出局,广东出现了汪蒋合作的局面。整个国民党中央日渐左倾,鲍罗廷和共产党人在国民党内的地位也更为强化,但与此同时,国民党内排拒共产党的右派力量也在进行新一轮的组合。从历史发展角度来看,廖仲恺被刺的最大受益人是蒋介石,蒋介石在处理廖案中乘机扩大了自己的权力,逐渐夺取了广东的军政实权。

1925 年
8 月 20 日,廖仲恺遇刺身亡。
9 月 15 日,受廖仲恺遇刺案牵涉,胡汉民被迫离开广州,右派势力受到打击。

相关链接

国民党左右派

戴季陶

"左派"与"右派"两个词语，一般认为起源于法国大革命时期。在 1791 年的法国制宪会议上辩论时，拥护激进革命的人坐在主持人的左边，而主张温和的保守派则坐在主持人的右边，于是，人们习惯上将革命的一派称为左派，反对革命的一派称为右派。1924 年 1 月国民党改组后，也存在着左派和右派，左派主要指是拥护孙中山晚年三大政策，支持国共合作的一派，主要代表人物有廖仲恺、邓演达、徐谦、宋庆龄等，中山舰事件之前的蒋介石、七一五政变之前的汪精卫也被视为左派的代表人物。右派则反对联俄联共政策，主张将共产党势力驱除出国民党，他们的代表人物有属于"西山会议派"的林森、谢持、邹鲁、居正等人（习惯上他们被称为国民党老右派），国民党理论家戴季陶也属于右派，中山舰事件之后的蒋介石、七一五政变之后的汪精卫也成为国民党右派的代表人物（习惯上人们也称他们是国民党新右派）。

中山舰事件

中山舰是中国近代史上最为著名的军舰之一,可以说,中山舰的历史浓缩了半部中国近代史。

中山舰原名永丰舰,是清政府于1910年向日本三菱造船厂订制的钢木结构战舰,于1913年建成,长60多米,宽8米多,最快航速每小时25公里。就该舰的装备而言,没有什么特别之处,但它却与诸多重要历史事件联系在一起。譬如,1922年,原为孙中山部下的陈炯明在广州发动武装叛乱,炮击总统府,试图加害孙中山,孙中山在深夜突围后即登上永丰舰,指挥平叛,历时50多天,该舰成为孙中山指挥平叛的流动司令部。1924年11月,孙中山应冯玉祥之邀,决定北上,绕道日本,转赴天津,最后抵达北京,这是他最后一次搭乘永丰舰。次年3月孙中山在北京病逝后,广东革命政府将永丰舰改名为中山舰,以示纪念。一年后,中山舰因蒋介石制造的"中山舰事件"再度闻名天下。

1925年3月孙中山逝世,7月1日广东国民政府成立,汪精卫成为国民政府的主要领导人,继续执行孙中山的联俄联共政策,继续国共合作,准备北伐。蒋介石作为黄埔军校校长掌握军权,以革命"左派"的面目出现,暂时表示支持汪精卫,但也想通过打击共产党,以获取更大的权力。他在寻找机会。

1926 年

1月,国民党"二大"在广州召开,国民党左派人士和共产党员在国民党中的地位得到加强。

3月20日,中山舰事件发生,汪精卫被迫离开广州,蒋介石开始掌握广东国民政府大权。

5月15日至22日,国民党二届二中全会在广州召开,蒋介石提出"整理党务案"并获得通过。

6月4日,蒋介石被任命为国民革命军总司令。

中山舰

青年军人联合会

1925 年 2 月成立于黄埔军校内的学生组织，由时任黄埔军校政治部主任的周恩来领导。其成员以黄埔军校内的共产党员、共青团员为主，创办机关刊物《中国军人》。该会积极宣传共产党的革命理论和统一战线政策，曾与国民党右派组织孙文主义学会展开针锋相对的论争。1926 年 4 月，迫于蒋介石的压力，青年军人联合会宣布解散。

孙文主义学会

1925 年 4 月成立于黄埔军校内的学生组织，负责人有贺衷寒、廖斌等。成员多为国民党右派。该会的主张与青年军人联合会截然对立，以反对共产党、反对国共合作、反对三大政策为宗旨。1926 年青年军人联合会被迫解散后，孙文主义学会亦宣告解散。

1926 年 3 月 18 日傍晚，一艘由上海开往广州的商船，被土匪劫持，停泊于黄埔上游，有人向黄埔军校求助，请军校派军舰保护。因为当时军校无舰可调，军校值班工作人员便电请军校驻广州办事处派舰援助。办事处主任欧阳钟（孙文主义学会骨干）谎称，"奉蒋校长命令"，军校有紧急事情，要求海军局派两艘军舰速来黄埔，并称已经通知宝璧舰预备前往，要海军局再派一艘。海军局代理局长李之龙（共产党员、青年军人联合会骨干）派中山舰前往。

宝璧、中山两舰于 3 月 19 日早晨受命前往黄埔，上午 9 时抵达。当日中午，李之龙获悉苏联考察团想参观中山舰，于是用电话请示因公滞留广州的蒋介石，告知俄国考察团想参观中山舰，可否将中山舰调回广州。是日上午，恰好国民政府主席汪精卫已多次询问蒋介石是否去黄埔与何时去黄埔。蒋介石疑心汪精卫的用意，一听说中山舰没有他的命令就驶往黄埔，顿时觉得此中有诈。此前，蒋介石已经听到"西山会议派"伍朝枢等人散布的谣言，说汪精卫等人想强行押送自己去莫斯科；又联想到自己的赴苏联护照刚刚得到批准，这些事情叠加在一起，于是，更加怀疑汪精卫等人确实是想把他挟持到中山舰上，然后再强迫他去苏联，这等于驱逐他。那么，蒋介石如何应对呢？走还是不走？

起初，蒋介石想离开广州，退到他所掌握的东征军总指挥部所在地汕头，但行至半路后，心想这样悄然离开广州，反而会给人口实，于是回到东山寓所，召集部下紧急开会，商讨对策，最后决定布置反击，先发制人。3 月 20 日早晨，蒋介石下令，广州全城戒严，逮捕李之龙等共产党员 50 多人；占领中山舰和海军局；包围省港罢工委员会和苏俄顾问住宅，收缴两处卫队的枪械；扣押卫戍广州的第二师党代表中的共产党员。

此后十几个小时，未见任何反抗，蒋介石感到自己的反应可能过当了。事变当天下午，在初步判定不存在特别的危险和阴谋之后，蒋介石取消戒严，交还了缴获的武器，并释放了被软禁的共产党代表，恢复常态。

这就是著名的"中山舰事件"，由于发生在 3 月 20 日，故又称为"三二〇事件"。

中山舰事件带来严重的后果。就国民党内而言,这次事件严重影响了汪精卫在国民党内的地位与威信,他被迫离开广州,蒋介石取得了国民党的军政实权,不仅完全控制了国民革命军第一军,又出任国民政府军事委员会主席。对国共关系而言,此前,国民党内包括怀疑和反对联共政策、主张"分共"甚至"反共"的人,其策略和手段基本是采取"文"式的,没有动"武",而中山舰事件直接诉诸武力解决,这说明国共纷争进一步升级,为以后国共分家埋下了伏笔。

相关链接

整理党务案

1926年5月15日至22日,国民党二届二中全会在广州召开。逐渐掌握国民党最高权力的蒋介石,借口要改善国民党与共产党的关系,扬言为避免共产党在国民党内的力量发展引起"党内纠纷",应有一个"消除误会的具体办法",提出所谓《整理党务决议案》。其主要内容是:凡他党党员之加入国民党者,对于总理及三民主义不得加以怀疑或批评;共产党须将加入国民党的共产党员名单交国民党中央主席保存;加入国民党的共产党员在国民党中央、省、特别市党部中担任执行委员,其数额不得超过各该党部委员数额的三分之一;共产党员不得担任国民党中央各部部长;加入国民党的共产党员非得有国民党最高级党部的许可,不得别有政治关系之组织及行动;共产党对于加入国民党的共产党员所发之一切训令,应先交给国共两党联席会议通过;国民党员未获准脱党以前,不得加入其他党籍,如既脱离国民党而加入他党者,不得再入国民党;全体国民党党员重新登记。

许多国民党左派人士和共产党人对此案表示反对,但中共中央领导人陈独秀等和苏联顾问鲍罗廷采取妥协退让的态度,使《整理党务决议案》得以通过。随后,原任国民党中央部长的共产党员全部离职,换上了国民党右派分子,叶楚伧任国民党中央党部秘书长;顾孟余代理中央宣传部部长;邵元冲任中央青年部部长;蒋介石任中央组织部部长(由陈果夫代理)兼军人部部长,很快,又任国民党中央常务委员会主席(由张静江代理)和国民革命军总司令。至此,蒋介石正式开始掌握国民党最高的党、政、军大权。

迁都之争

1926 年 7 月，国民政府正式出师北伐，在"打倒帝国主义"、"打倒军阀"的口号下，得到了全国人民的热烈拥护，进军神速，数月时间，就击溃了数倍于己的吴佩孚、孙传芳所部，占领了湖南、湖北、江西、福建等省的全部或大部，把革命区域从广东地区推进到长江流域。

随着北伐的胜利进军和地盘的扩大，革命阵营内部很多人都意识到广州不再适合作为革命中心，相对而言，武汉更适合作为新的革命中心。11 月 16 日，国民政府派出代理外交部长陈友仁、财政部长宋子文、交通部长孙科、司法部长徐谦为调查委员，借整顿各省党政名义，离粤经赣北上，前赴武汉为政府迁移做准备，同行的还有苏联顾问鲍罗廷、中央党部秘书长叶楚伧、国民政府委员蒋作宾、中央委员宋庆龄等。11 月 26 日，广州国民党中央政治会议为"适应革命时势之要求"，正式决定把中央党部及国民政府迁往武汉。

12 月 7 日，国民党中央通电宣布中央党部及国民政府北迁武汉，第一批中央党部和国民政府人员启程北上。国民政府四位部长及鲍罗廷一行于 12 月 2 日到达南昌，10 日抵达武汉。13 日，在鲍罗廷的提议下，在武汉成立"国民党中央执行委员暨国民政府委员临时联席会议"，对外宣布，在中央执行委员会政治会议未到武汉开会之前，代行国民党中央党部和国民政府职权，联席会议成员有徐谦、孙科、宋子文、邓演达、吴玉章、宋庆龄、陈友仁、董必武、王法勤等，徐谦为主席，叶楚伧为秘书长，鲍罗廷为总顾问。1927 年元旦，国民政府明令以武汉为首都。

蒋介石本来也是主张迁都武汉的，而且曾经一再催促迁都武汉。但当国民党中央和国民政府迁到武汉以后，他看到两湖地区工农运动日益高涨，特别是武汉地区革命势力蓬勃发展，国民政府为国民党左派和共产党人共同掌握，表现出坚决的反帝反封建倾向，不但不受他的控制，而且要他听命于国民党中央和国民政府，这就使他处心积虑夺取最高领导权的计划落空。于是，他突然改变一再鼓吹迁都武汉的主张，提出迁都南昌，挑起了迁都之争。

1927 年 1 月 3 日，蒋介石趁国民党中央常务委员会代理主席张静江、国民政府代理主席谭延闿等中央执行委员路过南昌之机,召开中央政治会议第六次临时会议,劝说与会者同意将中央党部和国民政府暂驻他所控制下的南昌,迁都问题以后再议。5日,蒋介石以国民党中央名义发表通电云:"现因政治军事发展便利起见,中央党部及国民政府暂驻南昌,待三月一日中央执行委员全体会议公决中央党部及国民政府驻地后,再行迁移。"公开以"南昌中央"与武汉中央相对抗。此后,蒋介石又两次操纵南昌政治会议作出决定,要求武汉成立政治分会,解散联席会议,遭拒绝后,他又提出在南昌召开国民党中央全会,以便诱惑国民党中央委员到南昌来。

武汉各界民众欢庆北伐胜利和国民政府迁鄂

　　蒋介石迁都南昌的图谋遭到武汉方面的坚决反对。1927 年 1 月 7 日,武汉中央联席会议重申迁都武汉的决定,不接受迁都南昌的主张。2 月 9 日,武汉国民党方面针对蒋介石的军事独裁,举行高级干部会议,提出"实行民主,反对独裁,提高党权,扶助工农",开展以党权抵制军权的斗争。2 月中下旬,国民党在武汉举行了一系列提高党权的运动,提出"一切军事、财政、外交均需绝对受党的指挥",斗争矛头直指蒋介石,并请滞留南昌的中央委员即日赴鄂。在形势逼迫和邓演达等说理斗争的情况下,蒋介石不得不决定于 3 月 6 日让被阻留在南昌的国民党中央执行委员和国民政府委员赴武汉履职。

　　这次迁都之争,虽以蒋介石失败而告终,但其争夺革命领导权和政治中心地位的脚步并未停止。3月23日，北伐军攻克南京后，蒋介石便开始筹划在南京另立中央，成立听命于他的国民政府。果不其然，4月18日南京国民政府成立，宁汉对峙正式形成。

相关链接

北伐战争

北伐军在武昌城下

1924年1月国民党"一大"以后，广东革命政府不断在积蓄力量。两年半之后，到了1926年夏，国民政府决定出师北伐，推翻北洋军阀的统治。当时，北洋政府控制在以张作霖为首的奉系军阀手中，占有东北和山东、直隶、热河、察哈尔等广大地区，兵力号称35万。直系军阀吴佩孚占据湖北、河南及直隶南部地区，所辖军队号称20万。直系军阀的后起之秀孙传芳控制江苏、浙江、安徽、江西、福建五省地盘，自称"五省联军总司令"，兵力号称22万。

1926年7月1日，国民政府开始北伐，蒋介石任国民革命军总司令。首先进兵湖南，攻占平江、岳阳。8月26日，北伐军第四军主力对湖北汀泗桥发起猛烈攻击，27日晨攻下汀泗桥。之后，北伐军与吴佩孚部队又在贺胜桥展开激烈，8月30日取得贺胜桥大捷。10月10日，北伐军占领武汉三镇，吴佩孚率残部逃往河南，至此，吴佩孚部队基本被消灭。

北伐军接着从两湖地区挥师东进江西，追击孙传芳，11月8日攻克南昌。孙军溃败，精锐尽丧。在进攻江西的同时，福建战场也于10月5日开战。北伐军在福建的战事较为顺利，12月2日，占领省会福州，福建全省归入国民政府统治下。北伐军很快向浙江挺进，于1927年2月底，占领浙江全境。3月底，北伐军占领南京、上海。至此，东南五省和上海、南京均为北伐军所控制。4月12日，上海发生武力"清党"事件，18日蒋介石主导的南京国民政府成立，宁汉分裂，北伐战争也告一段落。

李大钊遇害

李大钊是中国共产主义运动的先驱,中国共产党的创始人之一。他的道德文章影响了五四时期一代中国进步青年。1927 年 4 月 28 日,李大钊惨遭反动军阀杀害。那么,他是如何遇害的呢?

因为李大钊率先在中国宣传俄国十月革命的胜利,大力传播马克思主义,1920 年 3 月共产国际派维经斯基等人来到中国,首先联系上了李大钊。通过深入交谈,双方对筹建中国共产党取得一致意见。随后,李大钊又介绍维经斯基到上海去见陈独秀,由此开始了中国共产党的组建工作。中共建党后,北京成立了党的北京地方委员会,后又成立了中共北方区委,都是在李大钊的领导下开展工作的。

革命形势日益高涨,李大钊的名声也越来越大,北洋政府多次下令通缉抓捕他,反动军警不但搜查了李大钊在北京的住所,还派兵到他家乡河北乐亭去抓人。1926 年"三一八"惨案后,北京一片白色恐怖。此时,奉系军阀掌控了北京政权,对"赤化"势力的镇压不遗余力。1926 年 4 月 26 日,奉系军阀以"宣传赤化"罪名查封京报馆,逮捕并枪决了该报社长邵飘萍。同年 8 月 6 日,《社会日报》主笔林白水因为发表文章触犯了张宗昌等人,也被扣上"宣传赤化"的罪名而被处死。在如此险恶的环境中,李大钊等人继续战斗,宣传马克思主义,指导各地开展革命运动。同时,李大钊等人接受了苏联同志的建议,将国共两党在北京的领导机关迁入位于东交民巷的苏联大使馆内。

为了抓捕李大钊,京师警察厅派出大批特务化装成车夫、小商贩,天天在苏联大使馆旁边的旧俄兵营门口窥视,凡是从兵营出来的人,都有特务盯梢。在李大钊身边负责交通工作的地下党员阎振山和厨师张全印,就是这样被特务秘密逮捕的。

1927 年 4 月 6 日清晨,京师警察厅出动武装警察、宪兵等 300 多人,包围苏联驻华使馆,逮捕使馆工作人员及国共党员 50 多人,其中就包括著名共产党人李大钊。据后人的回忆,当时情形是这样的:4 月 6 日清晨,大批军警如狼似虎地直扑东交民巷使馆区。枪声响起时,李大钊正在里屋伏案办公,大女儿星华坐在外间的长木椅上看

1927 年

4 月 6 日,京师警察厅出动军警、宪兵包围苏联驻华使馆,逮捕使馆工作人员及李大钊等共产党员和国民党员 50 多人。28 日,李大钊等在北京遭军阀杀害。

4 月 12 日,上海发生"清党"事件,以蒋介石为首的国民党右派开始屠杀共产党及其他左派人士。

5 月 21 日,反共的马日事变发生。

7 月 15 日,汪精卫等人在武汉宣布"分共",国共合作正式破裂。

临刑前的李大钊

报,妻子赵纫兰带着小女儿炎华在院内散步。听到枪声,星华惊吓得扔下报纸,扑进父亲怀中,李大钊镇定自若,安慰女儿说:"没有什么,不要怕。"片刻间,屋外传来杂乱的脚步声,一群警察和宪兵闯了进来,逮捕了李大钊及其家人。

李大钊被捕,举国震惊,中共党组织和各界进步人士千方百计地进行营救,但均无效果。

李大钊从被捕到就义,前后共 22 天。为了逼迫李大钊招供,军警对他施用了电椅、老虎凳、用竹签插手指等多种酷刑,百般折磨,最后竟残忍地拔去了他双手的指甲。李大钊坚贞不屈,用血迹斑斑的双手在《狱中自述》中自豪地写道:"钊自束发受书,即矢志努力于民族解放之事业,实践其所信,励行其所知。"

1927 年 4 月 28 日,奉系军阀的安国军总司令部的特别法庭宣布将李大钊等 20 人处以死刑。李大钊是第一个从容走上绞刑架的,牺牲时年仅 39 岁。从李大钊就义前留下的遗照来看,他神态泰然自若,目光慈祥,可谓是忠于信仰,视死如归。

李大钊死后,蒋梦麟、沈尹默等 13 位北京大学教授,冒着巨大风险,为李大钊发起公葬。他们在香山万安公墓购置了一块墓地安葬这位中国共产主义运动的先驱,李大钊生前好友、北大教授刘半农为李大钊墓撰写了碑文。

相关链接

"清党"运动

随着北伐战争的顺利进行,在北伐军占领的广大地区,中国共产党领导下的工农群众运动蓬勃开展起来,严重威胁到西方列强和蒋介石等人在这些地区的统治。1927 年 3 月

28日，蒋介石指使吴稚晖、蔡元培、张静江、李石曾、古应芬等人在上海召开国民党中央监察委员常委会，通过了《纠察共产党谋叛党国案》，并称此行动为"护党救国运动"。4月2日，蒋介石、李宗仁与由粤赴沪的李济深、黄绍竑等在上海总司令部开会，密谋"清党"反共方针。4月12日，蒋介石发动反革命政变，屠杀共产党人及其他左倾人士。18日，南京国民政府成立，立即通过《请中央执行监察联席会议训令各级党部从事清党运动》的提案，并颁布《秘字第一号命令》，通缉苏俄顾问鲍罗廷和陈独秀等190多名中共党员和国民党左派人士。5月5日，南京国民党中央常委及各部长联席会议通过《清党原则》（6条），并成立中央和地方各级清党委员会，可以动用当地军警力量缉拿"反革命分子"。

国民党军警捕杀革命群众

南京国民政府宣告成立。前排左一为蒋介石

　　"清党"运动的最大特征，就是血腥性，它开创了中华民国史上，多半也是两千年中国历史上新生政权结合群众检举的办法，用武力在全国范围残酷地清除异己的先例。在"清党"运动中，大批共产党员、国民党左派人士、进步知识分子和工农群众遭到逮捕杀害。

国共对峙与民族危机

　　1927年7月国民革命失败后,国共关系宣告破裂。从血泊中站起来的中国共产党人在毛泽东领导下创建了井冈山革命根据地,并以此为依托走上了"工农武装割据"的道路。国民党在完成了国家的"统一"大业之后,开始不遗余力地"围剿"逐渐壮大的中国工农红军,国共两党由此进入长达十年的武装对峙时期。1931年九一八事变发生后,在民族危机日益严重的形势下,国民党仍然奉行"攘外必先安内"的政策,视中国共产党及其领导的红军为心腹大患,对日本侵略者却一再妥协退让,致使东北国土沦陷、华北危机四伏。在民族存亡的紧要关头,中国共产党以民族大义为重,对国民党采取了有理、有利、有节的斗争方式,积极促成西安事变的和平解决和国共第二次合作的实现,最终形成两党并肩抗战、共赴国难的大好局面。

泸定桥

　　泸定桥位于四川省西部的大渡河上,是一座由清朝康熙帝御批建造的悬索桥。全长103.67米,宽3米。桥身由13根碗口粗的铁链组成,左右两边各2根,算是桥栏,底下并排9根,铺上木板,即为桥面。1935年5月29日,中国工农红军第一方面军二师四团以22位勇士为突击队,沿着枪林弹雨和火墙密布的铁索夺下桥头,红军主力随后从泸定桥上越过天险,粉碎了蒋介石歼灭红军于大渡河以南的企图。

东北"易帜"

说到东北"易帜"，不能不立刻想到张学良。张学良，字汉卿，人称少帅，是奉系军阀张作霖的长子。从19岁起就随其父驰骋疆场，历任团长、师长、军长和军团长等职。1928年6月4日，张作霖被日本关东军炸死于皇姑屯，他强忍悲愤秘密潜回奉天主持大局。7月4日，被推举为东三省保安总司令，基本实现了东北政权的平稳过渡。但日本的虎视眈眈使东北的局势依然错综复杂，"东北向何处去"仍然是摆在张学良面前最棘手的问题。在卖国、分裂还是"易帜"、统一的大是大非面前，张学良能否做出正确的抉择呢？

早在讲武学堂学习期间，张学良就初步树立了"富国强兵"的思想。在随父征战过程中，军阀混战造成的国家分裂、人民流离失所的乱象，使他逐渐产生了厌战情绪。特别是在南京国民政府的"二次北伐"战争中，张学良感佩于蒋介石"完成国家统一大业"的口号而极力主张奉军罢兵息争，退回关外，加强国防，防止日本侵略。同时，他经年在父亲身边工作，耳闻目睹日本侵略者的骄横跋扈，过够了仰人鼻息的屈辱日子，也极力反对父亲对侵略者的迁就和让步。父亲被暗杀后，他更是背负国恨家仇的双重责任。

张学良出掌东北军政之初，"北伐军"已打到滦河，隔河与奉军对峙。因蒋介石与日本有默契而不再进攻东北，所以，只能采取其他手段争取张学良"易帜"归附南京。随着事态的发展，张学良也认识到，只有依靠国家的力量才能报国恨家仇，因而准备接受蒋介石的"易帜"要求。张学良的"易帜"能够顺利实现吗？

先说日本的阻挠。日本炸死张作霖后，占领东北的阴谋虽未得逞，但其独霸东北的既定方针没有改变，因而极力反对东北"易帜"。它企图逼迫张学良充当受其控制的东北王，进而独占东北。面对这种形势，张学良把杀父之仇藏于心底，采取灵活、谨慎、稳妥的对策与日本周旋。待

1928年

5月3日，日军制造"济南惨案"。

6月3日，张作霖率部退出北京，北洋政府覆灭。

6月4日，日本关东军策划"皇姑屯事件"，将张作霖炸死于返奉途中。

7月1日，张学良向国民政府发出《绝不妨碍统一电》，促使中国从形式上走向统一。

12月29日，张学良等联名通电全国，宣布东北"易帜"。

张学良臂缠黑纱骑马阅兵

济南惨案

1928 年 5 月 1 日,当"北伐军"进入济南城后,日军以"保护侨民"为借口疯狂地寻衅滋事,杀害我军民多人。而蒋介石却对日本的暴行"处之泰然"。5 月 3 日,日军又向中国军队驻地大举进攻,蒋介石严禁部队抵抗并撤出济南,日军则乘势大肆屠杀中国军民。当晚 11 时,日军又借口在交涉署门前发现两具日侨尸体,不顾国际惯例,强行收缴交涉署枪支,将国民政府山东特派交涉员蔡公时及署内职员全部捆绑起来,并用刺刀逼迫他们跪在地上。蔡公时用日语抗议,结果被残暴地割掉耳、鼻,挖去舌头、眼睛,然后蔡公时等 17 人被残忍地杀害。到 5 月 11 日,日本共屠杀中国军民 1 万余人。惨案发生后,蒋介石继续采取妥协政策,激起了全国人民的愤慨。由于全国人民的强烈反对和列强之间的矛盾,日军最终于 1929 年撤出济南。

局势相对稳定后,张学良于 7 月 10 日派代表与南京政府接洽,商定于 1928 年 7 月 21 日实行"易帜"。日本闻讯后粗暴地威胁张学良,为稳妥起见张学良只好暂缓"易帜"。

南京政府对日本的无理干涉提出严正抗议,并派方本仁为代表与张学良再商"易帜"事宜。但田中内阁对南京政府的抗议置之不理,决心干涉到底,并派前任驻华公使、"中国通"林权助为特使,以参加张作霖丧礼为名到东北与张学良当面交涉。林权助到奉天后威胁张学良说:如果东三省与国民政府妥协,势必侵害日本的既得利益和特殊地位。所以,日本政府劝贵总司令,暂时还是观望形势较为妥当。假如东三省蔑视日本的警告,擅挂青天白日旗,日本尽可以采用武力弹压。张学良毫不示弱地说:我是中国人,我的思想自以本国为本位。我之所以要"易帜",是完成中国的统一、实现东三省人民的愿望。以我个人的资格,我可以对日本政府警告加以考虑。但就国际关系而言,我想日本政府绝不甘冒干涉内政之不韪。林权助则说,所谓干涉内政亦在所不辞。张学良说:我的决心,也以东三省人民为转移。但为了避免济南惨案那样的祸端发生,张学良权衡再三并与南京政府代表协商后,决定暂缓"易帜",林权助总算心满意足地回国复命去了。

日本的无理干涉,引起英、美等国的不满,它们不能容忍日本独霸东北,一再向日本施加压力,支持中国统一。而日本国内也发生了反对田中内阁的活动,到 1928 年底,田中内阁陷入内外交困的境地。

日军向中国军民射击

除日本的阻挠外,张学良的"易帜"还受到奉系内部实力派人物杨宇霆、常荫槐等人的破坏。张作霖死后,杨、常二人通过网罗党羽、排斥异己、安置亲信等手段,控制了东北的部分军权、财权,并以此为资本,企图取代张学良。为此,他们不但与桂系白崇禧密谋破坏东北"易帜",还与日本暗中往来,企图凭借日本的势力掌控东北,但终究没能得逞。

张学良冲破日本的阻挠和杨宇霆派的破坏,待时机成熟后,于1928年12月29日宣布东北"易帜"。他发表通电,宣布从即日起遵守三民主义,服从国民政府,改旗"易帜"。随后,南京国民政府任命张学良为东北边防军司令长官,改奉天省为辽宁省,省会奉天改为沈阳。东北"易帜"挫败了日本分割东北的阴谋,维护了祖国领土、主权的完整和统一。

相关链接

"二次北伐"

南京国民政府成立后,蒋介石、冯玉祥、阎锡山、李宗仁联合北伐奉系军阀张作霖,因国民党自认这次战争是1926年北伐的继续,故称"二次北伐"。

1928年2月,国民党二届四中全会通过了进行"北伐"的决议。4月5日,蒋介石在徐州誓师北伐。"北伐军"由蒋介石、冯玉祥、阎锡山、李宗仁分别担任第一、二、三、四集团军总司令,分四路同时向奉系军阀发起进攻。4月7日,蒋介石下达总攻击令。4月22日,蒋、冯两军在山东泰安会师,5月1日占领济南,奉系张宗昌部受到沉重打击。5月3日至11日,日军出兵干涉,制造了济南惨案。南京国民政府对日本的寻衅妥协退让,命令部队绕过济南继续北伐。随后,相继占领邯郸、保定、石家庄、大同、张家口等地。6月1日,国民党军逼近京津地区,奉系军阀张作霖于6月3日放弃北京退回关外,次日被日军炸死于皇姑屯。6月8日,国民党军占领北京,12日占领天津,并任命阎锡山为京津卫戍司令。15日,南京国民政府宣布"统一告成","二次北伐"取得了胜利。

井冈山根据地的创建

1927 年

8月1日，周恩来等领导发动了南昌起义，揭开了中国共产党独立领导武装斗争和创建革命军队的序幕。

8月7日，中共中央在湖北汉口召开紧急会议（即八七会议）。会议确定以土地革命和武装反抗国民党反动派的屠杀政策为党在新时期的总方针，并把发动农民举行秋收起义作为党在当时的最主要任务。

9月19日，秋收起义军于江西浏阳文家市会师，决定向罗霄山脉中段进军，创建农村革命根据地。

9月29日，毛泽东率秋收起义部队于江西永新县三湾村实行改编，确立了"支部建在连上"、官兵平等等治军方略。

1927年国民革命失败后，中国共产党人先后发动了南昌起义、秋收起义、广州起义等百余次武装起义，开始了独立领导武装斗争、创建红军和农村革命根据地的新时期。其中，井冈山革命根据地是中国共产党创建的第一个根据地。

毛泽东选择井冈山作为根据地是经过深思熟虑的。因为，井冈山有着独特的地理位置、有利的政治形势和重要的战略地位。具体而言，井冈山位于罗霄山脉中段，雄踞湘赣两省，主要包括江西的宁冈、永新、遂川、莲花和湖南的茶陵、酃县等地，自然条件良好，各县盛产稻谷，物产丰富，有自给自足的农业经济；这里远离大城市和交通要道，反动势力的统治力量较为薄弱，且两省军阀之间多有矛盾，而中共的群众工作基础却较好；井冈山地势险要，交通不便，有利于实行军事割据，积蓄和发展革命力量。

然而，毛泽东最终决定在井冈山落脚还因为他率领秋收起义部队对井冈山地区进行了深入的调查研究。

秋收起义部队受挫后，毛泽东不得不深入思考如何保存革命武装、如何把革命继续下去等现实问题。1927年9月17日，他以秋收起义前委书记的名义，命令各部队向浏阳文家市集结，19日在文家市主持召开前委会议，讨论部队的去向问题。在分析敌我形势后，毛泽东提出部队应改变原来攻打长沙的计划、向敌人统治力量薄弱的农村转移的主张，并得到了多数前委的同意。会后，部队沿罗霄山脉南下。29日，部队到达江西永新县三湾村，并在这里进行了改编，确立了新型的官兵关系和"支部建在连上"的组织原则。

为调查井冈山地区的情况，尽快确定工农革命军的立足点，毛泽东决定兵分两路：一路由一营党代表宛希先率领，向酃县、安仁、茶陵一带进发；一路由他亲自率领，沿罗霄山脉向南运动。10月27日，毛泽东率部到达井冈山的中心——茨坪，随后，宛希先也率部赶到。这样，毛泽东率领湘赣边界的秋收起义部队，艰苦转战一个多月，行程千余里，最终决定在井冈山开创革命根据地。对此，毛泽东曾说：整个的罗霄山脉我们都走遍了；各部分比较起来，以宁冈为中心的罗霄山脉的中段，最利于我们的军事割据。北段，地势不如中段可进可守，又太迫近大的政治都会。南段地势较北段好，但群众基础不如中段，政治上及于湘赣两省的影响也小些，不如中段一举一动可以影响两省的下游。

工农革命军上了井冈山之后，立即着手进行创建革命根据地的具体工作。

首先，着手恢复、整顿和建立中国共产党的组织，加强党的建设。从 1927 年 10 月到 1928 年 2 月，建立了茶陵、遂川、宁冈、永新县委和鄙县特别区委、莲花特别支部等。其次，加强工农革命军和地方武装的建设。1927 年 11 月，工农革命军在宁冈创办军官教导队，为工农革命军和边界各县地方武装培养干部。此后，毛泽东又确立了工农革命军的三大任务，即打仗消灭敌人；打土豪筹款子；宣传群众、组织群众、武装群众、帮助群众建立革命政权，从而划清了人民军队和旧军队的界限。到 1928 年 2 月，各县都有了部分地方武装。4 月 3 日，又正式颁布了"三大纪律、六项注意"。三大纪律是：行动听指挥；不拿工人农民一点东西；打土豪要归公。六项注意是：上门板；捆铺草；说话和气；买卖公平；借东西要还；损坏东西要赔。与此同时，还开展了建立革命政权的工作。工农革命军的第一个红色政权是茶陵县工农政府，建于 1927 年 11 月底。不久，遂川、宁冈等地也先后建立了革命政权。这样，在经过 4 个多月的艰苦工作后，井冈山根据地初步建立起来。

1928 年 4 月中旬，朱德、陈毅率领南昌起义保留下来的部队和湖南农军到达井冈山与毛泽东领导的工农革命军会师。毛泽东见到朱德时说："这次湘赣两省国民党军竟没有整倒你们！"朱德说："我们转移得快，也全靠你们的掩护。"从此，朱、毛开始了他们长期密切合作的战斗生涯。5 月 4 日，两军合并组成工农革命军第四军，后

1928 年
4 月 28 日，朱德、陈毅部与毛泽东部会师于井冈山。
5 月 4 日，中国工农革命军（后改称中国工农红军）第四军于宁冈砻市正式成立，朱德任军长，毛泽东任党代表。

朱德和毛泽东在井冈山

改称工农红军第四军，由朱德任军长，毛泽东任党代表兼军委书记，王尔琢任参谋长，陈毅任政治部主任。当时红四军约有1万余人，下辖3个师。毛泽东兼任第十一师师长，朱德兼任第十师师长。毛泽东当时挎上了匣子枪，诙谐地说道："挎上驳壳枪，师长见军长。"这是他平生少有的身背武器的历史记载。

井冈山革命根据地的建立，开创了"工农武装割据"的先例。从此，中国革命开始走上了农村包围城市的道路。

 相关链接

"工农武装割据"

根据中共中央八七会议精神，毛泽东于1927年9月领导发动了湘赣边界的秋收起义，并创建了第一块农村革命根据地——井冈山革命根据地，点燃了"工农武装割据"的星星之火。此后，共产党人又陆续创建中央革命根据地、鄂豫皖根据地、闽浙赣根据地、洪湖湘鄂边根据地、湘鄂赣根据地、左右江根据地、海陆丰根据地等，由此开始了中国共产党领导的"工农武装割据"的新时期。

"工农武装割据"是毛泽东提出的关于中国革命道路的理论。具体来说，就是在中国共产党领导下，以武装斗争为主要形式，以土地革命为中心内容，以农村革命根据地为战略阵地的三者的密切结合。此三者相辅相成，紧密联系，缺一不可。因为，只有进行土地革命，消灭封建剥削土地制度，才能调动占全国绝大多数人口的农民的生产积极性和革命积极性，参加武装斗争，巩固农村根据地；只有进行武装斗争，才能有效地开展土地革命，保卫根据地的发展；而只有建设革命根据地，才能为土地革命提供坚实的基础，武装斗争才有可靠的依托。

毛泽东关于"工农武装割据"的理论，在中国革命中占有重要的地位。它反映了1927年国共分裂后中国革命发展的特殊规律，为中国革命走向胜利指明了正确的道路。它也是后来以农村包围城市，进而夺取城市思想的最初表述。

李济深被囚

1929年3月蒋桂战争之前,蒋介石为分化瓦解粤桂联盟发动了囚禁李济深的政治事件。

李济深,1885年出生于广西苍梧,字任潮。早年就读于广州黄埔陆军中学、陆军速成学堂,毕业后,在新军任见习官、排长等职。后又入保定军官学校(陆军大学的前身)学习,因成绩优异,毕业后留校任教5年。1921年在好友邓铿的邀请下,到广东追随孙中山,并加入了国民党。1923年,李济深被孙中山委任为西江督办,带兵平定了西江地区。后又出任西江善后督办。他还扶持李宗仁结束了广西多年军阀混战、土匪横行的局面,使广西、广东连成一片,形成一个广阔的根据地。黄埔军校建立后,李济深被委任为教练部主任,曾一度升任副校长。

1928年,蒋介石复任国民革命军总司令后,不但在政治上加强其独裁统治,还迫不及待地召开"国军编遣会议",企图壮大自己的嫡系部队而削弱冯玉祥、阎锡山、李宗仁等非嫡系的武装。在当地政治分会的庇护下,李宗仁、白崇禧的桂系势力膨胀得很快,他们不仅拥有10万余人的兵力,而且控制着北平、武汉两地的政治分会,成为蒋介石的心头之患,蒋必欲除之而后快。在蒋桂关系越来越紧张的情况下,蒋介石不但要削弱李宗仁、白崇禧的势力,也在暗中进行着分化李济深势力的活动。李济深当时任南京国民政府参谋本部参谋总长,并兼广州政治分会主席

李济深

1929年

1月1日,南京国民政府于南京召开编遣会议,蒋介石与各派军阀之间的矛盾更加激化。

2月19日,桂系改组湖南省政府,由何键取代亲蒋的鲁涤平省政府主席的职务,蒋桂矛盾激化,此即"湘案"。

3月13日,国民党中央政治会议决议,撤销各地政治分会。

3月21日,蒋介石以伙同李宗仁、白崇禧"分头发难,谋反党国"等罪名,将李济深扣押,软禁于南京汤山,剥夺军政大权,并永远开除其党籍。李宗仁、白崇禧等起而反蒋。

3月27日,蒋桂战争爆发。

1930年

2月18日,国民党改组派负责人王乐平被蒋介石暗杀。

5月11日,蒋介石下总攻击令讨伐冯玉祥、阎锡山,中原大战爆发。

蒋桂战争

以李宗仁、白崇禧为首的桂系军阀在讨伐奉系张作霖的战争中乘机扩充势力,控制了两广、两湖和平津地区,并以武汉政治分会的名义免去亲蒋的湖南省主席鲁涤平的职务。桂系的扩张对蒋介石构成了严重的威胁。1929年3月,南京国民政府组织"讨逆军",由蒋介石兼任总司令,何应钦任参谋长,朱培德任前敌总指挥,分三路讨伐桂系。第一路由朱培德兼任总指挥,西攻武长路,切断桂系南逃之路;第二路以刘峙为总指挥,从安徽沿长江西攻武汉;第三路以韩复榘为总指挥,从河南沿平汉路进攻武汉,并收买桂系师长李明瑞、杨腾辉等。4月初,李明瑞等阵前倒戈,桂军全线崩溃,被迫放弃武汉。5月5日,李宗仁组织护党救国军,自任总司令,通电反蒋。白崇禧、黄绍竑分兵两路进攻广州,被粤军击败。6月下旬,蒋介石中央军配合粤军先后攻占了桂林、梧州。李宗仁、白崇禧、黄绍竑逃亡国外,蒋桂战争遂告结束。

和第八路军总指挥,统率着广东实力派陈济棠、陈铭枢、徐景唐等粤系部队。同时他还是广西人,因而无形中又被蒋介石看作是桂系中人。在蒋介石看来,要消灭桂系,首先必须牵制李济深使其不能发挥作用,以阻断两广联合出兵的可能性。

蒋介石拿定主意后,便于1929年2月以调停"湘案"为名,电请驻粤的李济深北上南京,并派吴稚晖亲自到广州迎接。广东军阀陈济棠等出于排挤李济深出广东的目的,也力劝李济深北上。2月11日,李济深先到达上海,并就如何处理"湘案"问题与李宗仁等进行会谈。蒋介石一再催请李济深尽快去南京,李宗仁劝他不要去。就在李济深犹豫不决之际,蒋介石却又派张静江、吴稚晖、蔡元培、李石曾、张继等人来相劝,出于对五位元老的敬重和信任,3月13日,李济深和他们一起到南京与蒋介石晤谈"湘案"问题。事后,李济深对记者称,湘事归政治解决,一切听中央办理。

3月16日,李济深从桂系胡宗铎、夏威的电报中获悉蒋介石即将兴兵武力讨桂后,立即密电在上海的李宗仁商讨对策,但电文被蒋系特务截获而未能发出。20日,李济深面见蒋介石,力言湘事可和平解决,请求蒋介石不要对桂系压迫过甚。李济深袒护桂系的言行使蒋介石非常恼火,蒋介石绝不会善罢甘休。

3月21日,蒋介石约李济深到其府上参加晚宴。当天下午,蒋介石连打3次电话催请李济深。李济深明知凶险,但还是以大局为重,如约前往。当李济深进入内厅后,随身携带的公文包被收走。随后,蒋介石以"分头发难,谋反党国"的罪名扣押了李济深,并立即派人将他送往南京西郊的汤山囚禁起来。同时,蒋介石向桂系李宗仁、白崇禧下达了"讨伐令",并由国民党中央宣布永远开除李济深、李宗仁和白崇禧的党籍。

在被囚禁的日子里,李济深终日只能以下棋、读书、写字、做诗来消磨时光,不能与外界接触,也不能随便与人见面,完全失去了人身自由。他在题为《汤山抒怀》的绝句中这样写道:"丢了将军印,问渠何所之? 汤山容憩影,独坐静敲棋。"被软禁了几个月之后,在吴稚晖的建议下,蒋介石同意李济深回南京市内居住,但仍由士兵驻扎把守,名为保护,实则监视。直到1931年九一八事变后,李济深才得以恢复自由。

李济深被囚事件，实际上是国民党新军阀之间派系斗争的一种反映，只是由于蒋介石的背信弃义，使斗争更趋尖锐化，进而演变为粤桂战争、蒋阎冯中原大战及宁粤分裂对立。李济深被囚，确实很冤枉。如他自己曾说："我在广东，被人称为桂系，其实我与桂系是没有什么关系的。"桂系的黄绍竑也说："就表面看，他是新桂系的主要人物，所以他首先受到汪精卫等的反对，继而被蒋介石所囚禁。就实际情况来说，李济深只是新桂系的扶植者，是新桂系的恩人和朋友，但他不是新桂系。他为新桂系受了政治上的大冤枉。"

一·二八淞沪抗战之后，李济深对蒋介石国民政府充满了怀疑和失望，并宣布与其绝交。之后，他回到广州，从事反对蒋介石独裁统治的政治活动。

 **相关链接**

国民党改组派

国民党改组派是国民党内部分裂出的一个反蒋政治派别，其全称为"中国国民党改组同志会"，简称"改组派"。

1927年七一五政变之后，蒋介石集团和汪精卫集团围绕"法统"问题展开激烈的权力之争，这场斗争以蒋介石的胜利而告终，汪精卫被迫"引退"并出国"避风"。但汪精卫集团并不甘心失败，其骨干分子陈公博、顾孟余、王乐平等人云集上海，以法租界为掩护，以拥汪为旗帜，秘密策划改组国民党和反蒋活动。1928年冬，陈公博、顾孟余、王法勤、王乐平等人在上海集会，宣告"中国国民党改组同志会"总部正式成立。改组派以汪精卫为"领袖"，以陈公博为总部负责人。1929年1月，陈公博去巴黎会见汪精卫后，由王乐平继任。

改组派成立后不但在国内大多数省份建立了支部，还在法国、日本、越南、新加坡及香港等地建立了支部。改组派策划了一系列政治、军事倒蒋活动，但都以失败告终。1930年2月，王乐平被蒋介石暗杀之后，改组派逐渐趋于瓦解。1931年1月1日，汪精卫发表宣言解散改组派。九一八事变后，汪精卫与蒋介石合流，改组派不复存在。

改组派在削弱蒋介石集团的统治力量方面起了某些作用。

九一八事变

1931 年 9 月 18 日夜，中国东北境内的日本关东军，炸毁沈阳附近柳条湖的南满铁路的一段路轨，却诬称是中国当地驻军所为，并以此为借口发动了对中国大规模的武装侵略，此即九一八事变。那么，九一八事变的起因是什么？日军又是如何具体策划的呢？

九一八事变的发生不是偶然的。早在明治维新之后，日本就制定了旨在吞并朝鲜、侵占中国东北，进而征服中国、称霸亚洲和全世界的"大陆政策"。第一次世界大战爆发前，日本的"大陆政策"开始进入实施的关键阶段。在中国，1905 年日本攫取了关东州与南满洲铁路；1914 年占领山东半岛；1915 年提出"二十一条"。20 世纪 20 年代，因受到"华盛顿体系"的制约，日本"大陆政策"的实施主要是以经济扩张为主。而 1929 年世界经济危机的爆发使日本的"大陆政策"再度复苏，日本统治集团更加积极地推行向外扩张、以武力夺取新殖民地的政策。其具体目标和步骤就是首先以武力占领中国东北，进而侵略全中国。

为侵占中国东北，日本政府首先制造舆论，煽动武装侵略的狂热情绪。1931 年初，前"满铁"副总裁松冈洋右公然宣称：满蒙是日本的生命线，关系到日本的存亡。3 月，板垣征四郎在日本军校的演讲中称：满蒙是日本国防的第一线，单用外交的和平手段不能达到解决满蒙问题的目的。5 月，关东军司令官菱刈隆也宣称：对满蒙问题的根本性解决，是完成崇高使命的第一步。日本国内也开始进行疯狂的整军备战活动。

与此同时，日本加紧进行侵略中国东北的军事部署和军事活动。早在 1929 年，日本军人就以"旅行"的名义对中国东北进行秘密的军事侦察，并制定了侵略东北的具体作战方案。1931 年春，关东军司令部制定《处理满蒙问题方案》，强调在非常情况下，关东军可自行决定占领满蒙和颠覆张学良政府。4 月到 9 月，日本军部又进行了换防、人事调动、军事演习等一系列军事部署。在这期间，日本还策划"万宝山事件"，想趁机寻求"根本解决满蒙问题的办法"。之后发生的"中村事件"，又给了日本侵略东北的"最好机会"。日本的军事将领露骨地宣称：中村事件是日本向附属地以外的地方出兵的天赐良机，是在柳条湖行使武力的先行事件。至此，日本侵略中国东北的准备工作已经就绪，九一八事变只是其发动侵略的一个步骤而已。

日军在沈阳城墙上向中国军队进攻

关东军选择柳条湖作为肇事地点，主要是因为这里与东北军驻地北大营只有数百米的路程，便于栽赃诬陷中国驻军。事实上，9月18日事变当晚，南满铁路只被炸断一小段路轨，炸碎两根枕木，当晚驶过的列车也顺利到达了目的地。但是，板垣仍然命令各部队按计划出动。10时30分，日军从西、南、北三面包围并进攻北大营，北大营第七旅王以哲部被迫还击，与日军展开巷战，在激战3个小时、伤亡300余人后突出包围。19日凌晨5时30分，北大营落入敌手。与此同时，日军分三路会攻沈阳，6时30分，太阳旗插上城头，沈阳陷落。日军占领沈阳后，在城内四处劫掠，杀害平民百姓，奉系军阀苦心经营、耗资巨大的军工企业和军工产品也完好无损地落入敌手。

从九一八事变到哈尔滨沦陷，在短短的4个月零18天的时间里，东北三省近百万平方公里的土地全部沦为日本的殖民地，东北3000万同胞生活在日本殖民者的压迫之下。从此，九一八成为中国人民的国耻纪念日。

九一八事变及东北沦陷固然是日本军国主义处心积虑、阴谋策划的结果，但与南京国民政府和地方政府的不作为也不无关系。蒋介石南京政府在事变发生前，一再命令东北当局对日军的挑衅不准抵抗，致使东北军政当局对日军的戒备不力。东北的行政首脑张学良，在事变前率东北边防军主力驻防在平、津、河北一带，黑龙江的军政长官万福麟当时也驻留北平，吉林的军政长官张作相事发时则正在锦州治父丧，留在任上的东北边防军参谋长则在庆父寿。所有这一切的一切都为日本侵略者造成了可乘之机。

关东军

1919年到1945年间驻扎在中国东北的日本军队。1905年日俄战争后，日本霸占了原被沙俄"租借"的关东州（辽东半岛南部地区），在此留驻军队，该部队后经整编，即成为所谓关东军。它是日本陆军的重要组成部分，臭名昭著的731部队便隶属其中。日本关东军在1931年九一八事变后，曾占领东北全境。1945年8月，苏联出兵东北，日本关东军覆灭。

相关链接

蒋介石的不抵抗政策

蒋介石的不抵抗政策,是指九一八事变后,以蒋介石为首的国民政府采取的消极的对日政策。

1931年九一八事变前,日本关东军就不断在东北滋事寻衅,肆意进行各种形式的军事演习,其对东北发动侵略战争的意图昭然若揭。然而,蒋介石奉行"攘外必先安内"政策,对日军的挑衅、侵略行为置若罔闻,却公然宣称"赤祸"为中国的"最大祸患",不遗余力地"围剿"工农红军,并说:"赤匪有一天未灭,则中正之责任一日未尽。"1931年4月,日军制造"万宝山事件",意在为挑起侵华战争做准备。张学良曾向蒋介石请示处置措施,蒋致电张学良,表示排日运动恐被共产党利用,主张对日"隐忍自重",要避免发生冲突。1931年6月,"中村事件"发生后,蒋介石再电张学良,表示"无论日本军队此后如何在东北寻衅,我方应予不抵抗,力避冲突"。

九一八事变后,蒋介石仍然一如既往地奉行不抵抗政策。在此政策下,张学良命令东北各军,对日不抵抗,"即使勒令缴械,占入营房,均可听其自便",结果使得日军仅用一天时间就占领了沈阳。当时,驻东北的正规军有14万多人(后又调入12万多人),而日本关东军仅有1万多人(后增加到四五万人),足见中日军队数量之悬殊。然而,在中国军队拥有优势兵力的情况下,不但沈阳失守,在此后4个多月的时间里东北全境沦陷,其重要原因就是蒋介石的不抵抗政策。

蒋介石的不抵抗政策直接导致了东北全境的沦陷,使东北成为日军全面侵华的重要基地,使中华民族饱受多年战祸的蹂躏。

"围剿"与反"围剿"

　　"围剿"与反"围剿"是国共对峙时期双方军事斗争的主要形式。从 1930 年 12 月至 1933 年 9 月,国民党出动 200 余万兵力对革命根据地及红军部队发动了五次大规模的军事"围剿"。蒋介石为什么要下这么大力气"围剿"红军呢？这要从红军的迅速壮大说起。

　　井冈山革命根据地建立后,毛泽东、朱德以井冈山为依托,利用军阀混战的有利时机,率领工农红军首先向赣南、闽西挺进,先后开辟了赣南革命根据地和闽西革命根据地。1930 年 3 月,又建立了赣南和闽西工农民主政府,并相继成立了红十二军和红三军,6 月与红四军组成红一军团。8 月,红一军团和红三军团组成红一方面军,朱德任总司令,毛泽东任总政委。这样,经过 3 年艰苦的游击战争,红军的主力部队和地方武装已发展到 10 万余人,并拥有 10 多块革命根据地。红军如此迅速地发展壮大,引起了国民党的极度恐慌,它绝对不能容忍共产党势力的再度崛起。因此,1930 年 8 月,国民政府主席、陆海空军总司令蒋介石命令武汉行营主任何应钦在汉口召开湘、鄂、赣三省"绥靖"会议,确定了以军事为主,党务、政务密切配合,分别"围剿"各苏区红军的总方针。

　　1930 年 12 月,蒋介石集结 10 万兵力,以江西省主席鲁涤平为司令、第十八师师长张辉瓒为前敌总指挥,采取"分进合击"的战术,对革命根据地发动了第一次"围剿"。毛泽东和朱德率 4 万红军,采取"诱敌深入"的作战方针,在不到 5 天时间里,打了两个大胜仗,歼灭国民党一个半师的兵力,缴枪 1 万余支,并活捉了张辉瓒。红军取得了第一次反"围剿"的胜利。对此,毛泽东有诗云："万木霜天红烂漫,天兵怒气冲霄汉。雾满龙冈千嶂暗,齐声唤,前头捉了张辉瓒。"红军这次反"围剿"的胜利,主要得益于官兵的一致、民众的支持、战略战术的灵活,以及依托于有利的战场地形等。

　　1931 年 4 月,蒋介石调集 20 万兵力,以何应钦为总司令,采用"稳扎稳打,步步为营"的战术,对革命根据地进行第二次"围剿"。毛泽东和朱德率领红军 6 万人,运用"集中优势兵力,先打弱敌,在运动中各个歼灭敌人"的战略战术,在 15 天中,转战 700 余里,五战五捷,

1930 年

12 月,蒋介石在湘鄂赣集结 10 万兵力,对江西红军根据地发动第一次"围剿"。

1931 年

1 月 3 日,江西红军取得第一次反"围剿"的胜利。

5 月 29 日,江西红军打破国民党军第二次"围剿"。

6 月 21 日,蒋介石赴南昌组织对江西红军的第三次"围剿"。

1933 年

1 月,中共临时中央迁到中央革命根据地。

2 月,蒋介石调集 50 万大军,对中央革命根据地进行第四次"围剿"。

9 月,蒋介石调集 100 万军队,向红军各根据地发动第五次"围剿"。

11 月 20 日,李济深、蒋光鼐、蔡廷锴等在福建发动反蒋事变,成立福建人民政府。

福建事变

亦称"闽变",是国民政府第十九路军联合国民党内反蒋势力在福建组织政府、公开宣布抗日反蒋的事件。

1933 年 5 月,国民党与日本签订《淞沪停战协定》后,在上海坚持抗日的十九路军被调往福建"剿共"。在中共抗日主张的影响下,1933 年 11 月 20 日,十九路军将领蔡廷锴、蒋光鼐、陈铭枢联合李济深等反蒋势力,在福建发动反蒋事变,成立"中华共和国人民革命政府",并与红军签订《反日反蒋的初步协定》。事变发生后,蒋介石紧急调集大军进行围攻。由于福建人民政府内部不和,加之当时中共"左"倾关门主义的错误而没有给予其应有的援助,致使其最终于 1934 年 1 月失败。蔡廷锴、蒋光鼐逃往香港,十九路军的番号被取消,军队被蒋介石收编。

歼敌 3 万余人,缴枪 2 万余支,取得第二次反"围剿"的胜利,真可谓"横扫千军如卷席"。此次"围剿",国民党虽在兵力上占绝对优势,但其官兵多从北方突然调防而来,不能立刻适应南方的生活,加之官兵对蒋介石心存芥蒂而不愿全力以赴,最后只能以失败告终。

两次"围剿"失败后,蒋介石决心再次对革命根据地发动"围剿"。鉴于前次失败的教训,蒋介石下令鼓励江西民众参战,县长弃城者立即处死,并于 1931 年 7 月亲自率领 30 万大军,发动了第三次"围剿"。蒋介石采用"长驱直入,分进合击"的战术,宣称"十天之内可尽复失地"。当时,中央红军远在闽西,而且还没有得到有效的休整和补充,兵力也只有 3 万余人。毛泽东和朱德只好率领红军从闽西绕道千里返回江西兴国集结,并制定了"诱敌深入"、"避敌主力,打其虚弱,乘胜追击"的战略方针。从 7 月到 9 月,红军先后在莲塘、良村、黄陂及老营盘等地歼敌 3 万余人,缴枪 2 万余支,取得了第三次反"围剿"的胜利。从此,赣南、闽西两块根据地连成一片,形成了以瑞金为中心,拥有 21 个县城、250 万人口的中央革命根据地。

九一八事变后,蒋介石置民族危机于不顾,公然奉行"攘外必先安内"的政策,于 1933 年 2 月又调集 50 万大军,以顾祝同为总司令、陈诚为前敌总指挥,采用"分进合击"战术,对中央革命根据地进行第四次"围剿"。这时,虽然毛泽东被排挤离开了红军的领导岗位,但是中央红军在周恩来、朱德的指挥下,灵活运用了前三次反"围剿"的经验,采取了"声东击西"、"大兵团伏击"、"集中优势兵力在运动中歼灭敌人"的作战方针,歼敌五十二师、五十九师全部和十一师大部,俘敌1.9 万余人,缴枪 1.5 万余支,取得了第四次反"围剿"的胜利。此后,中央革命根据地进一步壮大,地跨湘、赣、闽、粤四省,并和闽浙赣苏区连成了一片,红一方面军发展到 10 万余人,赤卫队发展到 20 万人,中央革命根据地进入全盛时期。

1933 年 9 月,蒋介石调集 100 万军队,向红军各根据地发动第五次"围剿",其中以 50 万兵力"围剿"中央革命根据地。他们采取"步步为营,堡垒推进"的作战方法,企图逐步压缩根据地,消耗红军的有生力量,最后寻找红军主力决战,达到消灭红军的目的。红军在博古、李德的错误指挥下,先是实行了冒险主义的进攻策略,进攻敌人坚固设防的阵地;进而又转为全线出击阻止敌人的进攻,结果使红军完全陷入被动。11月,福建事变发生后,蒋介石抽调兵力前去镇压,毛泽东建议抓住这个有利时机突进到以浙江为中心的苏浙皖地区,把战略防御转变为战略进攻,以便吸引国民党兵力回援,支援福建人民政府,但这些正确的主张未能被采纳。1934年4月,广昌失守。之后,兴国、宁都等地相继失守。第五次反"围剿"以失败告终。1934年10月,中共中央机关和中央红军主力被迫撤离中央根据地进行长征。

1934 年

10月,中央红军及中共中央机关共8.6万余人,撤离根据地,开始长征。

 相关链接

红军长征

　　第五次反"围剿"失败后,中国工农红军被迫撤出根据地实行战略转移,进行了艰苦卓绝的二万五千里长征。

　　1934年10月,中共中央机关和中央红军主力8.6万余人,从福建长汀、宁化,江西瑞金、雩都(今于都)等地出发开始长征。长征初期,由于决策不当,红军虽然突破了蒋介石的四道封锁线,但损失非常惨重。在毛泽东等人的据理力争下,中央红军放弃北上同红二、六军团会合的计划,改向敌方力量薄弱的贵州进军,使形势逐渐好转。1935年1月,在遵义会议上又进一步确立了以毛泽东为核心的正确领导。此后,红军转战云、贵、川边界地区,经过四渡赤水、南渡乌江、抢渡金沙江等战役,最终摆脱了国民党数十万军队的围追堵截,取得了战略转移中具有决定意义的胜利。5月,又通过彝族聚居的大凉山区、强渡大渡河、翻越终年积雪的夹金山。6月,中央红军到达四川懋功,与红四方面军会师,后共同北上。8月上旬,中共中央决定一、四方面军混合编队组成左、右路军。但张国焘拒绝继续北上,中共中央坚决率中央红军主力北上,突破天险腊子口,于1935年10月胜利到达陕北根据地吴起镇,同红十五军团会合。

　　1935年11月,红二、六军团从湘鄂川黔根据地开始长征,1936年7月在甘孜与张国焘的红四方面军会师。红二、六军团和第三十二军组成红二方面军,经过和张国焘分裂主义的斗争,二、四方面军最终共同北上,于1936年10月到达甘肃会宁同一方面军会师。至此,红军三大主力的长征胜利结束。红军长征的胜利,为抗日战争和新民主主义革命的胜利奠定了基础。

伪满洲国的建立

伪满洲国是 1931 年九一八事变后，日本侵略者利用清朝末代皇帝溥仪在中国东北建立的一个傀儡政权。因此，伪满洲国的历史还得从日本对满洲的觊觎和溥仪说起。

满洲指中国的辽宁、吉林和黑龙江三省全境、内蒙古东北部地区和外兴安岭以南等地区。1905 年日俄战争结束后，日本取得了辽东半岛和南满铁路的控制权，并以护路为名组建关东军驻扎在奉天、旅顺、长春等铁路沿线。关东军从踏上中国东北的土地时起，就试图在那里建立亲日政权。它曾寄希望于张作霖、张学良父子，但都没有结果。九一八事变后，日本侵占了整个东北，并把溥仪作为在东北建立伪政权的最佳傀儡人选。

1932 年

1 月 28 日，一·二八事变爆发，十九路军奋起反击。5 月 5 日，中日双方签订《淞沪停战协定》。

3 月，日本扶持溥仪在东北建立傀儡政权"满洲国"，溥仪任"满洲国"执政，年号"大同"。

9 月，溥仪与日本签订《日满议定书》，日本政府正式承认"满洲国"，而"满洲国"承认日本在中国东北的特殊利益。

溥仪生于 1906 年，1908 年继承帝位，1912 年被迫退位，但仍在"宫禁"中过着皇帝的生活。1924 年 11 月 5 日，溥仪被冯玉祥逐出紫禁城后，在罗振玉、郑孝胥、庄士敦等人的策划下，于 11 月 29 日潜往日本驻北京公使馆。1925 年 2 月，在日本便衣警察和特务的保护下，溥仪又移住天津日租界，先住"张园"5 年，后住"静园"2 年。在寓居天津的 7 年里，日本为笼络溥仪，以外国君主的资格"厚待"之，并不失时机地培植其复辟野心。溥仪也把日本当作其复辟的首选外援力量。

1931 年九一八事变后，溥仪立即派人前往东北联络，探寻"重登大宝"的可能性。9 月 30 日，关东军派罗振玉和日本浪人上角利一到天津，向溥仪转达了板垣征四郎的意见，并呈交了前清室宗亲熙洽的"劝驾信"，信中劝他立即返回祖宗发祥地主持大计，复辟大清，救民于水火，并在"友邦"的支持下，先据有满洲，再图关内。在此后的一段时间里，溥仪一面静候事态发展，一面积极派人打探消息。11 月 3 日，溥仪会见关东军要员土肥原。土肥原表示：关东军对满洲绝无领土野心，只是想"诚心诚意"地帮助满洲人民建立自己的新国家。土肥原还保证，新国家的"主权和领土将受到日本的全力保护"；新国家的政治体制为"帝国"；溥仪作为新国家元首"一切可以自由"。正是这些"承诺"使溥仪最终下定了复辟的决心。

11月8日晚，土肥原在天津制造暴乱，指使天津的汉奸便衣队2000余人，从日租界海光寺出动，大肆骚扰华界，日本天津驻屯军立即出动军警占领日租界的外围线，阻断与华界的交通，然后趁乱将溥仪藏进敞篷汽车的后箱里，像行李一样被秘密带出静园，先到英租界码头换乘一艘没有灯光的汽船，汽船到达大沽口外后，溥仪又被送上日本商船，于13日上午到达营口市的"满铁"码头。此时，日本才发布消息说：溥仪因天津暴动而感到自身危险，自动逃出天津，13日10时突然在营口登陆，要求保护。日本则出于人道的考虑，决定予以保护。18日，日方又以安全为由将溥仪送到旅顺。

但溥仪到东北后并没有被立即扶上台。因为，当时国联正在调查九一八事变，日本不敢贸然行事；另外，东北省一级的伪政权还没有全部建立起来。直到12月13日犬养毅内阁上台后，日本政府对军部和关东军在东北建立傀儡政权的计划和行动，才采取了积极配合的态度。

1932年1月中旬，马占山就任伪黑省警备司令，东北省一级傀儡政权的组建完成。为抢在国联调查团到达之前建立中央级的傀儡政权，关东军从1月15日起，邀请日本国内的知名学者，召开一系列咨询会议，为"新国家"出谋划策。从2月5日至25日，关东军连续召开10次"建国幕僚会议"，加紧建立伪满洲国的活动。

筹备工作基本就绪后，板垣于2月23日与溥仪第一次在旅顺举行会谈，命令溥仪出任"新国家执政"，并强调这是一个新国家，不是大清帝国的复辟，对溥仪要求恢复帝制、恢复大清帝国的申述根本不予理会。溥仪只好以罗振玉提出的"暂定一年为期，如逾期仍不实行帝制，到时即行退位"为条件，走上了叛国投敌的道路。29日，"全满建国促进运动大会"通过宣言和决议，并选出代表去旅顺"敦请"溥仪出任"执政"。3月1日，发表《建国宣言》，宣布伪满洲国成立。国号为"满洲国"；元首为执政；国旗为红蓝白黑满地黄的五色旗；年号为大同；首都为长春，改称新京。3月6日，溥仪携带婉容、郑孝胥等一干人马，在关东军及特务的"保护下"前往新京就任。9日，举行了就职典礼。

1934年3月，"满洲国"改名为"满洲帝国"，溥仪由"执政"改称

《淞沪停战协定》

一·二八事变发生后，中国守军在蔡廷锴、张治中的率领下，浴血奋战33天，给日军以沉重的打击。然而，蒋介石政府却奉行"攘外必先安内"的基本国策，于1932年5月5日与日本侵略者签订了屈辱的《淞沪停战协定》。协定规定，双方自签字之日起停战，并划上海为非武装区，中国不得在上海至苏州、昆山一带地区驻军，而日本则可以在许多地区驻扎军队。协定还在"共同委员会"的名义下，把从长江沿岸福山到太仓、安亭及白鹤江起至苏州河北的广大地区，划给日本和英、美、法、意等国共管。可是，《淞沪停战协定》的签订，并未能阻止日本对中国的军事侵略，它只是日本的一个缓兵之计，即用暂时的停战换取发动更大规模的军事侵略的准备时间而已。

"皇帝"，年号康德。事实表明，伪满洲国是日本侵略者一手策划的傀儡政权，而溥仪无论当"执政"还是"皇帝"，都不过是受日本操纵的傀儡而已。日本通过这一傀儡政权在东北进行了长达 14 年的殖民统治，使东北同胞饱受亡国奴的痛苦煎熬。中国政府从未承认这一傀儡政权。

 相关链接

一·二八淞沪抗战

九一八事变后，板垣征四郎就指示日本公使馆驻上海武官田中隆吉：在满洲独立之时适时地在上海挑起事端，以吸引国际社会的注意力于上海，以便其在中国东北顺利建立伪满洲国；同时也可以把上海作为继续侵略中国的另一个基地。

田中隆吉与日本女间谍川岛芳子秉承板垣征四郎的旨意，于 1932 年 1 月 18 日蓄意制造了日僧与上海三友实业公司工人的冲突事件，致一日僧死亡。1 月 21 日，日本驻上海总领事向上海市政府抗议，提出道歉、惩凶、赔偿、立即解散抗日团体等四项无理要求，并以保护"侨民"为由向上海增派军舰、飞机和海军陆战队等。1 月 28 日下午 3 时 15 分，上海市长吴铁城被迫接受日本的四项要求，但日军还是于当日午夜时分向中国军队发动了猛烈攻击。当地驻军第十九路军在蔡廷锴、蒋光鼐的率领下奋起抵抗，一·二八淞沪抗战由此开始。

1 月 29 日，十九路军通电全国表示抗战到底，得到了全国人民和上海各界的大力支援。2 月 16 日，爱国将领张治中率第五军以十九路军的名义赴上海参战。在不到两个月的时间里，中国军队击溃日军多路进攻，毙敌 1 万余人，迫使日军三易主帅，增兵 10 万。但由于蒋介石坚持不抵抗政策，坐视十九路军和第五军遭受重创而不派援军，在侧背受敌、后援无继的情况下，中国军队被迫撤退。在西方列强的"调停"下，双方于 3 月 3 日宣布停战。5 月 5 日，国民政府和日本签订了《淞沪停战协定》。一·二八淞沪抗战在中国抗战史上写下了光辉的一页。

宋哲元与喜峰口战役

东北沦陷后，日军按照既定目标积极向我华北地区推进。1933年，中国军队在长城沿线各口组织了抗击日本关东军向关内进攻的一系列战役，其中，喜峰口战役由国民党第二十九军担当。

二十九军由中原大战后败退到山西的冯玉祥西北军残部改编而成，军长宋哲元为西北军五虎将之一。该军下辖第三十七、三十八两个师，师长分别为冯治安、张自忠。后又增编一个暂编师，由副军长刘汝明兼任师长。当时，二十九军在山西的处境很困难，但宋哲元仍然积极训练部队，保持着西北军吃苦善战的优良传统。九一八事变后，宋哲元与部下冯治安、张自忠等将领通电呼吁全国团结御侮，表达了"誓死不做亡国奴"的决心。

1933年1月3日，山海关失守后，热河告急，平津震动。张学良急调二十九军移防平东。1月20日，宋哲元率领所部1.5万余人陆续到达通县、蓟县、三河、玉田一线。2月21日，日军又发动对热河的进攻，中国守军汤玉麟部不战而逃，3月4日承德失守，张学良引咎辞职。何应钦继任北平军分会代理委员长，他秉承南京政府旨意，不作收复失地之打算，只是沿长城一线布防，试图依靠长城来阻止日军向华北进军。宋哲元率二十九军奉命接替东北军担任长城喜峰口至罗文峪一线的防务。

喜峰口是北平与热河的交通咽喉，东有铁门关、董家口，西有潘家口、罗文峪，自明清以降，这里就是京师的重要屏障和关外入朝进贡的关口。开赴前线之时，宋哲元写下了"宁为战死鬼，不作亡国奴"的誓言。

二十九军接到移防喜峰口的命令后，即派先头部队前往商洽接防，主力部队则集结在三屯营、潵河桥、滦阳城一线。3月9日，日军两个旅团的步骑炮联合先遣队进犯喜峰口，中国守军东北军万福麟部抵挡不住，被迫退至喜峰口内，喜峰口前

1933 年

1 月 1 日，日军进攻山海关，爱国将领何柱国部奋起反击，长城抗战由此开始。

1 月 3 日，山海关失守，热河告急。

3 月 4 日，承德失守，张学良引咎辞职。

3 月，宋哲元奉命移防长城喜峰口至罗文峪一线。

4 月 13 日，宋哲元部奉命放弃喜峰口，喜峰口失陷。

5 月 26 日，察哈尔抗日同盟军成立，冯玉祥任同盟军总司令。

宋哲元

《塘沽协定》

长城抗战失败后，国民政府与日本关东军在塘沽签订的丧权辱国的停战协定。1933年4月，日军进逼北平、天津。5月30日，国民政府派北平军分会参议熊斌与日本关东军副参谋长冈村宁次在塘沽进行谈判。31日，双方正式签订《塘沽协定》。其中规定：(1)中国军队一律撤退至延庆、昌平、高丽营、顺义、通州、香河、宝坻、林亭口、宁河、芦台一线以西以南地区，不准越线前进。(2)日军为确认第一项之实行情形，随时用飞机及其他方法视察，中国方面应加保护及给以各种便利。(3)日军如确认第一项所示规定，中国军队也已遵守时，即不再越过该线追击。(4)长城线以南，以及第一项所示之线以北以东地区的治安维持，由中国警察机关任之。上述警察机关不可用刺激日本感情之武力团体。该协定实际上表明国民政府承认了日本强占东北和热河的合法性，为日军进一步侵占华北打开了方便之门。

沿制高阵地孟子岭被日军占领。傍晚，日军又控制了口门。二十九军到达后，宋哲元下令官兵立即投入战斗。其中，三十七师特务营首先与敌交锋，营长王宝良在率部夺取制高点时中弹阵亡，形势于我军非常不利。随后到达的王长海团又与敌展开激战，但由于日军占有武器和地形的优势，我军伤亡惨重。后经慎重研究决定，由500名精壮勇士组成大刀队，乘夜间从喜峰口两侧潜入日军占领的高地，出其不意地砍杀正在酣睡的敌人，夺回了高地，稳定了口上战局。此时，宋哲元又命令三十七师赵登禹旅、三十八师佟泽光旅前往增援。10日，日军也增兵作战，并占领了第二道关门及两侧高地。赵登禹率部堵击、砍杀敌人，腿部中弹后仍负伤督战，反复与敌争夺几处高地，双方伤亡都非常惨重。

11日晚，宋哲元命令三十七师王治邦旅在第一线正面防守，抽调赵登禹、佟泽光各率两个团，分别绕到日军左右侧背进行攻击，夺取喜峰口东西两侧高山阵地。驻扎喜峰口外老婆山的日军赶来增援，双方发生激战，伤亡都很惨重，二十九军连以上军官阵亡4人、伤10人，但日军始终没能占领喜峰口。3月14日，宋哲元收复老婆山，日军后撤至半壁山，敌我在喜峰口形成对峙状态。

中国军队在喜峰口重创日军，使全国人心为之一振。二十九军奋勇杀敌的消息很快传遍了海内外，宋哲元军长也因此获得了抗日英雄的美名。而日本报纸也不得不承认喜峰口战役丧尽了"皇军名誉"，遭受了"六十年来未有之侮辱"。

3月16日，日军把进攻重点转向罗文峪，企图包抄喜峰口之左侧背、实行战略上的突破。宋哲元命刘汝明师严阵以待，经过3天的激战，击退了日军的进攻，迫使日军撤至罗文峪北10里以外。

此后，日军又从喜峰口西侧发动几次进攻，均未得逞。4月初，日军改变战略，转向滦东打开缺口。4月7日起，日军再攻喜峰口，头两天都被二十九军击退。11日，日军从冷口攻入，随即占领迁安，致使二十九军在喜峰口腹背受敌。13日，宋哲元奉何应钦之命转移阵地、放弃喜峰口。5月，国民政府与日本签订《塘沽协定》，平津及华北门户洞开，长城抗战结束。

宋哲元二十九军的长城抗战，共毙、伤日军3000余人，二十九军官兵伤亡 5000 余人,在中国抗战史上写下了可歌可泣的一页。特别是二十九军大刀队从此名扬天下,音乐家麦新据此创作了《大刀进行曲》:"大刀向鬼子们的头上砍去,全国武装的弟兄们,抗战的一天来到了,抗战的一天来到了,前面有东北的义勇军,后面有全国的老百姓,咱中国军队勇敢前进,看准了敌人,把他消灭。大刀向鬼子们的头上砍去——杀!"这首歌在抗战时期曾广为传唱,鼓舞了全国人民的抗日斗志。

 **相关链接**

察哈尔民众抗日同盟军

　　1933 年日军占领热河之后,又越过长城进犯察东和冀东,华北危急。5 月 26 日,冯玉祥、吉鸿昌、方振武等在张家口召开察哈尔省民众御侮救亡大会,决定正式组成察哈尔民众抗日同盟军,由冯玉祥任同盟军总司令,佟麟阁暂代察哈尔省主席,吉鸿昌为察哈尔省警备司令。冯玉祥当天发表就职通电庄严宣告:"率领志同道合之战士及民众,结成抗日战线,武装保卫察省,进而收复失地,求取中国之独立自由。"

　　同盟军的组成力量比较广泛,除察哈尔省的地方武装外,还有原驻守长城各口的爱国军队、原西北军旧部、方振武的抗日救国军、东北各地撤退到察哈尔的义勇军、平津等地的学生和东北流亡青年、部分工人和农民等,这样,同盟军的人数由几千人扩充到 10 万余人。冯玉祥把同盟军整编为三个军,第一、二、三军军长分别由佟麟阁、吉鸿昌、方振武担任。

　　6 月 15 日至 19 日,同盟军在张家口召开第一次军民代表大会,确定了同盟军的纲领和抗日的具体方案,并通电全国,主张全国一致武装抗日,收复失地。随后,同盟军分三路北进抗击日伪军,仅用了一个月的时间就收复了察哈尔省。紧接着,同盟军又开始策划进军东北、收复失地。

　　同盟军卓有成效的抗日战绩,使全国人民受到了极大的鼓舞。社会各界人士纷纷慷慨解囊支援前线,并强烈要求南京政府委同盟军以收复东北的重任。而蒋介石对同盟军的崛起非常恐慌,千方百计地破坏同盟军的抗日行动并出重兵围剿之。在国军和日伪军的夹击之下,同盟军弹尽粮绝。8 月 5 日,冯玉祥被迫通电辞职,交出同盟军的军政大权。方振武、吉鸿昌继续率余部抗日反蒋,转战一月有余,终因寡不敌众而失败。后方振武流亡海外,吉鸿昌仍秘密从事抗日活动。1934 年 11 月,吉鸿昌被国民党特务逮捕杀害,临刑前他写下了著名的就义诗:"恨不抗日死,留作今日羞。国破尚如此,我何惜此头!"

杨杏佛被暗杀

1933 年 6 月 18 日早晨，国民政府中央研究院总干事杨杏佛在上海法租界的亚尔培路被军统特务暗杀，这一事件轰动全国。那么，国民党为什么一定要对杨杏佛下此毒手呢？

杨杏佛，名铨，1893 年出生于江西玉山。早年就读上海中国公学，1912 年任南京总统府秘书，孙中山辞去临时大总统后，他赴美留学，先后在康奈尔大学、哈佛大学学习机械工程、工商管理等专业，获商学博士学位。1918 年毕业回国后积极参加社会活动，1928 年任国民政府中央研究院总干事。

九一八事变后，为反对国民党政府非法逮捕和监禁爱国人士，杨杏佛与宋庆龄、蔡元培等人于 1932 年 12 月在上海发起组织了中国民权保障同盟，并任同盟的总干事，组织营救了不少被关押的共产党人和爱国人士，成为自由与人权的坚决维护者和实践者。如有人曾言：如果说宋庆龄、蔡元培是中国民权保障同盟的精神领袖或者说灵魂人物，那么杨杏佛就是同盟的实干领袖，是实干家。也就是说，如果没有杨杏佛的执着，同盟也许不会有如此大的影响和作为。正因为如此，蒋介石视杨杏佛为眼中钉、肉中刺，必欲除之而后快。而除掉杨杏佛既是对杨杏佛这样的"离经叛道"者的惩罚，也能使中国民权保障同盟的工作陷入瘫痪状态，进而扫除其实行独裁统治的障碍。

1933 年 4、5 月间，戴笠奉命策划暗杀杨杏佛。通过跟踪侦查，军统特务掌握了杨杏佛的家庭住址、出行规律等信息。在了解到杨杏佛有爱好骑马的习惯后，曾决定在其骑马经过的地段进行狙击，但因蒋介石不同意，最终把暗杀地点选定在杨杏佛居住的中央研究院附近，准备趁其外出散步或者其去宋庆龄寓所途中行动。6 月初，戴笠专程赶到上海指挥布置暗杀行动。负责执行暗杀的是华东区行动组组长赵理君。参加此次行动的凶手事前都宣过誓，要做到"不成功即成仁"，如被捕应立即自杀，否则将遭到严厉惩罚。

18 日早晨 6 点多钟，赵理君带李阿大、过得诚、施芸之等特务前往预定的暗杀地点蹲守，他们的汽车停在亚尔培路、马斯南路转角

处。赵自己坐在汽车上，李阿大、过得诚
等 4 人分散等候在中央研究院附近。大
约 8 时左右，当杨杏佛带着儿子杨小佛
走到院中准备登车时，特务们便走近门
前准备动手。但杨上车后又走了下来，
特务们以为被杨发觉，正要行动，杨又领
着儿子上了另一辆汽车。当汽车驶出大
门时，4 名特务同时拿手枪朝车内射击。
杨杏佛立即用自己的身体拼死保护儿
子，他和司机身中数弹，不幸遇难，儿子
小佛仅腿部中了一弹而幸免于难。凶手
过得诚未能及时逃脱，被其同伙开枪射
杀未果，又举枪自杀仍然没有成功，后在
医院内被军统特务毒杀灭口。

　　杨杏佛被暗杀后，宋庆龄不畏特务
的恐吓与威胁，立即发表声明抗议国民
党特务的暴行。1933 年 6 月 20 日，宋
庆龄与鲁迅、邹韬奋、胡愈之、沈钧儒等
同盟领导人，不顾生命危险，一同前往上
海万国殡仪馆吊唁、悼念为争取民主自
由而献身的战友。在追悼会上，宋庆龄

杨杏佛(右)与宋庆龄等合影

对记者表示：杨杏佛的被害，是一种有计划、有组织的政治性暗杀，她
绝不会被这种卑劣的手段所吓倒。鲁迅则写下了传诵一时的《悼杨
铨》诗：

　　　　岂有豪情似旧时，花开花落两由之。

　　　　何期泪洒江南雨，又为斯民哭健儿。

　　杨杏佛被害后，中国民权保障同盟的活动被迫停止，同盟领导人
宋庆龄等仍然在上海继续从事着争取民主自由、反对蒋介石独裁统
治的斗争。

中国民权保障同盟

九一八事变后,民族危机日益严重,但蒋介石仍然顽固奉行"攘外必先安内"的政策,残酷镇压抗日民主力量。为反对国民党的独裁统治,援救为抗日救亡而遭拘禁的爱国人士,争取民主自由权利,1932年12月,宋庆龄会同蔡元培、杨杏佛等人在上海成立了中国民权保障同盟。总会设在上海,北平、上海等地设有分会,最高权力机关为临时中央执行委员会,委员会由宋庆龄、蔡元培、杨杏佛、林语堂、伊罗生、邹韬奋、胡愈之7人组成,宋庆龄任主席,蔡元培任副主席,杨杏佛任总干事。中国民权保障同盟的主要任务是争取释放国内政治犯,反对当时盛行的监禁、酷刑和处决制度;给予政治犯以法律的辩护及其他援助,调查监狱的状况、公布剥夺民权的事实;协助关于争取公民权利的斗争。

中国民权保障同盟在宋庆龄、杨杏佛等人领导下进行了一系列卓有成效的工作。如要求释放被非法拘捕的许德珩等进步师生,营救被捕的共产党人廖承志、陈赓等,抗议杀害左翼作家应修人,营救丁玲、潘梓年,营救第三国际远东局负责人牛兰及其夫人等。同盟争取人民民主权利的活动,引起了国民党政府的恐惧和仇恨,宋庆龄、蔡元培、杨杏佛、鲁迅等领导人被特务列入了黑名单。1933年6月18日,军统特务暗杀了同盟总干事杨杏佛,同盟的活动被迫终止。

"张北事件"和《秦土协定》

日本侵略者突破长城防线后,于 1935 年又把侵略的矛头指向华北地区,蓄意制造了一系列旨在吞并华北的事件,史称华北事变。"张北事件"(也称"察哈尔事件")则是华北事变中的重要事件之一,是日本侵占河北、察哈尔两省的重要步骤。

1935 年 5 月底,日本特务大月桂、大久井等 4 人,以"旅行"名义擅自潜入察哈尔省境内偷绘地图。6 月 6 日,这几名特务在赶往张家口的途中,于察哈尔省的张北县城被当地驻军第二十九军第一三二师扣留,理由是他们未携带察哈尔省政府签发的护照。察哈尔省主席宋哲元获悉后,唯恐引起纠纷而命令部队释放了日本特务。但当他们到达张家口后,日本关东军特务头子土肥原贤二仍然不依不饶,以中国军队"侮辱"日本军人为借口,于 6 月 10 日派察哈尔特务机关长松井源之助等出面,向察哈尔省政府和第二十九军抗议,提出第二十九军军长道歉、惩办第一三二师参谋长和军法处长等蛮横要求,同时还屯兵察哈尔省边境,并出动飞机在北平上空示威,蓄意扩大事态。

国民政府派察哈尔省民政厅长秦德纯与土肥原进行会谈。6 月 12 日,秦德纯到北平向何应钦报告张北事件经过,并请示处理办法。为避免事态扩大化,何应钦指示接受日方全部要求,随后赶赴南京商讨下一步对策。秦德纯则到天津准备与日方会谈。

与此同时,日本方面却在进行着将事态扩大的罪恶活动。关东军代表土肥原、天津驻屯军参谋长酒井隆等召开会议,商讨对策,并派酒井和松井到长春向关东军司令官南次郎汇报请示,单方面议定了撤退宋哲元驻军;宪兵队、国民党党部、蓝衣社撤出察哈尔省,禁止排日行为;处罚张北事件中方相关负责人等无理"交涉"意见。

何应钦到南京后向行政院长汪精卫提出撤换宋哲元的建议,国民政府接受了此提议,在中日双方正式交涉前,于 6 月 19 日发布命令,免去了宋哲元察哈尔省政府委员兼主席职务,由秦德纯代理察哈尔省主席。日方对此当然表示"满意",但它并未因此而收敛侵略的野心。

1935 年

6 月 27 日,秦德纯与土肥原贤二在北平签订《秦土协定》,中国丧失了察哈尔省的大部分主权。

7 月 6 日,何应钦与梅津美治郎签订《何梅协定》,中国河北主权完全丧失。

8 月 28 日,国民党政府任命宋哲元为平津卫戍司令,秦德纯为察哈尔省主席。

11 月 7 日,日本特务土肥原贤二到达天津与天津日本驻屯军司令多田策动"华北五省自治"。

12 月 9 日,一二·九运动爆发,北平学生 6000 余人举行示威游行,反对"华北五省自治"。

一二·九运动

1935年，日本制造华北事变以达到"华北自治"的目的，国民政府却决定设立"冀察政务委员会"以迎合日本的侵略要求，从而激起爱国民众的强烈反对。12月9日，北平学生6000余人高呼"反对华北自治"、"停止内战，一致抗日"等口号，举行了声势浩大的爱国示威游行，结果遭到国民党军宋哲元部的镇压。但爱国学生并没有被残酷的镇压所吓倒，12月10日，北平学生联合召集大会，决定从11日起全市学生举行罢课示威。一二·九运动的影响很快就传遍了全国，浙江大学、武昌华中大学的学生纷纷响应，电请南京政府阻止"华北自治"。12月16日，北平学生再次举行示威游行，迫使原定于当天成立的"冀察政务委员会"不得不延期。在一二·九运动的推动下，全国各界纷纷成立救国会，强烈要求"停止内战，一致抗日"，形成了全民抗日救亡的新高潮。

1935年第6期《大众生活》封面——大众起来

6月23日晚，中日双方代表在北平就日方议定的"交涉"意见举行了第一次会谈。中方代表为秦德纯、萧振瀛、陈觉生等5人，日方代表为土肥原、松井、酒井3人。会谈后，萧振瀛发表书面谈话称："察事交涉二十三日晚由日方负责者与我方正式见面，可谓已进入正式交涉之阶段，内容及步骤，均在请示中央。"

24日晚，南京政府复电命令察哈尔省当局与日方会商"就地解决"。根据南京政府的训令，北平国民党当局于25日就日方提出的各项要求进行了商讨。会后，秦德纯、萧振瀛立即赴土肥原处与之谈判，但因没有完全满足日方的无理要求，谈判没有结果。26日，土肥原以离开北平赴长春相要挟，逼迫中方代表达成协议。当日深夜，秦德纯接到南京政府的最后训令，决定答复日方。

6月27日，秦德纯与土肥原在日本使馆以换文的方式达成协定，此即丧权辱国的《秦土协定》。其中规定：第二十九军向日军道歉，撤换与该事件有关的中国军官；保证日人在察哈尔省的行动自由；成立察东非武装区，第二十九军从该地区撤退；中国政府停止向察哈尔省移民；将察哈尔省主席宋哲元撤职；解散察哈尔省境内的国民党机构等。但在当时，为避免引起公愤，中方代表秦德纯并未敢将协定中丧权辱国的重要内容公之于众；而日方代表土肥原为遮掩其野蛮的侵略事实，对协定的内容也采取了避而不谈的态度。

"张北事件"最终以《秦土协定》的签订而结束，该协定使中国丧失了察哈尔省的大部分主权，它与《何梅协定》一起为日本侵略者占领华北扫清了道路。

华北事变

　　1935年,日本侵略者为实现其吞并华北的阴谋,开始向华北地区发动新的进攻。5月,日本向国民政府提出了华北特殊化的无理要求,并从东北抽调大批军队入关,以武力威胁国民政府。6月,察哈尔省民政厅长秦德纯与日军代表土肥原签订《秦土协定》,使中国丧失了察哈尔省的大部分主权。7月,国民政府代表何应钦与日本华北驻屯军司令梅津美治郎签订《何梅协定》,使河北的主权完全丧失。紧接着,日本又策动汉奸进行所谓"华北五省自治运动"。10月,日本侵略者指使冀东数县汉奸暴动,占领香河县城。11月,又唆使汉奸殷汝耕在河北通县成立"冀东防共自治政府",声明冀东22县脱离中国政府统治。为满足日本"华北政权特殊化"的要求,国民政府下令成立"冀察政务委员会",指派宋哲元为委员长,汉奸王揖唐、王克敏等为委员,一二·九运动即由此引发。这一系列丧权辱国的事件被称作华北事变。

"保卫华北"石刻。位于北京市海淀区卧佛寺西侧樱桃内

沈 钧 儒 与 "民 国 第 一 冤 案"

1936 年 11 月 23 日凌晨,国民党当局以"扰乱社会治安、危害民国"的莫须有罪名,在上海逮捕了沈钧儒、邹韬奋、李公朴、沙千里、章乃器、王造时、史良等七位"全救会"领导人,制造了"民国第一冤案",此即"七君子事件"。

"七君子"被捕后立即被转押至江苏高等法院看守所,为了便于长期坚持斗争,他们在狱中公推沈钧儒为"家长"。对此,邹韬奋后来解释说:"我们都完全是纯洁爱国,偏有人要误会我们为'反动',所以不用'领袖'或其他含有政治意味的什么'长'来称我们所共同爱戴的沈先生,却用'家长'这个名称来推崇他。我们想,无论如何总没有人再能不许我们有我们的'家长'吧!"

沈钧儒于 1875 年出生在江苏苏州,字秉甫,号衡山,是中国著名的法学家、政治活动家、爱国民主人士,曾参加过中国民权保障同盟,后又领导成立了上海文化界救国会、全国各界救国联合会等组织,积极致力于民主救国运动。在他的领导下,"七君子"与国民党当局进行了针锋相对的斗争。与此同时,社会各界的营救活动也在积极进行。

1937 年 4 月 4 日,江苏省高等法院以《危害民国紧急治罪法》中的第六条,对"七君子"提起"公诉"。《起诉书》指控"七君子"犯有"阻挠根绝'赤祸'之国策"、"作有利共产党之宣传"、"抨击宪法,煽惑工潮"、"宣传与三民主义不相容的主义"、"勾结军人,图谋不轨"、"组织和参加以危害民国为目的团体"等十大罪状,社会各界对这些所谓的罪状进行了有力驳斥,同时,上海的爱国律师组成有 20 多人参加的律师辩护团,为"七君子"准备《答辩状》。6 月 7 日,《答辩状》送交法院,并在上海多家报纸发表。《答辩状》以大量事实驳斥了《起诉书》中所列的十大罪状,得出十大罪状无一成立的结论。但是南京政府坚持"七君子"抗日救国有罪的谬论,并分别于 6 月 11 日和 25 日两次开庭审判。

在两次审判中,沈钧儒作为"家长"都是第一个出庭。他慷慨陈词,有力地回击了法庭的所有指控。

如审判长问:"你赞成共产主义吗?"

沈钧儒答:"赞不赞成共产主义,这个提法是滑稽的。我请审判长注意这一点,就是我们从不谈什么主义。起诉书竟指被告等宣传与三民主义不相容的主义,不知检察官何所依据?如果一定要说被告等宣传什么主义的话,那么,我们的主义就是抗日主义、救国主义。"

审判长又问:"抗日救国不是共产党的口号吗?""你知道你们被共产党利用吗?"

沈钧儒答:"共产党吃饭,我们也吃饭;难道共产党抗日,我们就不能抗日吗?""假使共产党利用我抗日,我甘愿被他们利用;并且谁都可以利用我抗日,我甘愿被他们为抗日而利用。"

当法庭又指控"全救会"煽动张学良发动西安事变时,沈钧儒和辩护律师一致要求张学良出庭作证,结果审判长被搞得理屈词穷,只好作罢。这样,两次审判都草草收场。

6月25日,即第二次庭审的当天,宋庆龄、何香凝等16人向江苏高等法院呈文具状,自请入狱,发起"救国入狱运动"。第二天,他们发表《救国入狱宣言》,其中说:"我们准备去入狱,不是专为了营救沈先生等。我们要使全世界知道中国人决不是贪生怕死的懦夫,爱国的中国人决不仅是沈先生等七个,而有千千万万个。中国人心不死,中国永不会亡。"7月5日上午,宋庆龄等到江苏法院"投案",要求入狱。宋庆龄等人的行动使"七君子"备受鼓舞,沈钧儒等人联名写信给宋庆龄,表示感谢。

"七君子"出狱后与马相伯合影。后排左一为杜重远

迫于国内外舆论的压力,南京政府只好授意江苏高等法院于7月31日对沈钧儒等"七君子""具保释放"。8月1日,"七君子"出狱。沈钧儒代表"七君子"向大家表示:可以告慰于大家的是,我们出狱与入狱时一样,主张没有变更,我们决不改变我们的宗旨,决定和过去

一样,站在民族解放的最前线。

但直到 1939 年 1 月 26 日,国民党当局才撤回对"七君子"的"起诉",该事件在法律程序上得以最终了结。

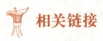 **相关链接**

全国各界救国联合会

一二·九运动后,全国抗日救亡运动进一步高涨。上海、北平、南京、武汉、天津等地纷纷成立各界救国会。1936 年 5 月 31 日至 6 月 1 日,由沈钧儒、邹韬奋等人发起在上海举行了全国各界救国联合会成立大会。出席大会的有全国 20 多个省市 60 多个抗日救国团体的代表 70 多人。大会听取了上海、南京、天津、厦门、香港、广东、广西等地救国会和平津中华民族解放先锋队代表的报告,通过了《全国各界救国联合会成立大会宣言》、《抗日救国初步政治纲领》和《全国各界救国联合会章程》,声明全国各界救国联合会是一个全国统一的联合救国阵线,以团结全国救国力量,统一救国方针,保障领土完整,图谋民族解放为宗旨。现阶段的主要任务是促成全国各实力派合作抗敌。宣言向全国各党各派呼吁:立即停止军事冲突,立即释放政治犯,立即派遣正式代表进行谈判,制定共同抗敌纲领,建立一个统一的抗敌政权。大会选举宋庆龄、何香凝、马相伯、邹韬奋等 40 多人为执行委员,沈钧儒、章乃器、李公朴、史良、沙千里、王造时等 14 人为常务委员。全国各界救国联合会的成立,从政治上、组织上巩固和扩大了全国的抗日救国运动阵地。

在全国各界救国联合会的号召下,华北、西北、华南等地区以及旅居欧美、东南亚的华侨中,也相继成立了各界救国联合会。1945 年冬,全国各界救国联合会改名为中国人民救国会。1949 年 12 月 18 日,救国会鉴于所担负的历史任务已经完成而宣告结束。

张学良"兵谏"蒋介石

　　九一八事变后，大片国土沦丧，民族危机日益严重。然而，蒋介石却依然奉行"攘外必先安内"的政策，不遗余力地"围剿"中国共产党领导下的工农红军，对日本的侵略一再妥协退让，全国上下"停止内战，一致抗日"的呼声不断高涨。

　　张学良于1935年9月被蒋介石任命为西北"剿总"副司令，率10万东北军部属"围剿"陕北红军，结果损失惨重。饱受国破家亡之苦的东北军官兵，厌倦内战的情绪日益加重，都盼望能够打回老家去收复失地。杨虎城于1930年后任第十七路军总指挥、西安绥靖公署主任，并一度兼任陕西省政府主席。1935年，杨虎城奉命阻击红军北上，结果3个旅被红军击溃。张、杨部队在"剿共"前线损兵折将，蒋介石不但不加抚恤，反而乘机削弱他们的力量。残酷的现实使张、杨深刻认识到：红军是剿不灭的，寄抗日希望于蒋介石是不现实的，只有联共抗日才是唯一的出路。中共中央在了解到东北军和第十七路军的处境和现状后，确立了争取两军共同抗日的方针。

　　经过多方面的努力，张学良和杨虎城完全接受了中共"停止内战，一致抗日"的主张，并商定与红军各守原防，互不侵犯；互派代表，密切联系。与此同时，中共中央还在陕北前线对东北军、第十七路军的官兵进行了"停止内战，一致抗日"的宣传。到1936年下半年，双

1936 年

5 月 5 日，毛泽东、朱德代表红军发表《停战议和一致抗日通电》。

6 月 1 日，两广爆发反蒋事变。

8 月 29 日，"艳晚事件"发生。

9 月 18 日，西安各界举行大规模的群众集会和游行，呼吁"停止内战，一致抗日"。

12 月 7 日，张学良"哭谏"蒋介石，请求联合共产党、团结抗日，被拒。

1936 年 12 月 2 日，蒋介石在洛阳与西北军政首脑合影。前排左起：杨虎城、蒋介石、宋美龄、杨虎城夫人、张学良、邵力子（陕西省主席）

两广事变

1936 年 6 月 1 日，国民党广东军阀陈济棠和广西军阀李宗仁、白崇禧联合各地反蒋势力，以北上抗日为名，出兵湖南，企图争夺国民党政权。蒋介石紧急调兵入湘防御，并采取软硬兼施的两手策略，一面备战，一面收买陈济棠部下。7 月 6 日，陈济棠的空军司令黄光锐率飞行员 40 余人驾机投蒋，第一军军长余汉谋等通电拥蒋，结果陈济棠被迫下台，逃往香港。7 月 13 日，在国民党五届二中全会上，蒋介石任命李宗仁为广西绥靖主任、白崇禧为副主任。但不久，蒋介石又重新调整了李宗仁、白崇禧的职位，即李为军委常委、白为浙江省主席，李、白二人不从。蒋介石决定调集军队以武力解决，李、白也以 10 万军队严阵以待，蒋桂战争一触即发。但在全国的一致反对声中，蒋介石被迫收回成命。9 月 17 日，李宗仁、白崇禧在广州与蒋介石谈判妥协，两广事变得以和平解决。

方不但停止了战争，士兵之间还经常友好往来。而东北军和第十七路军之间的相处也越来越融洽。这样，在互相信任、密切合作的基础上，红军、东北军、第十七路军联合抗日的民族统一战线基本形成。

张学良、杨虎城在西北"剿共"不力，引起蒋介石的极度不满，因此，在平息两广事变之后，他赶忙于 10 月 22 日飞抵西安督战。蒋介石以为只要自己亲自出马，张、杨必然会追随他继续"剿共"，可没想到张、杨却劝说他"停止内战，一致抗日"。在继续驱使张、杨"剿共"已不可能的情况下，蒋介石由西安飞到洛阳，调兵遣将，集结 10 万大军于郑州一线，命令 20 多名军政大员聚集西安待命，下令扩充西安、兰州机场和地面设施，任命蒋鼎文为西北"剿总"前敌总司令，卫立煌为陕甘绥宁边区总指挥。很显然，这样的部署不仅为继续"剿共"，也是要彻底解决张学良和杨虎城的问题。

经过周密的布置和准备之后，蒋介石于 12 月 4 日再次来到西安。他提出两个方案供张、杨选择：一是东北军、第十七路军全部开赴陕甘前线"剿共"；二是将东北军、第十七路军分别调往福建和安徽，由中央军执行陕、甘两省的"剿共"任务。张、杨则下定决心既不"剿共"，也不调防。他们秘密商定对策，先劝谏蒋介石停止内战、一致抗日；如劝谏不成就实行"兵谏"，即设法捉蒋，逼蒋抗日。

12 月 7 日，张学良面见蒋介石，痛陈东北沦陷、华北危机等种种日本侵华的事实，劝说蒋介石停止内战、一致抗日，结果遭到蒋介石的严厉训斥。杨虎城又去劝说，也无功而返。

12 月 9 日，西安青年学生在纪念一二·九运动一周年之际，到临潼直接向蒋介石请愿，要求停止内战、一致抗日，蒋介石下令镇压请愿学生。为避免流血事件发生，张学良以一周内用事实答复大家的承诺劝退了请愿学生。

12 月 10 日、11 日，张、杨又对蒋介石作了最后的劝谏，但蒋仍不为所动。张、杨只好痛下决心：实行"兵谏"，逼蒋抗日。

张学良和杨虎城商定，由东北军负责到临潼捉蒋，第十七路军负责拘禁在西安城内待命的军政大员。12 月 11 深夜，张、杨召集在西安的两军将领，宣布"兵谏"计划，由张、杨一起坐镇杨虎城公馆指挥。

12月12日凌晨5时左右,孙铭九率领东北军卫队营一个连的士兵,冲进清华池,先与守卫士兵发生了激战,睡梦中的蒋介石被枪声惊醒后,披着睡衣仓皇出逃。孙铭九带士兵冲进卧室后,发现蒋已离开,但被褥尚有余温,断定蒋并未走远,立即令士兵仔细搜山,结果在骊山乱草丛中发现了蒋介石,并立即将其送至西安新城大楼。与此同时,第十七路军也顺利地拘禁20余名军政大员于西京招待所。至此,张、杨"兵谏"计划成功实现。此即"西安事变",也称"双十二事变"。

西安事变的发生,在国内外引起了极大的反响。各种势力从自身利益出发纷纷表明对事变的态度。国民党内部,以何应钦为代表的亲日派主张轰炸西安,讨伐张、杨;以宋子文、宋美龄为代表的亲英美派主张和平解决。中共从抗日大局出发,坚决主张和平解决西安事变。周恩来为张、杨分析了当时的国内外形势,指出"逼蒋抗日"的可能性,最终使张、杨接受了和平解决西安事变的主张。

12月23日,宋氏兄妹代表蒋介石、周恩来代表中共与张、杨进行了两天的谈判,最后达成六项协议,即改组国民政府,容纳抗日分子;释放上海爱国领袖及一切政治犯;停止"剿共"政策,联合红军抗日;召集各党各派各界各军的救国会议,决定抗日救亡方针;改变外交政策,与同情中国抗日的国家建立合作关系;其他的救国方法。

西安事变的和平解决,成为时局转换的枢纽。从此内战基本结束,为国共两党重新合作建立了必要的前提,为抗日民族统一战线的建立、为抗战的最后胜利奠定了重要基础。但张、杨两位功臣却遭到蒋介石的打击报复。张学良一直被辗转幽禁,直到蒋经国离世后才渐渐重获自由;杨虎城则于1947年被蒋介石杀害于重庆中美合作所。

12月12日,张学良、杨虎城发动西安事变,扣留蒋介石。
12月19日,中国共产党发出《关于和平解决西安事变的通电》。
12月25日,蒋介石被释放,西安事变得到和平解决。
12月26日,蒋介石在洛阳发表《对张杨的训词》。同日,蒋介石回到南京后扣留了张学良。

 **相关链接**

艳晚事件

早在西安事变爆发前,蒋介石就对张学良、杨虎城的"剿共不力"多有不满。1936年8月,蒋介石电令西安的国民党特务逮捕了数名在东北军中工作的中共地下党员,试图掌握张、杨联共抗日的活动。29日,在张学良身边工作的北平学联代表、中共地下党员宋黎,被国民党特务在西安的西北饭店逮捕，在将宋黎押送省党部的途中，被杨虎城的第十七路军宪兵巡逻队截获，并告知张学良。张学良闻讯后非常震怒，立即派人接回宋黎，并于当晚派兵包围省党部，查抄了特务档案，缴获了诬告东北军的密电和东北军参加抗日活动的300余人的名单。29日按韵目代日为"艳"字，事件发生在这一天晚上，所以这一事件被称作"艳晚事件"。

西安事变前蒋介石与张学良共餐

事件发生后的第二天，张学良致电蒋介石，自认鲁莽，请求处分，蒋介石虽然非常愤怒，但因忙于处理两广事变，只能暂时隐忍不发。张学良和杨虎城也认识到，此事并未真正了结。因为，蒋介石既然有了关于他们联共抗日的口实，那就决不会轻饶他们。他们联共抗日的政策与蒋介石的反共方针是不可调和的，他们和蒋介石的裂痕也必将加深，这就为西安事变的爆发埋下了伏笔。因此，可以说"艳晚事件"是西安事变的前奏。

全民抗战

　　1937 年 7 月 7 日，日军发动震惊中外的卢沟桥事变。经此一役，中华民族的抗日战争全面爆发。在此后漫长的 8 年时间里，举国上下无论是何民族，是何立场，不论男女老少，不管身处何地，都义无反顾地投入到了抗日的洪流之中。因此，这一时期的抗日斗争又被称作全民抗战。全国各族人民在抗日大旗的引领下，英勇抗敌，前仆后继，经过艰苦卓绝的斗争，最终以热血和生命换来了 1945 年 8 月 15 日本的无条件投降，抗日战争最终取得胜利。抗日战争的胜利，捍卫了我国的主权与尊严，洗刷了中国自近代以来所受的无尽屈辱，同时也为全世界的反法西斯斗争作出了巨大贡献。

守卫卢沟桥的中国士兵在掩体后面准备战斗

卢沟桥横跨永定河,民国时期属河北省宛平县管辖,距北平仅15公里,在地理上占有很重要的地位,是捍卫北平的屏障。在此驻守的中国军队属国民革命军第二十九军。1937年7月7日,日军发动卢沟桥事变,挑起全面侵华战争。二十九军官兵奋起还击,打响了中华民族全面抗战的第一枪。

南 苑 殉 国

　　赵登禹路和佟麟阁路是北京城内的两条知名大街,为纪念赵登禹、佟麟阁这两位英勇的爱国将领而命名。北京城的大街小巷何止千条,然而以近代历史人物命名的街道却并不多见。为什么这两位将领能够受到后人的如此敬重,并以这样的方式来缅怀呢?

　　赵登禹,字舜城,山东菏泽人。他早年家境贫寒,以务农为生,后来怀着满腔热忱参军入伍。他曾参加过北伐战争,在中原大战后被任命为国民革命军第二十九军三十七师一〇九旅旅长。九一八事变后,赵登禹曾奉命率一〇九旅把守长城喜峰口,以抵挡日军进犯。他们在喜峰口地区与敌人殊死对抗,以大刀砍向鬼子的头颅,力挫敌军。这一仗使得国内士气大振,让百姓们都知道了喜峰口骁勇善战的赵将军。长城战役后,赵登禹被提升为二十九军一三二师师长,负责守卫北平地区。

　　佟麟阁,原名凌阁,字捷三,河北高阳人。他早年读书习字,擅长书法且颇有造诣,但 20 岁时毅然投笔从戎,加入冯玉祥部队。他参加过护法运动、北伐战争等,曾任国民革命军第二集团军第三十五军军长。佟麟阁擅长练兵,赏罚分明,又十分体恤将士,因而受到了大家的敬重。九一八事变爆发后,佟麟阁亦积极响应抗日号召,并采取行动。在赵登禹率部对长城喜峰口的敌人顽强抵抗时,佟麟阁则在后方积极部署,做好后援工作,使前方将士无后顾之虞,对喜峰口战役的胜利同样功不可没。1937 年初,二十九军军长宋哲元离开北平,佟麟阁临危受命为二十九军代军长,直接负责军事指挥。

　　1937 年 7 月 7 日晚,日军制造了震惊中外的"卢沟桥事变",中国全面的抗日战争自此打响。为了加快进攻步伐,日本持续向北平周围调集兵力,使得北平形势骤然紧张。面对日军日益逼人的强大攻势,身为代理军长的佟麟阁积极调派兵力,抵抗来犯之敌。二十九军的将士们更是为了保家卫国而奋勇迎敌。19 日,宋哲元因战事告急而急返北平。面对从廊坊、通县、丰台而来直逼南苑的气势汹汹的敌军,宋哲元急命驻守北平的一三二师师长赵登禹为南苑指挥官,并与此时身为副军长的佟麟阁一起,领兵捍卫南苑(南苑也是二十九军军

1937 年

7 月 7 日,日军发动卢沟桥事变,挑起全面侵华战争。

7 月 11 日,日本确定了扩大侵华的政策,并派兵十余万入华。

7 月 17 日,蒋介石发表庐山谈话,表示准备抗日。

7 月 28 日,南苑失守。

7 月 30 日,平、津两地相继沦陷。

部所在地），抵抗敌军，护卫北平。赵、佟这两位曾在喜峰口联手抗敌的战友在最紧要的时刻、在最前线的南苑再度相逢，心绪翻腾不息。赵登禹豪情满怀地对佟麟阁说："捷三兄，国难当头，是我们酬壮志、洒热血的时候了，我誓把南苑变成当年的喜峰口，让鬼子再一次尝尝二十九军大刀队的滋味！"

佟麟阁

南苑地区地处华北平原，地势开阔平坦，几乎没有任何天险可以凭借。同时由于事发突然，大部分阵地连防御工事都没有构筑，只能依靠营地围墙做掩体。若要守住这易攻难守的咽喉之地，无疑是一场苦战。似乎是看到了这次战斗的不易，佟麟阁在驻守南苑时曾捎信给发妻："大敌当前，此移孝作忠之时，我不能亲奉汤药，请代供子职，孝敬双亲。"自古忠孝难两全，但好男儿自是要保家卫国，即使马革裹尸亦无所畏惧。

7月28日凌晨，2万余日军在众多飞机、坦克的助阵下，发动了对南苑地区的陆空双重进攻。而我军却只能以脆弱的城防、落后的武器和寥寥5000人马与敌人对抗。深夜里的南苑瞬时陷入一片火海。尽管将士们浴血苦战，但终因寡不敌众，难以招架。日军凭借其在人数和装备上的优势将我军冲散，并分割包围。赵、佟二人一时失去了联系，但仍各自指挥着部下抗击日军，寸步不让。

赵登禹

次日中午11时许，佟麟阁接到撤入永定门的命令，于是带着部下一边还击，一边撤退。为了减少撤退中的伤亡，佟麟阁决定在大红门地区掩护部队，并在大红门东地势较高的土山上设瞭望哨以观察各部队动向。下午1时许，正当他们准备动身撤离时，敌机忽从头顶呼啸而过，并开始疯狂扫射和轰炸。佟麟阁不幸被敌机射中手臂和腿部。部下劝说他退后接受包扎治疗，他却执意不肯，并严肃地说："情况紧急，抗战事大，个人安危事小！"毅然跃上战马继续指挥部队。徘徊不去的敌机再次袭来，炸弹落在了他的战马之下，他的头部也不幸中弹。部下扶下身受重伤的佟麟阁，急欲进行治疗，但为时已晚。佟麟阁是全面抗战爆发以来首位捐躯的高级将领，时年45岁。

佟麟阁阵亡的消息几经周折终于送到赵登禹处,赵登禹得知后悲痛万分。他悲愤地将这个消息告知部下,并激励大家:"佟军长已经先我们一步走了,我们还有什么可想的,几年来天天喊杀敌报国,现在正是时候!"将士们人人热血沸腾,杀敌的士气瞬间高涨。由于接到了撤退的命令,赵登禹便也率部向大红门方面撤退。狡猾的敌人却抢先在大红门架起机枪,以猛烈的火力阻挡中国军队的去路。激战中,赵登禹身先士卒,被敌人炸弹炸伤,警卫员欲将其背到安全地带,他予以拒绝,仍坚持带队继续作战。不幸的是,随后日军投下的炸弹将他双腿炸断了。剧痛与失血让他再也坚持不住而陷入昏迷。弥留之际,赵登禹含泪告诉传令兵:"不要管我……你回去告诉北平城里的我的老母,她的儿子为国死了……也算对得起祖宗,请她老人家放心吧……"说着说着,他已如游丝的呼吸伴着断断续续的声音一起消失,年仅 39 岁。

南苑一战,两位将领喋血战场,以身殉国。他们牺牲的消息传开,举国同悲,激发了军民的抗日热情。冯玉祥得知这一消息后,特作《吊佟赵》一诗,以为悼念。国民政府有感两人的英勇事迹,追赠他们陆军上将军衔。新中国成立后,人民政府追认二人为烈士,并将北京市内的两条大街以他们的名字命名,以示缅怀。这两位将军在抗日战争全面打响的初期,以满腔热血证明了中国人视死如归的卫国决心!

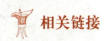

相关链接

七七事变

又称卢沟桥事变,标志着日本全面侵华的开始,也象征着中国全面抗战的开始。1937年 7 月 7 日晚日军举行"演习",演习结束后,驻丰台日军河边旅团第一联队第三大队借口"仿佛"听到宛平城内有枪声,而一名日本士兵因此失踪,要求进入宛平城搜查。这一举动遭到了中国守城部队的断然拒绝。日军随即发动对宛平城的进攻,并悍然炮轰卢沟桥。驻守卢沟桥附近的国民革命军第二十九军吉星文团随即反击,与日本军队展开激烈对抗。第二天早晨,日军包围了宛平县城,驻守卢沟桥北的国民党军队一个连除 4 人生还外,余者全部牺牲。这就是震惊中外的七七事变,它为中国人民的英勇抗战开启了新的一页!

平型关伏击日军

1937 年

9 月 22 日，国民党发表《中共中央为公布国共合作宣言》，第二次国共合作开始，抗日民族统一战线正式形成。

9 月 25 日，八路军第一一五师与日军进行平型关战斗。

10 月 1 日，忻口会战爆发，众将士浴血奋战，最终奉命退守太原。

11 月 9 日，太原陷落。

自平津失守后，日军迅速向华北和华东两个方向发动攻势，企图速战速决，在三个月内灭亡中国。就华北战场来说，日军兵分三路沿平绥铁路（西北向）、平汉铁路（南向）、津浦铁路（东南向）进军。沿平绥路进攻的日军气势汹汹，一路攻占南口、张家口等地，矛头直指山西。

素有"表里山河"之称的山西地区，地理位置极其重要，"华北之锁钥"的比喻，更是彰显了它对于整个华北地区的重要战略意义，因此成为日军必夺、我军必守的咽喉之地。南来的日本军队——关东军察哈尔派遣兵团，在攻破张家口后于 1937 年 9 月 13 日攻占了大同，山西的北大门洞开。日军遂挥军南下直指晋中腹地，占领岱岳、应县。与此同时，另一路日军——日军第五师团，则从察南蔚县而来，攻陷广灵，并向浑源、灵丘进犯。此后这两股日军一同向南推进，意图夺取平型关。平型关位于晋东北，是这一地区的重要枢纽，它两侧峰峦迭起，易守难攻。洞悉了日军的企图后，第二战区司令长官阎锡山开始积极在这一带布防。另一方面，接到中共中央指示的林彪、聂荣臻、罗荣桓也已率领八路军第一一五师进入山西地区并到达平型关一带，辅助国民党军进行防御。八路军第一一五师师长林彪在多次勘察当地地形后，决定利用这一天然屏障，选择敌人的必经之路进行伏击，并拟定了作战计划，给敌军来个"请君入瓮"，再一举"瓮中捉鳖"！

9 月 24 日入夜，天降大雨，第一一五师的战士们冒着风雨，踏着泥泞的山路，奔赴预设地点进行埋伏。身着单衣的战士们经过一夜的急行，身上早已分不出是汗水还是雨水。入秋的山间凉风刺骨，他们又饿又冷，伏于泥石之间，但是那股誓死卫国的热情却丝毫不减。25 日清晨，浑然不觉的敌军第五师团二十一旅团的部

当时平型关一带的地形情况

队携带大批辎重车辆,沿灵丘至平型关的公路缓缓向西行进,逐渐进入第一一五师的伏击圈。为首的日军高举国旗,刺刀在太阳的照耀下闪着寒光。队伍中除了步兵还有许多马匹、汽车等,浩浩荡荡而来。雨后山路湿滑,使得携带大批辎重的日军行动缓慢。事先埋伏下的士兵们见此情形,个个摩拳擦掌,跃跃欲试,只等一声

平型关战斗开始前我军在勘察地形

令下就和这些日军拼个你死我活。此时,师长林彪则沉着镇定,凝神静观,眼见敌军已完全进入我方伏击范围之时,迅速拿起电话机果断下达指令:"发信号弹!"

一声令下,电光石火之间枪声四起,火光冲天。敌人对这突如其来的攻击猝不及防,一时间难以招架,伤亡颇多。随后,将士们从山上扑下,与敌军展开近身白刃战。短兵相接中,敌人的飞机、大炮失去了作用,他们勉强依靠着辎重车辆为掩护进行反击。激战中,狡猾的敌军企图向山上运动,欲占领平型关一带的制高点"老爷庙"。这一伎俩被参战的第一一五师六八五团团长杨得志识破,他果断传令:"附近的制高点一个也不许鬼子占领!"得到指示的战士们阻断了敌军的上行步伐。我军将日军予以分割包围,经过激战,全歼被围敌军,大获全胜。

当日下午15时左右,炮声渐渐平息。硝烟淡去的山沟里到处可见敌军倾覆的汽车冒着滚滚的黑烟,车上满载着的弹药、衣物、粮食等补给物资散落山间。日军旗帜落在泥泞的土地上,没有了在风中飘扬的嚣张。车子周围横七竖八地倒卧着敌军的尸首,山间路上血迹斑斑,一片狼藉,先前日军的趾高气扬如今已荡然无存。这场伏击战歼敌数百,并缴获了大量军事物资,是抗日战争爆发以来的一个漂亮的翻身仗!

平型关一役的胜利,是全面抗战以来中国军队的首次胜利。在

抗日民族统一战线形成

七七事变后,中华民族到了最危急的时候,民族矛盾上升为主要矛盾,国共两党决定停止内战、一致对外。1937年8月,国共两党达成协议。共产党方面将红军改组为国民革命军第八路军和国民革命军陆军新编第四军,开赴抗日前线作战。国民党则随后发布了《中共中央为公布国共合作宣言》,抗日民族统一战线正式形成,这也是第二次国共合作的开始。

日本军队在我国国土上恣意横行、国土寸寸沦陷的形势下，此役有力地打击了日本军队的嚣张气焰，也打破了日本军队不可战胜的神话，提高了中国共产党和八路军的威信，振奋了全国人民的抗日精神和激情。

 相关链接

太原会战

1937 年 9 月到 11 月间，中国第二战区军队同日军华北方面军在山西省北部、东部和中部地区进行的大规模的战略性防御战役。日军以山西为华北的战略重地，而太原为山西的心脏，因此欲攻占太原。此战包括平型关战役、忻口战役、娘子关战役、太原保卫战等战役。由第二战区司令长官阎锡山指挥，国共两党协同作战，对抗日本华北派遣军寺内寿一所部。此战，日军参战总兵力约 14 万人，伤亡近 3 万人；中国军队参战总兵力 28 万余人，伤亡 10 万人以上。八路军在会战中有力地配合友军作战，平型关伏击战打破了"日军不可战胜"的神话。忻口会战消耗日军大量有生力量，牵制了日军沿平汉铁路南下的作战行动。虽然战士们倾尽全力，奋勇作战，但最终难敌气势凶猛、装备精良的日军，在坚持了数十日后无奈撤离，日军攻入太原。尽管如此，太原会战仍是华北战区抵抗最坚决且成绩显著的会战之一。

太原会战结束后，中国军队在华北地区的大规模战事基本结束，日军取得晋中腹地及其丰富的煤炭资源。

八百壮士死守四行仓库

中国一定强，你看那民族英雄谢团长；

中国一定强，你看那八百壮士孤军奋战守战场；

四方都是炮火，四方都是豺狼；

宁愿死不退让，宁愿死不投降；

我们的国旗在重围中飘荡！

如果你没有听过这首歌，那么你一定要去听一听。《中国一定强》(旧称《中国不会亡》)，这首浑厚有力的军歌，让人听了不禁热血沸腾，仿佛又回到了那段战火纷飞的岁月。通常让人热血沸腾的歌曲，背后总会有着一个可歌可泣的故事。那么这首歌曲的背后，又有着怎样的故事呢？

日军自侵入京津地区后，一面向西进攻晋中腹地，另一面也开始着手向华东地区进发。上海临近南京这一国民政府的心脏所在，同时又是中国的经济重心，自然引起了日本侵略者的垂涎，日军企图以上海为跳板，直插国民政府心脏，逼降中国。中国方面自然也看到了上海地区的重要意义。抗战开始后，国民政府曾制定作战方针，要求国民党军一部在华北地区集中，与敌对抗，以确保山西这一天然堡垒；而主力则集中到华东地区，攻击敌军，力保淞沪要地，拱卫首都。可见，上海战略意义之重，更甚山西。于是中日双方都积极在上海地区陈兵，大战一触即发。

1937 年 8 月 13 日，日军调遣海上部队，对上海地区发起进攻，中国军队奋起反抗，淞沪会战开始。与侵略者相比，中国军队虽无精锐装备，但抱着必死之心抵抗，却也牵制住了日军的脚步。当时世界媒体甚至以"中国的阿拉莫"来形容这场激烈的战斗。随着时间的推移，我方部队日益难以招架敌方攻势。到了 10 月底，中国守军陷入了腹背受敌的困境，于是决定全线西撤。国民革命军第八十八师师长孙元良令手下五二四团副团长谢晋元率领所部第一营官兵 800 人（实际人数并未达到 800 人，是当时为迷惑敌人而故意夸张宣传的障眼法），死守上海的最后一块阵地，以掩护大部队撤离。而这最后一块阵地就是四行仓库。

1937 年

8 月 13 日，日军大举进攻上海，八一三事变爆发，淞沪会战由此开始。

8 月 14 日，国民政府发表《国民政府自卫抗战声明书》，表明"抵抗暴力"的立场。

8 月 22 日，中共中央在陕北洛川召开政治局扩大会议，会议通过了《抗日救国十大纲领》，提出全面抗战路线，并开始广泛进行游击战，开辟敌后战场，建立抗日根据地。

11 月 8 日，中国军队开始从淞沪战场上逐渐撤退。

四行仓库位于苏州河北岸,原本是闸北大陆、金城、中南、盐业四家银行储存货物的联合仓库。这是一幢钢筋水泥建筑,曾作为八十八师的司令部驻地,楼高墙厚,易守难攻。而这些留守阵地战士们的使命就是要坚守仓库,分散敌人的注意力,为大军的全身而退争取时间。当时,仓库的西北两面已被日军所包围,而仓库的东南两面则是他国租界。选择这一地区固守,一方面使得日军不得不因"投鼠忌器"而在进攻中有所收敛;另一方面在这一紧邻租界的地区展开争夺,便会将日本的罪行向全世界公布,有利于我方争取国际舆论的支持。

自10月26日起,留守仓库的中国士兵们开始与日军展开长达四天四夜的拉锯战。主力部队正在马不停蹄地西撤,固守仓库注定

谢晋元与部下合影

成为没有援助的孤军之战。谢晋元曾这样告诉部下:"本军所奉的命令就是要死守四行仓库,与最后阵地共存亡。所以这个四行仓库就是我们四百多人的坟墓,我们全都要战死在这里。我们中间只要还有一个人在,就要坚守阵地,和敌人拼死战斗到底!"将士们利用仓库内的麻袋构建防御工事,封闭门窗以方便射击,破坏照明系统以隐蔽部队。起先日军以步兵为主进攻仓库,但遭到了守军的顽强抵抗。于是他们集结更大规模的兵力企图冲入仓库。但中国守军沉着应对,防御有法,日军仍然没有得逞。恼羞成怒的日军调集飞机、坦克前来助阵,但由于忌惮误伤租界地引起国际社会的不满,而不敢大规模轰炸,因此依旧毫无进展。四行仓库在中国守军的抵死守卫下,岿然不动。敌人见仓库屡攻不下,便企图在仓库楼下埋设炸弹。为了抵挡我军的火力压制,狡猾的敌人头顶钢板来到仓库墙角,战士们虽有子弹却也对钢板无可奈何。眼见敌人诡计将要得逞,情急之下一名叫陈树生的战士,全身捆绑手榴弹纵身从楼上跃下,震耳欲聋的爆炸将敌人以及敌人的诡计炸得粉碎。英勇的陈树生以一人性命换取了整个仓库的安全!中国军队的顽强抵抗,

震慑了日军,吓退了他们进攻的脚步。

　　谢晋元率部死守仓库的英勇事迹很快便传入上海居民耳中,百姓们莫不敬佩,称他们是"八百壮士"。于是数以万计的上海居民,不顾枪林弹雨,纷纷聚集到苏州河南岸,对在仓库中坚守的战士表示敬意和关切。甚至还有一位名叫杨慧敏的女童子军携带慰劳品和国旗,冒险进入四行仓库,以表达全市人民的崇敬之情。百姓的支持,更是给了守军们无尽的勇气和力量。

　　短暂又漫长的四昼夜,八百壮士以少敌多,抱着抵死奋战、宁死不退的精神,打退了敌人一次又一次的进攻,以 30 人的伤亡歼敌 200 余人。最终于 11 月 30 日,谢晋元接到了撤退的命令,八百壮士这才渡过苏州河,退入公共租界,完成了他们的使命。

　　八百壮士死守仓库的义举震惊了日本侵略者,更振奋了四万万同胞。正是有感于这一动人事迹,人们将其谱曲填词,为了纪念,更是为了激励更多的中华儿女为中国崛起而奋斗:

　　　　八百壮士一条心,十万强敌不敢挡!

　　　　我们的行动伟烈,我们的气节豪壮。

　　　　同胞们起来,快快赶上战场,

　　　　拿八百壮士做榜样,

　　　　中国一定强!

 **相关链接**

淞沪会战

　　1937 年 8 月至 11 月间,发生在上海地区的中国军队抗击侵华日军的著名战役。这是中国抗战史上规模最大,战斗最惨烈的战役。中国方面投入兵力 60 万,死伤 15 万;日本方面投入 30 万兵力,死伤 7 万余人。会战历时三个月,粉碎了日本侵略者三个月灭亡中国的妄言,为物资和人员的转移争取了宝贵的时间。值得注意的是,淞沪会战也是我国为了打击日本侵略者而主动开辟的战场。这一举动意在分散日军兵力,牵制日军行动,为长期抗战做好铺垫。同时,也是为了引起国际社会的注意,有利于争取国际社会的同情和支持。11 月 12 日,中国军队全部撤离上海,上海沦陷,日军矛头直逼南京。

南京大屠杀

1937 年

11 月 26 日，国民党中央通讯社发表《国民政府移驻重庆宣言》，宣布迁都重庆的决定。

12 月 10 日，南京保卫战打响。12 日，中国军队奉命撤出南京。

12 月 14 日，日军在北平建立以王克敏为首的傀儡政权——"中华民国临时政府"。

12 月 15 日，蒋介石发表《告全国国民书》，申明了坚决抗日的立场，鼓励全民抗日，争取最后的胜利。

淞沪会战结束后，乘着中国军队撤离上海之时，日军兵分三路开始向南京进发。1937 年 12 月 9 日，日军兵临南京城下，并向中国守军发出最后通牒，企图劝降，但被我军断然拒绝。次日，日军便对南京城发动全面进攻。中国军队虽然奋勇抗战，但仍是节节败退，南京最终在 12 月 13 日落入敌手。进入南京后，日本军队制造了令人发指的屠城行动。其惨无人道的行径，不仅震惊了世界，更是造成了中国人民心中久久难以愈合的伤痛。

占领南京城后，日军华中方面军司令长官松井石根下达了"发扬日本国威，使中国畏服"的命令。正是在这一命令的引导下，日军开始残杀我军士兵。不论是已经伤残的还是缴械投降的士兵，都无一幸免地惨死在日军的刀枪之下。在日军占领南京城的最初 72 个小时里，被戕害的中国军人就有 3 万余人。

除了残杀中国士兵外，日军对于城内手无寸铁的普通民众也毫不留情。丧心病狂的日军将百姓捆绑，围成一团，或用机枪扫射，或用汽油焚烧，或者干脆活埋，甚至割下了百姓的头颅，挑在刺刀上当街炫耀。他们以杀人取乐，以杀人为竞技，以杀人为炫耀，以多杀人为荣！日军疯狂的屠杀行径让古老的南京城笼罩在死神的压迫下而散尽了光彩，城内尸横遍地，血流成河，鲜血甚至染红了城外的长江水。1946 年，国民政府认定日军采取了包括刺刀穿刺、投掷江河、剖心挖肺、电击折磨等多达 16 种残害我国同胞的残忍手段。战后，国际远东军事法庭认为，日军占领南京后的六个星期里，屠杀的俘虏和平民总数在 20 万人以上。若再加上被焚烧和被投入长江的遇难同胞，那么南京大屠杀的总数则在 30 万人以上。

日军不但无所不用其极地残忍杀害南京城的百姓，还对城

日军活埋南京和平居民

中的妇女犯下难以饶恕的强奸罪行。城中上至七旬老妇,下至年幼女童,只要是被日军抓到大都不能幸免。根据学者的统计,在日军屠城的一个月里,犯下的强奸案多达2万余起,而这还仅仅是保守的估计。日军不仅奸污妇女,还残忍地将她们杀害肢解,甚至将孕妇开膛破肚,取出胎儿把玩娱乐。泯灭天良的日军还强迫城内百姓自相残害,并以之为乐。种种暴虐的行径罄竹难书,令人愤慨!

伴随着疯狂屠杀与奸淫而来的还有大规模的劫掠与破坏。日本军队几乎抢走了他们所能带走的任何东西。劫掠民宅、洗劫店铺、抢夺文物……南京博物院内的3000余箱文物,中央图书馆的80万册藏书,三藏塔内的唐僧舍利等珍贵文物,都在这场浩劫中被日军抢夺。劫掠一空后,日军就索性放一把火,将带不走的东西烧得干干净净。南京城内历史悠久的夫子庙就是在这样的烈火中化为焦土的。据统计,南京城内约80%以上的建筑物遭到了日军的破坏。

杀红了眼的日军甚至连居住在南京城的外国人也不放过。他们抢劫外国记者,焚烧外国店铺,简直是无恶不作。

日军的种种滔天罪行早已不是个别士兵的军纪败坏所能辩解和掩盖的,如此明目张胆的暴行,显然是有所蓄谋,甚至得到了日军当局的默许和纵容的。他们的恶行受到了国际各界的声讨与斥责,有媒体将日军在南京城内的兽行称为现代史上破天荒的残暴记录,是现代文明史上最黑暗的一页。

在这惨绝人寰的六个星期中,昔日古朴沉静的南京城被死亡与痛苦的阴霾盘踞。即使是硝烟散去后的今日,人们回想起这不堪回首的种种,仍会胆战心惊,不寒而栗。但是日军的暴行并没有吓倒顽强不屈的中国人民。相反地,全民族同仇敌忾,誓死要将侵略者赶出国土的满腔热忱空前高涨。国仇家恨,使得抗战变得更加顽强和激烈。

日军将中国百姓当作刺刀训练的靶子

 相关链接

迁都重庆

　　淞沪会战接近尾声,中国军队抵抗失利,眼见日本军队即将攻破上海防线,进而侵入南京。为了坚持长期抗战,1937年11月20日国民政府做出了迁都的决定,将首都由南京西迁到重庆,以大西南作为抗战的大后方。因为中国的西南部地区山高谷深、地形复杂,这一天然屏障易守难攻,不利于日军的进攻。11月26日,国民政府主席林森率领部分官员抵达重庆,迈出了迁都的第一步。迁都重庆这一举动,有利于稳定民心,有利于长期抗战,为抗日战争的最终胜利提供了基础和保证。

　　需要说明的是,国民政府决定迁都重庆后,一部分中央机关和领导人并不能马上到达重庆,因而大部分政府机关设在了武汉,直至武汉沦陷。这样,武汉一度成为"临时首都"。

台儿庄血战

台儿庄战役，是徐州会战中的一次著名的战役。在这次战役中，中国将士披坚执锐，战胜了气焰嚣张的日军。但是这次胜利着实来之不易，因此后人在谈及台儿庄一役时，往往以"血战"二字加以形容。透过这两个字，我们似乎可以感受到它的惨烈与悲壮。

台儿庄位于山东枣庄市最南部与江苏省的交界地区，距东南方向的徐州30公里，地处大运河的北侧。它是津浦线与陇海线的枢纽，是南北运河的咽喉要道，也是南下徐州的最后一道屏障，战略位置不可小视，因此日军进攻徐州，台儿庄首当其冲。

1938年3月中旬，自山东南下而来的日军攻陷台儿庄北部的藤县地区，拉开了台儿庄战役的序幕。日军第十师团濑谷支队在占领藤县后，未等待大批部队到来便先行逼近台儿庄。针对敌人的这一特点，驻守这一地区的第五战区司令长官李宗仁设下圈套。他一方面派第二集团军孙连仲的部队守卫台儿庄，另一方面令汤恩伯的部队让出津浦路正面，以诱敌深入。待到日军直扑台儿庄时，再断后包抄，夹击日军。

3月24日，濑谷支队在飞机大炮的掩护下猛攻台儿庄，部分日军攻破了城东北角，但被守城士兵歼灭，日军退去。25日，日军改变方向由城南进攻，中国守军与之展开了肉搏战，凶猛的气势使得日军再度后退。战士们利用大刀、步枪、手榴弹硬是压制住了日本的现代化军队，使得其徘徊在城外，入城无门。到了27日，日军的增援部队赶到了，他们从北侧冲进城来，短兵相接中，我方伤亡不小。面对源源不断的日军支援部队，李宗仁下达了死守台儿庄的命

李宗仁

1937 年

12 月 27 日，日军攻占济南。此后日军沿津浦铁路南下。

1938 年

1 月 10 日，日军占领青岛。

2 月 27 日，日军向临沂发动进攻，遭到中国部队的拼死抵抗，日军受到重创。

3 月 24 日，台儿庄战役开始。

1939 年

3 月 17 日，日军开始攻夺南昌，不久占领南昌。

9 月 1 日，德国闪击波兰，第二次世界大战全面爆发。

1940 年

5 月初，枣宜会战打响。16 日，第三十三集团军总司令张自忠以身殉国。

6 月 23 日，历时两个月的枣宜会战结束，日军占领宜昌。

张自忠殉国

　　1940 年日军集结兵力向华中、华南地区发起进攻。5 月，枣宜会战爆发，国民党第三十三集团军总司令张自忠率部奋起抵抗。面对凶猛的日军，张自忠身先士卒，亲临战场作战。张自忠所部在田家集以西之大家畈伏击日军辎重联队，一举歼敌千余人，并缴获众多物资。日军集结重兵夹击张自忠所部，使其陷入了包围之中。但张自忠宁死不降，率领部下坚决作战直至牺牲。张自忠的义举感动了全国军民，甚至赢得了日军的敬重。国民政府为其举行了国葬，追授陆军二级上将军衔。张自忠是我军在抗日战争中牺牲的最高级别的将领。

令，众将士不畏日军凌厉的攻势，不顾生死，以血肉之躯对抗敌人的飞机坦克。战场上枪炮声、喊杀声震天动地。30 日，眼见攻城未果，日军的空军开始对台儿庄进行狂轰滥炸，战斗最激烈时，一天之内落入阵地的弹药就有 6000 余发。城内狼烟四起，情况危急。奉命支援而来的第三十师在城外见到日军围城，台儿庄危在旦夕，于是派遣年仅 28 岁的营长仵德厚带领 40 名队员，从城西门冲入城内，以掩护大批部队入城。战士们身背大刀，肩挂手榴弹，以"敢死队"的名义展开突击。由于日军在城周围守备森严，战士们只得推倒山墙前进。遇到推不倒的情况，他们就在墙上掏枪眼，而敌人也在对面掏枪眼。有时墙对面的敌人将手榴弹扔过来，战士们便抢在它爆炸前又扔回去……战士们一次次与敌人较量，与死神抗争，最终不辱使命，成功地掩护支援部队入城，并协助守城将士打退了敌人的进攻。然而，这 40 名队员却也因此付出了生命的代价，只有两人生还。

中国军队奔赴台儿庄

　　就这样，中国军队夜以继日地拼命与日军展开争夺战。到了 4 月 3 日，由于伤亡惨重，我军渐无招架之力，日军占领了台儿庄的大部分地区。驻守城内的池峰城师长请示孙连仲，希望可以准许撤退。但孙连仲却坚决地说："士兵打完了，你就自己上前填进去。你填过了，我就来填进去。有谁敢退过运河者，杀无赦！"他决绝的态度，表明了战斗到底的决心，稳固了全军上下与台儿庄共存亡的决心。到了午夜，我军组织百名敢死队员突袭日军，日军一时间措手不及，连连败退。另一方面，为了解台儿庄之围，李宗仁下令在城外扰敌的汤恩伯的部队火速赶往台儿庄北侧进攻日军，对日军形成两面夹击的强大压力。此后，各兵团发起了总攻，双方激战至 6 日深夜，我军反败为胜,夺回了沦陷的台儿庄地区,日军则因伤亡惨重而向北溃退。在经历了半个月的顽强抵抗后,数以万计的烈士,用满腔的热血,换回了台儿庄战役的最终胜利。

宁死不降的中国军人甚至连日军也不得不赞叹:"敌人(这里指中国战士)在狭窄的散兵壕内,尸体相枕力战而死的情景,虽为敌人,亦须为之感叹。曾令翻译劝其投降,绝无应者。尸山血河,并非日军所特有。"台儿庄一战,参战部队 40 万人,伤亡近 3 万人,歼敌约 2 万人。这是抗战以来规模最大的一次胜利。它打击了日本侵略者的嚣张气焰——不仅仅是兵力上的折损,更是精神上的挫败,让日军遭到了开战以来最为惨重的失败,"大日本皇军不可战胜"的神话终结了。同时,它还鼓舞了全民的抗战士气,让"亡国论"不攻自破,人们看到了希望,也有了胜利的信心。不仅如此,台儿庄战役的胜利还改变了中国在国际舞台上的形象,大大提高了中国的国际地位。

 相关链接

徐州会战

1937 年底,日军在华北战场占领了山东,在华东战场攻陷了南京。为了打通南北战场,日军又开始谋划沿津浦线南北夹击,占领徐州这一交通要道,由此扼住武汉的咽喉,并借机消灭徐州地区的中国军队主力。于是中日双方围绕徐州展开了争夺战。战役于 1938 年 1 月打响,历时 5 个月。日军投入兵力 30 万,中国参战人数达百万。我方部队英勇奋战,在南线将日军阻挡在淮河南岸,粉碎了日本侵略者南北夹击徐州的阴谋。在北线我军则取得了临沂大捷,并击溃了进攻台儿庄的日军。但会战后期我军逐渐陷入被动,最终未能抵挡日军的攻势,徐州于 5 月 19 日沦陷。

虽然徐州会战最终以我军失败而告终,但迟滞了日军的进攻速度,消耗了其战斗力,让不可一世的日军也领教了中国军队的顽强攻势,为武汉的抗战准备赢得了时间,有利于国家重心向西迁移。日军企图在徐州歼灭中国军队主力的企图也幻灭了。

1938 年

1 月 16 日,日本首相发表声明,声称"帝国政府日后不以国民政府为对手,期望真能与帝国合作的中国新政权的建立和发展"。

5 月 26 日,毛泽东在延安抗日战争研究会上讲演《论持久战》,对抗战全局进行论述,驳斥了"亡国论"和"速胜论",揭示了抗日战争持久性的特点,并科学地预计了持久战的发展过程,鼓舞了全国人民争取抗战胜利的信心。

10 月 21 日,日军占领广州。25 日,日军占领武汉。抗战转入相持阶段。

12 月 29 日,汪精卫在河内向国民党中央发出"艳电",公开投敌叛国。

1939 年

1 月 1 日,国民党中央常委会举行临时会议,决定开除汪精卫党籍,撤销其一切职务,并下令通缉。

1 月 21 日,国民党召开五届五中全会,会议的主要内容是抗日与反共,国共合作开始出现裂痕。

汪精卫被刺

汪精卫,本名汪兆铭,字季新,笔名精卫。如今,人们习惯称他汪精卫。早年的汪精卫也曾是个热血男儿,是个激进的革命者。20 世纪的最初几年,他曾赴日本留学,参与组建同盟会,主编《民报》,持有先进思想,不因循守旧。他站在革命党人的立场上坚决抨击改良派,力主推翻清政府。为此,他还曾参与刺杀清朝摄政王载沣的活动,但因事迹败露而入狱,被判终身监禁(后因 1911 年 10 月辛亥革命爆发而获释)。但即使是身陷囹圄,汪精卫也不曾低头,甚至写下了"慷慨歌燕市,从容作楚囚;引刀成一快,不负少年头"的慷慨诗句。也许正是因为这过人的胆识与杰出的文采,使得汪精卫得到了孙中山的赏识,成为其得力助手,左膀右臂。

但是,汪精卫年轻时的大胆英勇却似乎随着年龄的增长而逐渐消磨殆尽。他的种种叛逆行径,渐渐引起了民众的不满,国内一些憎恶汪精卫的人,开始谋划着要杀他以泄恨。1935 年 11 月 1 日,国民党在南京召开四届六中全会,会中一名叫孙凤鸣的刺客趁乱混入会场向汪精卫连发三枪,其中一发子弹从背后射入,打入了汪精卫的脊椎骨内。因抢救及时,他死里逃生,但射入脊椎的子弹却从此留在了体内。然而这次刺杀只是一个开始,此后,如同受了诅咒一般,汪精卫接二连三地遭到暗杀。

抗日战争全面爆发后,汪精卫眼见日本国力强盛,日本军队气势汹汹,因而一直持保守消极态度,主张亲日求和。这种态度随着抗战初期日军的节节胜利而逐渐凸显。武汉失守后,汪精卫的悲观情绪到达了顶峰,深感绝望的他不顾一切地倒向了日本人一边。汪精卫的投敌叛国,让国民痛恨不已,暗杀便也接踵而至。

1938 年 12 月,投敌叛国的汪精卫携带家属前往河内,刺客也追到了河内。次年 3 月 20 日深夜,刺客潜入汪精卫在河内的公寓,凭借着黑暗做掩护,偷偷潜进汪精卫的卧室,开枪射杀后逃离现场。但殊不知,那房间并不是汪精卫的卧室,而被打死的也不是汪精卫,而是他的秘书曾仲鸣。这次刺杀行动,曾仲鸣成了汪精卫的替死鬼。

汪精卫第三次遭遇刺客是在 1939 年底。时任国民政府军事委员会少将参议的戴星炳不满于汪精卫的叛国行为，于是几经周折打入南京汪伪政府内部，潜伏在汪精卫的身边，伺机将其暗杀。但是由于戴星炳求胜心切，他打探汪精卫起居作息的行为，引起了汪精卫亲信的警惕，并遭到了秘密监视。此后不久，戴星炳的妻子不慎露出了马脚，戴星炳的身份暴露。震怒的汪精卫将戴星炳夫妇枪决，再次侥幸逃脱。

第四次试图刺杀汪精卫的刺客叫陈定达。他本是一名商人，但痛恨汪精卫的卖国求荣，于是散尽家财寻找刺杀汪精卫的线索。一天，他遇到一个在汪伪政府供职的白俄人，而这个人还恰巧是他自己曾经聘用过的保镖。于是陈定达开始对这个白俄人晓之以理，动之以情，甚至许以重金让他刺杀汪精卫。谁知那白俄人在钱

汪精卫

财到手后，竟向汪伪政府告发陈定达。毫无防备的陈定达很快被捕。对刺客恨之入骨、不除不快的汪精卫得知陈定达并非政治特工，而是一位实业家后，改变了主意，想要收买他。为了达到目的，汪精卫甚至还亲自出面劝降，只要陈定达说出幕后主使，便饶他不死。谁料陈定达却不卑不亢道："国贼人人得而诛之，何须他人指使！"这番话让汪精卫恼羞成怒，枪杀了年仅 38 岁的陈定达。

短短两个月后，第五次刺杀接踵而至，刺客的名字是黄逸光和黄征夫。他们是国民政府的特工，在秘密安排下，伪装成平民到南京求见汪精卫。但这一消息却不慎走漏了风声，传到了汪精卫耳中。汪精卫立即派密探搜查他们二人暂住的房间，结果在衣橱内发现了藏匿的手枪，这次刺杀行动又是功亏一篑，黄逸光、黄征夫双双被捕。临刑时黄逸光仍然昂然不屈，他说："可爱的中华，我愿为你歌唱，我愿为你而死！"随后从容就义。

1943 年 8 月，汪精卫因 8 年前留在背部的子弹头上的铅毒渗入骨髓而病倒。南京的日军陆军医院为他进行了积极的治疗，病情却

反共高潮

抗日战争的爆发使国共两党趋于合作，一致对外。但国共两党的分歧却并未消除，加之日本侵略者政治诱降的政策影响，使得国共两党的矛盾日益激化。1939 年 1 月，国民党召开五届五中全会，确定了反共的方针，并掀起了第一次反共高潮。1941 年初皖南事变的爆发则是国民党发动的第二次反共高潮。反共高潮的掀起给抗日战争带来了消极的影响。

未见好转，只好又将他送往日本接受治疗，但终是药石罔效，回天乏术。汪精卫于1944年11月10日，死于日本的名古屋。

汪伪政权

南京伪政府成立时汪精卫与陆海军将领合影

抗日战争时期在日本侵略者扶植下而成立的以汪精卫、周佛海等亲日派为首的傀儡政权，称"中华民国国民政府"，总部设立在南京，与当时已迁都重庆的国民政府对立，因而被称为汪伪政府或伪国民政府。

1938年秋，日军相继占领了广州、武汉等地。由于战线过长，日军实力不足而不得不停止大规模的正面攻击。此时日军速战速决的计划彻底破产，因而改变了战略方针，加紧了对国民政府的诱降。11月日本首相发表声明，声称战争目的是为了建立东亚新秩序，并提出了善邻友好、共同防共、经济提携的原则。在日本的政治诱降下，一贯亲日，且对抗日缺乏信心的汪精卫于当年12月偕曾仲鸣、周佛海等逃离重庆到越南河内，并发表"艳电"，放弃了抵抗立场。此后在日本的扶植下，汪精卫于1940年3月30日在南京成立了"中华民国国民政府"，沿用青天白日满地红的旗帜为"国旗"，又加上了写有"和平反共建国"的三角布片。汪精卫任代主席兼行政院院长。1944年汪精卫病逝后，伪政权交由陈公博与周佛海负责。1945年第二次世界大战结束后，这一政权曾改组为"南京临时政务委员会"，不久宣告解散。

百 团 大 战

　　"滴滴……滴……滴滴滴"，八路军总部驻地内，电报机的红绿指示灯闪烁不止。彭老总从作战地图上挪开视线，满面春风地问："我们参战兵力一共有多少个团？"

　　"正太线30个团，平汉线卢沟桥至邯郸桥段15个团，同蒲线大同至洪洞段12个团，津浦线天津至德州段4个团……一共105个团。"作战科长王政柱朗声答道。

　　"好！这是百团大战，作战科要仔细查对确数。"左权兴奋地说。

　　彭德怀略作沉吟，接过话头说："不管一百多少个团，干脆就把这次战役叫做百团大战好了！""百团大战"由此得名。

　　百团大战，是八路军总部为粉碎日本侵略者的"囚笼政策"，争取华北战局更有利地发展，并影响全国的抗战局势，克服国民党妥协投降的危险，向华北日军占领的交通线和据点发动的大规模进攻战役。

　　1940年8月8日，朱德、彭德怀、左权下达《战役行动命令》，规定：晋察冀军区破击正太铁路石家庄至阳泉（不含）段；第一二九师破击正太铁路阳泉（含）至榆次段；第一二〇师破击忻县以北的同蒲铁路和汾（阳）离（石）公路，并以重兵置于阳曲南北地区，阻击日军向正太铁路增援。要求各部在破击交通线的同时，相机收复日军占领的一些据点。

　　8月20日20时整，一颗颗攻击的红色信号弹腾空而起，划破了夜空，各路突击部队如猛虎下山，直扑敌人的车站和据点。雷鸣般的爆炸声，一处接着一处，响彻了5000里长的敌后战场。突遭"百团"攻袭的日军懵了，到处是枪声、爆炸声，到处都发来求援电报、信号，搞得日军指挥官既不知从何处调兵，又不知增援何处，只能据守挨打。

　　胜利的消息从四面八方飞向了延安。9月20日，延安召开了纪念"九一八事变九周年和庆贺八路军百团大战胜利"的大会。朱德总司令代表党中央讲了话，希望八路军将士继续发扬视死如归、勇往直前的精神，再接再厉，进一步扩大百团大战的伟大胜利成果。毛泽东也指示说，在华北"应扩大百团战役行动，到那些尚未遭受打击的敌

1940 年

7月22日，朱德、彭德怀、左权下达《战役预备命令》，规定以不少于22个团的兵力，大举破击正太铁路。

8月20日夜，八路军发动了以破袭正太铁路为重点的百团大战。

10月初，日军开始报复作战，对抗日根据地实行"三光"政策。

1941 年

华北日军将治安肃正扩大为治安强化运动，并于2月制定了《治安强化运动实施计划》，到1942年底先后进行了五次治安强化运动。

8月14日，日军2万余人分多路向晋察冀抗日根据地实施"扫荡"。

八路军战士端掉日军据点

人方面去"，甚至建议"仿照华北百团战役的先例，在山东及华中组织一至几次有计划的大规模的对敌进攻行动"。

八路军总部根据中共中央指示和利用有利战机，决定继续扩大战果，重点攻占交通线两侧和深入根据地内的日军据点。从 9 月 20 日至 10 月 5 日，又发起了涞（源）灵（丘）战役、榆（社）辽（县）战役、任（丘）河（间）大（城）肃（宁）战役等攻势，攻克日伪军据点多处，平毁了部分封锁沟、墙，打击了伪政权组织，进一步扩大了抗日根据地。

百团大战沉重地打击了敌人，也震惊了敌人。日军在遭受打击后惊呼"对华北应有再认识"，慌忙从华中正面战场抽调 2 个师团加强华北方面军，从 10 月初开始，连续对抗日根据地进行"扫荡"，并实行烧光、杀光、抢光的"三光政策"。至 12 月 5 日，百团大战基本结束。

百团大战历时 3 个月又 15 天，八路军共进行大小战斗 1824 次，共计毙、伤、俘和投诚日伪军达 46480 人。其中包括：毙、伤日军 20645 人，伪军 5155 人；俘虏日军 281 人，伪军 18407 人；日军自动携械投诚者 47 人，伪军反正者 1845 人。同时，缴获各种枪 5942 支（挺），各种炮 53 门；破坏铁路 474 公里，公路 1502 公里，桥梁 213 座，火车站 37 个，隧道 11 个；破坏煤矿 5 个，仓库 11 所。此外，还缴获和破坏了其他大量军用物资。

百团大战，在中国抗日战争史上写下了光辉的一页。它不仅深刻地教训了日本侵略者，使其对侵华行径付出了沉痛的代价；也打出了敌后抗日军民的声威，鼓舞了国人的抗战信心，遏制了国民党政府的妥协投降暗流。

三光政策

日本侵略者对抗日根据地进行"扫荡"过程中所推行的政策。所谓"三光"，即烧光、抢光、杀光。日本侵略者妄图采取这样的策略来打击中国军民的抗日活动，摧毁抗日根据地。这一政策的实施，使得百姓的房屋被烧毁，财产被洗劫，甚至性命不保。许多地区因此而生灵涂炭，甚至成了无人区。

敌后战场

全国性抗战开始后,中国共产党人全面分析了抗日战争的形势和各方的具体情况。1937年8月,毛泽东在洛川会议上提出,党所领导的人民军队在军事战略上必须实行由国内革命战争的正规战向抗日民族解放战争的游击战转变,担负起开辟敌后战场、创建抗日根据地、壮大人民抗日武装力量的战略任务。自1937年9月到1938年10月,八路军、新四军对日军作战1600多次,毙伤日军5.4万余人,先后创建晋察冀、晋西北和大青山、

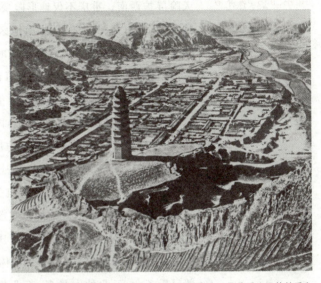

抗战时期的延安城。以延安为中心的陕甘宁边区是敌后战场的总后方

晋冀豫、晋西南、山东、苏南、皖中等抗日根据地,敌后抗日根据地(包括游击区)总人口达5000万以上。

敌后战场的开辟,打乱了侵华日军作战前线与后方的划分,变战略内线为战略外线,变被动为主动,变战略被包围为战略反包围,形成敌后与正面两个战场夹击日军的有利战略格局。百团大战打响后,抗日根据地从抗战初期配合正面战场作战,逐渐上升为主战场,成为中国抗战的中流砥柱,为赢得抗日战争的彻底胜利作出了巨大的历史贡献。

重庆大隧道窒息惨案

重庆，地处四川盆地东部，三面环山，襟带长江、嘉陵江，扼三峡天险屏护西南。重庆不仅地形险要，具有绝佳的军事战略地理优势，且人力、物力资源丰富，是西南地区最大的工商业城市和经济中心。蒋介石早在 1935 年 3 月视察重庆时就说："四川人口之众多，土地之广大，物产之丰富，文化之普及，可说是各省之冠。所以自古即称天府之国，处处得天独厚。是我们中华民族立国的根据地。"

淞沪会战失利后，沪、宁沦陷，国民政府被迫重设抗战指挥中心。1937 年 10 月 29 日，蒋介石在国防最高会议上发表《国府迁渝与抗战前途》的讲话，确定以四川为抗日战争的大后方，以重庆为国民政府的驻地。12 月 1 日起，国民政府机关陆续迁渝，重庆成为战时中国的政治中心和军事中心，政治地位空前提高。随着国民政府迁都重庆，大量的工矿企业也相继迁渝。重庆很快就建成了以兵工、机械、钢铁、煤炭、纺织、化工、电力等为主体的工业体系，成为战时中国工业部门最齐全、工业种类最多、工业规模最大的唯一的综合性工业基地。此外，重庆的金融、商业、交通、文化教育和对外交往都得到了前所未有的发展，重庆迅速成为战时中国的经济中心、文化中心和对外交往中心。战略地位的提高，使重庆开始成为日军轰炸的主要目标。

1938 年 12 月初，日本天皇发布《大陆命第 241 号命令》，宣称要开展"制空进攻战"，"攻击敌战略及政略中枢"，"捕捉、消灭最高统帅和最高政治机关"，"坚决实施战略、政略航空战，挫败敌继续作战的意志"。自 1939 年起，日军开始对重庆实施大规模轰炸：1939 年空袭重庆 34 次，出动战机 800 余架次，投弹近 2000 枚，炸毁房屋 4000 余栋，炸死、炸伤市民数千人；1940 年空袭 80 次，出动飞机 4000 余架次，投弹 1 万余枚，毁房 6000 余栋，炸死、炸伤数千人。

1941 年，深陷战争泥潭的日本急于迫使中国屈服，对重庆的袭扰更加频繁。6 月 5 日，惨淡的阴云还挂在天边，身心疲惫的人群踩着湿漉漉的地面，熙熙攘攘地从市郊往家里赶。夜色渐渐重了，这个时候通常不会有空袭。下午 6 时许，空袭警报骤响，刚落下心头悬石的市民，慌忙抛下手中的碗筷，扶老携幼涌入大隧道内避难。大隧道是当时供一般市民用的公共防空设施,由 7 段隧道组成。隧道内宽、高约 2 米,两旁有木板钉成的长凳,每隔三四十米有一盏照明的油灯。当天事出突然,只能容纳 4000 多人的大隧道却涌入了近万人,男女老少塞满了隧道,小孩子的啼哭声、男人焦躁的呵斥声、老人沙哑的咳嗽声响成一片。

时间一分一秒走得格外慢,一个小时过去了,两个小时过去了,小日本的飞机怎么还没有来?终于,传来了轰隆隆爆炸的声音,响个不停。该死的飞机怎么还不走?"哧"的一声,最后一盏煤油灯熄灭在污浊湿热的空气里。等不下去了!大人骂、小孩哭,在隧道里憋了好几个小时的人群已经到了忍耐的极限,他们需要空气。人潮开始往洞口汹涌,体力不支的人在推搡中滑倒了,连带绊倒一群,摔在地上被后面的人踩得哭喊连连。哭骂声、求救声、呻吟声,汗臭味、血腥味、屎尿味,丧失理智的人群陷入了无助的恐惧和混乱,只想立马冲出这人间地狱……可是,大隧道的闸门是由里向外关闭的,汹涌而来的人群堵住了闸门,欲出无路,欲退不能。时间一秒秒过去,洞内的声音越来越微弱,最后没了一点动静。惨案发生了。

敌机的轮番轰炸使救援工作无法迅速进行。直到天亮时分,3000 余具尸体才被抬出,在隧道口附近堆集成垛,一具具皮肤紫黑,嘴角渗着丝丝血迹,面目全非,惨不忍睹。惨案惊动了政府当局,6月 7 日,蒋介石亲下手令:"查本月五日晚间,敌机袭渝,市某隧道发生窒息,以致遇难民众死伤多人,实深震悼,所有负责当局,实难辞其玩忽之咎!防空司令刘峙、副司令刘伯翰、重庆市市长吴国

日军轰炸后的重庆

桢,着即革职留任……"蒋介石还特令组织"大隧道惨案"审查委员会,组织防空洞管理改进委员会,积极开展反轰炸斗争。

自 1938 年 2 月至 1943 年 8 月,日军累计空袭重庆 218 次,出动飞机 9513 架次,投弹 21593 枚,炸死市民 11889 人,伤 14100 人,焚毁房屋 17608 幢,损失资产难以计数。尽管敌人弹如雨下,但"战时政

治经济之司令台"重庆在敌机大轰炸下仍巍然矗立,成为抗战精神的堡垒。正如埃德加·斯诺在《为亚洲而战》一书中写的那样:"日机几年来的轰炸,不仅没有毁灭首都的民气,反而激起了反侵略的浪潮。轰炸所造成的死亡,激起了劫后余生者深深的狂怒和厌恶。他们对侵略者有一种特别切身的憎恨!你如果没有钻过地洞,没有伏在田野上躲过直插下来的轰炸机,没有见过母亲找寻她儿子的尸体和破碎头颅的悲哀,没有闻过被烧死的学童的气味,你决不能完全了解这种憎恨!轰炸所造成的破坏,在中国人的脑子里唤醒了一种重建中国的决心!"

 相关链接

抗战期间三大惨案

花园口决堤、长沙大火与重庆大隧道窒息惨案,并称为抗战期间三大惨案。

花园口决堤,又称花园口事件、花园口惨案,抗战初期国民党政府为阻滞日军进攻而炸毁黄河大堤的事件。1938年5月,侵华日军攻陷徐州,并沿陇海线西犯,中国军队在兰封战役中再遭败绩,开封失守,郑州危急,武汉震动。在部署西撤的同时,蒋介石决定"以水代兵",下令扒开位于河南郑州市区北郊17公里处的黄河南岸的渡口——花园口,决堤放黄河水阻敌西进。1938年6月9日上午8时,开始放水,豫、皖、苏3省44个县市,2.9万平方公里土地成为黄泛区,600余万人民遭受洪水侵袭。同时,日军约4个师团陷于黄泛区,损失2个师团以上,夺取武汉的时间被延迟了3个月。

1938年11月,日军攻陷岳阳,进逼长沙。鉴于南昌失守的惨痛教训,为避免湖广的咽喉重地陷于敌手,蒋介石密令湖南省政府主席张治中:"长沙如失陷,务将全城焚毁,望事前妥密准备,勿误!"张治中命警备司令酆悌和省保安处长徐权制定了一份"焚城计划",由长沙警备司令部第二团团长徐昆执行。11月13日凌晨2时许,长沙城内南门某处失慎起火,不久全城火起。大火烧了两天两夜,千年古城毁于一旦,死伤者数万。因当日的电报代号为"文",大火发生在夜间,故为"夕",因此长沙大火又被称为"文夕大火"。然而,日军并未立即进攻长沙。为平民愤和推卸责任,国民党政府将酆悌等3人枪决。

中国远征军入缅作战

弟兄们，向前走！弟兄们，向前走！

五千年历史的责任，已落在我们的肩头，已落在我们的肩头。

日本强盗要灭亡我们的国家，奴役我们的民族。

我们不愿做亡国奴，我们不愿做亡国奴。

只有誓死奋斗，只有誓死奋斗，只有誓死奋斗！

这首慷慨雄壮的《战场行》，是中国远征军第五军第二〇〇师少将师长戴安澜为鼓舞远征军将士奋起抗日所作的军歌。

1942年3月初，中国远征军以第二〇〇师为先头部队紧急入缅抗日，进驻缅甸南部的同古（东瓜）地区，计划不惜代价死守同古，在掩护驻缅英军撤退的同时，为远征军主力向同古一带集结争取时间。3月19日，戴安澜部与日军第五十五师团正式接仗，双方随即展开大规模激战。

由于西线英军始终没有采取积极行动予以配合，加之中国远征军后续部队未能按预订计划运送到同古前线，第二〇〇师苦战10余天，伤亡2000余人，内缺粮弹，外无援兵，面对增援后四倍于己的敌人，困守孤城，形势危急，被迫于29日夜突围撤离。此役，第二〇〇师同兵力、装备都占优势，并拥有制空权的日军苦战12天，以伤亡2500余人的代价，歼敌5000余人，最后安全撤出，留给敌人一座废墟，让日本人领教了"旅顺攻城以来从未有过之苦仗"。同古之役也初步矫正了西方人对中国军队的歧视和偏见。韦维乐爵士感言："我原以为中国人不能做什么……现在看来他们确实能够做点什么。"史迪威则盛赞戴安澜为

中国远征军开赴缅甸

1941年

12月23日，中英两国签署《中英共同防御滇缅路协定》，中英军事同盟遂告成立。

1942年

3月，第五军、第六军、第六十六军等10万中国军队组成远征军，沿滇缅公路入缅与盟军协同作战。

1943年

10月10日，中国驻印军奉命进军缅北，反攻之战正式打响。

1944年

4月，日军发动以打通纵贯南北的大陆交通线为目的的豫湘桂战役。国民党军队在各个战场的抵抗均告失败，至12月战役结束时，中国损失近60万人，丧失国土20万平方公里。

8月3日，密支那克复，标志着缅甸战场的主动权从此转入盟军手中。

1945 年

1 月 28 日,中国驻印军、中国滇西远征军及盟军在芒友胜利会师,揭开亚洲战场盟军向日军反攻的序幕。

中国战区

1941 年 12 月底的华盛顿会议上,为了把中国的抗日战争与盟国军事行动结合起来,美国陆军参谋总长马歇尔于 12 月 29 日起草了一份备忘录,建议在中国成立一个盟国作战行动司令部。罗斯福接受了这一建议,并征得丘吉尔的同意,提议将亚洲太平洋战场划分为中国战区、东南亚战区、太平洋战区和西南太平洋战区四个战区。12 月 31 日,罗斯福正式电告蒋介石,建议由蒋组织成立盟国中国战区。

1942 年 1 月 1 日,在华盛顿二十六国联合宣言签字仪式上,罗斯福公开宣布了"建立中国战区"的决定,蒋介石被推为中国战区总司令。应蒋介石请求,美国派遣史迪威中将来华,任中国战区参谋长。

"立功异域,扬大汉之声威"的第一人。

在中国远征军中还有另一位让世人称道的抗日将领,他就是第六十六军新三十八师少将师长孙立人(后任新一军中将军长)。

1942 年 4 月 17 日,驻防马圭的英军第一师北撤时被日军阻截在仁安羌,粮尽弹缺,水源断绝,危急万分。英军统帅斯利姆将军亲赴新三十八师——一三团驻地,请求中国军队立即驰援英军。18 日拂晓,孙立人从曼德勒赶往拼墙河前线指挥作战。经过细致侦查和周密部署,孙立人巧设疑兵,反复冲杀,于 19 日下午五时击溃数倍于己的日军,成功解救被俘英军、传教士和新闻记者 500 余人,夺回英方辎重汽车 100 多辆,掩护英军第一师的步兵、骑兵、炮兵、战车部队等 7000 余人和 1000 多头马匹安全撤离。仁安羌捷报传出,世界以之为奇迹。

尽管有戴安澜、孙立人等能征善战、智勇兼备的将才,中国远征军在同古保卫战、斯瓦阻击战、仁安羌解围战、东枝收复战等战斗中屡挫强敌,有力支援了盟军,但终因认识不一、指挥不灵、协作不力等因素,中英军队被迫向印度和中国境内撤退,缅甸失守。在撤退过程中,中国远征军因后路被日军切断,远征军长官部及第六十六军新三十八师退往印度基帕尔;第五军直属队及新二十二师,经"死人之谷"胡康河谷,撤到印度利多;第九十六师翻越野人山,转入滇西剑川;第二〇〇师冲破日军重重包围,返回云南(戴安澜在突围中不幸壮烈牺牲)。中国远征军入缅时 10 万人,仅 4 万生还,损失惨重。

缅甸西屏英属印度,北部和东北部与中国西藏和云南接壤。英属印度是英伦三岛的战略"大后方";滇缅公路,则是唯一的援华输血管。如今,缅甸失守,日军北上可直捣重庆大后方,西进可占印度出中东。世界反法西斯战争形势万分紧急。

鉴于缅甸的重要战略意义,盟国积极酝酿反攻缅甸。在印度,中国战区参谋长史迪威以新三十八师、新二十二师为基础,在兰姆伽训练营将其改编为中国驻印军,配备全副美式装备加以严格训练;在中国,重新组编并整训了第二批远征军,辖第十一、第二十集团军,列阵滇西。

1943 年下半年,随着世界反法西斯战争在欧洲的胜利,盟军着手反攻缅甸。10 月 10 日,中国驻印军奉命开始进军缅北,先后攻占孟关、孟拱、密支那和八莫等地,给日军第十八师团等部以毁灭性打击,一雪两年前兵败缅甸的耻辱。1944 年 5 月,在云南重建起来的滇西远征军 17 个师 16 万人,强渡怒江,接连攻克腾冲、龙陵、芒市、畹町等地,歼灭日军两个师团大部和击溃另两个师团的一部。1945 年 1 月,中国驻印军、滇西远征军会师芒友。会师后,滇西远征军回国,中国驻印军旋即南下,于 1945 年 3 月 30 日与英军会师于乔梅,缅北反攻作战结束。此时日军因在菲律宾失败,收缩战线,撤出缅甸。至此,缅甸战事全部结束。

从中国军队入缅算起,中缅印大战历时 3 年零 3 个月,中国投入兵力总计 40 万人,伤亡接近 20 万人,日本投入兵力总计 30 余万,被歼灭 18.5 万余人。中国远征军用鲜血和生命书写了中华民族抗日战争史上极为悲壮和辉煌的一笔。

相关链接

打通中印交通线战役

1942 年 5 月 1 日,曼德勒失守,中英军队被迫向中国和印度境内撤退,缅甸沦陷。日本抢占缅甸,切断了中国唯一一条接收国际援助物资的通道——滇缅公路。中美商定从印度东北部的阿萨姆邦打通一条公路,穿越缅北,连接已经被切断的滇缅公路,由它担负向中国运输抗战物资的重任。11 月 17 日,第一支筑路部队——美国第四十五工兵团和八二三航空工程

中印公路

营、中国驻印军工兵第十团扎营利多,并于 12 月 10 日正式在莽莽的原始森林中筑路开道。与此同时,中国驻印军等护路部队加紧清扫沿途日军,为筑路部队扫清障碍。1943 年 10 月,中国驻印军开始向缅北大举反攻。新三十八师、新二十二师在孙立人、廖耀湘的指挥下,直扑胡康河谷,在新平洋、于邦、太白加、孟关、瓦鲁班、加迈、孟拱、密支那、八莫和南坎等处连战连捷,消灭日军 2 万多人,将其余日军全部逐出缅北,于 1945 年 1 月和滇西远征军会师芒友,打通了中印交通线。

日 本 投 降

1945 年

7 月 26 日，美、英、中三国共同发表《波茨坦公告》，敦促日本无条件投降，否则"必将使日本军队完全毁灭，无可逃避，而日本之本土也必终归全部摧毁"。

8 月 6 日，为了避免采取大量伤亡的登陆战，美军在日本广岛投下第一枚原子弹，3 天后又在长崎投下第二枚原子弹。

8 月 9 日，毛泽东发表《对日寇的最后一战》的声明。

苏联红军根据《雅尔塔协定》对日宣战，出兵中国东北，横扫日本关东军。

8 月 15 日，日本裕仁天皇通过广播发表《终战诏书》，正式宣布无条件投降。

9 月 2 日，日本外相重光葵在美国军舰"密苏里"号上正式签署投降书。

比飓风更可怕的灾难就要降临了。铃木贯太郎表情凝重，眼神里含着深深的不安。就在刚才，作为日本首相，他被迫在记者招待会上就《波茨坦公告》表明政府立场，宣布："我认为那份公告不过是《开罗宣言》的翻版，政府认为并无任何主要价值。只有对它置之不理。我们只能为战争到底向前迈进。"

日本政府对《波茨坦公告》置之不理的消息，传播到全世界。日本人没有意料到此举的严重后果。1945 年 8 月 6 日，晴朗的晨空中夹杂着沉闷，3 架 B−29 美机飞临广岛上空，投下一颗 5 吨重的原子弹。随着震耳欲聋的大爆炸，顷刻之间，城市突然卷起巨大的蘑菇状烟云，几百根火柱冲天而起，广岛市迅即沦为焦热的火海。8 月 9 日，第二颗原子弹又在长崎爆炸。同一天，漫卷的苏联红旗像决堤的怒潮，吞没了日本关东军。

8 月 9 日上午 10 时 30 分许，首相铃木贯太郎、外相东乡茂德、陆相阿南惟几、海相米内光政、参谋总长梅津美治郎、军令部总长丰田副武召开最高战争指导会议。铃木首先发言说，就目前形势看，不得不接受《波茨坦公告》，并征询与会者意见。会场一片沉默，好几分钟没人说一句话。米内打破沉默，说若是接受《波茨坦公告》，是全部无条件接受，还是由我方提出一些希望条件？如果提出附加希望条件，首先是维护国体，其次是惩处战犯、解除武装以及占领军的进驻等问题。众人开始展开激烈的争论，东乡主张维护国体的单一条件方案，阿南和梅津则认为还未到无条件地接受《波茨坦公告》那种地步，不如尝试最后机会，进行本土决战。与会者争论不休，直到晚上 10 时半以后仍未能做出决定。

晚 11 时左右，铃木进宫奏请在御前召开最高战争指导会议。11 时 50 分许，就是否接受《波茨坦公告》的第一次御前会议，在皇宫防空洞内的一个会议室召开。铃木提议："在上月 26 日发布的三国公告所列举的条件中，不包括要求变更天皇在国法上的地位的谅解下，日本政府予以接受。"东乡和米内也认为日本已经失去通过谈判解决问题的余地，一切都应当集中到皇室这个问题上来。陆相阿南、参谋总长梅津、军令部总长丰田则主张继续抵抗。时至凌晨 2 时许，议而难决，铃木请求天皇作最后裁决。日本天皇同意接受《波茨坦公告》。

10 日下午 7 时，日本政府以要求保留天皇仍为日本元首为唯一条件，通过瑞典、瑞士向同盟国发出乞降照会。8 月 13 日，美国国务卿贝尔纳斯代表同盟国政府复电日本，要求：(1)日本政府应倾听盟国之最高统帅的命令，天皇必须授权并保证日本政府及日本帝国大本营能签字于必须之投降条款，俾《波茨坦公告》之规定能获实施。且须对日本一切陆海空军当局以及彼等控制下之一切部队（不论其何处）发号施令，交出武器。此外，并须发布盟国最高统帅在实施受降时所需之其他命令。(2)日本政府之最后形式将依据日本人民自由之意志决定之。(3)同盟之武装部队将留日本，直至《波茨坦公告》所规定之目的达到为止。

14 日晚，铃木再次召开紧急阁议，并请裕仁亲临。裕仁坚持原议，接受《波茨坦公告》结束战争；并下令起草停战诏书，准备广播。8 月 15 日正午，日本裕仁天皇通过广播发表《终战诏书》，正式宣布无条件投降。

日本投降的消息传到了重庆。"傍晚的重庆，鞭炮声冲破了嘈杂的夜市的空际！千千万万的市民拥到街头，一片海涛似的欢呼，联珠炮似的鞭炮，狂烈的鼓掌声，顿时掩盖了整个山城。"日本投降的消息传到了延安。"人们从各个角落涌出，向街上奔走，向广场奔走……笑呀！叫呀！奔呀！跳呀！舞蹈呀！拥抱呀！"日本投降的消息传遍了世界，世界沸腾了！

1945 年 9 月 2 日，在停

日本投降签字仪式在"密苏里"号上举行

东京审判

东京审判从 1946 年 5 月开庭到 1948 年 11 月宣判终结，共历时近两年零七个月。其间共开庭 818 次，法庭纪录 4.8 万余页，出庭作证的证人达 419 人，出示文件证据 4000 多件，判决书长达 1213 页，规模超过了纽伦堡审判，堪称人类历史上规模最大的一次国际审判，也是二次大战结束后世界上发生的重大政治事件之一。日本法西斯的种种罪行在审判中一步步被揭露。1948 年 11 月 12 日，法庭宣布判处东条英机、广田弘毅、土肥原贤二、板垣征四郎、松井石根、武藤章、木村兵太郎绞刑，木户幸一等 16 人判处无期徒刑，东乡茂德判处 20 年徒刑，重光葵判处 7 年徒刑。另外，由于某些政治原因，部分真正犯有违反人道罪行的日方人士并没有被重判，甚至等于没有被判刑。自 1950 年起美国不顾世界舆论的反对，将判刑的首要战犯陆续释放出狱。这次审判并不能代表所有被侵略国家人民的意志。

泊于东京湾的美国"密苏里"号战舰上,日本代表签署了无条件投降书。9月9日,侵华日军总司令冈村宁次在南京向中国政府陆军总司令何应钦呈交投降书。

八年抗战,中华民族终以巨大牺牲换取了民族解放。正如《解放日报》社论所写的那样:"在八年抗战中,中国人民表现了无比的英勇和坚毅。在前线,中国军队的广大官兵流血战斗;在后方,工农大众、智识界和产业界努力工作;海外爱国侨胞则踊跃输将,援助祖国抗战。全中国同胞这种英勇奋斗的事迹,将永远垂诸史册。""现在这个万恶的敌人,已被中苏美英的联合力量所打倒了。中华民族已从日本帝国主义的压迫下解放出来了。日本帝国主义对我中华民族独立生存的严重威胁已被消除。半世纪来,我中华民族所受到的奇耻大辱,血海深仇,现在报仇雪耻了。这的确是我中华民族百年来未有的大事,值得全国同胞的热烈庆祝。"

 相关链接

中国军队反攻作战

1944年,共产党领导的敌后军民在华北、华中、华南地区,对日伪军普遍发起局部反攻。当时,由于国民党军队主力分散在中国的西南、西北大后方地区,日军占领的大部分城镇、交通要道和沿海地区都处在解放区军民的包围之中,因此对日全面反攻的任务,自然地主要由敌后抗日根据地的人民军队来进行。1945年,八路军、新四军向日军发动了大规模的春、夏季攻势,扩大了解放区,打通了许多解放区之间的联系。8月9日,毛泽东发表《对日寇的最后一战》的声明,要求八路军、新四军及其他人民军队,在一切可能的条件下,对一切不愿投降的侵略者及其走狗实行广泛的进攻。根据延安总部的指示和命令,各解放区立即组织反攻大军,向日、伪军发出通牒,陆续发起猛烈的全面反攻。从8月11日至9月2日,八路军、新四军和华南人民武装力量共解放县以上城市150座,其中包括华北重镇张家口,取得了反攻的重大胜利。

国共政争与民国解体

  抗战胜利后,中国共产党试图争取通过和平的途径解决中国的政治问题,为此,提出和平、民主、团结的方针,努力促成国共两党的重庆谈判和政治协商会议的召开。国民党虽然在世界舆论的压力下与中国共产党进行了重庆谈判,但它实质上仍然奉行一党专政的独裁政策,并在美国的支持下公然撕毁了停战协定和政协协议,于1946年6月发动了全面内战。国民党的独裁、内战政策,遭到了全国人民的反对。中国共产党领导解放区军民对国民党的军事进攻进行了坚决的还击,与此同时,以学生运动为主体的爱国民主运动也风起云涌。在中国共产党沉重的军事打击和全国爱国民主运动的包围之下,国民党陷入了军事、政治、经济等全面危机之中。1948年9月至1949年1月,中国共产党与国民党进行了辽沈、淮海、平津三大战役的战略决战,消灭了国民党赖以生存的主要军事力量;随后,又进行了渡江作战和向全国的大进军,彻底摧毁了国民党在中国大陆的统治,中华民国最终走向解体。

人民解放军强渡长江

　　1949年4月21日,中国人民革命军事委员会主席毛泽东和中国人民解放军总司令朱德发布了向全国进军的命令。同日凌晨,集结在西起湖口东至江阴的500余公里战线上的中国人民解放军第二、第三野战军100多万人,同时发起进攻,强渡长江。百万雄师迅速突破国民党军的长江防线。4月23日晚,第三野战军一部解放了国民党22年来的统治中心南京,宣告了国民党反动统治的覆灭。

蒋介石三邀毛泽东

1945年8月14日是日本决定宣布投降的日子，从这一天起蒋介石连发三封电报邀请毛泽东到重庆谈判。蒋介石为何要这么急切地邀请毛泽东呢？蒋介石在电报中说了些什么？毛泽东对蒋介石的邀请又会有什么反应呢？

众所周知，长期以来蒋介石都把共产党看作心腹大患。抗战时期国民党与共产党团结御侮是人心所向，抗战胜利后国民党则不必顾忌什么了。但国民党鉴于其军队当时还在大后方、发动内战还需要时间准备，打算先与中共进行和平谈判；美国也希望国共能够和谈，以便争取时间帮助国民党运兵到前线。在这种情况下，蒋介石急切地向毛泽东发出了邀请。其意图是：如果毛泽东不来，就借此宣传共产党没有诚意，这样就师出有名，把发动内战的责任推到共产党身上；如果毛泽东来了，一方面可以利用谈判之机加紧内战准备，另一方面可以逼迫共产党交出解放区。于是，8月14日，蒋介石给毛泽东发了第一封电报，其内容如下：

> 万急，延安
>
> 毛泽东先生勋鉴：
>
> 　　倭寇投降，世界永久和平局面，可期实现，举凡国际国内的各种重要问题，亟待解决。特请先生克日惠临陪都，共同商讨，事关国家大计，幸勿吝驾，临电不胜迫切恳盼之至。
>
> 　　　　　　　　　　　　　　　　　　　　蒋中正未寒

接到"未寒"电后，毛泽东于8月16日上午以朱德的名义给蒋介石发了一封长电，要求"八路军和新四军必须参加受降"、"国民政府对日受降事宜必须同我方商量"、"制止内战"、"立即废止一党专政成立民主联合政府"。下午，毛泽东才给蒋介石回电：

> 重庆
>
> 蒋委员长勋鉴：
>
> 　　未寒电悉。朱德总司令本日午有一电给你，陈述敝方意见，待你表示意见后，我将考虑和你会见的问题。
>
> 　　　　　　　　　　　　　　　　　　　　　毛泽东未铣

《中苏友好同盟条约》

1945 年 8 月 14 日，国民政府代表王世杰和苏联代表莫洛托夫在莫斯科签订的条约。它是确定对日作战后期及战争结束后国民政府与苏联政府之间关系、解决双方某些争议问题的文件。

条约规定：两国协同对日作战直至获得最后胜利。两国彼此互给一切必要之军事及其他援助与支持；任何一方不单独与日本谈判或签订协定、和约；双方任何一方不参加任何反对对方的同盟或集团。双方同意在实现和平后，依照彼此尊重主权及领土完整与不干涉内政的原则下，共同密切友好合作，彼此给予一切可能之经济援助。条约的有效期为 30 年。同时签订的条约附件有《中苏关于长春铁路之协定》、《中苏关于大连港之协定》、《中苏关于旅顺口之协定》等。8 月 25 日，中苏两国政府批准了条约及其附件。12 月 25 日，双方在重庆举行了换文仪式。

8 月 20 日，蒋介石第二次发电报邀请毛泽东赴渝谈判：

延安

毛泽东先生勋鉴：

来电诵悉，期待正殷，而行旌迟迟未发，不无歉然。朱总司令电称一节，似于现在受降程序未尽明了。查此次受降办法，系盟军总部所规定，分行各战区，均予依照办理，中国战区亦然，自未便以朱总司令之一电破坏我对盟军共同之信守。朱总司令对于执行命令，往往未能贯彻，然事关对内，防碍犹小。今于盟军所已规定者亦倡异议，则对我国家与军人之人格将置于何地。朱总司令如为一爱国爱民之将领，只有严守纪律，恪遵军令，完成我抗战建国之使命。抗战八年，全国同胞日在水深火热之中，一旦解放，必须有以安辑之而鼓舞之，未可蹉跎延误。大战方告终结，内争不容再有。深望足下体念国家之艰危，悯怀人民之疾苦，共同戮力，从事建设。如何以建国之功收抗战之果，甚有赖于先生之惠然一行，共定大计，则受益拜惠，岂仅个人而已哉！特再驰电奉邀，务恳惠诺为感。

蒋中正哿

在这封电报中，蒋介石对朱德电文中所提问题采取敷衍的态度。这表明，蒋介石毫无和谈诚意。于是，毛泽东于 22 日致电蒋介石：

重庆

蒋委员长勋鉴：

从中央社新闻电中，得读先生复电，兹为团结大计，特先派周恩来同志前来进谒，希予接洽为恳。

毛泽东未养

蒋介石两次邀请毛泽东谈判之事被国民党的报刊和广播电台炒得沸沸扬扬，所以，国内舆论对毛泽东的两次拒绝议论纷纷且颇有微词。国际上，苏联因与国民政府签有《中苏友好同盟条约》，有义务支持国民党，所以，致电毛泽东希望他能够赴渝谈判。美国驻华大使赫尔利则表示愿意亲自带专机到延安迎接毛泽东。国内外舆论似乎都朝着有利于蒋介石的方向发展。在断定毛泽东不会来重庆的情况下，蒋介石想把毛泽东置于更加被动的境地。于是，他在 23 日向毛泽东发出第三封电报：

> 延安
>
> 毛泽东先生勋鉴：
>
> 　　未养电诵悉，承派周恩来先生来渝洽商，至为欣慰。惟目前各种重要问题，均待与先生面商，时机迫切，仍盼先生能与周恩来先生惠然偕临，则重要问题，方得迅速解决，国家前途实利赖之。兹已准备飞机迎接。特再驰电速驾！
>
> 蒋中正梗

在收到蒋介石电报后，为挽救和平、也为了不给国民党任何借口，毛泽东决定去重庆与蒋介石谈判。于是，8月24日，毛泽东复电蒋介石：

> 特急，重庆
>
> 蒋介石先生勋鉴：
>
> 　　梗电诵悉。甚感盛意。鄙人亟愿与先生会见，共商和平建国大计，俟飞机到，周恩来同志立即赴渝进谒，弟亦准备随即赴渝。晤教有期，特此奉复。
>
> 毛泽东敬

　　8月28日，在美国驻华大使赫尔利、国民政府军政部部长张治中的陪同下，毛泽东偕中共中央书记处书记周恩来、中共南方局负责人王若飞抵达重庆。毛泽东在机场发表书面谈话指出："目前最迫切者，为保证国内和平，实施民主政治，巩固国内团结"，"希望中国一切抗日政党及爱国志士团结起来，为实现上述任务而奋斗"。毛泽东到重庆的消息引起了极大的震动，国内舆论称颂毛泽东维系着中国目前和未来历史以及人民的幸福；外国记者也纷纷称赞毛泽东的气魄和胆量，并对中共谋求和平、民主、团结的诚意给予极高的评价。这样，在经过十年内战、八年抗战之后，国

重庆谈判期间毛泽东与蒋介石等人合影

共两党终于坐在了谈判桌前。

8月29日，重庆谈判开始。国共双方出席谈判的代表有王世杰、张群、张治中、邵力子、周恩来、王若飞等。由于国民党本无和谈诚意，事先并未做任何准备，因此，多数谈判方案都由中共方面提出，国民党代表只是虚与应付。而且，在谈判期间，国民党军队还不断地对解放区发动进攻，解放区军民站在自卫的立场上，在山西上党地区、河北邯郸地区和察哈尔张家口地区，对进犯之敌予以坚决的回击。

经过43天的边打边谈之后，10月10日，双方代表共同签署了《国民政府与中共代表会谈纪要》，简称"双十协定"。蒋介石表面上承认接受中共提出的和平建国的基本方针和召开政治协商会议的建议，承认多党派的平等地位，保证人民的民主权利，但是不承认中共的军队和解放区的民主政权，并要在"统一军令"、"统一政令"的借口下，根本取缔中共领导的人民军队和解放区。因此，在人民军队和解放区政权等原则问题上，双方未能达成一致。10月11日，毛泽东返回延安，周恩来、王若飞等人留在重庆继续谈判。然而，国民党假和平、真内战的既定方针，注定了重庆谈判不会有完美的结局。

 相关链接

上党战役

重庆谈判期间，晋冀鲁豫解放区军民在山西长治（古属上党郡）地区粉碎国民党军队进犯的战役。1945年8月下旬，国民党阎锡山部1.7万余人，由临汾、浮山、翼城侵入解放区长治地区。刘伯承、邓小平率领解放区部队奋起自卫，于9月10日发起上党战役，相继收复长治外围的屯留、潞城、长子、壶关等四城，继而围攻长治。阎锡山急调2万余人增援。刘、邓部队采取围城打援策略，以一部兵力围困长治，主力预伏在屯留、虒亭之间。10月2日，将进入预伏区的南援之敌大部歼灭。长治守敌弃城逃跑，也被歼灭。

此役共歼敌3.5万余人，俘虏第十九军军长史泽波等将领多人，有力地配合了中共代表团在重庆的谈判斗争，对"双十协定"的签订起了促进作用。

马 歇 尔 使 华

抗日战争胜利后，美国积极推行扶蒋反共政策。在美国的支持下，蒋介石从重庆谈判期间起就不断对解放区发动进攻，战火蔓延至全国 10 余省，内战危机一触即发。中国共产党本着自卫的原则，对国民党的军事进攻予以坚决的回击。在国民党军事进攻受挫和全国反内战运动高涨的情况下，美国不得不将其"扶蒋反共"的对华政策调整为"扶蒋溶共"，即一方面援助国民党尽可能在中国广大地区确立政权，一方面鼓励国共双方进行协商，尽力避免内战的发生。于是，美国总统杜鲁门于 1945 年 11 月 27 日批准驻华大使赫尔利的辞呈，任命马歇尔为驻华特使，代表美国政府出面调停中国问题。美国为什么会选择马歇尔呢？马歇尔到中国后干了些什么？他能不辱使命，阻止中国内战的发生吗？

马歇尔，全名乔治·卡特利特·马歇尔，1880 年出生在美国宾夕法尼亚州。1901 年，马歇尔从弗吉尼亚军事学院毕业后加入美国陆军，1939 年被罗斯福总统破格提升为美国陆军总参谋长，1944 年又晋升陆军五星上将。马歇尔虽然是一名职业军人，但其政治性极强，集军事天才与政治运作于一身，素以老练持重而闻名。另外，马歇尔还曾担任过罗斯福、杜鲁门两任总统的军事顾问，曾多次参加国际首脑会议，富有谈判经验。因此，杜鲁门起用已经退休的马歇尔出使中国。

1945 年 12 月 15 日，杜鲁门向马歇尔发出训令，要他"尽快地以和平民主的方式达到中国的统一"。当天，杜鲁门还发表了一篇对华政策声明，其中宣称："中华民国国民政府为中国唯一的合法政府，为达到统一中国目标之恰当机构"，"自治性的军队例如共产党军队那样的存在，乃与中国政治不相符合，且实际上使中国政治团结不能实现"。透过这份声明，不难看出美国派遣马歇尔使华的真正意图。

12 月 22 日，马歇尔到达重庆，随后就与周恩来、董必武、叶剑英进行了会谈。周恩来指出，当前最主要的是无条件停战，然后才能实现政治磋商，建立联合政府。待联合政府建立后，军政管理定能在这

1945 年

12 月 20 日，美国新任驻华特使马歇尔来华，代表美国政府"调处"国共冲突。

1946 年

1 月 4 日，中共中央决定将"东北人民自治军"改称"东北民主联军"。

1 月 10 日，在马歇尔的斡旋下，国共两党同时发布停战令，规定停战令于 13 日生效。

3 月 19 日，美国政府派赴国民政府的军事顾问团成立。

6 月 5 日，国共双方议定东北停战 15 天。

6 月 26 日，国民党调集 30 万军队大举进攻中原解放区，全面内战爆发。

8 月 10 日，马歇尔、司徒雷登发表联合声明，宣告"调处"失败。

1947 年

1 月 30 日，国民政府宣布解散军事三人小组及北平军事调处执行部。

个政府领导之下实现统一。据此,马歇尔制定了解决国共纷争的计划,即:实现停战;尽快召开政治协商会议,改组国民政府;整编统编国共军队,实现军政完全统一。

在马歇尔的斡旋下,国共双方于 1946 年 1 月 10 日发布了停战令,同时,还成立监督停战协定执行的机构——北平军事调处执行部。但是,国民党却在停战令即将下发之际,加紧秘密部署抢占战略要地。1 月 13 日停战令生效后,共产党忠实地履行了停战令,但国民党进攻解放区的事件仍然不断发生,美国运送国民党军队到内战前线的行动仍在进行。

马歇尔使华的初衷是想通过"调处"国共关系,达到"扶蒋溶共"的目的,即用和平的方式溶合共产党,建立国民党占主导地位的政权,从而避免国民党在国共内战中可能失败的命运。但正是在马歇尔的"调处"过程中,国民党完成了全面内战的军事部署。1946 年 3 月,美国在中国设立了近千人的军事顾问团帮助蒋介石策划和指挥内战。从 1945 年 10 月到 1946 年 6 月,美军直接或协同国民党军进攻解放区 30 余次。到 1946 年 6 月,美械装备的国民党军队由马歇尔来华前的 39 个师增加到 57 个师,此外,还有美国飞机编成的空军和美国舰艇编成的海军。美国为国民党训练军队、特务、警察、军医等 15 万人。到 6 月底,国民党正规军的 80% 约 160 万人已全部调集到位。也就是说,随着形势的变化,美国政府又回到助蒋内战的老路上去了,马歇尔当然也没扮演什么光彩的角色。

北平军事调处执行部

简称"军调部",是调处国共军事冲突的机构。根据停战协定,1946 年 1 月 7 日正式组成由美国总统特使马歇尔、周恩来、张群参加的三人军事小组,商定有关停战问题的具体办法。1 月 10 日,张群、周恩来签署了《建立军事调处执行部的协议》,成立了在三人小组领导下的北平军事调处执行部,作为执行停战协定的机构,监督停战协定的执行。军调部由国民党政府代表郑介民、中共代表叶剑英、美国驻华使馆代办罗伯逊组成,于 1 月 14 日起在北平办公。军调部下设由三方同等人员组成的若干执行小组,分赴各军事冲突地区进行调处工作。

马歇尔与周恩来、张群合影

1946 年 6 月 26 日,国民党以大举进攻中原解放区为起点,发动了全面内战。1946 年 7 月,马歇尔推荐司徒雷登为驻华大使,参与"调处"。8 月 1 日,马歇尔和司徒雷登发表联合声明,宣布

"调处"失败。11月15日,国民党伪"国大"召开后,中国共产党彻底放弃继续和谈的希望。1947年1月8日,马歇尔无功而返。美国国务卿艾奇逊评价他说:"将军是在错误的时间,被派到错误地方的错误的人。"事实表明,美国无论是"助蒋内战"还是"扶蒋溶共",都是以自身利益为出发点的,寄和平希望于美国的"调处"是不切实际的。

相关链接

停战协定

重庆谈判之后,国民党违背"双十协定",调集军队,大举进犯解放区,遭到解放区军民的有力反击,在这种情况下,国民党不得不接受中共提出的无条件停止内战的提议,与之进行停战谈判。1946年1月5日,国共双方代表达成《关于停止国内军事冲突办法的协议》。1月10日,张群、周恩来又签署了《关于停止冲突、恢复交通的命令与声明》,由双方向所属部队发布了停战令。这两个停止军事冲突的办法、命令和声明,构成了国共停战协定的全部内容,并于1月10日同时发布。停战协定自1月13日午夜起生效,中共忠实地履行了停战令。但国民党却在下达停战令前,密令其军队"抢占战略要点",接着又不断地调动军队进攻解放区。到6月26日,国民党更是公开撕毁停战协定,向解放区发动了全面进攻。

李闻血案

1944 年
李公朴、闻一多相继加入中国民主同盟。10 月 10 日，中国民主同盟发表《对抗战最后阶段的政治主张》。

　　1946 年 7 月 11 日和 15 日，著名民主人士李公朴、闻一多在云南昆明先后被国民党特务暗杀。他们究竟犯了什么罪？国民党为什么一定要置他们于死地？

　　李公朴，号仆如，1902 年生于江苏常州。幼年时家境贫寒，曾在商店做学徒，但因发动店员抵制日货而被解雇。之后，又先后在镇江润州中学、武昌文华大学附中、上海沪江大学附中、沪江大学等学校就读。国民革命时期，参加北伐，四一二政变后离开军队赴美留学。1930 年归国后，开始从事社会教育工作，并积极参加抗日救亡活动。1936 年 5 月全国各界救国联合会成立后，他被推选为联合会的执行委员。同年 11 月，他和沈钧儒等"七君子"被捕入狱，直到七七事变后才被释放。

　　出狱后，李公朴更加积极地投身于抗日民主运动。1938 年 7 月，为动员全民抗战，他将自己创办的《全民周刊》与邹韬奋主编的《抗战》合刊为《全民抗战》。在抗日战争的艰苦岁月，他冒着生命危险往来于敌后与前线之间，并把自己的亲身经历撰写成《华北敌后——晋察冀》一书，客观公正地反映了抗日根据地的情况，结果被国民党解除了国民参政会参政员的资格。

　　太平洋战争爆发后，李公朴举家迁往西南大后方昆明，并在那里先后创建北门书屋、北门出版社等，销售和出版进步书刊。如他曾翻印过毛泽东的《论联合政府》、朱德的《论解放区战场》等。1944 年 10 月，民盟云南支部在昆明成立，李公朴被选为支部执行委员，并担任民盟机关刊物《民主周刊》的编委工作。这一时期，他与闻一多等民主人士一起，为争取民主、反对独裁进行了不懈的斗争，并经常往来于昆明、重庆之间，为和平民主事业奔走呼吁。

李公朴（左）、闻一多

1946年政治协商会议召开之前，李公朴参与发起了政治协商会议陪都各界协进会并被选为理事。政协会议期间，他多次主持举办各种报告会、演讲会。2月10日，他担任重庆各界在较场口举行庆祝政协胜利闭幕大会的总指挥，被国民党特务殴打受重伤。周恩来前往医院探望他时，他说："为了和平民主，为了祖国统一，我受点伤算不了什么，我要更加坚强起来，力争人权、民主和自由。"5月，李公朴再次从重庆返回昆明。此时，他已处于国民党特务的严密监视之下。7月，在盛传特务机关悬赏谋杀在昆明的民主同盟主要负责人的情况下，友人们劝他尽快离开昆明，他却毫不畏惧地说："我两只脚跨出门，就不准备再跨回来！"

7月11日夜，李公朴与夫人张曼筠在回家途中，国民党特务从背后开枪射击，子弹由他的后腰从前腹穿出，血流不止。李夫人大声呼救，所幸有云南大学学生经过，协助李夫人把他送到云大医院抢救。到医院时，他神志清醒，但伤势非常严重。医院方面决定马上进行手术，在手术过程中，他仍然吐血不止，最后终因流血过多、抢救无效而于12日凌晨5时辞世。临终时他大骂："无耻，无耻！"高呼："我为民主而死！"

凌晨6时，在昆明的民盟主要负责人都先后赶到医院，他们见状无不失声痛哭。中共中央领导人毛泽东、朱德联名发表唁电："先生尽瘁救国事业与进步文化事业，威武不屈，富贵不淫。今为和平民主而遭反动派毒手，实为全国人民之损失，抑亦为先生不朽之光荣。"民盟云南支部于7月12发布纪念文告，全文如下：

救国何罪？李先生竟因救国而下狱；庆祝政协何罪？李先生竟因庆祝政协而被殴头破血流！

要求民主和平又何罪？李先生竟因要求民主和平而最后遭此毒手！

谁是国家民族的罪人，看李先生的遭遇即知！谁是背叛者，看李先生的最后结果即知！

这是反动派向人民进攻的证据！这是反动派不要民主和平的证据！

李公朴先生被反动派特务暗算了，但全中国要求民主和平

1945年

1月15日，中国民主同盟在重庆发表对时局宣言，主张召开党派会议，建立联合政权。

10月1日，中国民主同盟举行临时全国代表大会，通过了《中国民主同盟纲领》。

12月1日，昆明发生国民党军警杀害进步师生的惨案，史称一二·一惨案。

1946年

1月10日，政治协商会议在重庆开幕。

6月23日，国民党特务、暴徒制造了"下关惨案"。

7月11日，李公朴在昆明被国民党特务暗杀。

7月15日，闻一多在悼念李公朴先生大会上，发表著名的《最后一次讲演》，当天下午即被国民党特务杀害。

的人民是杀不完杀不绝的。

人民应该牢记着这笔血债，应该为我们自己的战士索还这笔血债！

7月15日下午，在李公朴遭枪击仅仅4天之后，著名民主人士闻一多又被国民党特务暗杀。

闻一多，原名闻家骅，1899年生于湖北浠水，是著名的学者、诗人。1921年清华大学毕业后赴美留学，专攻文学和美术。1925年回国后，先后在北京艺术专科学校、上海政治大学、南京中央大学、武汉大学、青岛大学、清华大学任教，潜心学术研究，取得了很多成就。

抗战爆发后，闻一多随广大师生一起南迁，并参加过从长沙到昆明的步行团，历时两个多月，行程3500余里。正是这次长途跋涉，使他对民族的危机和人民的苦难有了深刻的认识。1938年4月到昆明后，闻一多一直在西南联大中文系任教。此间，特别是1943年以后，他积极投身于反对国民党独裁统治、争取人民民主的斗争。1943年，他参加了中共地下党组织"西南文化研究会"。1944年10月，他又加入了中国民主同盟，并被选为民盟中央执行委员和云南支部宣传委员。从此，他以民主教授和民盟云南省支部领导人的身份，积极参加社会政治活动，成为青年学生的良师益友。1945年一二·一惨案发生后，闻一多始终站在爱国学生一边。他在为惨案中牺牲的潘琰、李鲁连、张华昌、于再等四烈士主持公祭仪式时说："杀死烈士的凶手还没有惩办，我们一定要为死者复仇，要追捕凶手……追到天涯海角。我们这一辈追不到，下一代还要继续追……血债是一定要用血来偿还的！"他的言论引起了国民党当局的不满和仇恨，国民党把他列入黑名单，并悬赏40万元要他的头颅。

李公朴被杀害后，大家出于安全考虑，劝他暂时避避风头，他却表示："决不能向敌人示弱，如果李先生一死，我们的工作就停止了，将何以对死者，将何以对人民！"7月15日，他坚持出席在云南大学举行的李公朴追悼会，并作了《最后一次讲演》，他说："争取民主和平是要付出代价的，我们绝不怕牺牲。我们每一个人都要像李先生一样的，跨出了门，就不准备再跨回来！"下午，他又去出席民主周刊社为李公朴被暗杀举行的记者招待会。5点半左右，当他和长子闻立鹤

政治协商会议

1946年1月10日至31日，根据《国民政府与中共代表会谈纪要》的规定，在重庆召开了政治协商会议（又称"旧政协"）。国民党、共产党、民主同盟、青年党和无党派人士的代表共38人参加了会议。会议争论的焦点是"军队国家化"和"国家民主化"。国民党代表坚持首先实行军队国家化，然后再实行政治民主化。中共代表则坚持必须先实行国家民主化和军队民主化，然后才能实行军队国家化的原则。会议通过了关于政府组织问题、国民大会问题、和平建国纲领问题、军事问题、宪法草案问题等五项协议，否定了国民党的一党专政和内战方针。1月31日，蒋介石在会议闭幕词中声明："今后中正无论在朝在野，均必本着公民应尽的责任，忠实的坚决的遵守本会议一切的决议。"但在会议闭幕后不久，国民党便撕毁了政协协议。

走到西南联大教师宿舍附近时,突然遭遇特务的冲锋枪扫射,他身中数弹身亡,闻立鹤受重伤。

李公朴、闻一多在同一座城市相继被暗杀,时间相差不过 4 天。消息传来,举国震惊。中共与民盟等民主党派一致要求查清血案、严惩凶手。社会各界纷纷电唁李闻,抗议和谴责国民党的暴行。7 月 16 日和 18 日,昆明成千上万群众先后为李公朴、闻一多举行了丧仪。在全国人民的抗议和斥责声中,国民党才勉强撤了血案策划者云南警备总司令霍揆章的职,并将两个死刑犯当作替罪羊枪决,敷衍了事,真正的凶手云南警备司令部特务营营长汤时亮、排长李文山则被窝藏转移,逍遥法外。

综观事情的前因后果,李公朴、闻一多无非就是要求民主、反对独裁,何罪之有? 然而,他们还是被残酷地暗杀了。作为执政党的国民党如此惧怕民主运动,也就预示着它的末日已经为时不远了。

 相关链接

下关惨案

1946 年 6 月下旬,在美国的支持下,国民党撕毁停战协定和政协协议,调集百万大军包围各解放区,全面内战一触即发。国民党的内战政策激起全国人民的反对。上海的工人、学生和各界人士数万人举行反内战示威游行,并由上海人民团体联合会和上海学生和平促进会联合发起组织了上海人民和平请愿团,推举马叙伦等 11 人为代表,在团长马叙伦的带领下,于 6 月 23 日赴南京请愿。当晚,到达南京下关车站时,遭到事先埋伏在站内的国民党特务的围攻殴打。马叙伦等人受伤。其中,陈震中伤势严重,昏迷不醒,雷洁琼的手表、眼镜、手提包都被暴徒抢走。除代表团的成员外,被打伤的还有前来欢迎请愿团的民盟代表叶笃义和前来采访的《大公报》记者高集、《新民报》记者浦熙修。请愿代表被围攻近 5 个小时之久,负责维持车站秩序的宪兵、警察竟然若无其事。直到最后,才有一批宪兵到场,把全体代表用一辆大卡车送到中央医院。

惨案发生后,周恩来、董必武、滕代远、邓颖超等人于深夜 2 点赶到医院慰问伤者,冯玉祥、沈钧儒、邵力子、罗隆基等人和南京各界人士都到医院进行了慰问。经过多方交涉,蒋介石于 28 日单独接见了请愿代表蒉延芳,并表示和平是有希望的。但事实上在两天前的 26 日,他已密令军队进攻中原解放区,发动了全面内战。国民党的一意孤行使其在政治上更加孤立。

沈崇事件

抗战胜利后，国民党为获得美国对其内战政策的支持，不惜出卖国家主权。驻华美军俨然以"太上皇"自居，在中国的国土上任意施暴。据不完全统计，从 1945 年 8 月至 1946 年 11 月，美军的暴行事件达 3800 余起，残害我同胞 3300 余人。1946 年 11 月 4 日，国民政府外交部长王世杰同美国驻华大使司徒雷登在南京签订了《中美友好通商航海条约》，使美国在中国取得了领空权、驻军权、领海权、自由居住权、铁路矿山的投资开采权等。在此不平等条约的保护下，美军更是恣意妄为，国民党政府却一再妥协退让，一场声势浩大的抗暴运动终因沈崇事件而爆发。

沈崇，出身于福建名门，是清代名臣沈葆桢之曾孙女、林则徐之外玄孙女，事发时为北京大学先修班的学生。1946 年 12 月 24 日晚，当她去平安电影院看电影途经东单时，被美国海军陆战队伍长威廉斯·皮尔逊和下士普利查德挟持到东单操场奸污，此即沈崇事件。

事件发生后，北平民营的亚光通讯社于 12 月 25 日下午发布新闻、披露了事情的真相。国民党当局唯恐事态扩大，想方设法封锁消息。国民党中央通讯社（即中央社）以警察局的名义给各报发启事称："关于今日亚光社所发某大学女生被美兵酗酒奸污稿，希望能予缓登。据谓此事已由警局与美方交涉，必有结果。事主方面因颜面关系，要求不予发表，以免该女生自杀心理更形加强。容有结果后，警察局当更发专稿。"然而，《世界日报》、《北平日报》、《新生报》、《经世日报》于 12 月 26 日纷纷刊登了亚光社的消息。消息传来，各大中学校的学生群情激愤，纷纷抗议。北京大学校园内有抗议言论说："在中国的土地上，两个美国兵，把一个中国的女大学生拖去强奸了！凉血的才不愤怒，奴性的才不反抗！美军必须滚蛋！"

这时，中央社却散布谣言，诬蔑受害者沈崇"似非良家妇女"，"美军是否与沈女士相识，须加调查"，美联社也造谣说"少女引彼等狎游，并曾言定夜渡资"等，极力为罪犯开脱。北京大学训导长、国民党中央委员陈雪屏则不承认沈崇是北大学生。一些学校的国民党特务甚至造谣说沈崇是共产党的女间谍，"故意勾引美军，施行苦肉计"。不但如此，国民党还对沈崇及其亲属施加压力，企图把事情打压下去。为揭穿这些谎言，中共地下党员对事件进行了深入的调查。他们在北大教务处的学生注册卡上查到了沈崇本人填写的信息："沈崇，19 岁，福建闽侯人，先修班文法组新生，永久通讯处：上海古拔路 25 号。"同时，也从多方证实了沈崇确系正派朴实的名门闺秀、与美军素无往来等事实。调查结果的公布使谣言不攻自破。

当时报刊对美军暴行的报道

　　在无法掩盖事实真相的情况下，国民党政府于 1946 年 12 月 28 日提出一个备忘录，要求惩凶、赔款、道歉及保证今后不再发生同类事件，并以此事件是法律问题而将主犯皮尔逊交由美国海军单方面处理。北大校长胡适也认为美军的暴行属于"法律问题"，认为学生因此而罢课是不明智的，更不要有"撤退美军"等政治方面的联想。在国民党政府和北大校方的妥协、隐忍之下，驻华美军本打算将皮尔逊遣送回国了事，但面对中国声势浩大的抗暴运动，1947 年 1 月，美军海军陆战队第一师军事法庭在北平审理了沈崇案。3 月，皮尔逊因犯强奸罪被判处 15 年监禁，降为列兵。同案犯普利查德被判 10 个月监禁。但 8 月中旬，美国海军部长就借口缺乏证据而宣布撤销原有判决，暴徒皮尔逊从此逍遥法外。

相关链接

抗暴运动

　　沈崇事件发生后，北平高等院校的学生以清华大学为先导、以北京大学为后卫，于 1946 年 12 月 30 日率先举行了声势浩大的"抗议美军暴行大游行"。他们沿途高呼口号并向群众散发《抗议美军暴行告全国同胞书》等传单。当游行队伍来到"军事调处执行部"门前时，学生们高呼"美军从中国滚出去"等口号，美方人员紧闭大门，不敢外出。游行结束

抗议美军暴行的标语

后，成立了"北平市学生团体抗议美军暴行联合会"，以加强对中学和社会各阶层的宣传工作。由北平开始的抗暴运动迅速扩展到全国，形成了全国规模的抗暴运动。国民党统治区各大中城市的学生立即行动起来举行罢课游行，各人民团体、民主人士和海外华侨也纷纷通电响应。从 1946 年 12 月 31 日至 1947 年 1 月底，上海、南京、天津、武汉、杭州、苏州、广州、开封、重庆、昆明、台北等大中城市的 50 余万学生，举行了罢课和游行示威。1947 年 3 月 8 日，"全国学生抗暴联合会"在上海成立，组织领导全国的抗暴运动。

这次抗暴运动持续 3 个月之久，是继 1945 年一二·一运动之后又一次全国规模的学生运动，标志着国统区爱国民主运动的新高涨。

陕北三战三捷

　　1946年6月26日，国民党撕毁停战协定向解放区发动全面进攻。各解放区军民奋起自卫，经过8个月的艰苦作战，彻底粉碎了国民党军队的全面进攻。从1947年3月起，国民党又开始对山东和陕北解放区发动"重点进攻"。为粉碎国民党军对陕北的重点进攻，3月25日至5月4日，人民解放军西北野战军在延安东北部的青化砭、羊马河、蟠龙地区连续进行了三次伏击战役。面对十倍于己且装备精良的国民党军，西北野战军将会采取什么样的战术呢？这三次伏击战的结果又会怎样呢？

　　1947年3月13日，蒋介石命令胡宗南亲自率部向延安和陕甘宁边区进攻。国民党投入34个旅23万余人的兵力，其基本部署是以胡宗南集团担任主攻从南线突破，占领延安；以青海马步芳、宁夏马鸿逵、榆林邓宝珊分别由西北两线配合向西北野战军进攻，企图聚歼其于延安以北地区，或逼迫其东渡黄河。针对国民党的作战意图，中共中央制定了诱敌深入、集中优势兵力在运动中歼灭敌人的战略方针，并于3月18日决定主动撤离延安。在敌强我弱的形势下，西北野战军根据毛泽东的指示，灵活运用"蘑菇"战术，同国民党军展开了大规模的运动战，取得了青化砭、羊马河、蟠龙战役的胜利。

　　所谓"蘑菇"战术就是在地形与群众均有利的条件下，针对敌军急于寻求同我方决战的心理，以小部队与敌周旋，疲惫、消耗、饿困对方，而以主力隐蔽等候，不骄不躁，待敌十分疲劳与孤立无援之时，集中主力加以各个歼灭。

　　中共中央撤离延安后，胡宗南所部急于寻找解放军主力作战。西北野战军主力第一、二纵队、新四旅、教导旅在延安东北的青化砭集结待机，而以一个营伪装主力将敌诱至延安西北的安塞。胡宗南误以为解放军主力向安塞方向撤退，随即于3月21日以5个旅的兵力，由延安沿延河向安塞前进。同时，为保障其主力的侧翼安全，派第二十七师三十一旅沿延榆公路向青化砭前进，建立据点。25日，西北野战军以6个旅的绝对优势，将该旅包围在青化砭地区，经过1个多小时激战，歼灭该旅2900余人，俘获旅长李纪云。

1947年

3月7日，国民党对山东解放区发动重点进攻。

3月13日，国民党开始对陕甘宁边区发动重点进攻，胡宗南指挥15个旅14万人向延安推进。19日，进占延安。

3月25日，西北野战军在延安东北的青化砭地区取得伏击战的胜利，歼灭国民党军2900余人。

4月14日，西北野战军在陕北瓦窑堡以南的羊马河歼灭国民党军4700余人。

5月4日，西北野战军收复蟠龙，歼灭胡宗南部6700余人。

5月16日，华东野战军孟良崮战役结束，全歼国民党军整编第七十四师3.2万余人，击毙师长张灵甫。

8月20日，西北野战军取得沙家店战役的胜利，歼灭国民党整编第三十六师6000余人，人民解放军在西北战场转入战略进攻。

全面进攻

解放战争初期,国民党发动内战的军事战略。1946 年 6 月 26 日,国民党在内战部署基本就绪后,撕毁停战协定,命令部队向中原人民解放军发起进攻,全面内战爆发。在此后的 3 个月内,国民党调集 160 万兵力相继向苏皖、山东、冀鲁豫、晋察冀、晋绥、陕甘宁边区、广东各游击区、海南岛琼崖解放区和东北解放区发起进攻。中国共产党领导解放区军民与之展开了空前规模的运动战,经过 8 个月的作战,国民党军队虽然攻占了 105 座城市,打通了一些重要铁路干线,但也付出了 66 个旅的代价。由于机动兵力的锐减,国民党军在战略上逐渐处于被动地位,不得不放弃全面进攻战略,集中兵力对陕北和山东两个解放区实施重点进攻。

青化砭战役是西北野战军撤离延安后打的第一个胜仗。此役表明,由于地形、群众条件优越,运用小部队佯动,牵着敌人主力转圈,以主力寻机歼灭孤立、突出之敌是完全可能的。经过青化砭战役,这种适合陕北战场特点的运动战战法"蘑菇"战术初步形成。

青化砭战役后,国民党军发现解放军主力在延安东北地区,即令其整编第一军、第二十九军共 11 个旅,分别由安塞和延安等地向延川和清涧地区调头东进,整编第七十六师也在占领延长后向延川进犯,企图寻找解放军主力作战。西北野战军主力则迅速转移到蟠龙、瓦窑堡地区休整,隐蔽待机,只派出小部兵力诱敌向延安东北方向移动。从 3 月底到 4 月初,国民党军在延川、清涧、瓦窑堡等地区兜圈 400 余里,但都屡屡扑空。在求战不得、兵疲粮缺的情况下,被迫留第一三五旅坚守瓦窑堡,而主力则南下进行补给。在将国民党军主力诱至瓦窑堡西南方向之后,解放军主力隐蔽集结在瓦窑堡以南的羊马河待命伏击第一三五旅。4 月 14 日,当一三五旅沿瓦窑堡至蟠龙大道南下时,在羊马河地区遭到解放军的猛烈攻击,一三五旅 4700 余人被歼,代旅长麦宗禹被俘。羊马河战役是西北野战军在西北首创全歼一个整旅的范例,此役彰显了"蘑菇"战术的威力,给胡宗南进犯军以沉重的打击,奠定了彻底粉碎胡宗南军的基础。

羊马河战役后,国民党军企图压迫解放军主力北上,东渡黄河。解放军将计就计,仍然采用"蘑菇"战术,将主力撤至瓦窑堡西北集结待命,而以一个旅佯装主力,沿途遗弃臂章、旧军装、破担架等,造成仓皇撤退之假象,将国民党军 9 个旅诱至绥德。5 月 2 日黄昏,国民党军主力到达绥德。深夜,解放军主力对蟠龙守敌发起猛攻。双方激战到 4 日,国民党第一六七旅大部和陕西自卫军第三总队共计 6700 余人被歼,旅长李昆岗被俘,还缴获了大量粮食和军用物资,缓解了西北野战军物资等方面的困难。蟠龙大捷后,国民党军主力不得不于 5 月 5 日放弃绥德,仓皇回师蟠龙。

这样,在撤离延安后的 40 多天时间里,西北野战军在陕北战场灵活运用"蘑菇"战术,歼灭国民党军 1.5 万余人,俘获国民党军旅长 3 名,取得了三战三捷的重大胜利,为彻底粉碎国民党军对陕北的重点进攻奠定了坚实的基础。此后,西北野战军又于 8 月取得了沙家

店战役的胜利。这一战役是西北战局的转折点,从此,西北野战军由
防御转入进攻,掌握了战争的主动权。

孟良崮战役

　　1947 年 3 月,国民党集中 24 个
整编师 60 个旅约 45 万人的兵力,
由顾祝同指挥向山东解放区发起重
点进攻。顾祝同吸取了以往分路进
攻被各个击破的教训,采取了集中
兵力、密集靠拢、稳扎稳打、齐头并
进的作战方法,以主力向鲁中山区
发动进攻,企图压迫华东野战军退
至胶东狭窄地带。根据国民党军的
这种部署,华东野战军决定集中主
力,采取中央突破、两翼牵制的战

解放军向孟良崮急速进军

术,首先围歼突进的国民党军五大主力之一整编第七十四师。5 月 13 日,华东野战军对七
十四师发起攻击,14 日,在孟良崮地区完成了对该师的分割包围。国民党急调 10 个整编
师向蒙阴等地集结,企图解孟良崮之围,结果因遭到解放军的阻击而未能成功。15 日,华
东野战军向七十四师发起总攻,与之激战至 16 日下午,击毙其中将师长张灵甫,全歼该师
3.2 万余人,取得了孟良崮战役的胜利,从而打破了国民党对山东解放区实施重点进攻的
战略计划,对华东战局的转变起了重要作用。

蒋介石改组政府

1946 年底国民党召开"制宪国大"后不久,蒋介石又于 1947 年 4 月宣布改组政府。其目的一方面是要孤立中国共产党和其他民主力量,另一方面则是为实施"宪政"做准备。蒋介石为什么选择这个时候来改组政府呢? 他能达到改组政府的预期目的吗?

蒋介石改组政府前夕,国民党正面临着全面的危机。政治上,1947 年 2 月底,国民党逼迫中共驻南京、上海、重庆等地担任谈判联络工作的全部代表和工作人员撤退,随即派军队进攻并占领中共中央所在地延安。3 月 15 日,蒋介石在国民党六届三中全会上公开宣布国共关系破裂,关闭了一切和谈大门,坚决奉行内战政策,使其民心尽失。军事上,从 1946 年 6 月到 1947 年 3 月,国民党进攻各解放区的军队被歼灭 66 个旅,被迫由全面进攻转为重点进攻,失去了战场主动权。经济上,内战的巨大消耗使国民政府的财政入不敷出,通货膨胀,物价飞涨,市场极度混乱,中小资本家纷纷破产,城市失业人数激增,广大工人、公教人员和学生处于饥饿和半饥饿状态。

为了摆脱危机,蒋介石决定改组政府,并美其名曰"还政于民"。1947 年 3 月 15 日至 24 日,国民党召开六届三中全会,通过了《宪政实施准备案》等议案,并发布宣言称:要组织一个所谓"介乎训政与宪政之间的过渡政府"。3 月 30 日,国民党政府公布了《国民大会组织法》等"行宪法规"。4 月 17 日,在国防最高委员会和中央常务委员会联席会议上,蒋介石选任了国民政府委员和五院院长。4 月 18 日,国民政府公布了国民政府委员和五院院长名单。蒋介石任国民政府主席,孙科任副主席。行政院长张群,立法院长孙科,司法院长居正,监察院长于右任,考试院长戴季陶。29 名国民政府委员中,国民党 17 人,青年党 4 人,民社党 4 人,社会贤达 4 人。另外,还加聘宋庆龄、胡汉民、刘哲、许崇智等 13 人为政府顾问。

4 月 23 日,改组后的国民政府正式宣告成立,并公布施政纲领。国民党对外宣称:"多党政府"已经成立,"还政于民"的诺言已实现,并强调改组后的政府是吸收了一批"有进步思想的""自由主义分子"

参加的"自由主义
政府"。但事实上，
青年党、民社党、社
会贤达加起来也不
足半数，而且在改
组后的政府中，政
府主席、五院院长
以及行政、外交、国
防、财政等重要部
门由国民党把持；
青年党只涉足经

北平学生举行反饥饿反内战游行示威

济、农林两部；民社党则一个部也没分到。因此，改组后的国民政府
仍然是国民党一党专政的蒋介石独裁政府。

　　社会各界和进步报刊对蒋介石改组政府的行为予以强烈的谴
责。1947年4月25日，民盟在宣言中说：改组后的政府既不是根据
政协精神产生的，也不是促进和平实现民主的政府，只是一个扩大分
裂、三党"共同负责与共产党作战的政府而已"。5月4日，国民党党
员李济深、何香凝、蔡廷锴，民盟盟员彭泽民，救国会人士陈此生，农
工党领袖李伯秋等，发表联合声明，表示对"改组之后的政府"不存任
何幻想，并愿与全国同胞共同反对之。

　　1947年5月，国民党统治区京、沪、平、津等地爆发了反饥饿、反
内战、反迫害的学生运动，学生们为增加教育经费、改善师生伙食而
举行请愿游行，结果遭到了标榜已经"还政于民"的国民党政府的血
腥镇压。可见，这个所谓"自由主义的政府"并没有给民众以真正的
自由。而且，改组后的政府继续坚持内战政策，结果在军事上节节败
退，人民解放军则由战略防御转入战略进攻，并把战争引向了国统
区，进一步加重了国民党政府的危机。

　　由此可见，蒋介石改组政府既没有达到欺骗民众、阻止革命发展
的目的，也没能挽救其走向崩溃的命运。

五二〇运动

　　也称"反饥饿、反内战、反迫害运动"，是国统区以学生为主体的各界群众反对国民党统治的民主运动。

　　1947年5月20日，宁沪杭和平津等地学生，分别在南京和北平、天津举行"反饥饿、反内战"示威大游行。在南京，京沪杭地区16所高校的学生6000余人，举行"抢救教育危机反饥饿联合大游行"，决定向国民政府行政院提出"增加学生伙食费及全国教育经费"等要求。国民党宪警不但用水龙头冲射学生，还用皮鞭、木棍等殴打学生，学生100余人被打伤，20余人被逮捕，此即"五二〇血案"。同一天，在北平，清华、北大等多所高校的学生7000余人，举着"华北学生北平区反饥饿反内战大游行"横幅，高喊"增加教育经费，提高公务员待遇"等口号进行了示威游行。在天津，南开、北洋两校的游行学生也遭到镇压，许多人受伤。

　　这次由教育危机引发的民主运动，持续一月之久，遍及全国60多个大中城市，影响深远。国民党政府对学生的血腥镇压，使其民心尽失，加速了其统治的覆灭。

相关链接

民盟解散

中国民主同盟简称"民盟",其前身是 1941 年 10 月 10 日成立的中国民主政团同盟。1944 年 9 月,中国民主政团同盟改组为中国民主同盟,将原来的团体会员制改变为个人盟

民盟负责人合影。左起依次为:罗隆基、沈钧儒、张澜、左舜生、史良、章伯钧

员制,打破了中国青年党把持盟务的局面。改组后的民盟由张澜任主席,左舜生任秘书长,章伯钧、罗隆基、张君劢分别任组织、宣传、国际关系委员会主任,沈钧儒、黄炎培等 13 人组成中央常务委员会。

1945 年 10 月,民盟在重庆召开临时全国代表大会,通过了《中国民主同盟纲领》等文件,主张把中国建成一个"十足道地自由独立的国家"。1946 年 1 月,民盟参加了在重庆召开的政治协商会议,积极推进国统区的民主运动。民盟反对国民党独裁、内战的政治活动,引起了国民党的嫉恨和仇视,派特务先后杀害了李公朴、闻一多、杜斌丞、于邦齐等民盟中央委员。

1947 年 10 月,民盟被国民党宣布为"非法团体"。11 月 5 日,民盟被迫以张澜的名义发表《中国民主同盟总部解散公告》,宣布自即日起盟员一律停止政治活动,总部负责人总辞职,总部解散。民盟的解散,宣告了"中间路线"的破产。

国统区抢米风潮

全面内战爆发后,国民党为补充兵源、粮源、财源,不断地加大征兵、征粮、征税的力度。大量的征兵、苛重的赋税加之连年的自然灾害,造成了大量土地的荒芜和农作物产量的急剧下降,到1947年国统区出现了严重的粮荒现象。粮食和农作物的严重短缺,不但使广大的农村人口挣扎在死亡线上,也把广大的城镇平民推到了饥饿和死亡的边缘。因此,在农村掀起规模巨大的武装民变的同时,城镇平民声势浩大的抢米风潮也急剧爆发了。

这次抢米风潮以杭州民众的抢米事件为起点,然后迅速向全国各地蔓延。

1947年4月,杭州的米价暴涨到每石10.7万元,比1945年9月涨了63倍。可到5月又涨到了每石16万元。粮食不但价格暴涨,粮源也越来越紧张,停售现象时有发生,家无隔夜之粮的广大市民经常面临断炊挨饿的生存威胁。

5月2日上午11时,忍无可忍的数千杭州平民冲入全市300余家米店,抢走大米2000余袋,并捣毁部分米店。国民党杭州当局出动军警镇压,双方发生激烈冲突。愤怒的群众不但捣毁了警察分局两处,还殴打了警察局长和粮政官员,警察则拘捕了多名抢米的群众。在杭州抢米事件的影响下,5月3日至7日,浙江嘉兴、绍兴、永康等地都发生了抢米和捣毁米店的风潮。

由杭州而起的浙江抢米风潮在全国引起了很大的反响,也极大地震动了南京国民政府。国民政府行政院院长张群亲自出面解决粮食危机,对粮食问题作了一些政策上的调整,如规定"各省粮食得以自由运行"、"遵照平价办法自动议价"等,但这些调整并未能真正

1947年

5月,杭州、无锡、上海、南京、北平、成都、合肥等地发生抢米事件,警察与抢米群众发生了激烈的冲突。

6、7月间,皖南绩溪、歙县、旌德、宁国、泾县、广德等县城的万余名群众,抢走国民党军粮万余石。

国统区饥民在死亡线上挣扎

黄金风潮

抗战胜利后，为抑制通货膨胀，国民政府试图通过抛售黄金和开放外汇市场来稳定法币，由此再次引发了抢购黄金、外汇的黄金风潮。1946 年 3 月至 1947 年 2 月，国民政府共售出 350 余万两黄金和 4 亿多美元的外汇。部分国民政府党、政、军官员，凭借手中的权力，相互勾结，从事黄金投机倒卖活动，致使黄金价格暴涨。1946 年 11 月上海黑市每两黄金的价格为 25.6 万元法币，1947 年 1 月上升到 38.2 万元，到 2 月 17 日这一天则达到 61.2 万元，结果引起了武力冲突和社会动乱，迫使国民政府不得不对有关官员进行制裁，行政院长宋子文、中央银行总裁被弹劾下台。此次黄金风潮加速了国统区经济崩溃的进程。

奏效，抢米风潮依然风起云涌地迅速向全国各地扩展，在 5、6、7 三个月中，抢米事件遍及浙江、江苏、安徽、四川、湖北、湖南、江西、广东、河南、山东、陕西、绥远等省 40 多个大小城镇，形势愈演愈烈。

5 月 4 日至 5 日，在素有米市之称的无锡市，数以千计的群众冲入市内所有的米店，打伤店员 20 余人，抢走大米千余袋。5 月 5 日，成都饥民冲入市内 300 余家米店抢米。在上海，5 月 7 日，饥民抢了 5 家米店，且捣毁了河南路万太米店；5 月 9 日，又发生 12 起抢米事件，共有千余袋大米被抢。在南京，先有百余饥民捣毁 4 家米店，后来又发生了铁路、码头职工 2000 余人捣毁南京对岸浦口镇所有米店、抢走大米 300 余袋的事件。在北平，饥民除抢粮外，在东四牌楼闹市区还发生了抢烧饼事件。在陕西，5 月 27 日，神木县群众因抗议粮价暴涨而集结百余人上街抢夺粮食和烧饼；6 月 4 日，该县信义乡群众 700 余人进城围堵县政府 3 日有余，要求免除粮款。在安徽，合肥饥民 5 万余人于 5 月 17 日奔赴码头争抢将被国民党押运出境的粮食，结果 3 人被打死，6 人被打伤，5 人被逮捕；芜湖饥民万余人组成抢米队，到处抢米；安庆、六合等地的饥民也组织了抢米行动；6、7 月间，皖南绩溪、歙县、旌德、宁国、泾县、广德等县城的万余名群众，抢走国民党军粮万余石。另外，在青岛也发生了饥民到处抢饭事件。

据不完全统计，1947 年各地参加抢米的民众多达 17 万人以上。而在发生抢米风潮的城市中，有国民政府的首都南京，有上海、北平这样的大都市，有全国著名的米市无锡、芜湖，还有天府之国的成都，参加者则包括工人阶级、劳动群众、公教人员等城市各个阶层的群众。他们之所以铤而走险、抢米求生，完全是由国民党的内战政策造成的。然而，国民党不是设法从根本上解决粮荒问题，而是任意枪杀、逮捕、殴打、驱逐抢米民众，制造了一系列残暴的流血事件。国民党的镇压激起了广大饥民更大的愤怒，致使许多地方的抢米风潮发展成为反政府的政治斗争，饥民冲击省、市、县政府的事件时有发生。

总而言之，由杭州而起的全国抢米风潮，是国民党政府经济危机的集中体现。与此同时，国民党政府的政治、军事危机也日益严重。政治、军事、经济这三种危机互相激荡、互相助长，加速了国民党统治的全面崩溃。

国民党政府的经济危机

　　抗战胜利后，由于发动全面内战，国民党政府的军费开支日益庞大，不但负债累累，而且财政赤字连年增长。为弥补巨额财政赤字，国民党政府除加重对人民的搜刮之外，唯一的办法就是开动印钞机，疯狂地印刷法币。发行额的剧增，使法币急剧地贬值，而物价则疯狂地上涨。与抗战爆发前相比，1947 年的物价上涨了近 14.5 万倍。更直观地说，100法币在 1937 年能买两头牛，可是到 1947 年只能买到三分之一盒火柴。由于恶性通货膨胀和物价飞涨，导致产品滞销，工商业资金无法周转，民族工商业纷纷破产、倒闭。工商业的大量倒闭、破产，引起了生产总量大幅度下降。而在农村，随着内战的进行，国民党政府大肆地搜刮和掠夺农民，使广大农民的地租、田赋、捐税等急剧增多，而且各种摊派也多如牛毛。与此同时，国民党政府还不断地向农村征兵，致使农村劳动力大量减少，土地荒芜，产量下降，农村经济走向破产的边缘，农民的生活困苦不堪。

　　总之，国民党政府的财政金融危机导致了工商业的倒闭和农业的破产，而工农业生产的严重危机反过来又加速了财政金融的破产，从而造成国统区国民经济的全面崩溃。

刘邓大军千里跃进大别山

1947 年

6 月 30 日，刘邓大军强渡黄河，发动鲁西南战役，人民解放军战略大反攻开始。

7 月 21 日，中共中央在陕北靖边县小河村召开前委扩大会议，确定以主力打到外线去，将战争引向国民党统治区的战略总方针。

8 月 10 日，刘伯承、邓小平率领晋冀鲁豫解放军发起陇海路战役。

8 月 27 日，刘邓大军主力全部渡过淮河，挺进大别山区。

10 月 2 日，华东野战军发起胶河战役，10 日战役结束，共歼灭国民党军 1.2 万人，使山东战场转入战略反攻。至此，国民党军在全国的进攻最终停止。

10 月 10 日，中国人民解放军总部发表《中国人民解放军宣言》，第一次使用"中国人民解放军"的全称，第一次提出"打倒蒋介石，解放全中国"的口号。

自 1946 年 6 月国民党发动全面内战以来，人民解放军经过一年的作战，整个战争形势发生了重大变化。国民党军队总兵力由内战初的 430 万下降为 370 万，人民解放军则由 127 万发展到 195 万，而且机动兵力已超过国民党军，装备也得到了一定的改善。国共力量对比的变化表明，人民解放军由内线作战转入外线作战、由战略防御转入战略进攻的时机已经成熟。为此，中共中央于 1947 年 7 月 21 日在陕北靖边县小河村召开前委扩大会议，最终确定了以主力打到外线去，将战争引向国民党统治区的战略总方针，并把战略进攻的方向确定为跃进大别山、夺取中原。

中共中央选择中原地区为突破口，不仅因为其战略地位重要，还因为国民党当时正集中兵力对山东、陕北实施重点进攻，这个地区守备兵力相对薄弱，如果占据中原就可以东慑南京、西逼武汉、南扼长江、瞰制中原，而且还可以迫使国民党主力从山东、陕北回援，进而达到把战争引向国统区的战略目的。

为实现挺进中原的战略进攻计划，中共中央做出了以刘伯承、邓小平率领的晋冀鲁豫野战军主力，陈毅、粟裕率领的华东野战军主力，晋冀鲁豫野战军陈赓、谢富治兵团三路大军配合作战、挺进中原的部署，并把千里跃进大别山的艰巨任务交给刘邓大军。

根据中央的战略部署，1947 年 6 月 30 日夜，刘伯承、邓小平率晋冀鲁豫野战军主力第一、二、三、六纵队 13 个旅 12 万人，于山东阳谷县张秋镇到郓城县临濮集 300 余里的地段上，突破国民党自恃可抵 40 万大军的黄河天险，挺进鲁西南，发动了鲁西南战役。在不到 1 个月的时间里，歼灭国民党军 9 个半旅约 6 万余人，迫使国民党从山东、陕西抽调 11 个整编师 28 个半旅的兵力向鲁西南增援，打乱了国民党的全盘战略部署，揭开了人民解放军战略进攻的序幕，为千里跃进大别山打开了通道。

鲁西南战役结束后，晋冀鲁豫野战军根据中央军委指示预计休整半月。鲁西南地区回旋余地不大，所以国民党军趁解放军休整之机调集 30 个旅 20 余万人，分五路向鲁西南合击。刘伯承、邓小平果断决定结束休整，主力提前南进。中共中央和毛泽东立即批准了这一决定，并授权在情况紧急来不及请示时，一切由他们自己决断处理。

刘邓大军到达大别山区

8月7日，刘邓大军突然甩开国民党军，分左、中、右三路向南疾驰，开始千里跃进大别山。国民党军在鲁西南扑空后，判断刘邓大军可能因河水暴涨而被迫向南行进，并以20个旅分路尾追，以一部分兵力在平汉路侧击，企图将刘邓大军歼灭在黄泛区。然而，刘邓大军已先国民党军两天跨过陇海路，进入黄泛区，远远地甩了国民党军，继续向大别山挺进，他们穿越宽30余里、遍地淤泥积水、渺无人烟的黄泛区，渡过了沙河、涡河、洪河、汝河、淮河，经过20多天的艰苦跋涉和激烈战斗，突破了国民党军的围追堵截，终于在8月25日到达淮河北岸。

当时，淮河水位正在上涨，渡河非常困难，而国民党的追兵又将至，情况十分危急。刘伯承亲自到渡口测量水深、调查水情，当他发现上游有人牵马涉水过河后，果断命令部队趁河水还未猛涨之机，从上游涉水渡河。27日，刘邓大军主力全部渡过淮河，进入大别山区。随后赶到的国民党军，因河水陡涨，只能望河兴叹。8月30日，刘伯承、邓小平向中央军委报告说："我军已胜利完成渡过淮河、进入大别山之跃进任务，敌人追击计划完全失败。"

刘邓大军进入大别山后，克服了极度疲劳、疾病流行、减员严重、缺乏给养装备等严重困难，迅速实施战略展开和分兵发动群众等工作，经过两个多月的艰苦斗争，到11月下旬，歼敌3万余人，建立了33个县的民主政权，终于在大别山地区站稳了脚跟。

10月11日至22日，晋察冀野战军和地方武装一部进行了清风店战役。

黄泛区

黄泛区是抗日战争时期国民党军队为阻止日军进攻，炸开黄河花园口大堤使黄河改道而形成的区域。黄河改道使大批良田被毁，无数民众流离失所。黄泛区跨越豫、皖、苏3省44个县，宽达30余里，遍地污泥积水，没有道路，荒无人烟。后来，黄河虽然逐渐回归故道，但黄泛区的生存环境仍然十分恶劣，耕植条件严重恶化。直到新中国建立后，经过长期的治理，黄泛区的状况才得以好转。

清风店战役

人民解放军在河北定县清风店地区进行的歼灭国民党军的战役。1947 年 10 月,人民解放军晋察冀野战军第二、三、四纵队共 11 个旅及地方武装,开始破击平汉铁路徐水至固城段,并围攻徐水。国民党第十六军、第九十四军各一部分路南援,并急调石家庄的第三军主力北进,夹击解放军于徐水地区。晋察冀野战军以 4 个旅在徐水背面阻击国民党军援兵,以小部兵力和民兵迟滞第三军前进,以主力 6 个旅南下,于 21 日将国民党第三军主力包围于清风店地区,激战至 22 日,将其全歼,军长罗历戎、副军长杨光钰被俘。

此役不但开创了晋察冀歼灭战的新纪录,对扭转华北战局起了关键性的作用,也为攻克石家庄创造了有利条件。

傅作义起义

在平津战役中,国民党的高级将领傅作义在中国共产党统战政策的感召下,于1949年1月22日率部起义,使北平得以和平解放。傅作义此举,不但保护了北平200万人的生命财产安全,同时也保护了这座历史古都和中华民族优秀的文化遗产。那么,傅作义究竟是怎样一个人?他为什么能够下决心起义?中国共产党又是如何对他进行统战工作的呢?让我们带着这些问题来重温这段历史。

傅作义,字宜生,1895年出生于山西荣河县(今临猗县)。1918年从保定军校毕业后,在阎锡山部队中任职。1928年任国民革命军第三集团军第五军团总指挥兼天津警备司令。1930年参加中原大战,当年12月移防绥远。1931年后任第三十五军军长、绥远省政府主席,曾参加长城抗战和绥远抗战。抗战时期,历任第七集团军总司令、第八战区副司令长官、第十二战区司令长官兼绥远省、察哈尔省政府主席,率部参加了忻口会战、包头战役、绥西战役、五原战役等对日作战。日本投降后,傅作义作为第十二战区司令长官代表国民政府在绥远、察哈尔、热河受降。内战爆发后,执行蒋介石的内战政策,并于1946年10月攻占张家口。1947年1月,任察哈尔省政府主席。12月,任华北"剿匪"总司令,并将总部移往北平,统一指挥晋、察、冀、热、绥五省军事,成为拥有60余万兵力的五大军事集团之一。

1948年11月辽沈战役结束后,人民解放军战略决战方向迅速移向华北战场。傅作义为保存实力不愿南撤受制于蒋介石,表示要坚守平津,确保海口。他当时认为,东北野战军入关作战至少需要3个月,于是采取暂守平津,保持海口,扩充实力,以观时局变化的方针,将其所辖4个兵团12个军约55万人,收缩在以平津为中心,东起北宁线的唐

1947 年

12 月,傅作义任华北"剿匪"总司令,并将总部移往北平,统一指挥晋、察、冀、热、绥五省军事。

1948 年

9 月 12 日,东北野战军发起辽沈战役。

11 月 6 日,华东、中原两大野战军集中 80 万兵力发起淮海战役。

11 月 29 日,华北、东北野战军发动平津战役。

傅作义

山,西至平绥线的张家口长达千里的铁路线上。在兵力配置上,他将自己嫡系部队1个兵团4个军置于平绥线,为退守西北留下后路;将中央军3个兵团8个军置于北宁线,保障海上南撤和抵御东北野战军南下。

鉴于华北"剿总"大部分兵力属于蒋介石嫡系部队的状况,中共中央认为还不具备与傅作义进行和谈的条件,于是确定了以就地解决国民党军队为原则来解决平津问题的总方针。为阻止傅作义部向西、向南撤退,中共中央军委对平津战役提出了抑留傅作义部于平津地区、切断其撤退之路、不让其收缩集中,将其分割包围然后各个歼灭的预定方针。根据这一方针,东北野战军不待休整迅速秘密入关,与华北野战军协同作战。1948年11月29日至12月20日间,解放军歼灭傅作义部5.5万余人,完成了对新保安、张家口、北平、天津、塘沽5个孤立据点的分割包围,切断了傅作义的西退之路。1948年12月21日至1949年1月15日间,解放军全歼新保安、张家口、天津的傅作义守军,切断了其从海上南撤之路。解放军90万大军兵临北平城下,将傅作义部20万人围困在北平城内。但为了北平人民生命财产免遭涂炭,古城文物不受破坏,中国共产党争取和平解放北平。而且,这时争取傅作义起义的条件也已经成熟。

平津战役开始后,为争取北平和平解放,中国共产党一直在做争取傅作义的工作。傅作义也曾派人与中共北平地下党及解放军进行接触。1948年12月初,傅作义派人与北平地下党联系,试探中共的态度。北平地下党随即派其长女傅冬菊到他身边工作。

傅冬菊于1941年在重庆加入中共领导的进步青年组织号角社,1946年从西南联大毕业,到天津大公报社担任副刊编辑,第二年加入中国共产党。1948年,中共晋察冀中央局城工部部长刘仁派人到天津与傅冬菊取得联系,要求她到北平做傅作义的思想工作,傅冬菊欣然应允。在整个平津战役期间,傅冬菊始终工作在父亲身边。她坦诚地告诉父亲,自己是共产党派来的代表,并不失时机地向父亲宣传介绍共产党的政策和解放区的情况,也将自己了解到的傅作义的情况,及时地报告给中共北平地下党组织,为解放军统帅部作出正确的判断、制定正确的决策提供了重要依据。在秘密和谈阶段,傅冬菊始

1949年
1月8日,傅作义的代表周北峰、张东荪与解放军平津前线司令部领导人林彪、聂荣臻、罗荣桓举行会谈。
1月16日,傅作义的代表与中共代表签订《北平和平解放的初步协议》。
1月31日,傅作义率部接受人民解放军和平改编,北平和平解放。
2月3日,中国人民解放军举行进驻北平的入城仪式。

终担当着中共中央和父亲沟通、联系的桥梁，对傅作义思想的转变起了很大的推动作用。与此同时，中共还发动前北平市长何思源等社会名流劝说傅作义早作决断，走和平解放北平的道路。通过多方的努力，傅作义最终决定放弃个人名利，接受中共的和谈条件。

1949年1月，傅作义派张东荪与解放军谈判，聂荣臻希望张东荪转告傅作义早下决心、早作决断。就在傅作义酝酿和平起义的同时，中共平津前线司令部于1月16日向傅作义发出了最后通牒，其中指出："北平被围业已月余，人民痛苦日益增重，本军一再推迟攻击时间，希望和平解决，至今未获结果。贵将军身为战争罪犯，如果尚欲获得人民谅解，减轻由战犯身份所应得之罪责，即应在此最后时机，遵照本军指示，以求自赎。……本军并愿再一次给予贵将军及贵属以考虑及准备之充分时间。此项时间规定由1949年1月17日起，至1月21日下午12时止。""如果贵军及贵属竟悍然不顾本军的提议，破城之日，贵军及贵属诸反动首领必将会从严惩办，决不姑宽。"面对措辞犀利的最后通牒，傅冬菊唯恐父亲感情上难以接受而节外生枝，因而故意未让他及时看到，从而保证了傅作义和平起义的顺利进行。

1949年1月21日，傅作义召集华北"剿总"高级将领会议，宣布北平城内的国民党守军接受解放军的和平改编，并颁布《关于全部守城部队开出城外听候改编的通告》。22日，傅作义正式宣布《关于和平解放北平问题的协议》，北平城内的20余万国民党军按计划于22日至31日陆续移出城外，到指定地点听候改编。31日，解放军先头部队进入北平，北平宣告和平解放。2月3日，解放军举行了庄严的入城仪式。

傅作义在中国共产党统战政策的感召下，在各界民主人士的推动下，毅然选择了和平道路，受到全国人民以及北平200万民众的称赞，也受到20多万所属官兵的拥护。1949年2月，毛泽东、周恩来等中共领导人在河北西柏坡会见了傅作义。傅作义见到毛泽东后激动地说："我有罪。"毛泽东却风趣地说："你做了一件大好事嘛，宜生先生。过去我们在战场上见面，清清楚楚。今天，我们是姑舅亲戚，难舍难分。蒋介石一辈子要码头，最后还是你把他甩掉了。"

曾泽生起义

也称"长春起义"或"六十军起义"。第六十军原属云南滇系部队，辽沈战役期间驻守长春，军长为曾泽生。1948年6月起，东北人民解放军开始对长春实行军事包围和经济封锁，并成立滇军工作委员会和东北军区前方办事处，做了大量争取六十军的工作。辽沈战役开始后，1948年9月下旬，曾泽生决定率部起义。10月16日、17日，曾泽生与人民解放军商定起义的具体计划、接防时间、办法和口令等。17日午夜，东北野战军开进长春城内接防。曾泽生起义后，郑洞国被迫率领新七军投降，使长春得以和平解放，加速了辽沈战役的胜利。

三大战役

1948 年秋,在解放战争进行了两年之后,人民解放军和国民党军的兵力对比发生了显著变化。国民党的总兵力由 430 万人下降到 360 余万人,用于一线的正规军只有 198 万人。人民解放军则由战争初期的 127 万人增加到 280 万人,而且用于一线的机动兵力已经超过国民党军。国民党军的精锐部队虽然还在,但已被解放军分割在东北、华北、华东、中原和西北五个战场上。国共双方战局和兵力的对比表明,进行战略决战的条件已经成

人民解放军进入徐州

熟。中共中央抓住这一有利时机,做出了与国民党进行战略决战的决策,在东北、华东和华北与国民党进行了辽沈、淮海、平津三大战役。

1948 年 9 月 12 日至 11 月 2 日,东北人民解放军在辽宁省西部、沈阳、长春地区与国民党进行了辽沈战役,此役历时 52 天,歼灭国民党军 36 个师 47 万人,使东北全境得到解放。

辽沈战役胜利后,1948 年 11 月 6 日至 1949 年 1 月 10 日,人民解放军在以徐州为中心,东起海州、西至商丘、北起临城、南达淮河的广大地区与国民党军进行了淮海战役。人民解放军华东、中原两大野战军和军区部队以及华北军区所属地方武装共 60 余万人与国民党 80 万大军展开激战,此役历时 65 天,歼灭国民党军 55.5 万余人,解放了长江以北的华东和中原地区,使国民党的统治中心南京、上海处于人民解放军的直接威胁之下,迫使蒋介石引退,形成了渡江作战的有利态势。

在淮海战役鏖战之际,东北野战军、华北野战军 100 万人,于 1948 年 11 月 29 日至 1949 年 1 月 31 日,在张家口、天津、北平地区发动了平津战役。此役历时 64 天,歼灭和改编国民党军 52 万余人,傅作义起义,使北平和平解放,华北地区也基本解放。

在整个战略决战阶段,解放军共歼灭国民党军 154 万余人,东北、华北和长江中下游以北的地区除太原、大同、新乡、安阳、归绥等城市外全部解放。

张 治 中 与 北 平 和 谈

1948年9月到1949年1月,经过辽沈、淮海、平津三大战役,人民解放军歼灭国民党军队154万余人,解放了东北、华北、长江下游以北的广大地区,国民党的统治陷入全面危机之中。为挽救危局,蒋介石一面组织残余军事力量沿长江布防;一面积极酝酿"和平"阴谋。

1949年元旦,蒋介石发布《新年文告》,表示愿意在保存伪宪法、伪法统和国民党军队的条件下与中共进行和平谈判。1月14日,毛泽东发表《关于时局的声明》,提出了惩办战争罪犯,废除伪宪法,废除伪法统,依据民主原则改编一切反动军队等八项和谈条件。很显然,这是国民党所不能接受的。在内外交困的形势下,蒋介石于1月21宣布"引退",由李宗仁就任代总统。

1月22日,李宗仁发布文告,声明愿与中共进行和平谈判。1月27日,李宗仁致电毛泽东,同意以八项条件为和谈基础,要求尽快确定和谈地点。2月13日,李宗仁派颜惠庆、章士钊等组成代表团到北平,与中共就和谈的时间、地点等问题成了协议。经过酝酿,国民党决定以张治中为首席谈判代表。因为,张治中是国民党高级将领中没有参加过反共战争的少数人之一,且与周恩来等共产党人私谊良好,素有"和平将军"之美誉。

2月22日,张治中被李宗仁从西北军政长官公署长官任上召回,接受了国民党首席谈判代表的重任,准备和谈工作。在和谈之前,为消除蒋介石对李宗仁的处处掣肘,张治中两次赴浙江奉化溪口面见蒋介石,力劝蒋介石出国,结果遭到蒋严词拒绝。蒋介石说:他们逼我下野尚可,逼我亡命,这是不行的!我如今是个普通国民,到哪里都可以自由居住,何况是我的家乡?张治中只好无功而返。

3月24日,何应钦主持召开第一次行政院会议,决定由张治中、邵力子、黄绍竑、章士钊、李蒸等5人为和谈代表(后增加了刘斐),卢郁文为秘书,屈武、李俊龙、金山、刘仲华为顾问。此后又拟定了以"划江而治,平分秋色"为宗旨的九条和谈腹案。

3月26日,中共中央发布与国民党进行和谈的决定:谈判时间为4月1日;地点在北平;首席代表周恩来,代表有林伯渠、林彪、叶剑

1949 年

1月1日,蒋介石发表《新年文告》,表示愿意与中共进行和谈。

1月14日,毛泽东发表《关于时局的声明》,提出与国民党政府进行谈判的八项条件。

4月1日,国民党政府和谈代表团张治中、邵力子等15人抵达北平。

4月15日,和谈结束,拟定《国内和平协定》八条,中共要求国民党政府必须于4月20日前表明态度。

4月20日,国民党发表声明,拒绝接受《国内和平协定》。

4月21日,毛泽东、朱德发布《向全国进军的命令》,人民解放军发起渡江战役。

4月20日至21日,"紫英石"号事件发生。

4月23日,人民解放军攻占南京,国民党统治宣告灭亡。

英、李维汉（后又增加了聂荣臻），齐燕铭为秘书长；以八项条件为双方谈判的基础。

4月1日，以张治中为首的南京政府代表团飞抵北平，周恩来等到其驻地六国饭店设宴招待。宴会结束后，周恩来严正地指责了张治中等临行前到奉化溪口面见蒋介石的行为。张治中尴尬地解释说：现在名义上李宗仁为代总统，但实权仍掌握在蒋介石手中，自己是为了和谈工作而去摸底的。周恩来表示，对于蒋介石导演的假和平，共产党是不能接受的。

4月2日至7日，国共双方进行个别对话，交换意见。国民党代表对中共提出的八项条件讨价还价，并要求人民解放军不要渡江。4月4日，毛泽东发表《南京政府向何处去？》一文，指出人民解放军是一定要向江南进军的。周恩来也致信李宗仁、何应钦表明：在和谈期间人民解放军可暂不渡江，但在和谈之后，无论结果如何都是要渡江的。这就打破了李宗仁"划江而治"的梦想，使双方原定4月5日的正式和谈不得不推迟。

从4月8日起，毛泽东依次会见了张治中等6位国民党代表。毛泽东热情地接待了张治中，并对张治中1945年在重庆对自己的盛情招待表示感谢。4月13日，国共双方代表团在中南海举行第一次正式会谈，中共首席代表周恩来提出《国内和平协定草案》，并作了详细说明。国民党代表团对这一草案反应强烈，并由首席代表张治中提出40多条修正意见，经过商谈后，有半数以上被采纳。

4月14日，周恩来和张治中就协定草案全部内容再度交换了意见。4月15日，双方举行第二次会议，讨论和通过了《国内和平协定（最后修正案）》。周恩来郑重宣布：4月20日为签字日期，南京代表团是否愿意于协定上签字，须于20日前表明态度，否则中共就只有渡江了。张治中也发言表示，会后将请示南京政府作最后的决定。4月16日，黄绍竑和屈武携带《国内和平协定（最后修正案）》到南京请示，李宗仁不敢做主，又呈请蒋介石裁决。在蒋介石操纵下，李宗仁于20日复电南京代表团，拒绝接受《国内和平协定（最后修正案）》。至此，国共两党的北平谈判彻底破裂。4月21日，人民解放军百万雄师强渡长江，并于4月23日占领南京，国民党在大陆的统治就此结束。

"紫石英"号事件

英国侵犯中国主权、干涉人民解放军渡江作战的事件。1949年4月20日至21日，人民解放军发起渡江战役时，侵入中国内河长江的英国"紫石英"号等4艘军舰，同国民党军舰一道炮击解放军阵地，打死打伤解放军战士250余人，解放军予以还击，"紫石英"号受伤，被迫停泊于镇江江面附近，其余3舰逃走。英国远东舰队司令派该舰舰长与解放军代表谈判，要求放行，但拒不承认侵略行为，谈判无果。7月30日，"紫石英"号乘机靠近经镇江下驶的中国客轮"江陵"号，与其并行作掩护，强行逃出长江。人民解放军总部发表声明，严正抗议英舰的暴行。

中共出于安全方面的考虑,诚恳地挽留张治中一行,但张治中认为自己作为南京政府的首席代表,必须回去复命。周恩来恳切地劝阻说:无论你现在是回南京、上海或广州,国民党特务都不会放过你。西安事变时我们已经对不起一位姓张的朋友了,今天再不能对不起你了。在中国共产党的真诚挽留下,以张治中为首的南京和谈代表团成员一致同意留在北平。

张治中的和平愿望是真诚的,对于促成北平和谈也是有贡献的,但无奈国民党的败局已定。6 月 26 日,张治中发表《对时局的声明》,其中说:"我居留北平已八十多天了,以我所见所闻的,觉得处处显露出一种新的转变,新的趋向,象征着我们国家民族的前途已显露出新的希望。"该声明使国民党散布的张治中在北平"被扣"的谣言不攻自破。

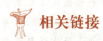 相关链接

渡江战役

1949 年 4 月 20 日,当国民党政府拒签和平协定后,毛泽东、朱德于 21 日向人民解放军发布向全国进军的命令:"奋勇前进,坚决、彻底、干净、全部地歼灭中国境内一切敢于抵抗的国民党反动派,解放全国人民,保卫中国领土主权的独立和完整。"21 日晨,刘伯承、邓小平领导的第二野战军和陈毅、粟裕领导的第三野战军,在西起湖口东至江阴的千里战线上,分三路强渡长江,彻底摧毁了国民党军的长江防线。4 月 23 日,解放了国民党的统治中心南京。

紧接着,各路大军乘胜前进。第三野战军主力追击由南京、镇江、芜湖地区向杭州溃退的国民党军,于 5 月 3 日解放杭州。第二野战军主力追击向浙赣线溃逃的国民党军,很快控制了南昌以外的主要据点,5 月 22 日解放南昌。5 月 12 日,第三野战军发动淞沪战役,与汤恩伯所属部队激战 16 天,汤恩伯率残部 5 万余人从海上逃走,5 月 27 日上海解放。5 月 14 日,第四野战军先遣兵团在武汉以东团风至武穴一线强渡长江,16、17 日解放了武汉三镇。

在渡江作战中,人民解放军先后解放 120 余座城市和苏、浙、赣、鄂、闽、皖等省的一部或大部地区,歼灭国民党军 40 余万人,为进军东南、中南各省及解放全中国创造了有利条件。

国民党抢运文物到台湾

1949 年初三大战役结束后,国共两党的力量对比发生了本质的变化,国民党统治面临着崩溃的命运。此时,桂系李宗仁、白崇禧乘势逼迫蒋介石下野。在内外交困的情况下,蒋介石不得不考虑自己的退身之所。当时,可供蒋介石选择的撤退地点只有西南、海南和台湾。最终,蒋介石接受历史地理学家张其昀的建议,选择了各方面条件都较为有利的台湾。1948 年 12 月,蒋介石任命陈诚为台湾省政府主席,并责成其对台湾的政治、经济、军事等进行全面的整顿。与此同时,蒋介石还积极酝酿抢运物资去台湾等事宜。除抢运黄金之外,抢运文物也是其重要的组成部分。

国民党抢运到台湾的文物绝大多数是故宫文物。1931 年九一八事变爆发后,为使古都北平的文物免遭洗劫,国民政府先后分期分批地转移珍藏在故宫的文物至内地保存,这些文物几经辗转,于 1936 年 12 月入藏国民政府首都南京的朝天宫库房。1937 年七七事变爆发后,随着日军的疯狂推进,北平、上海相继沦陷,南京危急,国民政府决定迁都重庆,故宫文物也被安排分三路向大西南转移。抗战胜利后,分散在贵州安顺和四川乐山、峨眉的文物全部被集中到重庆。1947 年 12 月,这些文物再次被运回南京的朝天宫,但仅在一年之后又被国民党酝酿运往台湾。

1948 年 11 月 10 日,国民党行政院院长翁文灏召集朱家骅、王世杰、傅斯年、杭立武等人在其私人官邸进行了一次非正式的会谈,作出了故宫文物、中央图书馆的藏书与文物、中央研究院史语所的图书与文物一并迁往台湾的决议。随后,故宫和中央博物院正式举行了关于文物迁台的两院理事联系会议,决定由故宫博物院、中央博物院筹备处、中央图书馆、中央研究院史语所、外交部等五单位各出一人组成"五机关联合办事处",全权负责抢运文物到台湾的事宜,这五人分别是杭立武、傅斯年、朱家

翁文灏

骅、李济、王世杰。其中,杭立武自抗战时期就与故宫文物结缘,此次又出任联合办事处主任。在他的精心安排和运作之下,从 1948 年 12 月到 1949 年 2 月,国民党先后进行了三次大规模的文物抢运。

第一次抢运任务由国民党海军军舰"中鼎"号执行,于 1948 年 12 月 22 日起航,运走价值连城的精品文物、图书和档案共计 712 箱,其中故宫 320 箱、中央博物院筹备处 212 箱、中央图书馆 60 箱、中央研究院史语所 120 箱、外交部 60 箱。该军舰 4 天后安全到达台湾基隆港,经杭立武的不懈努力,这批文物最终落脚在气候较为适宜的台中糖厂仓库。

第二次由杭立武包租招商局的民间商船抢运。这也是运台文物中最多的一批,文物、图书共计 3502 箱,包括故宫 1680 箱、中博筹备处 486 箱、中央图书馆 462 箱、史语所 856 箱、北平图书馆 18 箱。这批文物于 1949 年 1 月 9 日到达基隆港,除史语所的文物外,其余文物于 12 日全部运往台中糖厂仓库。

第三次抢运任务由国民党军舰"昆仑"号执行,因国民党官兵和眷属蜂拥而上,预计抢运的 2000 箱文物只有 1248 箱装船,包括故宫 972 箱、中博筹备处 154 箱、中央图书馆 122 箱,其余 700 多箱只好重新运回仓库。该舰于 1 月 28 日起航,途中险象环生,最终于 2 月 22 日到达基隆港。

除海运外,国民党还空运了不少文物到台湾。国民党抢运到台湾的文物虽然数量不及抗战时期的南迁文物,但却囊括了当时全国绝大多数的精品文物,国民党在此基础上建立了台北故宫博物院。从此,故宫文物被分割在海峡两岸。

1949 年

7 月,台湾成立"国立中央博物图书院馆联合管理处",负责抢运到台湾的文物、图书等的管理工作。

12 月,蒋介石与蒋经国由成都起飞逃往台湾,从此开始了凭借抢运到位的物质据守台湾的时期。

相关链接

国民党退守台湾

在国民党统治即将覆灭的情况下,蒋介石最终选定台湾为退守之所,并于 1948 年底开始经营台湾。1949 年 1 月 5 日,陈诚就任台湾省政府主席。根据蒋介石的指示,陈诚提出"人民至上,民生第一"的口号,立即着手对台湾的政治、经济、军事等进行全面的整顿。其中,以疏浚港口为当务之急。经过一段时间的努力,基隆、高雄等港口的吞吐量大大提高,为接运物资和人员创造了有利条件。

蒋介石撤退台湾前前去拜别祖坟

在责成陈诚全面整顿台湾的同时，蒋介石还积极酝酿抢运物资去台湾。1949 年 1 月 10 日至 2 月 22 日，存于中央银行和中国银行价值约 5 亿美元的黄金、白银、外币及大批物资全部被蒋介石移存台湾。除抢运黄金外，大量精品文物、大批机器设备、布匹等物资也被抢运到台湾，一些重要的工厂也被拆迁运台。

在经营台湾的同时，在野的蒋介石仍在幕后操纵着南京的政治与军事。1949 年 4 月 23 日，解放军占领南京后，国民政府迁往广州。在蒋介石的干预下，阎锡山取代何应钦出任行政院院长。7 月 16 日，蒋介石出任中央非常委员会主席，代总统李宗仁任副主席。10 月 14 日，广州解放，国民政府再迁重庆。11 月 30 日重庆解放后，蒋介石逃往成都。12 月 7 日，阎锡山率国民政府各部门从成都逃往台湾。12 月 10 日下午，蒋介石和蒋经国也由成都逃往台湾。从此，蒋介石凭借抢运到位的物质开始据守台湾，中华民国最终解体。

下 编

民国历史专题

制度与国策

　　中华民国的建立，开启了中国历史的新纪元，但旧传统也在延续；既有西方因素的引入，也有本土资源的利用，可谓是新旧并存、中西互竞。这一特征也体现在民国的法律、政治、经济等方面的典章制度之中。约法、宪法、内阁制、总统制、党治体制、五院制度、法币政策、财政预算、关税自主等，纷纷亮相于民国的历史舞台上，对中国人而言，这些无不是新鲜东西。与此同时，独裁统治、特务政治、保甲制度、经济统制等其实中国古已有之的事物，经过一定的改头换面之后，也存在于民国时期，且似有大行其道之势。这说明新式典章制度的创设，可以在短时间内完成，但支撑这些典章制度运作的社会文化因素，则需要长时间的调试与培育。凡此种种，均显示了中国从传统向现代转型过程中的多元性、多样性与复杂性。

上海江海关大楼

　　江海关大楼位于上海中山东一路13号,是上海海关的办公场所,在20世纪二三十年代是外滩最高建筑,楼上的海关大钟为当时亚洲第一大钟。大楼建成于1927年。建筑风格总体上属于古典主义,正立面是典型的多立克柱式。主楼共有9层,高度约120英尺(合36.2米),钟楼高度约140英尺(合43米),总高度约260英尺(合79.2米)。1989年被列为上海市市级文物保护单位。

袁世凯撕毁《临时约法》

宪法、约法作为国家的根本大法，原本是非常神圣的，任何国民，包括国家元首都得遵守。但是，在中华民国史上，则未必如此，宪法、约法有时犹如一纸空文，弃之如敝履。袁世凯撕毁《临时约法》就是著名的一个例子。

众所周知，1912年3月11日孙中山公布了《中华民国临时约法》，这是中国历史上一部重要的法律文件，它第一次以国家根本大法的形式规定了"主权在民"的原则，封建君主专制遭到彻底否定。对革命党人来说，制定一部宪法，通过法律将一些最基本的民主原则和理念确定为整个社会成员都必须遵守的规定，不仅是反对旧制度、巩固新政权的需要，也是民主法治的诉求。当然，《临时约法》的出台还有着更现实的目的，那就是以法律手段约束即将出任临时大总统的袁世凯，维护民主革命的成果。

为了登上大总统宝座，袁世凯虽然不得已宣布接受《临时约法》，但声称需要对它加以修改，这就为他以后废除《临时约法》埋下了伏笔。

1912年，从形式上看，中国有了约法，有了国会，有了众多的公开活动的政党，中国似乎有点民主共和国的样子了。实际上，全部政权都操纵在以袁世凯为首的北洋势力手里，等他们准备好了以后，便开始对这一套民主共和制度逐步下毒手了。1913年3月，袁世凯指使心腹收买刺客暗杀了宋教仁。7月，以武力镇压了南方国民党人的"二次革命"。10月，在总统选举中，袁世凯指使军警、流氓包围国会，强迫议员投票选举他为正式大总统。接着，他又撕下"拥护共和"的面具，攻击国会是"暴民专制"，妨碍国家统一，于1913年11月下令解散国民党，收缴国民党议员的国会证书、徽章，使国会不足法定人数，无法开会。1914年1月，他

1912 年

3月，孙中山公布《中华民国临时约法》，第一次以国家根本大法的形式规定了"主权在民"的原则，封建君主专制遭到彻底否定。

1914 年

3月18日，袁世凯操纵的约法会议开幕。

5月，袁世凯公布《中华民国约法》，取消了《临时约法》中规定的责任内阁制及其对总统权力的限制。

1917 年

7月，孙中山等人南下广东进行护法运动，所护之法即《临时约法》。

袁世凯与参议员合影

内阁制

内阁（*cabinet*）一词源于法语，有"内室"、"密室"之意。内阁作为政府机构始于英国。内阁制是与总统制相对而言的，是以议会为基础，内阁总揽国家行政权力并对议会负责的政体形式，又称责任内阁制、议会内阁制。国家元首只是在名义上代表国家，执行一些礼节上的活动，并无实际权力。国家元首颁布法律、法令和发布文告都必须由内阁首脑或有关阁员副署。内阁定期向议会报告工作，接受监督。如议会通过对内阁的不信任案，内阁就只有向国家元首提出辞职，由国家元首任命新的首脑重组内阁，或者是由内阁提议国家元首解散议会，重新进行议会大选，然后，根据大选结果重组内阁。

1912 年 3 月 11 日公布的《中华民国临时约法》，最引人注目的是临时政府的模式由美式的总统制，改为法国式的内阁制。《临时约法》规定，内阁总理直接向国会负责，因此大总统就变成虚位元首。

又停止参议院、众议院两院议员的职务，遣散议员。

在迈向个人专制独裁之路上，袁世凯已经顺利走完了大部分了，还剩下最后一道障碍就是《中华民国临时约法》。国会解散之后，在袁世凯的授意下，其御用机构政治会议，提出设立造法机关，以改造国家的根本大法。政治会议于 1914 年 1 月 24 日通过了《约法会议组织条例草案》；26 日，袁世凯据此公布《约法会议组织条例》，规定议员名额共计 60 人，虽由选举产生，但候选人全部由政府也就是由袁世凯提名。最后选举产生的 57 人，基本上都是袁世凯所控制的人。

1914 年 3 月 18 日，约法会议开幕。前同盟会员、后改投袁世凯的孙毓筠出任议长，北京政府法制局局长施愚为副议长，袁世凯的法制秘书王式通任秘书长，可以直接向约法会议传达袁世凯的意思。袁世凯向会议提出"修改约法大纲七条"，表面上说是消除"多头政治之弊"，其实是把大权集中于自己手中。

增修后的约法取消了《临时约法》规定的大总统制定官制、任命官员、缔结条约须经过议会同意的条款，增加大总统的紧急命令及处分权，限制立法机关的权限，增设总统咨询机构，规定不由国会而由专门机构制定宪法。约法会议的议员基本都是袁世凯的人马，对袁世凯的提议，自然不再有反对的声音，因此，由施愚领衔起草的《中华民国约法》很快得以通过。5 月 1 日，由袁世凯公布施行，《中华民国临时约法》同时被废止。

这样，袁世凯通过炮制《中华民国约法》，撕毁了革命党人苦苦奋斗而得来的《临时约法》，用总统制取代内阁制。不久，袁世凯又通过修改《总统选举法》，使大总统不仅可以无限期连任，而且可以推荐继承人。这样，袁世凯不仅可以终身独揽政权，而且还可以将其传子传孙。至此，中华民国只剩下一块空招牌了。

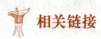 相关链接

《临时约法》

即《中华民国临时约法》，由南京临时政府参议院制定，1912 年 3 月 11 日孙中山签署公布，共 7 章，56 条。主要内容包括：1. 关于国家制度和主权，规定"中华民国，由中华人民

组织之","中华民国之主权,属于国民全体"。2.根据"天赋人权"和"自由、平等、博爱"原则,规定了人民的基本权利与义务。3.依照西方民主制度和三权分立原则,规定:参议院为立法机关;临时大总统、副总统和国务员行使行政权;法院是司法机关,法官依法独立审判。4.关于约法的性质,规定,在宪法未施行以前,"本约法之效力与宪法等",赋予约法以国家根本大法的性质。

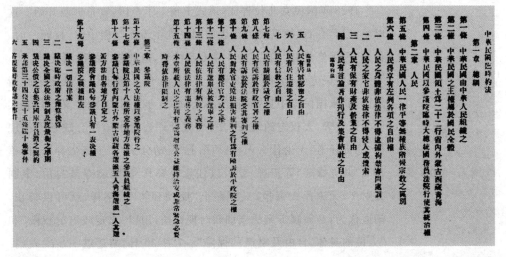

《中华民国临时约法》

作为中国历史上第一部具有宪法性质的文件,《临时约法》在中国宪政史上具有划时代意义,是中国政治民主化进程中一座光辉的里程碑。它不仅第一次以国家根本大法的形式规定了"主权在民"的基本原则,而且第一次用法律方式赋予了国民广泛的民主权利,封建君主专制制度遭到彻底否定,"平等"、"自由"的民主口号得到肯定与确认。尽管日后袁世凯能够依仗一时的权势将约法撕毁,但他复辟的丑剧最终不得不在人民的唾骂声中草草收场,究其原因,与约法促进平等自由思想的普及、人民民主意识的觉醒、"共和大义,深入人心"的历史作用是分不开的。

蒋、胡"约法"之争

1929 年
胡适、罗隆基等自由主义者对国民党一党专政统治提出激烈批评，主张制定约法。

1930 年
5 月，以蒋介石为一方，以阎锡山、冯玉祥、李宗仁等人为另一方的中原大战爆发。最后，蒋介石虽然取胜，但元气大伤，他受此刺激，也主张制定约法。

现代社会要求法律之治，各国多半都有一部宪法或约法，但在民国时期，对到底要不要约法问题，蒋介石与胡汉民曾发生过一场剧烈的"约法"之争。其具体情况如何？我们不妨来了解了解。

1928 年国民党北伐告成，形式上统一了全国，宣布训政开始。这时候，以蒋介石、胡汉民为代表的国民党主流派掌握中枢，权倾一时。但是，国民党没有"约法"的一党专政统治，遭到各方的激烈批评。

在国民党外，早在 1928 年 8 月，上海 48 个商业团体就曾组织请愿团，要求国民党中央"颁布约法"。1929 年 5 月，自由主义者代表人物胡适发表《人权与约法》一文，严厉批评当时中国社会缺乏人权现象，他批评道：无论什么人，只须贴上"反动分子"、"土豪劣绅"、"反革命"、"共党嫌疑"等招牌，就可以任意侮辱其身体，剥夺其自由，宰制其财产；无论什么书报，只须贴上"反动刊物"的字样，就可以禁止。胡适认为，必须制定宪法或训政时期约法，用以"规定政府的权限"和"人民的身体、自由及财产的保障"。7 月 20 日，胡适进一步发表《我们什么时候才可有宪法》，对孙中山手拟的《建国大纲》提出疑问。这篇文章认为，1924 年的孙中山"简直是完全取消他以前所主张的约法之治"，由此，胡适进一步地批评孙中山"根本不信任中国人民的参政能力"，他进一步明确要求迅速制定宪法。胡适的呼吁受到他的朋友罗隆基、马君武、张元济等人的支持，他们纷纷发表文章，响应胡适的主张，在知识界、思想界掀起一股要求民主、人权、法治的浪潮，矛头直指蒋介石国民党的一党专政统治。

如果说，来自国民党外部胡适等人的要求是"文斗"的话，那么，来自国民党内部的则是"武斗"，他们的挑战让蒋介石难以招架。因为，蒋介石与胡汉民联手掌控中央政权，使曾经的"党国领袖"汪精卫和"西山会议派"处于失势地位，他们以反对蒋介石的"专制"、"独裁"，要求"民主"、"法治"为名，积极进行反蒋活动，和他们站在一起的有晋系阎锡山、西北军冯玉祥、桂系李宗仁等地方实力派。北伐战争之后，这些地方实力派的利益、权力、地盘均受到蒋介石的抑制，矛盾日深，他们也想力图武力倒蒋，战争势不可免。

1930 年 2 月 10 日，阎锡山首先发难，提出"礼让为国"，要求蒋介石与自己同时下野。3 月 15 日，冯玉祥部鹿钟麟等人通电，拥护阎锡山为陆海空军总司令。蒋介石为首的南京国民政府将他们看为叛逆，下令通缉阎锡山，并于 5 月 1 日发布讨伐令。这样，以蒋介石为一方，以阎锡山、冯玉祥、李宗仁等人为另一方的中原大战由此展开。同年 7 月 13 日，反蒋各派在北平联合召开国民党中央党部扩大会议，昔日蒋介石的"顶头上司"汪精卫等在《联名宣言》中指责蒋介石"背叛党义，篡窃政权"，将民主集中制变为个人独裁。

这些情况说明，在此时的中国，要求制定约法，不仅已经形成思潮，而且形成了强劲势力，直接威胁着蒋介石、胡汉民联手建立起来的南京国民政府的统治。

中原大战规模空前，双方投入的兵力高达 100 多万人，战事异常惨烈，双方都伤亡惨重，持续时间长达半年之久，造成了人民生命财产的巨大损失。这次战争，虽然蒋介石最终艰难地战胜了阎锡山、冯玉祥、李宗仁、汪精卫等人，但也大伤元气。

常言道："痛定思痛。"在付出惨重代价艰难取胜后，蒋介石如何应对时局呢？受到这么大的刺激，蒋介石决心接受胡适等自由主义者的要求，主张制定约法，刷新政治。

但让蒋介石预想不到的是，他的想法遭到胡汉民的强烈反对。时任立法院院长的"党国元老"胡汉民以"遗教"为依据，认为总理所著《三民主义》、《五权宪法》、《建国方略》、《建国大纲》、《地方自治开始实行法》为训政时期中华民国最高的根本法，无须再制定约法，并在许多问题上批评和牵制蒋介石。面对这样情况，蒋介石怎么办？

武人出身的蒋介石，一不做二不休，决定蛮干，以暴力压制不同意见，一场有关民主和法治的论争转化为反民主、反法治的演示。

经事先安排，1931 年 2 月 28 日晚，蒋介石以宴客为名，邀请胡汉民到自己的住所。胡到后，从首都警察厅长吴思豫手里得到了一封蒋列数其"罪状"的信件，又从国民党要人邵元冲口里得知："蒋先生想请胡先生辞立法院院长。"胡汉民坚决要和蒋介石面谈。蒋介石露面后，两人激烈辩论到深夜。第二天，胡汉民具书"辞职"，当日，被移送汤山软禁。3 月 8 日，移回南京，仍然处于软禁状态中。这就是 20 世纪 30

1931 年

2 月，蒋介石囚禁反对制定约法的"党国元老"胡汉民，引发国民党空前的内部分裂与纷争，政治后果严重。

6 月，国民党颁布《训政时期约法》，该约法体现了国民党一党专政的特点。

年代初著名的因"约法"之争而导致的胡汉民"被囚"事件。

早在同盟会时期，胡汉民就追随孙中山，献身革命，长期为孙中山的得力助手，堪称"党国元老"。他当时任国民党中央常务委员、南京国民政府委员、立法院院长。他的被软禁无疑是南京政坛上的一次强震，引发国民党空前的内部分裂与纷争，反蒋势力很快在胡汉民老家广东聚集，形成宁粤对立的局面，一直延续到1936年。

 相关链接

《训政时期约法》

1931年2月，蒋介石用强硬手段，软禁胡汉民，决意制定《训政时期约法》。3月，蒋介石等在国民党中央执行委员会临时会议上提议并获通过，成立了11人组成的约法起草委员会。5月，中央执行与监察委员会临时全体会议通过了草案，提交国民会议表决，三读程序很快通过。6月，颁布了《训政时期约法》，共8章，89条，主要内容如下：

第一章为"总纲"，规定了领土、主权、国民、国体等事宜。第二章是"人民之权利与义务"。第三章是"训政纲领"，照录1928年国民党训政纲领，在训政期间，国民党全国代表大会代表国民大会行使中央统治权。第四、第五章分别是"国民生计"与"国民教育"。第六章是"中央与地方之权限"，对中央与地方权力采取均权主义。第七章"政府之组织"分为中央与地方制度两部分。中央部分，规定"国民政府总揽中华民国之治权"，"统帅陆海空军"，"行使宣战媾和及缔结条约之权"。但其下设一主席及委员数人，均由"国民党中央委员会选任"，可见，国民政府由国民党产生并对党负责。这部约法也体现了孙中山的"五权宪法"思想，设行政、立法、司法、考试、监察五院及各部会，各院及部会长官由国民政府主席提请国民政府任免。地方部分，规定各县设自治筹备会，宪政开始后省长由国民代表大会选举，具体细节问题留待法律进一步规定。第八章是"附则"，规定约法的解释方法和宪法制定程序。

《训政时期约法》集中体现了国民党一党专政的特点，蒋介石等人企图用民主和法治来装点一些门面，但毕竟是有了约法，因为民主与法治是现代民主政治的重要内容，也是现代化的基本走向。法律不是万能的，但在现代社会生活中，法律又极为重要，其中，约法、宪法等"根本大法"规定国家和社会生活的基本民主原则，规范统治者和人民彼此的权利义务，是不可或缺的。

林森当国民政府主席

　　林森,这位曾任中华民国国民政府主席的人,已经被历史淡忘了,如今人们对这个名字似乎很陌生。其实,这位国家元首,生前名望很高,死后名气一度也不小。林森逝世后,他的老家福建省闽侯县,一度改名为林森县,以示纪念;1945年至1950年,上海也有一条路叫林森路,后又改名叫做淮海路了。

　　林森,字子超,号长仁,1868年(清同治七年)出生于福建省闽侯县。1905年加入中国同盟会,参加革命活动,1912年1月中华民国南京临时政府成立后,任临时参议院议长,可谓国民党元老。

　　1931年2月,蒋介石与胡汉民间的"约法"之争及胡汉民被囚禁,引起其他实力派的不满,引发国民党内部的分裂与纷争。5月,反蒋势力在广州宣告另立国民党中央,与蒋介石南京政府对峙。蒋介石迫于各方压力,于1931年12月宣布下野,国民党中央全会选举林森为国民政府主席。林森于次年元旦就职。

　　林森当上国民政府主席,是为国家元首,从理论上讲,是国家最高领导人了,应该"权力无边"了。其实不然,因为1931年12月26日,国民党四届一中全会议决修正《国民政府组织法》,削减主席职权,主席不负实际责任,由行政院院长总揽行政大权。也就是说,林森的国家元首是"虚位"的,是礼仪式的,并无实权。实权还是在蒋介石手中,他才是中国最有权势的人。下面这件事情,颇能看出这点。

　　1936年12月12日,张学良与杨虎城发动西安事变,囚禁蒋介石,林森明确表示不可"讨伐"张、杨,力主和平解决事变,他还认为张学良部队是爱国的。西安事变和平解决后,蒋介石获释,但陪同蒋介石回南京的张学良却被蒋介石软禁起来。林森曾在1937年1月、2月,以国民政府主席的名义下赦免令和复权令,要赦免张学良,并且让他复职。但是大权掌控在蒋介石手中,林森的主席令并不能奏效。可见林森只是虚位元首,真正的"皇帝"还是蒋介石。

　　对此,林森心里也很明白,也很知趣,因此,他多半对政治保持一种"超然"态度,把相当多的时间放在买卖和收藏古玩、书画上。对国事活动,他也只做些"礼节"上的事情。如,中国对日战争逐渐升级

1928 年
10 月 3 日,国民党通过试行五院制的《国民政府组织法》,这个组织法奠定了国民政府五院制的基础。

1931 年
12 月 26 日,国民党四届一中全会议决修正《国民政府组织法》,削减国民政府主席职权,主席不负实际责任,由行政院院长总揽行政大权。
12 月 28 日,林森当选国民政府主席。

1943 年
8 月,国民政府主席林森逝世。
9 月,修改《国民政府组织法》,国民政府主席实际负责,即由蒋介石负责。

后,1941 年 12 月 9 日,林森以国民政府主席的名义向德国、日本、意大利宣战。

其实,从国民党政权的《国民政府组织法》的多次修正中,不难看出,国民政府的制度设置与人员安排关系上,基本上是因人设法、因人设岗。1928 年 10 月以后,从法律规定与实际情况看,国民政府委员会的权力逐渐缩小,而实际的政治责任,在 1931 年 12 月以前,由国民政府主席负责,即蒋介石负责;从 1931 年 12 月至 1943 年 9 月,林森正是在这期间担任国民政府主席的,他只是个虚位国家元首,实权由行政院院长掌握,而这近 12 年当中,有一半以上的时间,是蒋介石担任行政院长。1943 年 9 月以后,又改为由国民政府主席负责,也就是蒋介石负责。因此可以说,蒋介石的职位在哪里,哪一个职位的权力就最大。尤其在抗战爆发后,1938 年国民党实行领袖总裁制,蒋介石成为国民党总裁,又是陆海空军总司令,这样,集党、政、军大权于一人的独裁统治产生了。

 **相关链接**

五院制

五权宪法,是中华民国创立者孙中山提出的一种政体设计主张。孙中山在考察了西方各国三权分立的优劣利弊后,加入了考试权和监察权,从而创立行政、立法、司法、考试、监察五权分立的政体设计,其目的是要补救三权分立的缺点,希望藉此创立五权既分工又合作的新政体。孙中山所提出的这套五权分立的宪法理论,后来被纳入国民党政权法统之中,实际应用到国民政府的组织架构当中,即在国民政府主席之下设立五院,分别是行政院、立法院、司法院、监察院、考试院。1928 年 10 月 3 日,国民党中央执行委员会常务委员会通过试行五院制的《国民政府组织法》,这个组织法奠定了国民政府五院制的基础,后来虽有几次修改,但只是局限于国民政府主席与行政院院长在职权上的变化,没有原则上的根本更动。从国民政府五院制的实践情况来看,基本上是因人设法、因人设岗,简单地说,就是蒋介石的职位在哪里,哪一个职位的权力就最大。五院制政体并未起到其设计者孙中山所预期的权力分立与制衡的作用,也就形同虚设了。

孙中山创办黄埔军校

黄埔军校正式名称为"中国国民党陆军军官学校",因其校址设在广州的黄埔岛上,习惯上称之为黄埔军校。

1924 年 1 月 24 日,在国民党"一大"会议期间,孙中山下令筹办陆军军官学校,指定原在黄埔岛上的广东陆军学校和广东海军学校旧址为校址,委任王柏龄、邓演达等为筹备委员,蒋介石为委员长(后由廖仲恺代理)。2 月 6 日,军校筹备处成立,随即展开建校和招生工作。5 月 5 日,军校第一期新生入学。6 月 16 日,正式开学。孙中山之所以选择这一天举行开学典礼,是因为两年前的今天陈炯明反叛孙中山,给孙中山留下巨大创伤,他要让全校师生铭记这个日子。军校举行开学典礼时,孙中山到校致辞,指出军校以"创造革命军,来挽救中国危亡"为宗旨;以"亲爱精诚"为校训;以培养军事人才,组成以黄埔学生为骨干的革命军,实行武装推翻帝国主义和封建军阀在中国的统治,完成国民革命为目的。

军校由校总理、校长和驻校党代表组成全校最高领导机构,直属国民党中央执行委员会。孙中山自任军校总理,蒋介石任校长,廖仲恺任军校党代表。军校下设政治、教授、教练、管理、军需、军医等部,聘请苏俄人员为顾问。政治部主管政治教育、党务和宣传,戴季陶、周恩来、汪精卫、邵力子等人先后担任主任。教授部和教练部主管军事学科和术科的教学与训练工作,王柏龄、叶剑英为教授部正、副主任,李济深、邓演达为教练部正、副主任。1924 年 11 月,增设教育长一职,承校长之命处理校务。

在孙中山联俄政策下,军校财政、武器和制度的建立,均得到苏俄的大力赞助。鲍罗廷和一批苏俄专家直接参与了军校的筹建和顾问工作。黄埔军校不同于当时中国一般军校的最大特色,

黄埔军校旧址

1924 年

1 月 24 日,孙中山下令筹办黄埔军校。5 月 5 日,黄埔军校第一期新生入学。

1925 年

7 月,国民政府军事委员会在广州成立,汪精卫任主席。国民政府将所下辖的各地军队,统一改编为国民革命军。

1926 年

7 月 8 日,国民政府公布《国民革命军总司令部组织大纲》,规定总司令部设于军事委员会内,国民革命军总司令蒋介石兼军事委员会主席。

1932 年

3 月,国民党召开四届二中全会,通过军事委员会组织案,改主席制为委员长制,蒋介石任委员长。

1937 年

7 月,全面抗战爆发,在抗战中,军事委员会成为中国战时最高领导机构,是事实上的战时政府。

1946 年

5 月，国民政府宣布撤销军事委员会。

国民革命军

初编时，国民革命军有 6 个军：由黄埔军校学生军和部分粤军为第一军，军长是蒋介石；谭延闿率领的湘军为第二军；朱培德率领的滇军为第三军；李济深率领的粤军为第四军；李福林率领的粤军为第五军；第二次东征后原程潜率领的湘军改称第六军。初期的国民革命军依照苏俄建军体制，在军、师两级设党代表及政治部。1926 年 3 月新桂系接受国民政府的领导，将广西现有军队改编为国民革命军第七军，李宗仁为军长。1926 年 4 月，原湘军将领唐生智表示愿意加入国民革命军，为北伐前驱，5 月，国民政府将唐生智所部改编为国民革命军第八军，任命唐生智为军长。

1926 年 7 月，国民革命军誓师北伐，当时的国民革命军为 8 个军约 10 万人，蒋介石任总司令，李济深为参谋长，白崇禧任参谋次长代理参谋长，邓演达为政治部主任。

孙中山参加黄埔军校开学典礼

是建立了苏俄式的政治工作制度。军事与政治训练并重，是军校的双重目标，军校不仅要养成职业军官，而且要培植革命干部。学校不仅要学习军事知识，而且要明白政治、经济和国民党的党纲、主义，简单地说，就是"不仅知道枪是怎么放法，而且要知道枪向什么人放"。军校设立政治部和党代表，就是其独特之处。

政治部主要负责对学员进行政治教育，提高学员的政治修养，向学员灌输革命知识。军校校长蒋介石曾宣称："本校唯一的特点，就是有个政治部，政治部是要使军人了解现在的经济、政治与明了主义。"军校政治部既讲三民主义，也讲社会主义。党代表的职权，主要是监督和指导各级军事长官的工作，必要时可以直接指挥军队，各级军事长官的报告和命令，必须经过党代表副署，军事长官所发布的命令，如果有明显错误时，党代表有拒绝签字，乃至撤销其命令之权。这套制度在具体实践中，虽然不可能达到设计时预期的效果，但政治部和党代表制度的推行，至少在军校的政治思想教育方面还是发挥了巨大的作用。

黄埔军校是在国共合作之下创办的，一批中共党员参与了军校的各项工作，如张崧年、周恩来、聂荣臻、叶剑英、于树德、恽代英、陈赓等。军校的政治工作主要由共产党人主持，政治部从主任、副主任，到秘书、科长、科员以及政治教官，多由共产党人担任，各级代表也主要由共产党员担任。

总而言之，黄埔军校是孙中山在中国共产党和苏俄的支持和帮助下创办的，是第一次国共合作的产物。军校一方面积极进行孙中山的三民主义教育;一方面介绍马列主义的思想。军校采用军事与政治并重,理论与实践结合的教学方针,为中国革命培养了大批军事政治人才。作为中华民国史上第一所培养革命干部的新型军事政治学校,其影响之深远,作用之巨大,名声之显赫,都是当初始料不及的。

 相关链接

国民政府军事委员会

简称军委会,是国民政府最高军事机关,该机关的设置过程体现了国民党统治时期的政治、军事局势和人事的纷繁曲折变化。

1925年7月6日,国民政府军事委员会在广州成立。军事委员会受中国国民党之指导及监督管理,统率国民政府所辖境内海、陆军、航空队及一切关于军事各机关,汪精卫兼任主席。1926年3月20日,蒋介石制造中山舰事件,汪精卫请假出国,蒋介石任军事委员会主席。随着北伐战争的胜利推进,蒋介石野心愈发膨胀,个人独裁也愈发明显。1927年9月,国民党中央特别委员会公布了《修正国民政府军事委员会组织大纲》,废主席制而改行主席团制,由国民政府从军事委员会中指定若干人为主席团,主席团内设常务委员,由军事委员会所在地之主席团委员中推定7人担任,负责处理紧急重大事件。次年11月,军事委员会撤销。

1932年1月,日军在上海发动一·二八事变,大举侵华。国民党中央决定恢复设置军事委员会,改行委员长制,国民党中央政治会议推选蒋介石为委员长。抗战爆发后,国民党中央决定,由军事委员会委员长行使陆海空军最高统帅权,并授权蒋介石对党政统一指挥。在八年抗战中,军事委员会成为中国战时最高领导机构,是事实上的战时政府。抗战结束后,国民政府于1946年5月宣布,鉴于即将实施宪政,撤销了军事委员会,一切军务改由总统(初为国民政府主席)通过国防部处理。

军统头子戴笠之死

1927 年

国民党中央组织部党务调查科成立，由陈果夫、陈立夫兄弟掌控。

1932 年

4 月，蒋介石命令戴笠组建中华复兴社特务处，戴笠担任处长。

1938 年

3 月，军事委员会调查统计局第二处扩充为军事委员会调查统计局，军统就此成立。同时，中统亦正式形成。

1946 年

3 月，戴笠所乘坐的飞机在南京近郊撞山，机毁人亡。

1946 年 3 月 17 日，国民党军统局局长、特务头子戴笠，乘坐 222 号专机由青岛飞往南京。这架由美国 C－47 型运输机改装的客机，是国民党航空委员会调拨给戴笠使用的专机，由于该机型具有良好的飞行性能，第二次世界大战结束后，艾森豪威尔曾称之为美国赢得这场战争的三个主要工具之一。可是，天有不测风云，人有旦夕祸福。南京上空乌云密布，雷电交加，大雨不停，飞机与地面联系，地面人员劝说另降机场。戴笠不得已转飞上海，可上海仍然下着大雨，无法降落。飞机又改飞徐州降落，后撞上岱山，机上人员全部死亡。

军统头子戴笠死了，国民党一些上层官员暗中拍手叫好。国民党统治时期，中国政治派系林立，明争暗斗，局势动荡，扑朔迷离的死亡案件层出不穷。戴笠之死是单纯的坠机事件，还是蓄意策划的谋杀？风云一时的大特务戴笠之死，也成为了一桩难解的历史谜案。

欲解开这个谜，还得从戴笠及其军统特务组织说起。

戴笠(1897—1946)，本名春风，字雨农，浙江江山人。早年曾在浙军周凤岐部当兵，后脱离部队来到上海，结识蒋介石、戴季陶等人。

戴笠

1926 年加入国民党，同年入黄埔军校，毕业后任蒋介石侍从副官。1928 年任国民革命军总司令部联络参谋，主持情报工作，开始摸索组建国民党特务组织的门道。从此，戴笠开始逐步组建他的特务组织系统——军统，也开始了他一生的特务生涯。

军统全称为"国民政府军事委员会调查统计局"。军统的"家底"是中华复兴社特务处。1932 年 4 月 1 日,蒋介石命令戴笠组建该处,戴笠担任处长。1938 年 3 月,军事委员会调查统计局第二处扩充为军事委员会调查统计局,复兴社被并入其中,军统就此成立。

军统局内勤组织共有八处、六室、一所;外勤组织在各城市设"区",在各省设"站",在一些重要城市设"特别组",其成员均为职业特务。军统局负责军队、宪兵、警察部门以及对外的情报安全工作,但由于军统局成立后不久国民政府就西迁重庆,形势严峻,军统局也担负了一些诸如对行政机关、交通、金融等要害部门的监控。这样,后来就导致了与中统的权限冲突。抗战期间,军统局大为发展,人数急剧扩张,遍布国民党的军队、警察、机关,乃至驻外使领馆,并在敌后进行了大量的破坏、暗杀活动。

军统特务干的放火、暗杀的勾当,不胜枚举。例如,暗杀民权运动斗士杨杏佛,暗杀报界名流史量才,谋杀抗日将领吉鸿昌。此外,还暗杀军阀张敬尧、石友三,汉奸王克敏,等等。有意思的是,整天盘算着如何杀人的军统头子戴笠,自己最终也死于非命。

据一位外国记者回忆,戴笠是一个隐面人,总是藏在房间的暗处,而其他人则处于一览无余之下。一位戴笠领导下的在敌后工作的美国战略情报局人员说:"戴笠中等身材,壮实,外表粗犷强硬,有军人的干练。他的脸轮廓分明,尖锐的目光咄咄逼人,还有一张坚毅的嘴。"对于 20 世纪 40 年代在中国的大多数外国人来说,戴笠是一个传奇式的人物,给人的印象是聪明而有想象力,残酷而不择手段,在蒋介石的统治下,他企图通过铁腕来统一中国。

关于戴笠的死因,大体有三种说法:1. 军统北平站长马汉三在飞机上放了炸弹,置戴笠于死地;2. 蒋介石策划的天衣无缝暗杀,因为戴笠知道蒋的秘密实在太多;3. 因为气候原因,飞机撞山失事。但真相如何,后人不得而知,此案可以说是千古之谜了。

戴笠死后,军统局进行了改组,其公开特务武装部分与军委会军令部二厅合并为国防部第二厅,由郑介民任厅长;秘密核心部分组成国防部保密局,由毛人凤为局长。1949 年,军统主要机构撤往台湾。

中统

全称"中国国民党中央执行委员会调查统计局"。其前身是 1927 年成立的国民党中央组织部党务调查科,后并入军事委员会调查统计局第一处。1938 年 3 月,经蒋介石提议,以军事委员会调查统计局第一处为基础,成立中国国民党中央执行委员会调查统计局,中统由此正式形成。

中统成立之初,其工作重心除了对国民党内部的各反蒋派系进行渗透、瓦解活动外,还专门破坏中国共产党组织和对革命人士进行迫害。国民党政权在全国范围内建立后,中统以各级国民党党部为活动基地,在各省市党部设调查统计室,在省以下党部设专人负责"调查统计",在文化团体和高等院校、重点中学广泛建立"党员调查网",进行各种特务破坏活动。抗战爆发不久,中统组织迁往重庆,依附于各级党部机关。1947 年,中统局改名为党员通讯局,1949 年改名为内政部调查局,隶属于国民政府行政院内政部,实际上仍属国民党中央掌控。

国民党特务政治

中统与军统是蒋介石御用的统治工具，用以收集情报，清除异己，强化自己在党、政、军等领域的统治，形成国民党的特务政治。特务政治成为国民党独裁专制统治的组成部分。

国民党利用这套特务网络系统，首先对付的是中国共产党。在军事"剿共"领域，国民党特务组织模仿意大利黑衫党组织别动队，以康泽为总队长，通过短期培训，训练特工人员，结业学员以中队、分队、小队、小组等编制，组成剿共别动队，携带各式手枪、炸弹和便捷通讯工具，潜入苏区，收集情报，进行破坏和暗杀活动，参与对收复地区的控制和统治。针对中共的城市地下组织和活动，国民党特务组织在各大中城市严密侦查和监视中共的活动，破坏中共地下组织和外围组织，捕杀共产党员和革命人士。譬如，他们注意利诱和瓦解中共影响下的"黄埔革命同学会"，先后促使该会主要成员余洒度、陈烈、俞墉、黄雍等向南京政府自首。

此外，国民党特务还把矛头直指政治、文化、思想等领域的异议人士，他们不仅组织逮捕左翼作家，甚至直接暗杀民主人士，如1933年6月，杀害中国民权保障同盟秘书长杨杏佛；11月，暗杀上海申报馆主持人史量才等。在对付国民党内部反对派方面，特务组织也发挥了重要作用。譬如，1933年福建事变发生之前，军统就通过打入十九路军的特务分子获取了情报，使蒋介石事先早有准备；当十九路军与中共红军签订了反日反蒋协定之后，蒋介石的南昌行营调查科特工通过破译电码的方法获得了这一情报；当蒋介石开始对福建采取军事进攻后，军统组织成功地利用潜入十九路军的特务策反了毛维寿等将领，使得福建事变很快失败。此外，1936年两广事变发生，蒋介石也通过军统特务成功策反了陈济棠的空军和高级军官，使得两广事变很快被解决。

保 甲 制 度

保甲制度是中国古代封建王朝用以控制地方社会的一种统治手段,如汉代的五家为"伍"、十家为"什"、百家为"里";唐代的四家为"邻"、五邻为"保"、百户为"里";宋代王安石变法时提出了十户为一保、五保为一大保、十大保为一都保;元代出现了"甲",以二十户为一甲,设甲生,以此加强对地方社会的控制。但这种古制,没有因为中国进入现代社会而被废止,反而在民国时期被发扬光大,用以维护国民党对基层社会的统治。这是为什么呢?保甲制度又是怎么回事呢?

民国时期的保甲制度出现于国民党对工农红军进行军事"围剿"之时,蒋介石以军事委员会委员长身份督师江西,认为"剿共"不力的原因之一是民众不支持国民党。于是,在"剿匪"总司令部所属党务委员会内专门设立地方自卫处,研究保甲制度,草拟法规,先在江西试行。1931年6月,蒋介石下令将原有闾邻等自治组织撤销,划定江西修水等县编组保甲。1932年6月,蒋介石发动第四次"围剿"时,把在江西试行的保甲法规加以修订,于8月颁布了《剿匪区内各县编查保甲户口条例》,规定十户为甲,十甲为保,联保连坐;还规定了完成保甲期限进度表,要求各路进剿军必须在当年9至11月间开始编查。至1933年,豫、鄂、皖三省的编查保甲、清查户口工作基本完成。其后,江西、福建等省也开始编查。1934年,国民党中央政治会议第432次会议议决,由行政院通令各省市切实办理地方保甲,据此,行政院于同年12月通知各省实行保甲制度。1936年底,保甲制度由"剿匪"区推向全国。

保甲制的基本形式是十进位制,即十户为甲,十甲为保,十保以上为乡镇。后来鉴于各地地理、交通、经济情况各异,在实行新县制时采取了有弹性的办法,规定"甲之编制以十户为原则,不得少于六户、多于十五户","保之编制以十甲为原则,不得少于六甲、多于十五甲","乡(镇)之划分以十保为原则,不得少于六保、多于十五保"。保设保办公处,有正、副保长及民政、警卫、经济、文化干事各一人,保长兼任保国民兵队队长和保国民学校校长,

1931年
6月,蒋介石下令把闾邻等自治组织撤销,划定江西修水等县编组保甲。

1932年
8月,蒋介石颁布《剿匪区内各县编查保甲户口条例》,规定十户为甲,十甲为保,联保连坐。

1934年
国民党中央政治会议第432次会议议决,由行政院通令各省市切实办理地方保甲。

1936年
保甲制度推向全国。

1939年
从本年起,国民党开始推行新县制。

与乡（镇）长一样，实行政、军、文"三位一体"。保长通常由当地地主、土豪一类的人物担任。国民党对保甲长人选很重视，竭力通过保甲长牢牢控制民众。

保甲制度实行"管、教、养、卫"并重原则，使保甲制既服务于"自治"，也有利于自卫。1934年2月，蒋介石提出了"教、养、卫"三字，1936年5月和1937年7月在庐山军官训练团，他又增加了"管"字。

保甲制度宣传材料

"管、教、养、卫"分别表示管理、教育、经济、军事四方面内容。陈立夫在《地方建设问题》（1941年4月）中解释说"管"即自治治事、"教"即自信信道、"养"即自养养人、"卫"即自卫卫国。蒋介石解释得更直截了当，他说推行保甲，目的是为军事化服务。

保甲制的实质是通过联保连坐法将全国变成大囚笼。联保就是各户之间联合作保，共具保结，互相担保不做通共之事；连坐就是一家有"罪"，九家举发，若不举发，十家连带坐罪。国民政府内政部还专门发布过连坐暂行办法，主要内容是：出具连坐切结时，由户长签名盖章或画押，一式两份，正结存县，副结存区，各户如发现某户为"匪"、通"匪"、窝"匪"等情况，应立即报告，若隐匿不报，即以"庇护罪"或"纵匪罪"论处。抗战爆发后，国民政府修正了上述具结的做法，改为不具结而连坐，即各户不必签名具结，但如发生甲内居民有为"匪"、通"匪"等情况，一经查明，对同甲各户立即予以连坐处分。

保甲制度的推行，在一定程度上强化了国民党对地方民众的统治，但总体而言，收效甚微。因为在一般情况下，地方公正人士多不愿担任保甲长，许多不肖之徒以保甲长有利可图，百般钻营，保甲制度也就变成剥削人民的工具，民众怨声载道。

相关链接

新县制

　　1939年6月，蒋介石在国民党中央训练团党政训练班上作了《确定县的地方组织问题》的讲演，提出推行新县政的目标与原则。同月，国民政府在行政院下设县政计划委员会。9月，公布《县各级组织纲要》。10月，行政院拟定《县各级组织纲要实施办法》，命令各省实行。这样，从1940年起，新县制开始在国民党统治区内推行起来。

　　新县制将县定位为"地方自治单位"，强化县政权的权力，提高县长的地位，其职权有二：受省政府之监督，办理全县自治事项；受省政府之指挥，执行中央及省委办事项。县的地位有很大提高。新县制下的基层组织，为区、乡（镇）、保、甲，《县各级组织纲要》就区、乡（镇）、保、甲的编制作了规定。新县制规定建立各级武装组织，县设国民兵团，区设国民兵区队，乡（镇）设乡（镇）国民兵队，保设保国民队，甲设甲民兵班，分别由县长、区长、乡（镇）长、保长、甲长兼任。同时，把行政、武装、教育权力集中于乡（镇）保长一人手中。这样，国民党通过实行保甲制度，提高了乡（镇）保长的权力，通过他们控制各地的政治、文化、军事，从而更有效地控制民众。

　　为贯彻"党政融化"的原则，新县制规定县长应由国民党员充任，如不是党员，应由县党部介绍其入党。县、乡（镇）、保各级重要部门人员，必须从经国民党训练合格的人员中选任。新县制的推行和保甲制的强化虽然加强了国民党对各级政府和基层社会的控制，但绩效并不显著，还引起很大的民怨。

"蒋 总 裁" 的 由 来

1925 年
3 月，孙中山逝世后，国民党群龙无首，胡汉民、汪精卫、蒋介石都在争夺最高统治权。

1938 年
3 月，国民党临时全国代表大会在武汉召开，制定《抗战建国纲领》。在这次会议上，蒋介石当选为国民党总裁，强化了他在国民党内的独裁地位。

经常观看以国民党为内容的影视作品的人，估计会觉得对蒋介石的称呼实在有点太多太复杂了，例如，有叫"主席"的，有叫"总裁"的，有叫"委员长"的，有叫"总统"的，有叫"校长"的，等等。这是怎么回事呢？

其实，这些都是从不同职务角度对蒋介石的不同称呼。蒋介石做过国民政府主席、中国国民党总裁、国民政府军事委员会委员长、中华民国总统、黄埔军校校长，所以就有了以上那些称呼。不过，蒋介石的称呼还不只这些，还有人称他为"总司令"，因为蒋还是国民革命军的总司令；还有人称他为"团长"，因为蒋曾是三民主义青年团的团长；还有人称他为"统帅"，因为蒋介石在第二次世界大战中担任同盟国中国战区的最高统帅。当然，对不同的人来说，怎么称呼还是很有讲究的，不可随便称呼。譬如，叫"校长"的，基本是他在当黄埔军校校长时候的学生，叫他校长，也显示了称呼的人和他的不一般关系，在工作关系之上，又多了一层似乎很有人情味的师生关系。

不过，在这里，不可能把蒋介石的称谓一一细讲，我们只来了解一下"蒋总裁"是怎么来的。

1925 年 3 月 12 日，中国国民党总理孙中山病逝，由于孙中山生前没有指定谁为他的接班人，同时由于孙在国民党内的地位与威望无人可及，所以在此后很长的一段时间内，国民党领导层只能采取委员合议、集体领导制度，国民党自然没有从组织制度上规定党的领袖及其名称。也正因为如此，一时间，国民党呈现出群龙无首、派系林立的状态。那么，何人能胜出？

与胡汉民、汪精卫等相比，蒋介石只是一个"后辈小生"、"党内后进"，1924 年国民党召开第一次全国代表大会时，蒋介石连中央执行委员会候补委员都不是。经过廖仲恺案、中山舰事件、整理党务案等一系列事件之后，自认为擅长纵横捭阖、左右逢源的蒋介石迅速崛起，并凭借北伐战争的顺利推进，实力急速膨胀，成为中国政坛、军界一颗最闪耀的明星。但与其他军事将领和地方实力派相比，到中原大战时，蒋介石也并不占有绝对优势。所以，蒋介石在向"党国领袖"

迈进的过程中,不仅党内元老们颇为不服和不满,许多军事将领也不时向他发起挑衅。对蒋介石而言,他所能做的事情,既要抓住"军权",又要争取"党权",围绕着"军权"与"党权",胡汉民、汪精卫、蒋介石三者不断演绎出分分合合、上台下野的复杂时局变化。

一直到抗战之前,蒋介石虽然在实力上已经是无人可及了,可以坐上国民党第一把交椅了,但在法理上,他并不是国民党的最高领袖。善于政治权谋的蒋介石也一直在等待时机,使自己成为名实相符的最高领袖。出乎蒋介石意料的是,日本人的入侵,给了他难得的时机。

抗战的爆发,为蒋介石带来极大挑战的同时,也给他带来了机会。1938年3月29日,国民党临时全国代表大会在重庆开幕,出席开幕式的仅为国民政府主席林森等少数人,意在迷惑日本方面,虚晃一枪,以掩护在武汉秘密举行的大会。同日晚,预备会及第一次正式会议在武汉召开。出席及列席此次会议的人员共403人,其中国民党执监委员98人,候补执监委员50人。由于担心日机轰炸,会议于每日晚间举行,会期四天。

卢沟桥事变后,蒋介石发表主张坚决抗战的谈话

会议检讨全国抗战以来的工作,确定今后的任务和行动方针,制定了《抗战建国纲领》等文件。同时,这次会议认为国民党负有抗战建国的重大使命,但基于抗战的非常时期和非常形势,为了完成这重大使命,决定调整国民党领导体制,重建孙中山去世后即告中止的领袖制度,认为只有这样,革命集团才有一个"稳固之重心"。会议通过了确立领袖制度的决议,领袖的名称为"总裁"。

蒋介石在会议上当选为国民党总裁,"蒋总裁"之名便由此而来。决议赋予总裁以巨大权力,可以代行国民党党章过去所给予总理孙中山的职权。孙中山在任国民党总理时,国民党党章给予总理的权限很大,如"总理对于全国代表大会之决议有交复议之权","总理对于中央执行委员会之决议有最后决定之权"。

总裁制度的建立,使得国民党由集体合议领导又回归到领袖独裁,蒋介石在国民党内的领袖地位从此有了法理依据,正式得以确立。

《抗战建国纲领》的制定

1938 年 3 月 29 日晚,国民党临时全国代表大会在武汉召开,会议制定了《抗战建国纲领》。该纲领系统地提出了国民党抗日救国的主张,制定了抗战时期国民党在外交、军事、政治、经济等方面的政策。主要内容包括:1. 外交方面。本着独立自主之精神,联合世界上同情我国的国家及民族,联合一切反对日本帝国主义侵略的势力,制止日本侵略,树立并保障东亚的永久和平。2. 军事方面。加紧军队的政治训练,使全国官兵明了抗战建国的意义,一致为国效命;训练全国壮丁,充实民众武力等。3. 政治方面。组织国民参政机关,团结全国力量;实行以县为单位,改善并健全民众之自卫组织;改善各级政治机构;整饬纲纪等。4. 经济方面。经济建设应以军事为中心;开发矿产,建设重工业的基础,鼓励发展轻工业;推行战时税制,彻底改革财务行政;严禁奸商垄断居奇、投机操纵等。5. 民众运动方面。发动全国民众,组织农、工、商、学各职业团体;救济战区难民及失业民众,进行组织和训练等。6. 教育方面。改订教育制度及教材,推行战时教程;训练各种专门技术人员,以增加抗战力量,等等。

《抗战建国纲领》比较系统和全面地提出了抗战纲领和各方面的政策,宣示了积极推动抗战和将抗战进行到底的方针,对于坚定全国军民抗战的决心和胜利的信心具有重要意义,其中的许多规定也都是有利抗战的。但是,该纲领的局限性也很明显,国民党在向民主政治的方向迈出了一小步的同时,又在维护国民党的一党专政的道路上继续前行,在党政关系上强调国民党的统治地位,在国民党内则强化了蒋介石的独裁地位。

李鼎铭提出"精兵简政"

1941年11月6日至21日,在陕甘宁边区首府延安的大礼堂里,陕甘宁边区第二届参议会召开。很多身上沾着泥巴的农民,穿着工人装的工人,从前线归来的官兵,还有许多党外民主人士都应邀参加了这次会议。这次参议会是为了贯彻抗日民族统一战线政策,为发动陕甘宁边区一切抗日阶层的抗日积极性而召开的。

毛泽东与许多中共中央领导人参加了开幕式。在会上,毛泽东作了三十分钟的演讲,意思是说,为了打倒日本帝国主义,中国共产党要与党外人士密切合作,希望各参议员本着知无不言、言无不尽的精神提意见。毛泽东讲完后,会场响起了长时间的掌声。

就在这时,议员席上一位身材瘦小、佝偻着背、拄着拐杖的老人站了起来,向台上走去,此人就是当时米脂县参议会的参议长李鼎铭。

李鼎铭(1881—1947),原名丰功,米脂县桃镇人。幼年习读经史子集,兼及医学著作,还涉猎地理、数学、天文、气象等书籍,因学有所长,闻名乡里。1903年赴绥德应试,考为廪生。1913年,利用临水寺开办了一所国民小学,兼任校长。后又在桃镇创办了国民高等小学,担任校长。李鼎铭从事教育事业十余年,并开办医馆,治病救人,群众赞誉颇多。后以无党派人士身份,当选米脂县参议会议长。

在热烈的掌声中,李鼎铭走到台上,他代表11名参议员向参议会提交"精兵简政提案"。这个被编为81号的提案一经提出,在会上立即引起反响,有的赞成,有的反对。反对意见认为:"提倡精兵主义,部队就不能发展","要裁减政府工作人员,民主政权如何巩固发展"。甚至还有人认为李鼎铭是党外人士,怀疑他提出精兵简政的动机不纯。

大会休会后,毛泽东仔细审阅了"精兵简政提案",他拿起红笔,在提案理由栏中,把"军事政治之建立,必须以经济力量为基础。在今日人民困苦,资源薄弱之状况下,欲求不因经济枯竭而限制军政发展,亦不因军政发展而伤害经济命脉,唯有政府彻底计划经济,实行精兵简政主义,量入而出,制定预算,以求得相依相助,平衡发展之效

1937年
9月,陕甘宁根据地改名为陕甘宁边区,成立边区政府,首府设在延安。

1940年
3月,中共中央发出《关于抗日根据地的政权问题》指示,实行"三三制"。

1941年
11月6日至21日,陕甘宁边区第二届参议会在延安召开。会上,李鼎铭联合11名参议员向参议会提交"精兵简政提案"。
12月,中共中央发出精兵简政的指示,要求切实整改党、政、军各级机关,精简机关,充实连队,加强基层。

果"这段文字勾圈起来,然后逐句抄在自己的本子上。他思考后,写了批语:"这个办法很好,恰恰是改进我们机关主义、官僚主义、形式主义的对症药。"

第二天,"精兵简政提案"正式提交会议讨论,李鼎铭刚作完解释性发言,毛泽东就从台下站了起来,一边鼓掌一边走到台前,与老人握手。接着,他阐述了精兵简政的意义:在抗战初期,采取精兵主义自然是不对的,但现在情况不同了,全面抗战已经四五年了,人民经济有很大困难,而我们大机关不精简部队,就不适合今天战争环境,教条主义就是不管是否变了,总是死啃不合时宜的条文⋯⋯我们党是为人民服务的,不论谁提出的意见,只要对人民有好处,我们就照办。

"精兵简政提案"交付表决时,毛泽东带头举手,大会通过了这个提案和"速交政府办"的审查意见。

会议闭幕后,精兵简政政策很快在陕甘宁边区乃至全国各抗日根据地得到贯彻落实。1941 年 12 月,中共中央发出精兵简政的指示,要求切实整改党、政、军各级机关,精简机关,充实连队,加强基层,提高效能,节省人力、物力、财力。次年春,边区党政军机关本着"紧缩上级,加强下级,军(政)事(务)分开,合署办公"的方针,调整了机构,缩编了人员,健全了各种制度。

李鼎铭晚年还对共产党建言献策。如边区实行减租减息后,极少数地主借故撤佃,威胁农民,有的还用种种办法欺骗政府、抵抗减租。为了保证佃权,陕甘宁边区于 1943 年 12 月制订了《土地租佃条例》(草案),李鼎铭积极参与了这一工作,并在公布条例后,发表谈话,希望全边区人士予以积极帮助和拥护。

后来,毛泽东在题为《为人民服务》的演讲中,专门讲道:精兵简政,是党外人士李鼎铭先生提出来的,他提得对,我们就照办了。这样一来,李鼎铭的名字也就宣传开来了。

 相关链接

陕甘宁边区

1937 年 9 月,根据国共两党的协议,中国共产党将陕甘宁根据地改名为陕甘宁边区,并成立了边区政府,首府设在延安。管辖范围包括陕西北部、甘肃东部和宁夏的部分区域,共 23 个县,面积 12.9 万多平方公里,人口约 200 万。抗战时期,陕甘宁边区是中共中央和中央军委所在地,是敌后抗日战争的指导中心和总后方。1946 年内战爆发后,中共中央和毛泽东留在陕甘宁边区指挥全国解放战争。1947 年 12 月,中共中央由边区迁往河北西柏坡。1949 年 10 月,陕甘宁边区建置撤销。

"三三制"

1940 年 3 月,中共中央发出《关于抗日根据地的政权问题》的指示,强调敌后政权在性质上是抗日民族统一战线政权,规定了抗日民主政权中人员分配的原则,即在参议会和政

府里，共产党员占三分之一，非共产党的左派进步分子占三分之一，不左不右的中间派占三分之一。人们将此原则习称为"三三制"。按照这个指示，共产党在政权中的领导作用，是要靠党员的质量来保证的，而不必占有更多的人数，不是要盛气凌人地要求人家服从，而是要以共产党的正确政策和自己的模范工作，使别人愿意接受共产党的领导。使党外进步分子占三分之一，是为了争取小资产阶级群众；

延安各界庆祝抗战胜利大会

给中间派三分之一的位置，是为了争取中等资产阶级和开明绅士。

中国共产党之所以在抗日根据地实行"三三制"，目的是为了团结各抗日阶级、阶层，争取中间力量，孤立顽固势力，巩固和发展抗日民族统一战线，反对在党内长期存在的"左"倾关门主义，实行更广泛的民主政治，建立一个包容性更强、代表性更加广泛的政权，以适应抗日民族统一战线的需要。"三三制"的实行取得了很好的效果，其中最突出的是，使边区各级政权有了广泛的代表性，有力地调动了社会各界团结抗战的积极性，特别是一些被选进或者聘任为参议员和区代表的乡绅，表现出空前的抗日热情。"三三制"也使边区政权决策的民主性、科学性大大加强，提高了边区各级政权机关的工作效率。这样，中国共产党创造了一党领导、多方参与的政权组织形式，与国民党的一党专政划开了分界线。

蒋介石当总统

蒋介石有很多头衔，"总统"是其中之一。那么，蒋介石是如何当上总统的？

1948 年 3 月 29 日至 5 月 1 日，国民党主导的"行宪国民大会"在南京召开，以实现"还政于民"。此次大会的重头戏是选举总统、副总统。会前人们普遍认为，此次总统选举没有任何悬念，蒋介石必然当选。但事后，人们发现事情并没有那么简单，要选蒋介石当总统是有条件的，并为此上演了一幕颇为曲折的选举闹剧。

首先，蒋介石故弄玄虚，推举自由主义代表人物胡适为总统候选人。早在 1947 年 12 月，蒋介石就劝时任北京大学校长的胡适参加来年的总统竞选；1948 年 1 月中旬，准备参加副总统竞选的李宗仁也劝胡适参加总统竞选；此外，美国驻华大使司徒雷登也暗中怂恿胡适竞选总统，美国总统杜鲁门更是公开表示，希望国民党政府能够容纳"自由主义分子"。"行宪国大"开幕后，蒋介石决定将计就计，表示准备请胡适出任总统，自己出任行政院院长。为此，他派亲信王世杰向胡适传达意见。起初胡适接受了，到 4 月 1 日，胡适又动摇了，决定不参选。4 月 3 日夜，蒋介石亲自找胡适谈话，胡适受宠若惊，终于又上了圈套。

4 月 4 日，国民党举行临时中央执行委员会全体会议，讨论总统提名人选问题，会议一致推举蒋介石为总统候选人，但蒋介石拒不接受，同时提议推举一党外人士参选。这是为什么呢？擅长政治权谋的蒋介石葫芦里到底卖的是什么药？

其实，蒋介石之所以"谦让"，并非真的不愿当总统，而是其惯用的以退为进的手段。因为按照 1946 年底"制宪国大"通过的《中华民国宪法》的规定，总统权力要受到诸多限制，这是习惯于独裁的蒋介石所不满意的。因此，他才表示宁愿屈就有"实权"的行政院院长，也不愿当"有职无权"的总统。但是多年惟蒋介石马首是瞻的国民党手下人都认定蒋介石必须当总统，以党的领袖与总统置于同等地位，把总统与控制政府置于同等地位。既然国民党人认为总统非蒋莫属，而蒋介石又不愿当"有职无权"的总统，这就需要找到一个解决办法。

当然，最简单直接的办法就是修宪，扩大总统职权。但宪法刚刚制定，就予以修正，似乎很不妥。怎么办呢？

在4月5日上午的国民党中常会上，蒋介石老部下张群表示："总裁并不是不想当总统，而是依据宪法的规定，总统并没有任何实际权力，它只是国家元首，而不是行政首长，他自然不愿任此有名无实的职位。如果常会能想出一种办法，赋予总统以一种特权，则总裁还是愿意当总统候选人的。"于是，中常会随即推举张群、陈布雷、陈立夫三人去见蒋介石，当面征询意见，得到首肯。下午，号称民国第一法学家的王宠惠据此在中常会上提出："我们可以避开宪法条文的规定，在国民大会中通过一项临时条款，赋予总统在特定时期得为紧急处分的权力。"随后，国民党中常会做出决议：建议在本届国民大会中，通过宪法增加"戡乱时期临时条款"，规定总统在戡乱时期，有紧急处分权力。这样，蒋介石便答应做总统候选人。

很快，4月18日在国民大会上以高票赞成而通过《动员戡乱时期临时条款案》，该案规定："总统在动员戡乱时期，为避免国家或人民遭遇紧急危难，或应付财政经济上重大变故，得经行政院会议之决议，为紧急处分，不受宪法第三十九条或第四十三条所规定程序之限制。"换言之，该法在效果上给予总统以巨大权力。可见，为了满足蒋介石扩大总统权力的要求，国民党已顾不得那么多了，因为当务之急是把蒋介石推上拥有实权的总统宝座。

于是，蒋介石成为了第一届总统候选人，但不能唱"独角戏"，还得有人参加"竞选"，方能营造民主氛围。蒋介石意属国民党元老、时任司法院院长的居正和他一起"竞选"。据说，"蒋中正"、"居正"两个名字排在一起，即"蒋中正居正"，这对蒋介石来说，很吉利，自然感觉好多了。居正自知毫无实力，不过这既然是一场戏，陪着演就罢了。

1948年4月19日，国民大会正式举行总统选举。各国使节也来参观开票。选举结果，蒋介石得2430票，居正得269票，蒋介石终于如愿以偿，通过"民主"方式当上了"合法"的实权总统。

《中华民国宪法》第39、43条

《中华民国宪法》第39条规定："总统依法宣布戒严，但须经立法院之通过或追认；立法院认为必要时，得决议移请总统解严。"第43条规定，如遇"天然灾害瘟疫"，或国家经济财政上发生"重大变故，须为急速处分时"，总统可以经过行政院会议的决议，在立法院休会期间按紧急命令法发布紧急命令，并在发布命令后一个月内提交立法院追认；"如立法院不同意时，该紧急命令立即失效"。

"制宪国大"与"行宪国大"

蒋介石、李宗仁出席总统、副总统就职典礼时的场景

南京国民政府时期名义上代表全国国民行使政权机关的是国民大会，它先后于1946、1948年召开。1946年大会任务为制定宪法，习惯上称之为"制宪国大"；1948年大会任务为施行宪法，选举总统，习惯上称之为"行宪国大"。

1946年11月15日，国大正式召开，出席代表1381人，会议中心任务是制定宪法，但整个制宪活动缺乏民主基础，中国共产党和民盟等党派拒绝参加。12月25日，通过了《中华民国宪法》。该法共14章，175条，在形式上虽有关于军队国家化、独立外交、发展国民经济、社会福利和文化事业等条款，但实质上与《训政时期约法》一脉相承，不过用宪法形式确立了国民党对全国的集权统治。1947年1月1日，国民政府正式公布这部宪法，规定从同年12月25日起施行。宪法公布后，立即遭到中国共产党、民盟以及全国人民的同声谴责，纷纷发表声明不予承认。

"制宪国大"之后，国民党于1948年3月29日至5月1日在南京召开了"行宪国大"，主题是选举总统和副总统。蒋介石在4月4日国民党中央执行委员会临时全会上表示不竞选总统，但愿意担任掌握实权的任何职责。实际上蒋介石的用意是嫌总统权力受到限制，因此4月5日国民党中常会通过张群提出的"赋予总统以紧急处置权"的建议。经过这番安排，蒋介石表示接受中常会的决定。4月19日，国民大会选举蒋介石为总统。在选举副总统时，国民党内部各派展开了激烈的争夺，经过四次选举，李宗仁才当选副总统。5月20日，蒋介石、李宗仁就任国民政府总统和副总统。

"制宪国大"与"行宪国大"表明，国民党的"还政于民"，实质是继续坚持一党专政。

废 除 不 平 等 条 约

鸦片战争后,中国被迫于1842年与英国签订第一个不平等条约《南京条约》,其后,在列强的强压下,又陆续签订了一系列不平等条约。这些不平等条约犹如强加在中国人民身上的沉重枷锁,极大损害了中国的主权。为废除不平等条约,中国人民进行了长期不懈的努力。

废除不平等条约的努力,自民国建立起就已开始。孙中山领导的南京临时政府为了争取列强的支持,曾宣布前清同各国签订的不平等条约继续有效。北京政府(即北洋政府)成立后,即着手解决束缚中国的不平等条约问题,为废除不平等条约作过一定的努力。通过参加第一次世界大战,北京政府废除了同德、奥等国签订的不平等条约。后来,又向列强交涉撤废治外法权问题。列强曾为此派出司法考察团来华,考察中国的司法状况,虽然最后未能废除治外法权,但毕竟为此后废除不平等条约创造了一些有利条件。

到了南京国民政府时期,发起改订新约的运动,取得了不小成效。这个运动旨在通过谈判协商的方式来修订不平等条约,循序渐进,直至最后废除不平等条约。中国逐步收回了一些权益,过程也较为曲折。例如,比利时由于后来拒绝同中国政府谈判,时任外交部长的顾维钧就断然宣布单方面废除中比条约。抗战爆发后,这一进程一度中断。

到了抗战中后期,随着国际反法西斯统一战线的建立,中国作为盟国的主要成员之一,是抗击日本法西斯的主战场,中国国际地位不断提高。废除不平等条约,取消各国在华特权,顺理成章地提上了日程。

1941年4月,中国向美国政府提出废除现行条约,缔结中美平等条约的要求。经过磋商谈判,5月,中美以换文的形式达成协议。美方承诺"在和平状态恢复的时候,能和中国政府以有步骤谈判和订立协定的程序,迅速地做到取消一切有特殊性质的权利"。随后,英国于7月与中国政府互换照会,表示愿与中国政府商讨废除治外法权,交还中国租界地,并根据平等互惠原则修改条约。

1842年
中国被迫签订第一个不平等条约《南京条约》,之后,在列强的强压下,又陆续签订了一系列不平等条约。

1928年
7月,国民政府发表修约宣言,提出与各国重订新约。

1931年
国民政府裁撤厘金。

厘金
厘金是清政府为了筹措镇压太平天国运动的军费而设立的捐税,原本是临时性的,后来逐渐成为地方政府的固定财源。清末民初,全国各地厘卡林立,严重阻碍了中国民族工商业的发展。1931年国民政府裁撤厘金。

1941 年 12 月,太平洋战争爆发,英、美等国卷入对日战争。这时,英、美战略重点在欧洲战场,在亚洲太平洋地区对日作战力量明显不足,中国作为抗击日本的主力地位突显。为了加强与中国的联系,对付共同的敌人日本,美、英在废除对华不平等条约问题上也日趋积极。

1942 年 10 月上旬,美、英两国发表声明,宣布将与中国政府谈判,缔结条约,放弃在华治外法权及解决相关问题。10 月下旬,中国政府接到美、英两国的新约草案后,即开始与两国谈判。12 月,美国政府向中国提交照会,认为谈判已经取得一致意见,建议 1943 年元旦在华盛顿正式签署条约和换文,中国对此表示赞同。由于英国仍然坚持保留部分殖民,坚决拒绝讨论归还香港和九龙租借地等问题,使谈判颇为曲折。在一再交涉无果的情况下,为了维护盟国的团结,速定新约,中国方面在保留意见的基础上作出让步。

1943 年 1 月 11 日,中美、中英分别在华盛顿和重庆签字,签订了取消在华领事裁判权及处理有关问题的条约。这些条约主要内容是:废除英、美在华领事裁判权,两国人民在中国领土内,应依照国际公法和国际惯例,受中国政府管辖;废除《辛丑和约》,交还北平使馆界,撤销在北宁路的驻兵权;交还天津、广州的英租界和上海、厦门的公共租界;撤销租界内的特别法庭;废除英、美两国在中国各口岸使用外籍水员的特权;英国放弃由英国人担任中国海关总税务司的特权;废除英、美军舰在中国水域内行驶的特权;废除英、美两国商船在中国沿海贸易和内河航行特权;此次新约未涉及的其他影响中国主权的问题,由中国与英、美政府谈判解决;中国与英、美两国在战争结束后,至迟 6 个月内举行谈判,签订友好通商航海设领条约。5 月 20 日,换文批准,条约正式生效。

在中美、中英新约签订后,中国相继与比利时、挪威、瑞典、荷兰、法国、丹麦、葡萄牙等国签订了相关条约,除九龙租借地、香港、澳门问题没有解决外,旧的不平等条约全部废除。

废除不平等条约,使中国在法律上取得了与美、英等国的平等地位。尽管新约的签订并不意味着根本改变了中国的殖民地、半殖民地的地位,但其在中国近代反侵略史上的重要意义,自不待言。

关税自主政策

关税自主是一个国家独立自主制定本国关税政策、管理本国海关和处理海关收支的权力,关税自主也是一个国家主权独立的标志。鸦片战争后,1842 年签订的中英《南京条约》即规定协定税率,中国开始丧失关税主权。后通过《天津条约》和《通商章程善后条约》,列强控制了中国关税。辛亥革命后,1912 年列强又以中国不能

民国时期繁忙的上海外滩

如期偿还外债为借口,将中国所有关税移交外国银行,至此,中国的海关行政、税率、收支与保管等权力完全被列强掌控。北洋政府曾数次力争实行关税自主,但均以失败而告终。

1927 年 7 月 19 日,南京国民政府宣布关税自主,但此举遭到列强的激烈反对,迫于压力,国民政府只得暂缓实行。1928 年 7 月,国民政府发表修约宣言,指出:中华民国与各国间的条约,已届期满者,当然废除,另订新约;尚未期满者,以正当之手续解除而重订之;旧约已期满,而新约尚未订定者,应由国民政府另订适当临时方法,处理一切。美国出于种种利益上的考虑,于 1928 年 7 月 25 日首先与国民政府签订《整理中美两国关税关系之条约》,承认从 1929 年 2 月 1 日起中国实行关税自主。随后,法国、挪威、比利时、意大利、丹麦、葡萄牙、荷兰、瑞典、英国、西班牙等也陆续与国民政府缔约。但日本不同意,理由是中国仍未履行其在 1925 年北京关税会议上作出的裁撤厘金承诺。为此,中国与日本进行了长期协商,在中国作出了重大让步后,1930 年 5 月签订《中日关税协定》,日本勉强同意中国关税自主。

国民政府的关税自主政策,提高了进口关税,降低了出口商品的税率,在一定程度上打击了列强对中国的商品倾销,保护了民族市场和民族工商业,增加了财政收入,对中国社会经济发展起了促进作用。但是,国民政府的关税自主是不彻底的,如海关行政权仍由外国人掌握,总税务司仍由英国人担任。

宋子文创立预算制度

1928 年

6、7 月，全国经济、财政会议分别在上海、南京召开，试图在战乱之后迅速将全国经济财政纳入正轨。

1929 年

1 月，在全国编遣会议上，宋子文提出全年为 1.92 亿元的军费预算额和 50 个师的兵额。

1930 年

经过宋子文等人的努力，国民政府初步建立了由"立法院—监察审计部—财政部—国民政府主计处"所构成的预算制度框架。

如果说，国民党统治下的中国是蒋家王朝的话，那么宋子文可以说是这个王朝的"国舅"了。按理说，"国舅"应过着皇家贵族的奢华日子，更何况，这位"国舅"还喝过几年洋墨水，被认为是中国第一流的理财专家呢。但是，这位身为理财高手的"国舅"，工作并不顺利，心里也经常苦恼。这是为什么呢？

1928 年 1 月，宋子文出任南京国民政府财政部长，从此掌握中国财政金融大权长达 6 年之久。可这个"财神"不好当啊！为巩固国民政府的统治和推动中国财政金融的现代化，宋子文主持实施了一系列重大的财政金融改革，建立现代财政预算制度即其中重要一项。

宋子文出任财政部长之时，南京国民政府刚成立不久，既要及时偿还巨额外债，又要支付庞大的军费开支，财政状况入不敷出，赤字问题严重。作为财政专家，宋子文认识到，当时财政的最大问题是军费开支过大，由此引起整个国家财政开支的无法预见。担任财政部长的宋子文常常对人说："吃不愁花不愁，计划不周要发愁。"心细的人一听这话，就知道是有所指的，指的就是国民政府的无计划、无政府、无预算的"三无主义"，更明确些，就是指蒋介石不顾政府财力一味地到处用兵。

根据财政部调查，当时国民党军队有 84 个军（274 个师），18 个独立旅，21 个独立团，按照这样的军队规模编制，每年需军费 6.6 亿元，而当时收入是 4.5 亿元，除去偿付内外债，仅剩下 3 亿元。面对如此艰难的财政状况，宋子文怎么应对呢？

宋子文前思后想，没有别的办法，只有决心建立现代财政预算制度，通过对各项开支的精打细算，以达到收支基本平衡，这样或许才能对蒋介石有所限制。

宋子文

预算制度实施的关键是要裁撤军队,缩减军费。宋子文深知这点,多次提出裁兵的重要性与迫切性,在 1929 年 1 月召开的全国编遣会议上,宋子文提出全年为 1.92 亿元的军费预算额和 50 个师的兵额。通过他的力争,会议通过了《国军编遣进行程序大纲》,其中规定全国步兵不超过 65 个师,陆军总数不超过 80 万,军费缩减至总收入的 40%,暂定一年军费及预备费为 1.92 亿元。该大纲基本符合宋子文原初的设想,但是这一方案被蒋介石否定了,因为这将使蒋介石正在进行的打击地方军阀势力和"围剿"红军的军事行动很难开展。宋子文据理力争,甚至多次以辞职迫使蒋介石作出让步。

针对当时军费"以需定支"的状况,在制定和实施财政预算过程中,宋子文认为财政支出应该有一个审核的过程。因为当时全国基本统一,大规模战事基本告终,已经有条件改变军费"以需定支"的做法,使得军费支出也有严格的审核过程。并且应该裁撤军队,控制军费的开支,只有这样,才可把一部分财政收入用于经济及民生建设之中。为此,宋子文明确要求:"军费政费均须编制预算。"

国民政府财政部提出了确立预算的四个步骤:第一步,国民政府设立预算委员会来核定财政收入,财政部据此标准整顿收入,统一由国库经理;第二步,由预算委员会核定由财政部预定的军费,然后由财政部据此支拨;第三步,由预算委员会来解决中央与地方在国地收支上的意见;第四步,收入不足时,由预算委员会先就预算金项下填补,仍不足时,按预算数匀派,以免偏畸。简单地说,就是把收入、支出、政令、分配统一起来。

通过宋子文等人的努力,国民政府初步建立了由"立法院—监察审计部—财政部—国民政府主计处"所构成的预算制度框架。

宋子文虽然用心良苦,但他也明白,他是生活在一个"秀才遇到兵,有理也说不清"的时代。财政预算制度在国民党政权的战争不断、军费开支不断高涨中,实际成效很有限。但应该看到,作为现代国家财政制度重要组成的预算制度,多少还是给国民党最高决策层带来了一些制约,也为后来的财政当局所继承,依然具有重要的历史意义。

四大家族官僚资本

四大家族是指国民政府统治时期的蒋(介石)、宋(子文)、孔(祥熙)、陈(陈果夫和陈立夫兄弟)四大家族,他们是国民党官僚资产阶级的代表。他们利用手中掌握的政权力量,运用发行公债、增加捐税、通货膨胀、外汇管制、买卖黄金、实行专卖制、统购统销等方式,掠夺人民财富,掠夺的对象不仅有工人、农民和城市小资产阶级,而且还包括民族资产阶级和中小地主。他们垄断全国的经济命脉,迅速形成国家垄断资本,成为国民党政权统治的经济基础。四大家族官僚资本在抗战期间和日本投降以后,达到最高峰。1949 年中华人民共和国成立后,没收四大家族的官僚资本,使之成为社会主义国营经济的组成部分。

相关链接

全国经济、财政会议

1928年6月初,北伐军刚刚攻克北京,国民党内部的宁汉之争也仅暂告停息,南京国民政府宣布全国统一,但立足未稳。不过,面对严峻的财政形势,时任财政部长的宋子文急忙召集经济会议,试图在战乱之后迅速将政府财政纳入正轨。

6月20日至30日,由南京国民政府财政部出面召集的全国经济会议在上海召开,参加会议的120名委员中,近70名是金融界和实业界的头面人物及财经专家,而金融实业方面的委员中大多数属于江浙资本集团,著名的有虞洽卿、王晓籁、荣宗敬、李铭、钱永铭、张嘉璈、宋汉章、陈光甫、徐新六等人。会议开幕时,财政部长宋子文先致词,委员代表张嘉璈随后发言,他指出金融实业界对国民革命军的巨大支持,希望国民政府能够为金融实业界解除困苦,也希望此后的财政能从战时的强制聚敛军费走上以经济发展为基础的正轨。全国经济会议议决案21项,包括5项内容:筹议裁兵从事各项建设、统一财政划分国家地方收支、清理公债提高证券信用、保护贸易增进国民生计、整理金融确定银行制度。

全国经济会议结束后,由中央和地方政府财政官员参加的全国财政会议,也紧接着于7月初在南京召开。会议宣布要"全面整理外债",承认北洋政府时期所借外债并定期偿还。

全国经济、财政两会的议决案,经财政部长宋子文归纳为6项主要内容,在8月召开的国民党二届五中全会上提出并获通过。此后,南京国民政府各项财政经济改革渐次展开。

法 币 改 革

1929—1933 年，资本主义世界爆发经济危机，为了转嫁危机和垄断世界金融，美国放弃金本位，使美元贬值，货币准备金改为"金三银一"，为此高价购银 13 亿银元。美国的高价购银，促使银价暴涨，中国白银大量外流，给中国造成严重恶果：首先是人心浮动，在京津等大城市，相继出现白银挤兑风潮，迫使许多银行停业或倒闭；其次，由于美国商品廉价倾销，造成中国贸易严重入超；最后，由于白银大量外流造成通货紧缩，造成物价跌落和经济萧条状况。凡此种种，都迫使中国必须放弃银本位而谋划新的改革。

1934 年下半年，国民政府开始考虑币制改革的措施，同时请求美、英等国派财政专家帮忙策划，试图在他们的支持和援助下，找到解决困难的办法。为了夺取对中国货币的控制权，列强彼此间展开了激烈的斗争。在这场货币战争中，英国捷足先登，于 1935 年 6 月宣布派英国第一流财政专家、政府首席经济顾问李兹罗斯爵士来华，考察英国在华贸易状况，并协助中国政府解决财政与金融问题。李兹罗斯经过三个月的考察，且与国民政府经过多次密谋，终于制订出了币制改革方案。1935 年 11 月 3 日，国民政府正式宣布实行法币改革，财政部当天颁布了《财政部改革币制令》，其要点如下：

1. 规定钞票发行权。规定以中央、中国、交通三银行（1936 年又增加了中国农民银行）发行的钞票为法币，其他银行发行的、现流通市面的纸币，逐渐以中央钞票换回，停止使用。

2. 规定法币，废除银本位制。规定中央、中国、交通等行的钞票为法币。所谓法币，就是国家规定的一种还债工具，债权人不得拒绝收受。国内所有完粮纳税，及一切公私款项之收付，概以法币为限，不得行使现金，违者全数没收，以防止白银偷漏。凡银钱行号，公私机关或个人持有银币、生银等类者，应即兑换法币使用。

3. 实行白银国有，作为法币准备金。法币准备金之保营及发行收换事宜，设发行准备管理委员会办理，凡银钱行号、商店及其他公私机关或个人持有银币和银类者，均必须交发行准备管理委员会或指定的银行兑换法币。如违反者，按照《危害民国紧急治罪法》惩治。

1929—1933 年
资本主义世界爆发空前的经济危机，对中国社会经济也产生严重影响。

1933 年
4 月 6 日，国民政府公布《废两改元》的训令。

1934 年
下半年，国民政府开始考虑币制改革，同时请求美、英等国予以帮助。

1935 年
6 月，英国第一流财政专家、政府首席经济顾问李兹罗斯爵士来华，协助中国解决财政与金融问题。11 月，国民政府正式宣布实行法币改革。

这样，就把全部白银收归国有，作为法币的准备金。

4.规定法币对英镑的汇价。为了使法币对外汇价按照目前价格稳定起见，决定由中央、中国、交通三银行无限制买卖外汇。根据中国货币近五年来对英镑的平均汇价规定，法币一元等于英镑一先令二便士半。这样，中国的法币与英镑的汇价发生了固定的联系，说明它已被纳入英镑集团了。

法币政策对英国有利，英国夺取了中国货币的控制权，美国并不善罢甘休，它采取停止在伦敦购银、降低银价的办法，向国民政府施加压力。因为，中国靠出卖白银换取美元做法币的外汇准备金，美国降低银价，停止在伦敦购银，直接影响了法币准备金的来源和汇价的稳定，这对英国和国民政府均为沉重的打击。于是，国民政府暗中与美国相商，请其收购白银。1935年11月13日，两国正式签订协议，美方同意以每盎司6.625角向中国购买白银5000万盎司，要求中国所有款项全部作为稳定新币值之用。1936年5月，国民政府又派上海商业储蓄银行总经理陈光甫为代表，与美国政府正式签订《中美白银协定》，美国再以每盎司4.5角向中国购买白银7500万盎司；另以5000万盎司为担保，贷给中国2000万美元。

中央银行发行的法币

这样，中国的法币准备金不仅有大量白银作基础，而且可用大量外汇充之，中国法币不仅与英镑挂钩，而且以美元集团为后盾，其稳定性更高。当然，依赖英镑、美元的法币虽然仍不免受到外币的影响，做不到完全独立，国民政府以白银兑换的黄金和外汇也基本上存放于外国，70%存放于美国，30%存放于英国，受制于英、美等国，但在当时情况下，这种做法还是具有相当的积极意义，因为，随着日本发动全面侵华战争，法币与英镑、美元挂钩，黄金和外汇放在美、英，这些大大加强了中国与英、美等国间的政治、经济联系，有利于国民政府采取武装抵抗的立场。此外,法币改革也使国民政府面临的金融危机和财政问题得到了较好的解决,有利于经济社会发展,无形中也促进了全国经济、政治的实质性统一。

 相关链接

废两改元

银两是中国实行了几千年的货币,以白银重量计值,以两为计算单位,故称银两。但银两的成分非常复杂,使用起来也不方便,所以到后来只作记账单位而不作为货币到市场流通。银元是一种铸币,有一定的模式、重量和质量,较银两使用方便,是由墨西哥输入中国的,晚清时期中国开始自铸银元,民国时已成为全国通用的银币了。为了改革财政金融,国民政府必须统一币制。

1932 年 7 月 7 日,宋子文正式宣布将废除银两,完全采用银元。1933 年 3 月,中央造币厂开铸统一的标准的银元。一周后,国民政府公布《银本位币铸造条例》,宣布银本位币之铸造专属于中央造币厂。根据财政部命令,3 月 10 日上海各业首先开始实行银元本位。1933 年 4 月 6 日,南京国民政府公布《废两改元》的训令,规定:所有公私款项之收付及一切交易均改用银币,不得再用银两。由于整个准备工作较为充分,废两改元一举取得成功。

银两的废止,完成了对币制的简化工作,使得货币计算单位由繁变简,便利了民众的生活,提高并巩固了中央政权的地位,促进了商品流通和经济发展。但也遗留下一些问题,例如,中国不是产银国而是用银国,继续执行银本位币制,难免会继续受到世界银价的波动而使中国经济难以稳定,以致才有后来的法币改革。

蒋经国上海"打虎"

1948 年

8 月 19 日，国民政府发布《财政经济紧急处分令》，进行币制改革和限价政策。

1948 年，解放战争进行到第三个年头，国民党统治区的经济已濒临崩溃的境地了。各地出现物价攀升、通货膨胀的危局，如 1948 年 1 月至 8 月，上海物价竟然上涨 56 倍！

1948 年 8 月 13 日，蒋介石在庐山牯岭，在行政院长翁文灏、财政部长王云五的帮助策划下，提出了"经济紧急处置方案"，准备进行币制改革和限价政策。经济紧急处置方案的主要内容是：1. 从 8 月 19 日起，以金圆券为本位币，1 元金圆券兑换 300 万元法币；2. 限期以金圆券收兑人民持有的黄金、白银、银币与外汇，逾期任何人不得持有；3. 限期登记管理本国人民存放外国的外汇资产，违者制裁；4. 整理财政并加强管制经济，实行限价，以稳定物价、平衡国家总预算及国际开支。

蒋介石与长子蒋经国合影

上海是中国的经济中心，币制改革和限价政策如在上海获得成功，即可打开全国的局面。因此，蒋介石意识到上海是这次经济管制的重中之重，同时他也意识到解决上海经济问题非有铁腕手段不可。上阵还需父子兵，蒋介石只能把如此重任交给长子蒋经国。为此，蒋介石特别授权成立"经济管制委员会"，任命中央银行总裁俞鸿钧为上海经济督导员，蒋经国为副督导员，负实际责任。

8 月 20 日，蒋经国率领"戡乱建国大队"到上海督战了。此时的蒋经国信心十足，到任两天，蒋经国就出动 6 万军警在全市进行大搜查，并于数日内成立了 1 万多人的"上海青年服务队"。青年服务队号称"打虎队"，上街示威游行，带武器入户搜查，翻箱倒柜，挖地三尺，很快就掀起了一场搜查金银的运动。

为了显示自己"打虎"的决心，蒋经国动了真格。财政部秘书陶启明因泄露国家经济机密，串通商人搞股票投机，被逮捕判刑；上海警务部科长张尼亚与上海警备部第六稽查大队队长戚再玉两人因勒索被枪决；华侨王春生因把存款汇往纽约，被处死；包括一部分巨商大户在内的 64 名商人被关进监狱。蒋经国真的放手大干了！这时，上海流氓大亨杜月笙的儿子杜维屏顶风作案，大肆炒卖黄金，蒋经国将杜维屏逮捕，判了 8 个月徒刑。

　　杜维屏被抓的消息，一夜间传遍了上海滩。许多人心想蒋经国真的开始"打虎"了！一个月后，中央银行收获了大量的黄金、白银、外汇，物价得到初步的稳住。蒋经国向来努力树立公正贤能的个人形象，现在刚好碰上千载难逢的时机，当然要在"打虎"运动中进一步树立此形象。蒋经国本人也明白，问题的关键是能否认真执行既定的"打虎"方案。但他没有意识到，到此为止他打的其实都不过是猫狗，真正的老虎还在后头。

1948 年
8 月至 11 月，历时 70 多天的蒋经国上海"打虎"，只能打些小猫小狗，打不了真正的"老虎"，以失败告终。

　　杜月笙儿子杜维屏被抓起来后，杜月笙无奈，供出孔祥熙儿子孔令侃主办的扬子公司大量囤积违禁物资。为了显示执法公正严明，蒋经国二话不说，查封了扬子公司，逮捕了他的表弟孔令侃。扬子公司虽名由孔令侃主持，但背后老板是宋美龄。蒋经国这么一来，惊动了总统夫人，宋美龄立即打电话给在北平的蒋介石，叫他要蒋经国放人。蒋介石正在北平开军事会议，得知后，匆忙飞往上海。到沪后，蒋经国求见，宋美龄说蒋介石需要休息一夜才能谈事。这样，蒋经国就无法与蒋介石面谈扬子公司囤积案。次日，蒋介石召来蒋经国，要蒋经国立即罢手扬子公司囤积案，他对蒋经国说："这个案子就这样算了吧。"这一阵子在上海"打虎"，蒋经国本来就很辛苦，现在又听父亲这么一说，犹如被泼了一头冷水，心头立刻凉了下来。蒋经国深感失望，对"打虎"、对挽救全国经济和国民党政权非常失望。

　　真正的"老虎"不敢打，也打不了，这不仅使蒋经国失望，也使其威信一落千丈。11 月 2 日，蒋经国发表《告上海人民书》，承认自己未能尽职完成任务。5 日，黯然辞职，离开上海。蒋经国这场上海"打虎"前后不过 70 余天。上海人民和全国人民这才明白国民政府实行的币制改革和限价政策，原来是把财富越来越集中到少数权贵手中。国民党政权也很快走到了全面败亡的尽头了。

相关链接

金圆券

1946 年内战爆发后,国民党统治区经济日益恶化,1948 年通货膨胀严重,法币急剧贬值。国民党政权为挽救其财政经济危机,维持日益扩大的军费开支,决定废弃法币,改发金圆券。1948 年 8 月 19 日,国民政府以总统命令发布《财政经济紧急处分令》,规定:自即日起以金圆券为本位币,发行总限额为 20 亿元,限 11 月 20 日前以法币 300 万元折合金圆券 1 元、东北流通券 30 万元折合金圆券 1 元的比率,收兑已发行之法币及东北流通券;限期收兑人民所有黄金、白银、银币及外国币券;限期登记管理本国人民存放国外之外汇资产;各地物价冻结在 8 月 19 日的水平上。同时公布《金圆券发行办法》、《人民所有金银外币处理办法》、《中华民国人民存放国外外汇资产登记管理办法》、《整顿财政及加强管制经济办法》等条例。

印有蒋介石头像的金圆券

这一政策,使得商品流通瘫痪,大部分交易转入黑市,整个社会陷入混乱。10 月 1 日,国民政府被迫宣布放弃限价政策,准许人民持有金银外币,并提高与金圆券的兑换率。限价政策被迫取消,物价再度猛涨,金圆券急剧贬值。10 月 11 日,国民政府又公布《修改金圆券发行办法》,取消发行总额的限制。至 1949 年 6 月,金圆券发行总额竟达 130 余万亿元,超过原定发行总限额的 6.5 万倍,票面额也越来越大,从初期发行的最高面额 100 元,到最后竟出现 50 万元、100 万元一张的巨额票。金圆券流通不到一年,形同废纸,国民政府经济财政陷入全面崩溃的境地。

思想与学术

　　民国时期的中国处于社会变迁、文化更替、风气转移之际，败落的国运、纷乱的时局、纷至沓来的西方思想，无不激发国人的思索与探究。因此，这一时期的中国思想界与学术界生机盎然、异彩纷呈。既有一浪高过一浪西方思想的传入，也有复兴中国固有文化思潮的涌动；既有新文化运动的高歌猛进，也有整理国故运动的逐步推展；既有五四前后蜂起的形形色色的主义，也有国民党统治时试图定于一尊的意识形态；既有主张根本解决的革命主义，也有主张逐步改良的自由主义。对于中国文化的出路，有人主张全盘西化，有人主张昌明国粹，还有人则主张东西文化调和，等等。在这样的时代环境中，思想的论争、学术的交锋一波未平一波又起，此起彼伏，构成民国思想与学术画卷中的一大景观。在这景观的背后，则是许多博古通今、学贯中西的学人的身影，如章太炎、梁启超、王国维、陈寅恪、胡适、赵元任、张君劢、顾颉刚、傅斯年等。总之，民国的思想与学术激荡着古今、中西、新旧的调适、融合、创新。

中研院第一届院士会议合影

　　中央研究院是民国时期中国最高的学术研究机关。1948 年,评选出第一届院士。4 月 1 日,正式公布了 81 位首届院士名单。最长者为 83 岁的吴稚晖,最年轻的是 37 岁的陈省身。入选院士皆为中国德高望重之士。1948 年 9 月 23 日上午,"国立中央研究院成立第二十周年纪念会暨第一次院士会议"在南京鸡鸣寺中研院礼堂举行,有 51 位院士出席。这是当时出席会议院士的合影。

胡适倡导整理国故

　　1919年下半年，如火如荼的新文化运动达到了高潮，身为新文化运动健将的胡适却突然改变旗号，提出"整理国故"的口号。此论一出，引起不小的争论：有人赞成，认为中国文化遗产确实凌乱，需要好好整理整理；有人反对，认为这不仅会把新文化运动推向相反的方向，具有复古倾向，而且还别有用心，诱导青年人钻进故纸堆中，置现实危机于不顾；也有人则不出声，在一旁观望。那么，胡适为何此时要提出"整理国故"？整理国故的主要内容又是什么呢？

　　胡适（1891—1962），安徽绩溪人，早年就读于上海中国公学，1910年赴美留学，可谓是喝了几年的洋墨水。1917年回国，任教于北京大学，同时投身新文化运动。后历任国民政府驻美大使、北京大学校长等职，是民国时期著名学者和社会活动家，在教育、学术、社会、政治等领域均具有巨大的影响力。

　　从1919年下半年开始，胡适连续发表《古史辨》、《论国故学》、《新思潮的意义》等文章，号召"整理国故"。他提出"研究问题"、"输入学理"、"整理国故"、"再造文明"作为新思潮和新文化运动的纲领，在这一纲领中，"整理国故"是以"再造文明"为主要目的的新文化运动的重要内容和步骤。

　　在"洋博士"胡适看来，中国的一切过去的文化历史，都是我们的"国故"；研究这一切过去的历史的文化的学问，就是"国故学"，省称"国学"。他认为，对于中国旧有学术思想有三种态度：一、反对盲从；二、反对调和；三、主张整理国故。这三种

胡适

1915年

9月，陈独秀在上海创办《青年杂志》（后改名为《新青年》），标志着新文化运动的兴起。

1917年

俄国十月革命爆发后，新文化运动开始转向研究和宣传十月革命与马克思主义。

1919年

下半年开始，胡适连续发表《古史辨》、《论国故学》等文章，号召"整理国故"。

1926年

整理国故运动的重要成果《古史辨》论文集开始出版。

态度中,积极的只有一个,即"整理国故"。整理的意思就是,从乱七八糟里面寻出一个条理脉络来;从无头无脑里面寻出一个前因后果来;从胡说谬解里面寻出一个真意义来;从武断迷信里面寻出一个真价值来。之所以要如此,是因为中国古代学术思想从来就是"没有条理,没有头绪,没有系统",也没有多少的历史进化眼光,不讲究学术渊源和思想的前因后果,大都是以讹传讹的谬说。

为此,胡适还提出了整理国故的四个具体步骤:第一步是条理系统的整理;第二步是探究出每种学术思想怎样发生,发生之后有什么影响效果;第三步是要用科学的方法,作精确的考证,把古人的意义弄得明白清楚;第四步是综合前三步的研究,各家都还他一个本来面目,各家都还他一个真价值。胡适指出,各家的"本来面目"和"真价值",主要是针对几千年所形成的以三纲五常为体统的儒学教条,剥去它的神圣光环,对从前被视为异端邪说而不被重视的各种思想和学说作一客观评价,阐发其中的合理因素。

简单地说,胡适想通过"整理国故"分清中国固有文化中的精华与糟粕,去芜取菁,再造新的中华文明,具体的方法即用考据的办法,从训诂、校勘、辨伪等方面去整理古书。胡适本人还身体力行,开始开展对《水浒传》和《红楼梦》的研究考证,以其新颖的方法和严密确当的论证,确立一种新的学术典范。此外,他先后创办《读书杂志》、《国学季刊》等刊物,号召人们开展整理国故运动,例如,《读书杂志》第7期刊登胡适为清华同学拟就的最低国学读书目录,上面开列近200部古书,引导青年学生读古书,整理国故。

可以看出,整理国故不仅没有违背新文化运动,反而可以说是作为新文化运动的产物和延续,体现了五四的精神,反映了时代的脉动,因此,它的兴起几乎成了一股历史潮流。在20世纪二三十年代,整理和研究"国学"的研究机构与团体如雨后春笋般应运而生,各大学纷纷设立历史系、国学研究所,历史研究人员与历史系学生也剧增,这其中,北京大学研究所国学门和"古史辨派"是最活跃的两个代表,在他们的共同推动下,整理国故运动逐渐高涨,国学刊物、书籍也急剧增加,为整理国故成果的发表提供了十分广阔的阵地。据后来人的统计,截至1928年7月,与国学研究相关的报刊杂志共计出版

《古史辨》

民国时期关于古史大论战的论文汇编,共7册,顾颉刚主编。1923年,在胡适倡导整理国故的影响下,顾颉刚提出"层累地造成中国古史"的观点。顾认为:"时代愈后,传说的古史期愈长";"时代愈后,传说中的中心人物愈放愈大";即使不能知道某一件事的真确状况,但可以知道某一件事在传说中的最早状况,等等。顾颉刚、胡适等人的这一主张遭到信古派的反对,引起一场关于古史的论战。从1926年起,顾颉刚把争论双方的论文辑成《古史辨》出版,到1941年共出版了七册。《古史辨》的出版,特别是主张考辨古史的观点,对于推倒经学偶像、促进中国古代史研究,特别在史料辨伪方面,起到了积极作用。但是,疑古派完全否认古书和古史,显然走向了另一个极端。

82 种,先后发表国学论文 3000 多篇,可见当时整理国故运动潮流
之盛。

相关链接

新文化运动

新文化运动,乃 20 世纪一二十年代的一场思想文化运动。大体而言,可以五四运动
为标界,分为"五四"前的启蒙运动和"五四"后的思想解放运动两个阶段。

1915 年 9 月,陈独秀创办《青年杂志》(自第 2 卷起改名为《新青年》),标志着新文化运
动的兴起,主要倡导者有陈独秀、李大钊、胡适、钱玄同、刘半农、鲁迅等人。他们认为,民
主和科学是推动社会前进的两个车轮,分别誉称为"德先生"与"赛先生"。在民主和科学
两面旗帜下,新文化运动以反对封建专制,提倡民主政治;反对旧道德,提倡新道德;反对
迷信,提倡科学;反对旧文学,提倡新文学为主要内容。

从 1918 年下半年起,新文化运动开始有了新的内容与思想。1917 年俄国十月革命爆
发后,以李大钊、陈独秀等为代表的先进分子,对十月革命表示热烈欢迎与向往,从效法西
方资产阶级革命转向师法俄国十月革命;由向西方资产阶级文明寻求出路,转而研究和宣
传十月革命与马克思主义。1919 年五四运动爆发,推动了新文化运动向纵深领域的发展,
此后马克思主义开始广泛传播。很多早期宣传新文化的报刊转向介绍和宣传马克思主义
与十月革命,宣传社会主义的进步团体与刊物如雨后春笋般应运而生,这些都标志着中国
人民的新觉醒。

问题与主义之争

新文化运动发展到后期，由于李大钊等人的努力，马克思主义得到进一步传播，从根本上改造中国的呼声日益高涨，这引起许多渐进改良主义者的反对，胡适即是其中的代表人物，双方展开了论争。胡适和李大钊两人长期共事于北京大学，又同为《新青年》编辑部同人，是新文化运动战线上的战友，缘何会发生论争呢？论争之后两人关系又如何？

1919 年 6 月，胡适在《每周评论》第 31 期上发表《多研究些问题，少谈些"主义"》一文。在文中，胡适认为，马克思主义作为一种"外来进口"的东西，对于中国问题的解决是"没有什么用处的"。马克思主义不是放之四海而皆准的普遍真理，它只适合于 19 世纪中叶欧洲问题的解决，对于 20 世纪中国问题的解决是无能为力的，因此，马克思主义不应在中国继续传播。在胡适看来，现在中国越来越多的人研究马克思主义，不是因为他们尊崇马克思主义，而是因为主义研究起来比较容易、省事。胡适认为，高谈主义，不研究问题的人，"只是畏难求易，只是懒"。因此他说："空谈好听的'主义'是极容易的事，是阿猫阿狗都能做的事，是鹦鹉和留声器都能做的事。"至此，就不难明白胡适的意思，他主张"少谈些主义"，是反对宣传马克思主义，否认马克思主义对中国革命的指导作用；他主张"多研究些问题"，是反对根本解决中国的社会问题，主张一点一滴地进行改良。

针对胡适的论调，最先提出批评意见的，其实不是李大钊，而是属于研究系的蓝知非（蓝公武），他认为胡适"有些因噎废食的毛病"，因为"解决问题总是离不开主义的"。但对胡适的观点进行全面反击的是中国共产主义先驱李大钊。

1919 年 8 月，李大钊在《每周评论》第 35 期上发表《再论问题与主义》，在文中，李大钊的观点与胡适针锋相对。李大钊认为，一个主义都有理想与实用两面，例如，民主主义的理想，不论在哪一国，大致都一样，但把这个理想适用到实际的政治上去，那就因时、因所、因事的性质情形，有些不同了，社会主义也是如此。在李大钊看来，社会主义不能因为它不是产生于中国就失去了对中国社会问题解决的指导意义，相反，在官僚强盗横行的中国，社会主义一样可以用来"去驱除这一班不劳而生的官僚强盗"。李大

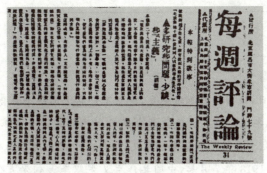

胡适在《每周评论》上发表《多研究些问题，少谈些"主义"》

钊不认为研究"主义"，就会忽视"问题"，他认为，人们之所以研究"主义"，是因为一个个具体问题的解决，必须要"主义"的指导。这样，李大钊就点明了问题与主义是不可分割的关系，他说："我们的社会运动，一方面固然要研究实际问题，一方面也要宣传理想的主义。这是交相为用的，这是并行不悖的。"这样，李大钊针对胡适反对"根本解决"的观点，指出"必须有一个根本的解决，才有把一个一个的具体问题都解决了的希望"。

以胡适为代表的改良主义与以李大钊为代表的马克思主义之间的这场论争，是马克思主义在中国广泛传播后发生在新文化阵营内部的第一次公开争论，双方的观点虽然有互补的地方，但更多的还是分歧，其中最关键的是，关于对中国社会的改造究竟应走什么样道路的问题，是点滴改良，还是根本改造。通过论战，不少社团发生了分化，大部分成员接受马克思主义，走向了求"根本的改造"的社会主义道路，而另一些成员则接受了胡适观点，走向了改良主义道路。总体而言，通过论战，早期的马克思主义者进一步阐明了马克思主义与中国革命的关系，扩大了马克思主义的影响。

李大钊和胡适的友谊，并没有因这次论争而破裂。1921年上半年，他们还不断有书信往来，交换如何将《新青年》办好的意见；1922年李大钊还从上海致信胡适，通报孙中山关于振兴中国的意见以及各方面对孙中山的态度等，这说明两人虽然在政治上意见不同，但个人之间的友谊还是延续的。

《新青年》

1915年9月，陈独秀在上海创刊的月刊，它的创刊是新文化运动开始的标志。第1卷名《青年杂志》，1916年9月第2卷起改名为《新青年》，设有政治、思想、历史、文学、国内外大事记、小说戏剧、社会问题等栏，并出版各类专号。1917初迁往北京。早期《新青年》杂志高举民主与科学大旗，提倡新文学，反对旧文学，提倡白话文，反对文言文，对封建迷信进行有力的揭露和批判。俄国十月革命爆发后，成为宣传马克思主义的重要阵地，并逐渐向无产阶级刊物发展。不久，根据形势发展需要，《新青年》杂志社迁回上海。从1920年9月第8卷开始，成为上海共产主义小组机关报。中国共产党成立后，曾一度成为中共中央的理论机关刊物。1922年7月休刊，1923年6月改为季刊，1925年4月改为不定期刊物，1926年7月停刊。

马克思主义的传播

1917年11月7日,俄国十月革命爆发,建立了世界上第一个社会主义国家,标志着无产阶级革命和殖民地半殖民地民族民主革命新时代的到来。十月革命后,中国先进分子开始学习、宣传和研究十月革命和马克思主义,从而在中国出现了第一批具有初步共产主义思想的知识分子。1918年7月起,中国共产主义先驱李大钊发表《庶民的胜利》、《布尔什维主义的胜利》等文章,阐述俄国十月革命和法国资产阶级革命的区别,指出这个革命的伟大历史意义,认为俄国革命的胜利,表明劳工阶级开始掌握自己并支配世界的命运,今后的世界,将要变成劳工的世界。这是马克思主义在中国的第一声呼喊。

此后中国出现学习研究马克思主义的新思潮,五四运动后,新文化运动得其助力继续发展,各种宣传新文化的报刊杂志不断增加,对马克思主义学说的介绍与传播蔚为大观,成为潮流。除了《新青年》是传播马克思主义的主要阵地外,其他杂志如《每周评论》、《国民》、《建设》和报纸《晨报》副刊、《民国日报》副刊、《时事新报》副刊等都有不少介绍马克思主义的专文以至专栏。以1920年《共产党宣言》中文全译本的出版为标志,马克思主义著作纷纷被译介出版,更扩大了马克思主义的传播。

东西文化论争

东方文化与西方文化的关系问题,在今天,仍然是人们不断思考的时代问题。民国时期,特别是在五四运动前后,很多学者对此进行了热烈的讨论,形成东西文化论争,其中很多远见卓识,丝毫不逊色于今天人们的认识。

1915年12月开始,陈独秀发表《东西民族根本思想之差异》等文章,宣称以儒家文化为主流的东方文明总体上是落后的,需要"打倒孔家店",引进西方的民主与科学,方可进步。陈独秀等人关于东西文化的观点发表后,遭到《东方杂志》主编杜亚泉等人的反驳,1916年10月开始,杜亚泉发表《静的文明与动的文明》等文章,挑起东西文化论战。

杜亚泉不否认东西文明之间的差异,但认为这种差异,并非时代差异,而是民族差异,进而否认东西文化有优劣之别,他认为东西文明各有利弊,不存在取此舍彼的问题。在杜亚泉看来,西洋社会虽然科学先进,经济发达,但也已陷于混乱矛盾之中,有待于救济;东方文明虽有陋弊,但在精神文明上较西方略胜一筹。他说:"吾国固有之文明,正是以救西洋文明之弊,济西洋文明之穷者。"他还大声呼吁,"名教纲常诸大端"是我国文化的结晶,不可丢掉。从这些观点可看出,以杜亚泉为代表的东方文化派守传统、反西学的程度,以至于认为东方文化可以救济西方文化。

就在《新青年》与《东方杂志》激烈论争之时,章士钊的"新旧调和论"出台,使论战再掀波澜。1919年9月,章士钊在一次演说中提出,社会总是在新旧杂糅中进化的,"不有旧,决不有新,不善于包旧,决不能迎新",他还以历史继承性为论据,强调任何新的文化都是在旧的文化基础上发展起来的,新旧不能分割。这个观点本身并没错,看上去更成熟、更理智,但问题是章士钊由此得出不必破除"旧有者"的推理,他认为社会的改造"俱不可不以旧有者为之基础"。因此,他坚决反对《新青年》一派的观点。章士钊的观点与杜亚泉的主张在表述上虽有所不同,但实质上都是东西文化调和论,他显然是呼应了杜亚泉等人的观点。对此,《新青年》、《新潮》、《晨报》、《觉悟》等刊物纷纷

1915年

12月,陈独秀在《青年杂志》上发表《东西民族根本思想之差异》等文章。

1916年

10月,杜亚泉发表《静的文明与动的文明》等文章,与陈独秀针锋相对,引发东西文化论战。

东方文化派

五四时期的一个重要思想流派。新文化运动发生后,当时众多知识分子就中国文化选择、孔子评价等问题进行激烈争论,引发了一场关于中西文化的大论战。在文化论战中,一部分人主张调和中西,折中新旧。这些人被称为东方文化派。其代表人物有杜亚泉、梁漱溟、辜鸿铭、章士钊、张君劢、梅光迪、柳诒徵等。东方文化派一方面要求保存传统、反对全盘西化,另一方面,又反对顽固守旧,提倡中西融合。该派的出现,反映了五四时期文化选择的艰难。

1919 年
9月，章士钊提出，社会总是在新旧杂糅中进化的，任何新的文化都是在旧的文化基础上发展起来的，新旧不能分割。

1920 年代初
梁启超《欧游心影录》和梁漱溟《东西文化及其哲学》的出版，把东西文化论战引向深入。

1927 年
思想战线上的争论重心转向社会性质问题，东西方文化论争告一段落。

发表文章，对"新旧调和论"进行回击。这些文章坚持新旧截然对立，水火不能相容的基本立场。陈独秀明确宣称：东西文化的性质截然不同，根本无法调和，尖锐批判新旧调和论。

这场东西方文化论战，延续了十余年，先后参加论战者达数百人，发表文章近千篇，专著数十种。论战的重心集中在比较东西文化的优劣，讨论东西方文化可否调和等问题。20 世纪 20 年代初，梁启超《欧游心影录》和梁漱溟《东西文化及其哲学》的出版，把论战引向深入，直到 1927 年因为思想战线上争论重心转向社会性质问题，东西方文化论争基本告一段落。这场文化问题的论争，实质上是从文化的角度来探讨和拟制"救亡方案"，解决中国向何处去的问题。

从论争双方的观点来看，新文化运动的代表人物陈独秀等通过中西文化比较来认识各自的优劣和取舍问题是正确的，但是他们强调中西文化的差异完全是时代的差异，中西文化的冲突完全是新旧文化的冲突，进而得出二者根本对立，无法折中调和，这显然带有片面性。东方文化派杜亚泉、章士钊、梁启超、梁漱溟等人的主张有其合理成分，他们反对全盘否定中国传统文化，反对全盘学习西方，这是值得肯定的，也表现了他们对国家和民族命运的关怀，只是他们过分夸大西方文化的弊端，以致认为中国文化可以救济西方文化，这显然有些夸大其词，过于自信了。

 相关链接

章太炎与国粹派

清末民初时期，一批知名的学者以"研究国学，保存国粹"为口号，一边进行学术研究，一边从事政治与文化活动，在社会上赢得广泛影响，被称为"国粹派"。1905 年成立的国学保存会是它出现的标志。素有"章疯子"之称的著名学者和社会活动家章太炎是国粹派的精神领袖，代表人物有邓实、刘师培、黄节、陈去病、马叙伦、陆绍明、柳亚子等，国粹派成员多为具有传统学术根底的知识分子，他们通过发行《国粹学报》和《政艺通报》两种刊物宣传自己的主张。

国粹派思想繁杂，品流不一，就其主流而言，所谓国粹，即中国固有文化之精华，主要包括中国有史以来的语言文字、典章制度和人物事迹等。国粹派主张：一是"用国粹激动

种性，增进爱国热肠”，换句话说，就是借助国粹宣传排满革命、救亡图存；二是提出"国学、君学对立论"，他们颂扬"国学"，批判"君学"，反对帝制；三是从"国学"中寻找变革政体、实行民主共和的根据；四是提出其独特的"中西文化观"，强调在效法西方、改革中国政治的同时，必须复兴中国固有文化，从传统文化中发掘为中国近代化所需要的东西。

　　国粹派思潮在辛亥革命之前数年间，影响颇大，在配合宣传革命党人的三民主义、抵制盲目西化，改变学术风气等方面，起到一定的积极作用。但因国粹派的封建文化因袭负担很重，一味地鼓吹发扬国粹，在客观上配合了封建守旧派和君主立宪派的需要，辛亥革命后，逐渐蜕变为复古保守势力，在很多方面阻碍中国文化的现代转型。

章太炎

醒狮派与国家主义

1919 年

7 月，北京爱国知识青年成立了少年中国学会。

1923 年

12 月，曾琦、李璜等人在巴黎创立了中国青年党。

1924 年

10 月，曾琦、李璜等人在上海创办《醒狮》周报，故被称为"醒狮派"，标榜国家主义。

1925 年

经过一年多的努力活动，醒狮派先后在湖南、湖北、四川、广东、广西等省和武汉、天津、上海等城市建立了 30 多个团体。

1927 年

4 月，蒋介石发动的"清党"运动，也包括对国家主义派的镇压。

毋庸置疑，爱国与救国是近代中国人进行不屈不挠斗争的一面伟大旗帜，在这面旗帜下，中国人民前仆后继，奋勇向前，取得了一个又一个的胜利。但令人不解的是，民国时期有一帮高举"国家主义"旗号、高喊"国家至上"口号的人，却没能给人们留下好名声和好印象，这是为什么呢？他们又是些什么人呢？

1919 年 7 月 1 日，北京爱国知识青年成立了少年中国学会。随着五四运动的发展与马克思主义在中国的广泛传播，少年中国学会内部发生倾向于共产主义者与倾向于国家主义者之间的激烈争论，组织上产生了分化。后来，国家主义论者的代表人物曾琦、李璜等人留学法国。当时，巴黎中国共产党留欧总部等已成立，因其有严密的组织，影响愈来愈大。曾琦等人感受到了巴黎共产主义者势力的强大，为了对抗共产主义者，他们于 1923 年 12 月 2 日在巴黎近郊玫瑰城共和街创立了中国青年党。参加发起的有曾琦、李璜、李不韪、张子柱、胡国伟、梁志尹、何鲁之等人，他们确定以《先声》周报为机关报。由于青年党名称长期保密（直到 1929 年 9 月召开第四次全国代表大会时才公开党名），对外活动都以"中国国家主义青年团"的名义出现，因为它标榜国家主义，被人称为"国家主义派"。

不久，曾琦、李璜等人纷纷从巴黎回国。1924 年 10 月 10 日，他们在上海创办《醒狮》周报，以作为中国青年党的机关报，宣传其国家主义思想，故他们又被称为"醒狮派"。这头"醒狮"对人们"吼"了些什么呢？

国家主义派主张以国家利益为前提，树立"国性"，以建立全民共和的国家，任何民族、宗教、阶级、党派、个人都要以国家利益为重，高谈超阶级的国家意识。他们主张"国家先于个人"或"国家至上"观念以实现"全民革命"，既反对孙中山国民党的联俄联共、国民革命的政策，也反对共产党的"阶级斗争"与"无产阶级专政"理论，认为"阶级斗争"会"减少对外的力量"，国民应该同心对外，以图谋国家的统一与民族的独立。国家主义派主张在明确的主义与严格的组织之下，推进民族与国家意识的现代化，从而产生以"国家"为中心的强烈的社会凝聚力。他们特别强调集体意识,强调社会对个人的功能和个人对社会的义务。他们所进行的国家主义运动,一方面教育人民,造成公论以及组织团体而扩大自己的社会力量,另一方面要实行他们理想的国家主义,将国家主义作为团体的共同信仰,试图教育培养为国家牺牲的国民,建立以爱国为国民最高道德的社会。

说到这里,我们不难看出,国家主义派具有强烈的集体意识,他们认为国家的利益便是个人的利益,国家的成功便是个人的成功,人民应为了国家的利益而牺牲个人,这就是最高尚的道德。应该说,强调国家主义信仰来团结国民,有一定的合理性,也有一定的号召力,但这种强烈的"整合意识"使他们过于重视单一性或统一性这类观念,而忽略单个个体的个人意识。

在国民革命时期,国家主义派也像其他派别一样踊跃,建构并宣扬自己的理论体系,以图谋掌握国民革命的主导权。同时他们也积极网罗各方面人才,扩大组织力量。到1925年,国家主义派经过一年多的努力活动,先后在湖南、湖北、四川、广东、广西等省和武汉、天津、上海等城市建立了30多个团体。

由于国家主义派恐惧中国共产党领导的工人运动,试图断绝共产党与工会关系,两派的冲突主要在于对民众的宣传,即两派都要把他们自己的理论宣传到民众,要集合起民众的力量而扩大自己的力量,因此,中国青年党的国家主义理论受到共产主义者的激烈抨击。此后,国家主义派便在与共产党的冲突中,以及在国民党内部左右派的对立状态下成长发展。但他们的主张都较抽象而缺乏可操作性,未提出具体的措施来改善民众的实际生活,因而不可能获得民众广泛的支持。在国民革命中,国家主义派不仅受到共产党的反对,也受到以蒋介石为首的国民党的镇压。1927年4月蒋介石发动的"清党"运动,也包括了对国家主义派的镇压。

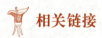 相关链接

少年中国学会

少年中国学会是由王光祈、曾琦、李大钊、周太玄、陈淯、张梦九、雷宝菁等人于1918年联合各方面的青年有志之士组织起来的。当时留日学生因反对日本侵占山东纷纷回

1920年少年中国学会周年纪念时部分会员在北京合影。右起：二为黄日葵，三为李大钊，七为张申府，九为邓中夏

国；国内各学校学生请愿受到北洋军阀压迫而失败，因此也感到有组织一个带有学术性的政治团体之必要。这个学术性的政治团体定名为少年中国学会，于1918年6月30日开会筹建，1919年7月1日正式成立。会员发展到100多人，主要包括以下三部分人：1.向往俄国十月革命的一些人；2.因反对日本侵占山东而归国的一部分留日学生；3.从事爱国运动的国内各学校学生。

毛泽东、恽代英、邓中夏、杨贤江、高君宇、李达、黄日葵、缪伯英、蔡和森、赵世炎、张闻天、许德珩等进步学生都参加了这个组织。这个学会的宗旨为"本科学的精神为社会活动，以创造少年中国"，还有四条信约，即奋斗、实践、坚忍、俭朴，规定：凡是有宗教信仰的人、纳妾的人、做官的人均不能成为会员，即使已经做了会员出现上述情况，也要清退出会。学会编辑出版《少年中国》月刊，由李大钊任主编；还出版《少年世界》，邓中夏是主要负责人。这个学会分散在国内各大城市，都同情或直接参加五四运动，后来虽然因为会员内部立场观点不同而走向分裂，但对于五四运动的发展起到了很大的联系与推动作用。

科学与人生观之争

1923 年 2 月 14 日,应社会学家吴文藻的邀请,著名学者张君劢在清华学校作了题为《人生观》的演讲。

在这次演讲中,张君劢首先提出,人生观与科学的不同,"同为人生,因彼此观察点不同,而意见各异,故天下古今之最不统一者,莫若人生观",他说:"人生观之中心点,是曰我。"接着,他把人生观与科学作了比较分析,认为二者不同之处有五点:1. 科学为客观的,人生观为主观的;2. 科学为论理的方法所支配,而人生观则起于直觉;3. 科学可以以分析方法下手,而人生观则为综合的;4. 科学为因果律所支配,而人生观则为自由意志的;5. 科学起于对象之相同现象,而人生观起于人格之单一性。在比较分析的基础上,张君劢认为:"科学无论如何发达,而人生观问题之解决,决非科学所能为力,惟赖诸人类之自身而已。"

后来,张君劢的这篇演讲词刊登于《清华周刊》第 272 期。地质学家丁文江阅后,颇为反感,于是撰写《科学与玄学》一文,刊载于1923 年 4 月出版的《努力周报》(第 48、49 期),对自己的挚友张君劢的观点提出了激烈批评,并痛责张被"玄学鬼"附了身。

中华民国史上著名的科学与人生观论战,由此爆发。

丁文江的文章发表后,张君劢立即在《晨报》副刊上发表了《再论人生观与科学并答丁在君》一文,洋洋万言,旁征博引,与丁文江针锋相对。

张君劢、丁文江的论战引起了思想界的激烈反应。梁启超首先以"局外中立人"的身份制定《关于玄学科学论战之〈战时公法〉》,稍后,写了一篇题名为《人生观与科学》的文章,参与论战,支持张君劢。文化界名流梁漱溟、林宰平、张东荪等也写文章支持张君劢。此时,尚在杭州养病的胡适,也不甘置身事外,写了《孙行者与张君劢》一文支持丁文江,化学家任鸿隽、心理学家唐钺、"党国元老"吴稚晖等人也撰文支持丁文江,认为人生观也可由科学解决。马克思主义者陈独秀、瞿秋白也参与这场论战,他们相信科学的力量,认为"科学的因果律不但足以解释人生观,而且足以变更人生观",并批评丁文江等

1923 年

2 月,张君劢在清华学校作了题为《人生观》的演讲,演讲词刊登于《清华周刊》。4 月,丁文江在《努力周报》发表《科学与玄学》一文,对张君劢的观点提出了批评,科学与人生观论战由此拉开序幕。

张君劢、丁文江

张君劢(1887—1969),字嘉森,江苏嘉定人。早年留学日本,后又赴德国学哲学,是中国近代著名哲学家、政治思想家、社会活动家以及新儒家代表人物。

丁文江(1887—1936),字在君,江苏泰兴人。早年留学日本,后留学英国,学习动物学与地质学,是民国时期著名的科学家。

丁文江　　　　　　　　　张君劢

"科学派"不够彻底,提出要证明"科学权威是万能的,方能使玄学鬼无路可走,无缝可钻"。不过,陈独秀、瞿秋白等人与"科学派"不同之处在于,他们用唯物史观来解释人生观的变化,体现了他们试图用马克思主义解释社会历史问题的努力。

1931 年

8 月,《读书杂志》开辟"中国社会史的论战"专栏,中国社会史论战拉开序幕。

虽然参加论战的人数、派别颇多,但主要是在对立的两方进行的,一方是科学派的丁文江、胡适等人,另一方为人生观派的张君劢、梁启超、梁漱溟等人。讨论的观点各异,涉及古今中外诸多思想流派,涉及的范围也很广,但焦点还是集中在科学与人生观关系问题上。论争的双方你来我往,唇枪舌剑,甚是热烈。

人生观派以捍卫儒家道德思想的面目反对社会达尔文主义以及关于知识的实证主义理论,对科学主义提出了批评,他们认为受科学支配的自然知识和人生观存在重大的区别,人生观是主观的、直觉的、综合的、意志自由的、对个人来说是唯一的,因而,人生问题不能用科学来解决。这场争论持续一年多,似乎以人生观派的失败而告终。但是,从今天来看,这场争论的胜负就不像当初那样分明了。科

学与人生观,原本各有各的领地与职分,科学主义若侵入本由玄学所
管辖的"人生观"领域,给时代带来实用主义、物质主义、怀疑主义的
精神氛围,人生观问题便失去了皈依,一个民族的精神生命也由此不
能安身立命了。

中国社会史论战

　　1931 年 8 月,王礼锡主编的《读书杂志》开辟"中国社会史的论战"专栏,中国社会史论
战由此拉开序幕。从 1931 年 8 月至 1933 年 4 月,《读书杂志》先后出版《中国社会史的论
战》四辑,同时,许多刊物也纷纷发表相关文章,使论战形成高潮。1933 年 10 月,《读书杂
志》被国民党捣毁而停刊,但论战在《中国经济》、《食货》、《中山文化教育馆季刊》、《中国农
村》等刊物上继续进行,直到抗战爆发,由于社会主要矛盾的转移,论战才沉寂下来,但讨
论仍未终结。

　　中国社会史论战参加者很多,主要有:马克思主义史学家郭沫若、吕振羽、翦伯赞等;
由《新生命》杂志而形成的"新生命派"的陶希圣、梅思平等;中国托派代表人物李季、陈邦
国、王宜昌、杜畏之等。论战主要围绕以下三个问题进行:亚细亚生产方式问题;中国是否
经历过奴隶制社会问题;秦汉以后的中国社会性质问题。此次论战是五四运动以后中国
社会思想领域论战中持续时间最长、规模最大、涉及问题最多、最复杂的一次,在中国史学
发展史上占有重要地位,它把具有悠久历史的中国史学提高到一个新的高度,且为此后马
克思主义史学的进一步发展奠定了基础。

民主与独裁的论争

1933 年 12 月 10 日，身为清华大学历史系主任、曾获美国哥伦比亚大学博士学位的蒋廷黻在《独立评论》第 80 号上发表《革命与专制》一文，他在文章中含蓄地鼓吹专制，从而激起其好友胡适的激烈反对。胡适在《独立评论》第 81、82 号上发表《建国与专制》、《再论建国与专制》等文章，一场论争由此拉开序幕。

论战初期，《独立评论》主要撰稿人之一丁文江没有发表意见，到 1934 年 5 月，他发表《我的信仰》一文，观点接近于蒋廷黻。此后，几乎所有的自由派知识分子都参加了论战，论战的主战场是《独立评论》，此外，当时很有影响力的许多杂志也卷入其中，如《东方杂志》、《国闻周报》、《再生》等。

参与这场论争的双方分别被人称为独裁派和民主派。独裁派人数不多，但其主将在当时知识界中颇有名望，影响力很大，如蒋廷黻、丁文江、钱端升等。民主派的声势更为强大，代表人物是胡适、陶孟和、张奚若、胡道维等。此外，还有很多人士提出各种各样的中间性主张，著名的有陈之迈、张佛泉、吴景超等，但总体上看，他们倾向于民主派。这场论战持续一年多，1934 年几乎全年都在进行，之后逐渐平息。据不完全统计，有关这次论战的文章达 50 多篇。

蒋廷黻等独裁派主张，对当时的中国而言，政治上必须推行专制与集权，反对英美民主政制。蒋廷黻就声称："西洋政治制度和政治思想，当作学术来研究是很有兴趣而且是很有价值

蒋廷黻

的，当作实际的政治主张未免太无聊了"，因此他们主张独裁统治，
"因为独裁是一种强有力的制度"。哈佛大学政治学博士学位获得者
钱端升也认为推行独裁政治，对内可以消除各种职业及各阶级无谓
的纷扰及自相抵制，对外则可以举全国的力量以应对国际间的经济
斗争。为此，他们不惜支持个人独裁。独裁派也认为独裁不是最后
的目的，而是唯一的过渡方法，"个人的专制来统一中国的可能比任
何其它方式可能性较高"。

　　针对蒋廷黻等人的观点，以胡适等人为代表的民主派著文予以
反驳，为民主政治辩护。他们从以下三方面进行了反驳：一是独裁的
不必要性。针对蒋廷黻的《革命与专制》一文，胡适著文认为："建国
固然要统一政权，但统一政权不一定要靠独裁制度。"二是独裁的不
可能性，胡适认为："民主政治是常识的政治，而开明专制是特别英杰
的政治。特别英杰不可多得，而常识比较容易训练。在我们这样缺
乏人才的国家，最好的政治训练是一种可以逐渐推广政权的民主宪
政。"曾在美国华盛顿大学和普林斯顿大学分别获得政治教育学和政
治历史学博士学位的胡道维也宣称："在今日的中国，民治是可能的，
而独裁是不可能的。"三是独裁非历史发展的趋势。民主派认为民主
始终是世界历史发展的趋势，而在西方民主国家中出现一些社会主
义的因素，如行政权力增加、对经济的计划等，只不过是一种"新式民
主政治"而已。此外，胡适还认为德、意的法西斯主义终将失败。

　　这样，双方针锋相对的笔争持续了一年多的时间。

　　实际上，这场论争具有深刻的时代背景。在 20 世纪 30 年代中期
的中国，虽然国家形式上已经统一，但国力软弱，内部军阀林立，外有
日本帝国主义虎视眈眈，可谓内忧外患，形势令许多有爱国心的学者
忧心如焚。与此同时，墨索里尼的法西斯独裁结束了意大利的混乱局
面，斯大林的集权统治使苏联取得了举世瞩目的成就，希特勒上台执
政也确实为德国的民族复兴带来了希望，这一切似乎证实了专制比民
主体制更有"制度优势"。从这一国内外的背景去理解蒋廷黻、丁文
江、钱端升等人的具体见解及主张，可以肯定的是，这些力主专制的自
由知识分子恰是被专制的"制度优势"所吸引了，他们并非为了满足个
人权欲而是从国家整体利益出发，得出独裁优于民主的主张的。

蒋廷黻

　　蒋廷黻（1895—1965），湖南邵阳人。1923 年获美国哥伦比亚大学博士学位，回国后先后任教于南开大学、清华大学，1932 年参与创办《独立评论》。1935 年以学者身份从政，历任国民政府行政院政务处长、驻苏大使等职，是民国时期学者从政的代表人物之一。

《独立评论》

1932 年 5 月 22 日，胡适等自由知识分子在北平创办的政论性质的杂志，周刊，胡适任主编，主要编辑人员有丁文江、翁文灏、傅斯年、任鸿隽、陈衡哲、蒋廷黻等人。

《独立评论》标榜"独立"精神，其发刊词宣称：不倚傍任何党派，不迷信任何所见，用负责的言论发表各人思考的结果。该杂志以刊登政治时事评论为主要内容。《独立评论》存在的五年时间里，正是中国外患日益严峻，国民党政权日趋专制，共产党革命不断扩展的时期。在这样一个专制与革命并行，内忧与外患交织的环境中，聚集在《独立评论》周围的一群知识精英，对中国政治、外交、经济、社会、文化等诸多方面提出了他们自己的看法与主张。例如，对于日本的侵略活动主张"能和则和"、"当战则战"；对国民党政权既谴责又维护，等等。

总体而言，该杂志具有自由主义倾向，提倡西方民主政治，反对独裁专制和文化复古主义。该杂志在当时具有较为广泛的社会影响，最高发行数达 1.3 万份。1936 年底，因著论反对日本策划"华北政权特殊化"，一度被迫停刊。1937 年 4 月复刊，同年 7 月 18 日终刊。

蒋介石兜售力行哲学

众所周知,蒋介石本是一名"武人",但他还是忙里偷闲,表现一下他的文化才能,兜售力行哲学就是一个例证。那么,蒋介石为何要兜售力行哲学呢?力行哲学的主要内容又是什么呢?

南京国民政府建立后,国民党主流派蒋介石集团一直宣称以孙中山三民主义为指导思想,但三民主义本身并不具备完整、清晰的哲学框架,这对蒋介石而言,既是一种缺憾,也给他提供了展示统治理念、建构统治精神的机会。蒋介石以孙中山革命事业的继承者自居,又奉王阳明为精神导师,但此时孙中山"知难行易"观所受到的挑战,以及孙中山、王阳明之间在知行观念上的差异,也使蒋介石感到有必要在这一问题上作些清理。同时,蒋介石虽然对地方实力派的军事行动取胜,但内外仍然面临着共产党武装斗争和日本侵略的严重威胁,处境并不乐观。国民党的革命精神和统治力量却已趋于涣散,腐败、堕落现象滋生,党员干部不思进取心理日渐泛滥,对此,蒋介石颇感忧心,认为有必要进行思想教化。此外,蒋介石当时面临的最大的思想敌手马克思主义,恰恰也是一种被普遍肯定为行动哲学的思想体系,这样蒋介石的哲学尝试更具有了现实的针对性。

因此,在20世纪30年代,蒋介石本着"心理建设"的教化目的倡导力行哲学,目的即是为了振奋国民党的精神进而整肃统治集团的力量,同时也为了统一全体国民的人心,欲借此树立他的精神权威。

1939年3月15日,蒋介石发表《行的道理(行的哲学)》的演讲,对力行哲学作出阐释。力行哲学,顾名思义,中心概念是"行",认识力行哲学,首先要了解"行"的概念。蒋介石强调:"古往今来宇宙之间,只有一个'行'字才能创造一切,所以我们的哲学,唯认知难行易为唯一的人生哲学,简言之,唯认'行'的哲学为唯一的人生哲学。"这是他对"行"这一中心概念的基本判断。随后,包括在抗战时期的有关讲演中,他进一步从不同角度对"行"作了全面阐发。蒋介石一开始就对"行"的超越意义作了一番论证,首先确立"行"为其哲学框架

1930 年

本年底,蒋介石提出力行哲学,既是针对国民党革命精神和统治力量已趋于涣散,腐败、堕落现象滋生,也是针对马克思主义的。

1939 年

3月,蒋介石发表《行的道理(行的哲学)》的演讲,对力行哲学作出阐释。

1943 年

3月,国民党以蒋介石的名义出版了颇具理论色彩的著作《中国之命运》。

的中心概念,具体论证方法即将"行"从一般意义上的人类活动中升华出来,赋予"行"以超越性的普遍意义。他将作为哲学中心概念的"行"与一般意义人类活动的"动"相区分,指出:"'动'并不就是'行',而'行'则可包括某种的'动'在内。行是经常的,动是临时的;行是必然的,动是偶然的;行是自发的,动则多半是他发的;行是应乎天理顺乎人情的,动是激于外力偶然突发的。所以就本体言,'行'较之于'动'更自然,更平易,就其结果和价值来说,动有善有恶,而行则无不善。"从词的本身含义看,"行"和"动"当然并没有如此的截然分别,蒋介石之所以要将二者判然分离,关键是想由此确立"行"的超越意义:"行"不是人们的一般实践活动,而是有目的、有轨道、有步调、有系统,和天道人伦相合的道德践履过程。这样,"行"的超越性才得以凸显。

通过对"行"的论述,蒋介石提出力行哲学的基本思想是:一、行是天地间自然之理,行是必然的、自发的、恒久不辍的,宇宙皆为行之范围;二、行是人生本然的天性,潜在的人性的外在表现就是行,格、致、诚、正、修、齐表示的"大学之道"是行的具体方法,行就是人生;三、行是与生俱来的"良知良能",因此"知的本源在于人类的本性,不必外求。知识如果'无得于己',便不能算是真知";四、"诚"是行的原动力,行的极致是杀身成仁、舍生取义。

蒋介石的力行哲学,产生于国民党内忧外患的时代,虽然蒋介石对它寄予很大的期望,在理论构思上投入很大心力,他也不时以身作则,履行力行意旨,但实际效果非常有限。力行哲学缺乏深厚的精神基础和广博的视野,在理论上无法和马克思主义相抗衡。它对中国民族性的判断有失片面,应对的方法也无法真正解决问题,从长远看,它忽视真理求知活动,鼓吹盲动盲行的做法,对国民党统治乃至民族精神都有害无益。

 相关链接

《中国之命运》

1943年3月,国民党以蒋介石的名义出版了颇具理论色彩的著作《中国之命运》。全书分8章,包括中华民族的成长与发展、国耻的由来与革命的起源、不平等条约影响之深

刻化、由北伐到抗战、平等互惠新约的内容与今后建国
工作的重心、革命建国的根本问题、中国革命建国的动
脉及其命运决定的关头和中国的命运与世界的前途。

《中国之命运》的基调是强调宣扬中华民族的所谓
"固有的德性"、"中国人的思想、中国人的精神、中国人
的情感、中国人的品性",认为西方文化的入侵使中国
原有的优越伦理和宗族社会组织被破坏。蒋介石在该
书中着力宣扬"一个主义"、"一个党",宣称三民主义是
"国民革命不变之最高原则"、"民族复兴唯一正确之路
线"等,这样,其他党派应当放弃各自的主张。书中强
调国民党是领导革命、建设国家的总机关,是"永为中
国唯一的革命政党"等,为国民党"一党独裁"辩护。该
书公开提出反对共产主义和自由主义,暗指中国共产
党领导的武装力量和敌后抗日根据地是"新式封建与
变相军阀"。《中国之命运》的出版,遭到中国共产党的
批判和部分国民党人的反对。

《中国之命运》书影

毛泽东阐述新民主主义革命思想

1935 年下半年开始,中共中央和红军主力到达陕北革命根据地后,在相对安定的环境中,以毛泽东为代表的中国共产党人认真总结国内革命战争的经验教训,深刻地把握历史和现实问题,将此前陆续提出的有关新民主主义革命的理论进一步完善和系统化。1939 年 10 月至 1940 年 1 月,毛泽东先后撰写了《〈共产党人〉发刊词》、《中国革命和中国共产党》、《新民主主义论》等重要著作,对中国新民主主义革命思想作了全面、系统的阐述,主要包括以下内容:

1. 关于中国社会的性质。认清中国社会的性质,就是认清中国的国情,是认清一切革命问题的基本根据,长期以来,共产党人对此问题认识不清、含混。为了统一全党和全国人民的思想,给一系列重大理论和现实问题的解决提供可靠的、科学的依据,毛泽东对中国社会性质问题作出了清晰的判断,即中国是一个半殖民地半封建的社会。这样的社会性质决定了中国近代社会的主要矛盾是帝国主义和中华民族的矛盾,封建主义和人民大众的矛盾,而且帝国主义和中华民族的矛盾是各种矛盾中的最主要矛盾。这样的主要矛盾决定了中国革命的任务就是对外推翻帝国主义压迫的民族革命,对内推翻封建地主压迫的民主革命。由于敌人异常强大,决定了中国革命的长期性和残酷性,中国革命的主要形式不能是和平的,而必须是武装斗争。

2. 关于中国革命的性质和基本规律。根据中国社会的性质及其决定的革命对象、任务等,毛泽东论证了中国革命的性质。他认为,由于革命的对象是帝国主义和封建势力,所以革命有时还需要资产阶级的参加,即使大资产阶级背叛革命而成为革命的敌人,革命的锋芒也不是向着一般的资本主义及其私有财产,所以现阶段中国革命的性质,不是无产阶级社会主义的,而是资产阶级民主主义的。但是,这种资产阶级民主主义革命已经不是旧式的、一般的,而是新式的、特殊的,即新民主主义的革命,因为它是新的世界革命的组成部分,即无产阶级社会主义世界革命的一部分。毛泽东进而认为,中国新民主主义革命是从 1919 年五四运动开始的,因为从这时起,中国资产阶级革命的政治领导者,已经不是属于资产阶级,而是属于无产阶级了,无产阶级的领导成为中国新民主主义革命的最主要特征。中国革命的历史进程,必须分两步走,第一步是民主主义的革命,第二步是社会主义的革命,这是性质不同的两个革命过程。

3.关于新民主主义革命的基本纲领。

政治纲领:是在无产阶级的领导下,推翻帝国主义和封建主义在中国的反动统治,建立一个由"一切反帝反封建的人们联合专政的民主共和国",或说是"中华民主共和国"、"新民主主义的共和国"。在这种国家里,决定国家命运的基本势力是无产阶级、农民、知识分子和其他小资产阶级。与新民主主义共和国的国体相适应的政体,是民主集中制。

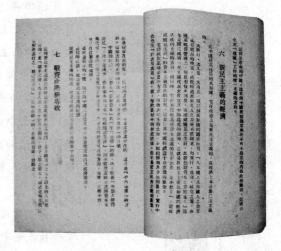

《新民主主义论》书影

经济纲领:首先,没收帝国主义和官僚买办资本的大银行、大工业、大商业,归新民主主义共和国所有,这种新民主主义共和国的国营经济是整个国民经济的领导力量,其性质是社会主义的;其次,由于中国经济还十分落后,所以允许不能操纵国计民生的其他资本主义经济继续存在和发展;最后,没收地主的土地,分配给无地和少地的农民,实行"耕者有其田"。

文化纲领:新民主主义文化是为新民主主义政治和新民主主义经济服务的,它应该是无产阶级领导的人民大众的反帝反封建的文化,同时,又应该是民族的、科学的、大众的文化。

4.关于新民主主义革命的三大法宝。毛泽东认为,统一战线问题、武装斗争问题、党的建设问题是新民主主义革命的三大法宝。关于这三者的关系,毛泽东认为,统一战线和武装斗争是战胜敌人的两个基本武器,统一战线是实行武装斗争的统一战线,党的组织是掌握统一战线和武装斗争这两个武器,以实行对敌冲锋陷阵的英勇战士。正确理解了这三个问题及其相互关系,就等于正确地领导了全部中国革命。

以毛泽东为代表的中国共产党人提出的新民主主义革命思想,将马列主义的普遍原理与中国革命具体实际有效地结合起来,是对科学社会主义理论的极大丰富和发展,成为中国和世界革命理论的典范。

 相关链接

《新民主主义论》

《中国文化》创刊号和《新民主主义论》书影

1940年1月9日,毛泽东在陕甘宁边区文化协会第一次代表大会上作了讲演,题名为《新民主主义的政治与新民主主义的文化》,刊载于2月15日在延安出版的《中国文化》创刊号上,2月20日在延安出版的《解放》第98、99期合刊登载时,题名改为《新民主主义论》。在文中,毛泽东分别论述了新民主主义革命的经济、政治和文化等问题,重点是在政治方面,主要论述了中国革命的发展阶段、性质、领导权、国体、政体等问题。

关于中国革命的发展阶段问题,毛泽东指出中国是半殖民地半封建社会,革命必须分两步走,第一步是民主主义革命,第二步是社会主义革命。这是性质不同的两个阶段,只有经过民主革命阶段的胜利,才能进一步实现社会主义革命阶段的任务,放弃后一阶段的任务或混淆两个阶段的任务都是错误的。在革命的性质问题上,他认为中国民主主义革命已不再属于旧式的民主主义革命,而是中国式的新民主主义革命。这种革命彻底打击帝国主义,不为帝国主义所容许,但为社会主义所容许,为社会主义国家和国际无产阶级所援助,因此,这种革命是无产阶级世界革命的一部分。在革命领导权问题上,毛泽东认为中国资产阶级具有革命性和妥协性的双重特点,中国近代历史表明,他们不可能充当新民主主义革命的领导者,新民主主义革命的领导者只能是无产阶级及其先锋队,即中国共产党。关于新民主主义革命阶段的国家构成和政权组织,只能是在无产阶级领导下的一切反帝反封建的人们联合专政的民主共和国。无产阶级、农民、知识分子和其他小资产阶级是决定国家命运的基本力量,无产阶级是领导力量。新民主主义的政权构成形式是民主集中制。各革命阶级联合专政的国体和民主集中制的政体构成了新民主主义的共和国。

《新民主主义论》是毛泽东阐述中国新民主主义革命理论和策略的主要政治著作。它科学论述了在半殖民地半封建的中国进行革命斗争的基本问题,系统地提出了新民主主义革命理论,是中国共产党人运用马克思主义基本原理分析和解决中国革命具体问题的典范。

国学大师王国维之死

　　1927年6月2日，国学大师、时任清华国学院导师的王国维自沉于北京颐和园昆明湖，年仅51岁。王国维的自沉之举震惊了清华园，震惊了学术界，也震惊了全国。

　　王国维自沉的那天，著名学者、清华国学院导师梁启超本已离开了清华校园，听到噩耗立即奔回清华，亲自参与料理其后事，并为王国维抚恤金一事向学校、外交部力争。他对王国维之死悲叹至极，他这样评价王国维："此公治学方法，极新极密，今年仅五十一岁，若再延十年，为中国学界发明，当不可限量。"其实，何止梁启超一人如此，许多人无不为失去这样一位卓有建树的学术泰斗而备感痛惜。

　　王国维（1877—1927），字静安，号观堂，浙江海宁人。幼年时，求学极为刻苦，中了秀才，但乡试不中。1898年到上海谋生。1901年东渡日本留学，次年因病回国，在南通师范学堂、江苏师范学堂执教，讲授心理学、伦理学等，同时埋头文学研究。1909年到北京，在清政府学部任职。辛亥革命后，王国维逃亡日本，研究中国古代史料、古文物、音韵学、古文字学，尤其致力于甲骨文、金文、汉晋简牍等的考释。

　　1916年，王国维回国，继续从事学术研究。19世纪末至20世纪的最初十年间，由于西方科学考古学的传入，地下发掘的开展，出土器物和文献陆续出现，如殷墟甲骨文的发现等，都需要学者们去研究。王国维即充分利用这些新发现的材料，为学术研究开辟了新路，他将甲骨文作为史料（不仅仅是文字）适用于中国上古史研究，提出"二重证据法"，即文献资料与考古资料相互参照比较。这段时间，王国维发表了一系列高质量论文，震动学术界，享誉海内外。1923年，他被末代皇帝溥仪召为南书房行走，负责检点故宫所藏青铜器等文物。1925年担任清华国学院导师，讲授《古史新证》等课程，推动中国古史研究。

　　王国维为什么要自沉？具体过程又是如何的呢？人们疑问重重。

　　原来，1927年6月2日，王国维像往常一样，吃完早饭便去了清

1925年
清华国学院成立，1929年结束。
同年，王国维任清华国学院导师，讲授《古史新证》等课程。

1927年
6月2日，王国维自沉于北京颐和园昆明湖，年仅51岁。

华研究院。到了学校后,他想起忘了把学生成绩册带到办公室,于是让研究院的工友去家中取。此后,他遇到研究院办公室秘书,便与秘书谈起下学期招生安排的事宜,他谈了很多自己的设想和建议,临别时,王国维向这位秘书提出借三元大洋,但秘书那天正好未带现洋,只能借给他纸币。王国维拿了钱,走出校门,在校门口,他雇了一辆人力车,要车夫将他拉往离清华园不远的颐和园。到颐和园时,是上午10点左右。王国维付了车钱,并嘱车夫在园门口等候,他便走进颐和园。这时节正值初夏,颐和园青山绿水,景色迷人,一片郁郁葱葱,令人流连忘返。但这时临近中午时分,园内游人不多。王国维来到排云殿西面的鱼藻轩驻足,点了一支烟,若有所思,他抽完了最后一口烟,然后纵身跳入昆明湖。当时有一园工(一说是巡警)距王国维投水处不远,听到落水声后,急忙跑来解救,但只过了约一两分钟的时间,王国维就断气了。当时尽管鱼藻轩前的湖水深不过二尺左右,但湖底满是松软的淤泥,王国维自沉时,头部先入水,以致口鼻都被泥土塞住,闻声赶来的园工们又不懂急救之法,王国维多半是因窒息而死。

一代国学宗师就这样悄然离去。

王国维死后,家人和验尸人员从王国维的衣袋中寻出一封遗书,封面上书写着:"送西院十八号王贞明先生收",最后落款时间和签名是:"五月初二,父字。"遗书是王国维在死前一天就写下的,写给他儿子的,临行前装在自己的衣袋内。遗嘱上写道:"五十之年,只欠一死,经此世变,义无再辱。"遗嘱写得很简洁,正因为如此,也就成为可以有多种解读的谜语。

对于王国维的死因,有人认为是因为他欠了债,不能清还而自杀;有人认为他是为了"殉清"而死,就是忠于他所依恋的清王朝;有人认为,时值北伐期间,国民革命军许多过激

王国维遗书

做法使他无法忍受而自杀；还有人认为他是"殉文化"而死的，即为中国传统文化的衰亡而痛心，选择以自杀方式殉道。时至今日，距离国学大师王国维自杀已经过去 80 余年，其死因依然是个不解的文化之谜。

 相关链接

清华国学院

　　1925 年 2 月 12 日，时任清华学校校长曹云祥把聘书交给年仅 31 岁、主修西洋文学的美国"海归"人士吴宓，请他筹办研究院。1929 年 6 月 7 日，清华举行欢送首届大学部毕业生典礼，同时也是欢送最后一届研究院学生的典礼，这个典礼意味着研究院，

清华国学院教师合影。前排左起依次为：李济、王国维、梁启超、赵元任

或者说国学院，至此结束。清华国学院，可谓民国教育史上一段充满浪漫气息、同时略带哀怨的学术传奇。这样说，不仅因为其超凡脱俗的学术成绩，也因为它仅存四年即迅速衰亡，还因为它培育了那么多优秀的学生，以及传说纷纭的四大导师。

　　在 20 世纪 20 年代，清华学校广受社会各界的批评，原因之一就是美国色彩太浓厚了，几乎成为列强文化侵略的工具。清华需要改变形象，它必须加强与中国传统文化的联系。建立清华研究院，就是考虑怎样在接受西方教育体制的同时，把中国传统的教育精神、把中国传统的文化思想灌输进去。所以，清华研究院章程明确规定，要把中国的书院制度和英国的大学制度结合起来，重点放在中国传统文化的研究与教学。说得通俗一点，就是清华太"洋"气了，加点"土"气。

　　清华国学院的四位导师：王国维、梁启超、陈寅恪、赵元任，无一不是各自领域中的世界级学者。除了四位导师，清华国学院还有主任吴宓、讲师李济等人，以及从国学院毕业的许多学生（很难精确统计人数，约为六七十人），他们都是中国近代人文学术财富的创造者，因此，清华国学院从其成立之时就备受世人关注，即使在它关闭停办后，也不断被人们追忆、讲述，成为一段学术传奇。

安 阳 殷 墟 的 发 掘

1899 年
国子监祭酒、著名金
石学者王懿荣成为
第一个发现甲骨文
的人。

1928 年
6月，中央研究院在
上海正式成立，蔡元
培任院长。
10月，中央研究院
史语所派考古学者
董作宾，在河南安阳
小屯村进行考古
试掘。

1928—1937 年
史所语在殷墟进行
了15次科学发掘。

1930 年
6月，国民政府立法
院通过《古物保存
法》，明确宣布所有
地下古物都是国家
的财产，任何个人和
私家团体不得发掘。

河南安阳殷墟的考古发掘，是民国时期最重要的考古挖掘工作。这事说来，充满神奇色彩，颇有意思。

1899 年，国子监祭酒、著名金石学者王懿荣得了病，医生开出的药方中有一味药是"龙骨"，王懿荣发现"龙骨"上面刻有刀痕，与铜器铭文颇为相似，很是惊讶，立即到药店把所有刻有文字的"龙骨"高价买回。后经考释，断定为商代文字。八国联军攻陷北京后，王懿荣投井自尽，他收藏的甲骨为刘鹗拥有。刘鹗就是著名的《老残游记》的作者，他把收藏的甲骨墨拓印刷，在 1903 年出版了 6 卷本的《铁云藏龟》，这是第一部研究甲骨内容及性质的出版物。继刘鹗之后，学者罗振玉经过仔细的访查，弄清了甲骨的出土地点是殷墟。

殷墟，位于安阳西北小屯村一带，距今已有 3000 多年历史。公元前 14 世纪，商朝君主盘庚，迁都到"殷"，此后 200 多年，这里一直是商朝的政治、经济、军事、文化中心。公元前 1046 年，武王伐纣，商灭亡，这里逐渐沦为废墟，后人称"殷墟"。它是中国历史上有文献可考、并为甲骨文和考古发掘所证实的最早的古代都城遗址，因其出土大量的甲骨文和青铜器而闻名海内外。

1928 年春，国民政府委派蔡元培筹建中央研究院作为国家最高学术机关，历史语言研究所（简称史语所）作为中央研究院的内设机构也同时开始筹建，主持史语所工作的是傅斯年。10 月，史语所派考古学者董作宾，在河南安阳小屯村进行试掘。这是对安阳殷墟进行正式发掘的开始，也是中国学术机关独立进行科学考古发掘的开端。

从 1928 年至 1937 年，史所语在殷墟进行了 15 次科学发掘，基本上弄清楚了殷墟的建筑布局和城市结构，为中国上古史的研究提供了可靠的实物资料。

殷墟考古发掘不仅是一个考古的问题，还牵涉到当时的社会、政治、经济各个方面问题。考古工作在当时多半被人看作是挖祖先坟墓的勾当，地方势力、古董商和社会上的其他势力都不断干扰考古发掘的进行。第 3 次发掘期间，深受旧的挖宝传统影响的河南省博物馆还派人马来抢着发掘，为此，史语所负责人傅斯年还跑到当时的河南省政府所在地开封进行交涉,花了3个月时间才解决了这个问题,他还亲自找到蒋介石帮忙解决这件事。为了抵制传统的挖宝观念的不良影响,保护文化遗址和历史遗迹,考古工作人员多方积极活动,要求中央政府制定一部文物保护法。1930年6月,国民政府立法院终于通过了《古物保存法》,明确宣布所有地下古物都是国家的财产,任何个人和私家团体不得发掘。

缺乏经费也困扰着安阳殷墟的考古发掘工作。董作宾组织第1次发掘时,只有6名工作人员。为了这样规模的发掘,傅斯年也多次和中央研究院总办事处磋商,最后确定了总数1000银元的经费,支撑购买测量仪器、摄影工具和必要的资料花费以及人员生活开支。后来,著名学者李济主持发掘工作以后,也面临着经费短缺的困难,他通过各种关系,于1930年秋获得了中华文化教育基金董事会的资助,该会除聘他为中国考古学研究教授外,另在3年内每年拨1万银元为史语所的田野工作费用。之后,在梁思永主持的第11次发掘中,开支预算总数达到了2至3万银元,大大超过了按规定拨给史语所的资金。时任史语所代理所长的李济,找到中央研究院总干事丁文江帮忙想办法,丁文江提出了一个及时的建议:请国立中央博物院参加这项事业进行投资,博物院分担部分经费,出土的器物待史语所研究结束后,送到博物院永久保存。

考古研究表明,殷墟规模宏大、遗存丰富、分布密集。范围东起郭家庄,西至北辛庄,南起苗圃北地,东北至三家庄,长约6公里,宽约5公里,总面积达2400公顷。大致分为宫殿区、王陵区、一般墓葬区、手工业作坊区、平民居住区和奴隶居住区。城市的规模之大、面积之广、宫殿之宏伟,出土文物的质量之精美、数量之多,充分证明它是当时全国的政治、经济、文化中心。自1928年殷墟科学发掘以来,殷墟发现的大量都城建设遗迹和丰富的文化遗存,给史学界带来了光明和希望,奠定了殷都为中国古代第一个有文字可考的古代都城的地位,对全面复原殷代社会历史具有重要意义。

但是,就在殷墟发掘逐渐步入正轨,取得重大发现,相关学术研究越来越深入的时候,1937年七七事变爆发,殷墟考古工作只能被迫告一段落。

中央研究院

南京国民政府于1928年6月成立的全国最高学术研究机构,首任院长为蔡元培。中央研究院的研究工作,包括基础科学、应用科学和理论科学三类。总办事处设于南京,后陆续在南京、上海、北平等地设立天文、气象、物理、化学、工程、地质、历史语言、社会科学、心理等研究所和自然历史博物馆。抗战爆发后,中央研究院及其所属各研究所先后内迁至四川、广西、云南等地。在艰苦的抗战时期,中央研究院的研究工作并未中断。1945年抗战胜利后,中央研究院迁回南京、上海。1947年10月,中央研究院正式建立院士制度,完成了以院士为主体,由院长主持,评议会负责学术评议,各研究所从事学术研究的体制建设。中央研究院在当时历史条件下,克服许多困难,对中国近代科学和文化教育事业的发展作出了重要贡献。

傅斯年与史语所

傅斯年与法国汉学家伯希和(右二)视察殷墟发掘情况

史语所,全称中央研究院历史语言研究所,它是民国时期国立中央研究院下属的研究历史、语言的学术研究机构。1928年3月,中央研究院院长蔡元培命傅斯年等人负责筹建史语所,同年10月史语所在广州成立,傅斯年出任所长。次年迁往北平,1933年又迁上海,1936年复迁南京。

傅斯年(1896—1950),字孟真,山东聊城人。早年就读于北京大学,后留学德国,受兰克史学影响较大。他主张历史、语言的研究要运用新材料,发现新问题,采取新方法。他认为近代历史学主要是史料学,应当用自然科学提供的一切方法、手段来整理现存的所有史料,唯有发现和扩充史料,直接研究史料的工作才具有学术意义。在傅斯年主持下,史语所开展了许多学术研究工作,重要的有以下几方面:安阳殷墟发掘和甲骨文的研究整理;西南少数民族语言、习俗的调查;西北考古等。人员组织方面,该所先后设历史、语言、考古、人类学四个组。设研究员、副研究员、助理研究员和助理员等职称。该所图书设备、出土文物资料均较为齐全。

史语所集中了一批造诣高深的学者,如陈寅恪、赵元任、罗常培、李方桂、李济、董作宾等,他们一方面继承了乾嘉学派的治学精神,一方面汲取了包括西方近代新史学、人文科学和自然科学在内的研究方法,在历史、语言等许多领域都有卓著成就。史语所出版学术刊物《历史语言研究所集刊》,1928年创刊,至1949年共出版21本(每本四分册)。此外,还有《史料丛刊》、《田野考古报告》、《人类学集刊》、《中国人类学报告》等。

抗战爆发后,史语所辗转于长沙、昆明,1940年迁往四川南溪,1946年迁回南京。

经济与科技

  民国时期,中国正处于从传统社会向现代社会转变的过渡阶段。经济方面,在半殖民地半封建社会的背景下,传统自然经济虽呈衰落态势,进一步受到削弱,但仍占主要地位;在华外国资本主义经济虽曾有所发展,但在中国人民的斗争下逐渐消退转弱,"红三角"纯碱、天厨味精等国货打破列强垄断便是例证;以荣氏、民生等为代表的民族资本主义企业尽管遭遇重重困难,却保持上升态势,在曲折中跋涉前进。中国经济的发展受世界经济的影响逐渐加强,中国已被卷入了世界经济的潮流之中。科技领域,侯德榜、华罗庚、李四光、茅以昇等知识分子,远涉重洋到西方汲取近代科技营养,归国后在短短的几十年间,在几乎所有的科学和技术部门建立、发展了中国近代科学技术,个别部门和个别项目甚至达到了当时的世界先进水平,充分展现了中国人的才智和能力。

钱塘江大桥

　　钱塘江大桥位于浙江省杭州市六和塔附近，横贯钱塘江南北，是连接沪杭甬、浙赣铁路的交通要道。1937年9月26日建成。是我国自行设计、建造的第一座双层铁路、公路两用大桥。该桥由著名桥梁工程师茅以昇设计，并主持施工，首次采用气压法沉箱掘泥打桩。桥长1453米，分引桥和正桥两个部分。正桥16孔，桥墩15座。上层为公路桥，宽6.1米，两侧人行道各1.5米。大桥建成不到三个月，日军铁蹄踏上北岸桥头，国民党军队下令炸毁，直至抗战胜利后修复通车。

状元实业家张謇

　　"南通州北通州，南北通州通南北"，这句乾隆皇帝信口说出的上联，让南、北通州从此小有名气。数百年后，北通州凭借大运河的依托名气不减当年，而南通州（即南通）更是因为张謇的存在而获得了"中国近代第一城"的美誉。在这个古老却又闪耀着现代光彩的城市中流传着这样一种说法——"一山一水一人"。山指琅山，水为濠河，人即张謇。

　　张謇（1853—1926），字季直，号啬庵，江苏南通人。张家共有兄弟五人，张謇排行第四，因此也被称作"四先生"。张謇虽最终高中状元，但踏上仕途的路却走得格外艰辛。他16岁考中秀才，此后积极参加科考，进出科场20余次，但直到41岁才最终得中状元。然而时至末世，状元这一头衔的光芒也消磨殆尽，因此金榜题名并未给张謇带来太多的喜悦与兴奋，反倒因这20余年来的坎坷波折而五味杂陈。面对着日益动荡与混乱的时局，眼见官场的腐朽与险恶，张謇最终选择了离开，科举梦圆之时，却也是梦醒之际。带着"愿成一分一毫有用之事，不愿居八命九命可耻之官"的气魄，张謇义无反顾地走上了实业救国的道路，开始书写人生的另一段传奇。

　　"状元办厂"，世人无不惊异，但对张謇而言却是深思熟虑的决定。甲午战败的事实，深深刺痛了他的心。面对曾经臣服，如今却战胜"天朝"的日本，张謇认为唯有创办本国的实业，发展本国经济，才能壮大国力，抵御外国入侵。由于江苏地区盛产棉花，又以"纱花"闻名天下，棉纱业有较好的发展前景，因此张謇决定在南通地区创办棉纱厂。然而，创办实业的路并不比仕途平坦，状元公的身份也未给他带来很大帮助。为了筹措办厂资金，张謇奔波于海门、南通、上海等地，有时甚至以卖字画来筹措旅费。但地方的乡绅富豪们却并不看好张謇办厂的前

1894 年
恩科会试，张謇得中状元，授翰林院修撰。

1909 年
张謇被推为江苏谘议局议长。

1912 年
张謇任中华民国临时政府实业总长。

1913 年
张謇任北洋政府工商总长兼农林总长。

张謇

1915 年

袁世凯实行帝制，张
謇辞职南下，继续在
南通兴办实业和文
教事业。

1922 年

本年起，大生各纺织
厂连年亏蚀，债务不
断增加，大生资本集
团迅速走上衰败破
产的道路。

南张北周

　　清末民初民族资
本家的杰出代表。张，
指张謇；周，指周学熙。
因身处中国南北两地，
故名"南张北周"。同
张謇相似，周学熙也是
实业救国的倡导者。
他的"周氏企业集团"
涉及燃料、建筑、纺织、
交通、金融等众多领域
和行业，曾对华北地区
的经济发展产生积极
影响。

景，不肯出资相助。无奈之下，张謇只得寻求官方资助。但是原本许
诺拨给张謇的官方资助一拖再拖，最终竟是以一批陈旧的纺织机器
为形式兑现。万般无奈之下，张謇只得采用了这批陈旧的机器。为
了筹措资金，张謇四处奔波，却处处碰壁，幸而皇天不负苦心人，他矢
志不渝的努力得到一些好友和地方父老的支持，总算是解决了办厂资
金的燃眉之急。而后，张謇将厂址选定在了南通城外的唐家闸，并根
据《易经》中的名句"天地之大德曰生"，为纱厂取名为"大生"。他又请
翁同龢为纱厂书写了一副对联："枢机之发动乎天地，衣被所及遍我东
南。"这副对联一直悬挂在厂公事厅中，它道出了张謇对于创办纱厂的
喜悦与雄心。1899 年 5 月，经过长达近四年的筹办，大生纱厂终于正
式开机。此时张謇已年近半百，面对着隆隆轰鸣的机器，回想起几年
来的苦心经营，张謇心中的喜悦溢于言表却又是百感交集。

　　大生纱厂是中国人自己创办的最早的纱厂之一，在张謇及其同仁
的努力下，纱厂开机第一年就获利颇丰。自此之后，纱厂的经营蒸蒸
日上。到了 1904 年，张謇已有足够的资本进行扩建，于是建成了大生
二厂。此后不久，"大生纺织股份有限公司"的招牌也在商部正式注
册，甚至还取得了"百里之内二十年不准别家设立纺厂"的专利权。几
经坎坷磨难，张謇的纺织业逐渐强盛起来，他的社会威望也与日俱增。

　　随着纱厂经营的好转与资本的不断增值，张謇开始逐步向其他
领域拓展。如早在 1901 年，张謇就开始筹办通海垦牧公司，在通海、
盐阜等地开垦土地，希望将这些荒芜贫瘠的土地改造成棉纺织业的
种植基地。此外，张謇还先后建立了广生油厂、复新面粉厂、资生冶
厂、天生港、发电厂等，逐渐形成了以唐家闸为中心的工业区，南通也
因此成为了一个工业基地。1907 年，张謇又将旗下的一些企业重新
组合，组建通海实业公司，自任总经理。辛亥革命后，张謇积极活动，
先后创建了淮海银行、大昌纸厂、通燧火柴厂等企业，全面践行着他
实业救国的理念，而他自己也因此成为了实业界中的泰斗。

　　更为难能可贵的是，张謇不仅仅在中国近代的经济领域内功不
可没，还对中国近代的文化教育、公益慈善等事业的发展作出了开创
性的贡献。张謇曾说："国家之强，本于自治；自治之本，在实业教育；
而弥缝其不及者，惟赖慈善。"正是本着这样的认识，他积极投身于文

教、公益事业。1905 年,张謇与马相伯一起创立复旦公学,这所学校就是日后著名的复旦大学的前身。此后,他又参与创办了农业学校、女子师范学校、医学专门学校、纺织专门学校、河海工程专门学校、盲哑学校等众多学校。也是在 1905 年,张謇在南通创建了南通博物苑,这是我国的第一所博物馆。此后他又相继筹建了图书馆、气象台等。这些举措使得南通从一个落后、闭塞的小城镇逐渐发展成为一座极具现代气息的新兴城市,也使得世人看到了近代化的希望和曙光。

张謇因在实业方面的突出贡献也曾在民国政府中担任要职,但他并不以仕途为重心,只是兢兢业业以创办实业为己任。然而张謇虽孜孜不倦,但毕竟人单势孤,这些大大小小的工厂最终还是没能抗衡住资本主义国家的经济侵略与压迫,渐渐走向了没落。

胡适曾这样评价张謇:"张季直先生在近代中国史上是一个很伟大的失败的英雄……他独力开辟了无数新路,做了三十年的开路先锋,养活了几百万人,造福于一方,而影响及于全国。终于因为他开辟的路子太多,担负的事业过于伟大,他不能不抱着许多未完的志愿而死。"尽管如此,却也没有人能够否定他的贡献。在 1937 年由中华书局出版的《中国百名人传》中,以黄帝为起始,以张謇为结束,这反映了他在当时人们心目中的崇高地位。毛泽东在谈到中国民族工业时也给予张謇极高的评价:"中国的轻工业不能忘记海门的张謇!"

张謇因着传奇的经历而被誉为"状元实业家",而他在中国近代史上所写下的浓墨重彩的一笔,将被后世所钦佩和铭记。

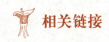 **相关链接**

实业救国

　　清末民初流行于世的救国思潮之一。它主张以发展实业作为救国救民的主要手段。这一思潮起源于洋务运动时期,后随着民族资本主义的发展而逐渐壮大,在辛亥革命后达到高潮。代表人物主要是民族资产阶级及其代表,如梁启超、张謇、汤震等人,因而也就反映了这一阶级的诉求与理想。

　　在实业救国思潮的影响下,我国民族资本主义有了一定的发展,我国的民族经济也因此迎来了一个短暂的发展期。这就在一定程度上抵制了外国资本主义的侵略和扩张,并为以后的政治、思想变革提供了重要的基础和保证。

荣氏兄弟与荣氏企业

在美丽的无锡城中，有一条古老的街道——荣巷。如今，这条古巷在岁月的洗礼与现代化文明的映衬下，显得有些萧条、破败。但百年前，就是在这狭窄而曲折的小巷中，居住着中国历史上著名的梁溪荣氏家族。也正是从这条小巷中，走出了中国近代史上著名的实业家兄弟——荣宗敬、荣德生。

荣宗敬（1873—1938）和胞弟荣德生（1875—1952）自幼入私塾读书，而后相继到上海的钱庄当学徒。在做学徒的日子里，他们勤奋好学，熟练掌握了钱庄的各种业务，同时努力提高自己的文化水平。这些努力为他们日后事业的开创奠定了坚实的基础。荣德生晚年回首一生，曾感慨地说："余一生之事业，得力在此时。"

甲午战争后，在父亲的资助下，兄弟俩在上海开办广生钱庄，由荣宗敬担任经理，弟弟荣德生则负责管账。后来，兄弟二人又在无锡开办了广生钱庄的分号，由荣德生主管。但广生钱庄开业三年盈余不多，曾经的合伙人因此拆股离去。荣氏兄弟遂在 1898 年以后开始独立经营钱庄，这可以看作是他们创业的开端。

1900 年，八国联军大举侵华，义和团运动如火如荼，国内局势陷入一片混乱，百业凋敝。但唯独面粉产业并没有因动荡而凋敝，反而显得异常活跃。荣氏兄弟由此推断面粉行业必定大有可为，因为自古中国向来是"民以食为天"，故而"粉厂一业，关系到民生所需，倘在无锡产麦之区建设一厂，必能发达"。于是兄弟二人开始筹措资金，准备兴建面粉厂。经过一年多的筹备，荣氏兄弟终于在无锡开办了保兴面粉厂。该厂于 1902 年 3 月正式投产，是无锡地区第一家机制面粉厂。虽然现在看来，这个面粉厂规模小，设备差，产量也不高，但它却是荣氏兄弟创办实业的第一步，更是未来整个荣氏家族辉煌事业的第一块基石。一年后保兴面粉厂改组，更名为茂新面粉厂，荣德生出任经理，荣宗敬则在上海任批发经理。为了将面粉厂做大做强，从选麦到销售的每一个环节，荣德生都严格把关，使得茂新面粉厂的事业蒸蒸日上。辛亥革命后，国内创办实业的环境转好，荣氏兄弟遂又在上海创办了福新面粉厂，由荣宗敬担任经理。其后两年，福新面粉厂迅速发展扩大,衍生出了福新二厂和三厂。

　　然而荣氏兄弟并不满足于面粉领域内的成功,他们还把创业的目光落在了纺织行业。因为衣与食一样关乎民生的根本,自然也就有着巨大的发展潜力。1905 年,兄弟二人与买办荣瑞馨合股集资,两年后在无锡创办起了振新纱厂。纱厂初创时期,实权掌握在荣瑞馨手中,但因为经营不善,亏损严重。此后纱厂改组,由荣氏兄弟总揽实权,一扫从前衰败的局面,扭亏为盈。到了 1910 年,振新纱厂生产的棉纱已经在市场上拥有强大的竞争力,市场份额不断扩大。

　　荣氏兄弟从金融领域转入实业,又从面粉行业扩展到纺织领域,一步步走得稳健而扎实,终于在实业界站稳了脚跟。及至欧洲爆发第一次世界大战,中国的民族企业迎来了发展的"春天"。荣氏兄弟抓住了这一难得的机遇,通过收买、兼并等办法,先后在无锡创办茂新二厂,在上海建立福新四厂、六厂,在汉口开办福新五厂。各厂面粉畅销全国,其中"兵船"牌面粉,更远销英、法、澳及东南亚各国,"一战"时期出口多达 80 万吨,在国外市场上享有盛誉。纺织业方面也毫不逊色,兄弟二人于 1916 年创办了申新纱厂,1917 年又收购恒昌源纱厂为申新二厂。

福新面粉公司

　　"一战"过后,列强卷土重来,对我国民族企业的发展再次形成了阻碍,造成了冲击。而此后不久,五四爱国运动随之爆发,国人掀起了支持国货的运动。荣氏兄弟乘此时机再次扩大经营规模,并更新设备。在动荡的国内外环境中,荣氏企业虽浮浮沉沉,却总是保持着昂扬的势头。截至 1932 年,荣氏兄弟共开设面粉厂 12 家,拥有纺织厂 9 家。12 家面粉厂的日产面粉能力约占全国(东北地区除外)机制面粉总产量的 30.7％。9 家纺织厂的年产纱、产布量则分别约占全国纱、布总产量的 18.4％ 与 29.3％。不仅如此,申新纱厂出产的"人钟"牌棉纱与"兵船"牌面粉一样,成为荣氏企业又一享有盛誉的产品。这骄人的业绩,使他们二人也获得了"面粉大王"和"纺织大王"的美誉,成为近代中国资本实力最强的实业家之一。

抗日战争爆发后不久,荣宗敬在香港病逝,临终前以"实业救国"告诫他的后辈。此后,荣氏企业的担子完全落在了荣德生的身上。他秉承着"实业救国"的理念,在后方积极活动,支援抗战。然而,荣氏家族的庞大财富却遭到了日本侵略者的觊觎。日本商人希望他将旗下的企业售予日本,被荣德生断然拒绝。面对日本侵略者及其走狗的嘲讽与威胁,荣德生凛然不惧:"我宁可玉碎,不为瓦全!"让世人看到了一位民族实业家的铮铮傲骨。

解放战争后期,面对国民党政权的土崩瓦解与有资产者的纷纷外逃,荣德生选择了留在大陆,并将荣氏企业的绝大部分机器设备完整保留,为新中国留下了一笔宝贵财富。1952 年 7 月 29 日,荣德生与世长辞。在他去世后不久,全国的荣氏企业在其子荣毅仁的领导下先后申请公私合营,这为新中国的经济建设立下了不可磨灭的功绩。

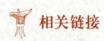 **相关链接**

民族资本主义"短暂的春天"

主要是指第一次世界大战期间(1914—1918),中国的民族资本主义获得了短暂的发展时机,以"短暂的春天"为喻。民族资本主义的发展之所以在此时出现短暂的发展时期,主要是受到国内外环境的影响。在国内,中华民国的建立提高了民族资产阶级的地位,并对其事业的开展提供了政策上的保证,为民族资本主义的发展创造了良好的条件。于国外,列强忙于战争无暇东顾,甚至还需要从中国进口大量的粮食、布匹,以维持战备物资,这也为民族资本主义的发展提供了机会。于是在这一时期,我国的民族企业得到迅速的发展。但好景不长,随着"一战"的结束,列强卷土重来,中国的民族企业再次陷入萧条之中。

范旭东与"永久黄"

范旭东，"中国化工之父"，他一手创办的"永久黄"化工集团奠定了中国近代化学工业的基础。毛泽东曾赞扬他是中国民族工业发展史上不能忘记的四大实业家之一，但他的故事和功绩并不为多数人所知晓。

范旭东，原名范源让，字明俊，湖南湘阴人，1883年生于长沙东乡。其兄范源濂曾师从梁启超于长沙时务学堂，范旭东随他往来其间，耳濡目染，年纪虽小却以心怀天下、救国救民为己任。戊戌变法失败后，他随兄东渡日本留学。留日期间，范旭东曾就读于冈山高等学堂。看到中国主权日渐沦丧，他打算到帝国大学习军火制造术以拯救祖国，便前去向校长酒井佐保请教。校长不以为然道："俟君学成，中国早亡矣！"这句话深深刺痛了他的民族自尊心。不久又听到日俄瓜分中国领土的消息，范旭东摄像立誓，勿忘民族耻辱。1908年，范旭东考入京都帝国大学理学院，习应用化学。

辛亥革命成功后，范旭东回国效力。时逢北洋政府有意改良盐政，拟办新式盐场，派员赴欧洲诸国考察制盐制碱工艺，范旭东随团赴欧。近一年时间里，范旭东遍走各国矿盐产地和沿海盐场，大开了眼界，同时深为列强各厂封锁垄断制碱工艺所刺激，坚定了自力更生以工业救国的决心。1913年考察团归国，范旭东向政府提出了取消专商、废除引岸、改良盐质、统一税率、工业用盐免税等改革提案，不为重视。失望之余，自念"大时代不容任何人苟安，我等有负起担子的必要，力所能做，不可放松，要争气就靠这个时候办工业振兴我们的民族"，范旭东决心自己办盐厂。

1914年夏，中国第一家专门从事精盐生

范旭东

1914 年
中国第一家专门从事精盐生产的企业——久大精盐公司在塘沽创办。

1920 年
中国人自有的第一家制碱企业——永利制碱公司在塘沽成立。

1922 年

在久大实验室的基础上，范旭东创立了近代中国第一家民营研究机构——黄海化学工业研究社。

1937 年

"永久黄"内迁四川，开辟华西化工基地，支持抗战。

产的企业——久大精盐公司在塘沽创办。公司以五角形的"海王星"为商标，寓意自强不息、为民造福。公司开办之初，范旭东既当经理又任技师，克服种种艰苦条件，终于研制出与洋盐相媲美的精盐。1915年，久大精盐厂正式竣工并投产，因产品品质纯净、色泽洁白且价格合理，广受民众欢迎，年获利达五六十万元。"久大"不断改进技术、扩大生产规模，经济实力大增。1918 年，久大公司不仅接收了德国在塘沽的铁路支线、收买了沿海河的俄国码头，还将久大精盐远销长江流域，打破了"引岸制"陈规。1922 年，范旭东又承接了北洋政府收回的日本在青岛的盐田，组建永裕盐业公司，并取得青岛精盐的外销专卖权，首次将精盐销往国外。到 1925 年，久大精盐公司已经发展为中国最大的精盐制造企业，产盐量由最初的 3 万担增至 50 万担，资本由原来的 5 万元增至 250 万元。

　　碱，号称工业之母，既是生活必需品，又是化工基础原料。赴欧考察时，范旭东就认识到，没有制碱工业，化学工业就无从谈起。"中国化学工业不幸到今日还没有基础！不独近代高级的如高压、高温合成、精炼等化学工业无人举办，甚至家常洗衣肥皂都不能独立，必得由外国输入补充，岂不可耻！"1917 年，范旭东邀集化工专家陈调甫、机电专家王小徐秘密试验制碱，并开始筹备设立制碱厂。1920 年 5 月，中国人自有的第一家制碱企业——永利制碱公司在塘沽成立，中国民族化学工业的基础从此奠定。由于当时最先进的索尔维制碱工艺为国外大公司所垄断，永利碱厂生产方法落后，产品质量差，打不开销路，曾被迫停产。关键时刻，范旭东请来侯德榜担任制碱总工程师，反复摸索试验，终于在 1926 年 6 月

天津碱厂（原永利碱业公司）

破解了索尔维制碱法之秘，成功制造出纯度为 99% 的碳酸钠，打破了英国卜内门公司对中国碱业市场的垄断独霸。永利纯碱包装为"红三角"，三角中间有一个化工实验常用的坩埚，标志着中国化学工业的诞生和兴起。到 1929 年，"红三角"牌纯碱已远销日本和东南亚等

地。1934年,为筹办硫酸铵厂,范旭东将永利制碱公司改组为永利化学工业公司,经过三年多时间的努力,在南京卸甲甸建成了堪称"远东第一流"的永利硫酸铵厂,填补了中国化肥工业的空白。

在创办"久大"和"永利"的过程中,范旭东深刻体会到科学研究对振兴民族工业的重要性,常与人言道:"中国今日若不注重科学,中国工业有何希望?"1922年8月,范旭东在久大实验室的基础上,创立了近代中国第一家民营研究机构——黄海化学工业研究社,聘请哈佛大学化学博士孙学悟任社长,全面加强化工科学技术的研究。在范旭东和孙学悟的主持下,"黄海"不断引进那些"肯沉下心来,不趁热、不惮烦,不为当世功名富贵所惑,至心皈命为中国创造新的学术技艺"的优秀化工人才到社工作,先后成立了化工原理、应用化学、发酵化学、海洋化学等研究部门,在水溶性盐类、发酵与菌学、农业肥料、轻金属盐类等领域取得了丰硕的研究成果,既为"久大"、"永利"提供了强大的技术支持,又有力地推动了中国近代科研事业。

到1937年,"永久黄"工业团体已经发展为中国最大的民族资本化工集团,"永久黄"所在地塘沽也从一个荒废的小渔村发展成为一座配套设施完备的近代工业城市。抗日战争爆发后,天津沦陷,20年苦心经营尽陷敌手。范旭东坚决不向日本人妥协,毅然率领同人把企业内迁四川,从头开始重建"永久黄",坚持生产,支援民族抗战。

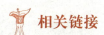相关链接

"味精大王"吴蕴初

吴蕴初是我国民族化学工业的另一位先驱,他与创办"永久黄"化工企业集团的范旭东一道并称"南吴北范"。吴蕴初的起步与研制和生产味精密切相关。

20世纪初只有日本生产味精,命名"味の素",并在上海大肆倾销。吴蕴初研究发现,所谓"味の素"成分就是单一的谷氨酸钠,他决定钻研提取谷氨酸钠的技术,打破日本的技术垄断。1921年秋,吴蕴初自行研制出了味精,并找到上海富商张逸云投资这个新型调味品。1923年,天厨公司正式成立。天厨味精厂生产的"佛手"味精成本低、定价低,"五卅运动"期间又打出"敬请国人,爱用国货,天厨味精,国货精品"的广告,借爱国浪潮一举击败"味の素",赢得了多数市场份额。随后,日本"味の素"在东南亚的市场也被中国产品取代。吴蕴初由此赢得了"味精大王"的称号。

卢作孚及其民生实业

1926 年

7 月 23 日，"民生"轮正式开航渝合线。

1937 年

民生公司成为中国最大的内河航运民族资本企业集团。

卢作孚是近代中国著名的民营企业家，他所创办的民生实业股份有限公司是民国时期最大的民营航运公司，对近代中国交通运输业的发展和抗日战争的胜利曾作出特殊的贡献。卢作孚这位没有受过正规教育的学者、没有钱的大亨，他的业绩和成功之道至今为世人所称许。

1893 年，卢作孚出生在重庆合川县一个贫寒家庭，小学毕业即辍学。15 岁时步行赴成都求学，凭借天赋和毅力，自学成才。卢作孚青年时期热衷于教育救国，但因四川军阀混战而屡屡受挫，他的思想逐渐转向了实业救国。卢作孚认识到，"纷乱的政治不可凭依"，中国的根本出路是建国而非救亡，是需要建设一个现代化的国家。"创业的顺序应当是：第一，交通；第二，实业；第三，文化教育。"卢作孚设想，以轮船航运业为基础，同时举办其他实业，并把实业与教育结合起来，促进社会改革，达到振兴中华的目的。因此，他选择了轮船交通运输业作为自己创业的起点，于 1925 年在合川发起筹建民生实业股份有限公司。

1926 年 7 月中旬，民生公司在上海订制的浅水铁壳小轮溯江而上抵达合川，几天后，这艘名为"民生"的小轮开航渝合线，民生事业由此起航。20 世纪 20 年代，川江上有三北、华阳等华轮公司，还有日清、太古等外轮公司，民生公司船小钱少，难与之竞争，因此采取了"避实就虚，人弃我取"的方针，专走水急滩多、无船航行的渝合线，积蓄力量。与此同时，卢作孚竭尽全力改善经营管理，废除了传统的买办制，代之以董事会领导下的总经理负责制。公司还提出"一切为了顾客"的服务口号，热情招待旅客，主动改善伙食，受到旅客和社会好评，船船客满，应接不暇，获利甚丰。两年之间，公司轮船增至 3 艘，职工从 30 余

民生公司第一艘轮船——"民生"轮

人增至百余人,奠定了进入长江经营长线运输的基础。

1929 年,卢作孚被刘湘委任为川江航务管理处处长,为打击帝国主义势力、振兴华轮运输业,他提出了"化零为整,统一川江"的方略,主张将川江上分散的华轮公司联合成一个公司,以增强实力一致对外。这一建议得到普遍赞同,为民生公司发展壮大提供了良好机遇。在卢作孚精心经营下,到 1937 年抗战前夕,民生公司的轮船增至 46 艘,吨位增到 1.8 万余吨,职工近 4000 人,股本 350 万元,资产达 1215 万元,航线延伸至上海,承担了长江上游 70% 以上的运输业务,成为川江第一大航运公司。

在民生公司快速发展的同时,卢作孚还开办了一些其他事业,实践自己的救国理想。1927 年,卢作孚开展了北碚乡村建设运动,在北碚地区创办了川北铁路公司、三峡织布厂、中国西部科学院,扩建了天府煤矿,兴建了北泉公园、兼善中学、博物馆、图书馆、运动场和医院。1928 年,又创办了合川水电厂和民生机器厂。

抗日战争爆发后,卢作孚急电民生全体职工:"民生应当首先起来参加抗战。"他亲自指挥民生公司抢运四个师两个旅川军出川作战,同时完成了国民政府后撤武汉的紧急任务。1938 年 10 月,武汉失守。大批从华北、华中、长江下游涌来的迁川物资、器材和人员积堵在宜昌,乱作一团,身后日军正沿长江疯狂向宜昌推进,更加剧了人群的恐慌。当时可在川江行驶的船只只有 24 艘,其中 22 艘属于民生公司。在此危难之际,卢作孚主动请命承担全部运输任务。10月 23 日,卢作孚抵达宜昌。马不停蹄地检查完码头、船只的情况后,他召集各轮船负责人制定了"三段航行"和"川江夜航"的运输计划。10 月 24 日,第一艘满载物资和人员的轮船鸣笛起航,驶出宜昌港。经过四十昼夜突击抢运,民生公司共抢运各种物资、器材设备 15 万余吨,运输进川人员 3 万多人。晏阳初曾将宜昌大撤退形象地比喻为"中国实业史上的敦刻尔克"。在整个抗战期间,民生公司共抢运各类人员 150 余万人,物资 100 余万吨,承担了长江上游运输 90% 的运量,保存了民族抗战的命脉。那些抢运入川的物资,很快用在西南和西北建立了一系列新的工业区,构成了抗战的坚强后盾,为战争的最后胜利提供了有力的保证。

1939 年
国民政府军事委员会传令嘉奖参与宜昌大撤退的"民元"、"民本"、"民俗"、"民权"、"民苏"、"民熙"等 30 艘轮船。

1946 年
"民众"轮首航台北成功,民生公司正式开通了从上海到台北的第一条海运航线。

在支持抗战的运输中,民生公司损失轮船近30艘,上百名员工伤残、牺牲。然而民生公司的爱国行动得到了全国人民以及国民政府的称许和支持,在多数企业因抗战陷入困境时,民生公司的股本却有较大增加,由战前350万元增加到1943年的700万元,大小船只多达130余艘,吨位达3.6万余吨,职工7000余人。卢作孚继续致力于实现他以民生公司为中心发展其他实业的主张,一方面扩建民生公司的附属企业,一方面对西南70多个企业进行了投资,使民生企业成为国民党大后方最大的民族资本主义企业。

1943年,卢作孚预见到抗战的胜利,提出"把民生公司的旗帜插到太平洋去"的设想,确定了战后发展海洋运输的计划。10月,卢作孚赴美参加国际通商会议,提出了维护我国航权和航运利益的三条提案,获得大会一致通过。同时,他与两家加拿大造船公司签订了制造12艘大、中型海洋客轮合同。1946年夏,"民众"轮首航台北成功,民生公司正式开通了从上海到台北的第一条海运航线。到解放前夕,民生拥有各种轮船、驳船共150余艘,总吨位达7.2万吨,职工9000余人,航线不仅遍及长江各口,而且航行于日本和东南亚,实现了其发展海洋运输的理想。

 相关链接

战时工业内迁

抗日战争爆发后,面对日本侵略军的全面进攻,为了支持抗战,防止东部地区的工矿落入日本侵略者之手,国民政府组织沿江、沿海国营和部分民营企业迁往西南等地。1937年9月,国民政府军事委员会设立工矿调整委员会,全面负责战区工厂的内迁工作。之后,沿海和临战地区的民营工厂和国营工厂,特别是兵工厂陆续内迁。

抗战初期,国民政府对战争形势估计不足,最初选定武昌作为工厂内迁目的地。南京陷落后,日军溯长江而上,矛头直指武汉。内迁武汉的工厂及武汉当地工厂被迫再次向西南、西北地区拆迁。1940年6月,轰轰烈烈的工厂内迁基本结束。据统计,内迁的民营厂矿共计639家,其中经国民政府工矿调整处协助内迁的448家,闽、浙两省自行内迁的191家,拆迁机器材料总重量12万吨。同时,还有一批内迁的国营工矿和兵工厂,例如兵工署先后内迁的兵工厂有14家,资源委员会内迁的厂矿有18家。

侯氏制碱法

　　纯碱，学名碳酸钠，是生产玻璃、搪瓷、肥皂、纸张等工业品、食品、药品和日常生活用品不可缺少的基本化工原料。一包50公斤重的纯碱，现今市场标价为100元。但在民国时期，一两碱粉曾经比一两白银还贵。

　　原来，在20世纪初，我国生产、生活所需纯碱全部依赖进口。第一次世界大战期间，欧亚交通梗阻，市场吃紧。英国在华的卜内门公司为了攫取暴利，又囤积居奇，出现了"碱粉比白银贵"的局面，导致以纯碱为原料的民族工业倒闭了十之八九，严重影响了国计民生。

　　爱国实业家范旭东为应急需，在兴办久大精盐公司的基础上，于1917年在天津塘沽创办永利制碱公司。范旭东明白，碱厂"若要成功，全在技术"，但当时先进的制碱技术——索尔维制碱法被欧美列强牢牢控制，它们组成索尔维公会严防泄密，根本无从获知其技术要领。

　　1921年10月，侯德榜受范旭东聘请，回国任永利制碱公司技师长（即总工程师）。留美期间，侯德榜专攻制革化学，对于制碱完全是门外汉。但就是这个门外汉，用不到五年的时间，彻底掌握了氨碱法制碱的全部技术要领，而且比索尔维法有所改进，生产出了纯度在99％以上的优质纯碱。1926年8月，永利"红三角"牌纯碱在美国费城万国博览会上荣膺金质奖章，并被誉为"中国工业进步的象征"。永

侯德榜

1913 年
侯德榜毕业于北京清华留美预备学堂，以十门功课1000分的成绩被保送入美国麻省理工学院化工科学习。

1921 年
侯德榜受范旭东邀请，回国任永利制碱公司总工程师。
李四光率地质系学生先后在河北省沙河县及山西大同盆地实习，首次发现第四纪冰川遗迹。

利终于打破了英国卜内门公司对中国纯碱市场的垄断，为民族化工企业打开了生路。

成功后的侯德榜谨遵导师杰克逊（D. D. Jackson）的名言——"科学技术是属于全人类的，它应该造福于人类"，表示"我们决不做第二个索尔维，第二个卜内门"，决心把自己多年实践获得的制碱技术经验公之于众。1933年，侯德榜用英文撰写了《纯碱制造》一书，这本书的出版，结束了氨碱法制碱技术被垄断、封锁的历史，在学术界和工业界受到高度重视，被公认为制碱工业技术的权威著作。美国著名化学家威尔逊教授称赞这是"中国化学家对世界文明所作出的重大贡献"。

好景不长，1937年日本全面侵华，迫使永利同人从塘沽、青岛、海州、卸甲甸西撤，最终选在川西犍为县岷江东岸五通桥南5公里处的老龙坝（后改称"新塘沽"）兴建永利川厂。工厂急需起建，担负华西碱厂设计重任的侯德榜愁在心里，原来用作制碱的盐在华西相比塘沽贵几十倍，若是继续用索尔维工艺制碱，巨额成本不堪承受。有没有新的制碱工艺呢？

早在1934年《海王》旬刊第6卷第28期上，《察安法制碱之介绍》一文就介绍了一种由德国人格鲁德和吕普曼提出的，在中间盐存在的状态下，以碳酸氢铵和食盐为原料的循环法。这套工艺可得纯碱和氯化铵两种产品，使食盐利用率提高到90%，又几乎不产生废液。

侯德榜决定赴德考察并购买察安法专利。1938年，侯德榜一行到德国之后，各碱厂即对其严格保密，拒绝或阻挠他们参观访问。购买专利的谈判同样进行得极其艰难。德方不仅索要高价，甚至无理要求"使用察安法专利的产品，不准在东北三省出售"。侯德榜当即终止谈判，决定自力更生研究新法制碱，一行人离德赴美。

在纽约，侯德榜根据制碱经验，结合察安法专利说明书和相关论文，制定了制碱新法的试验计划并组织永利技师开展研究。到1939年底，侯德榜等人经过成百上千次的反复试验，不仅摸清了察安法的工艺条件，还发现了其工艺流程中可供改进的地方。克服了重重困难，实验室数据在扩大试验中得到了验证，一个不是察安法而胜过察安法的新的制碱法即将诞生。1941 年 3 月 15 日,为表彰侯德榜在研究新法制碱工作中的贡献,永利川厂厂务会议决定,将此法命名为"侯氏制碱法"。

收到贺函的侯德榜没有放下手头的工作,他感觉新法制碱虽然比察安法已经进步了,但仍不够理想。有没有办法把索尔维法和察安法的优点结合起来呢? 侯德榜望着满墙的制碱流程图愣了神。"能不能把制碱和合成氨联合起来,进行连续化生产呢? 连续化,连续化……"侯德榜脑子里萦绕着这个念头,手上不停地画着新的流程草图,一套从合成氨出发的氨碱联合生产工艺在笔端越来越清晰。1942 年 11 月,永利化工研究部开始在"新塘沽"进行新流程的半工业试验。经过两三个月时间的试验检验,氨碱联合生产完全可行,"侯氏制碱法"终于完成了。

1943 年 12 月 25 日,"侯氏制碱法"在中国化学会第十一届年会上首次面世,赢得了多方赞誉。1949 年 1 月 17 日,国民政府签发京工(38)字第 1056 号文,核准永利公司关于授予"侯氏制碱法"专利的呈请。

相关链接

李四光及其"地质力学"

说到近代中国地质科学的发展和地质学方面的成就,就不能不提到著名地质学家李四光。

李四光,蒙古族,字仲拱,原名李仲揆。1889 年出生,湖北黄冈人。1919 年,在英国伯明翰大学取得地质学硕士学位。自 20 世纪 20 年代起,李四光就致力于在地质学中运用力学的观点研究地壳构造以探索地壳运动的规律。1921 年,李四光研究中国东部石炭二叠纪沉积物时发现,海浸海退现象存在南北差异,他由海水运动的方向性推断大陆运动也存在方向性。1926 年,李四光发表了《地球表面形象变迁之主因》一文,根据大陆上大规模构造运动的方向,推论出它们起源于地球自转速度的变化,提出"大陆车阀"控制地球自转速度的科学假说。这一理论成为地质力学发展的开端。

此后,为了确切论证大陆运动,李四光把地壳运动问题与具体构造现象有机地联系起来,通过对不同地区不同构造体系的全面认识,探索构造现象的本质。1929 年,李四光明确了"构造体系"的概念,概括了不同类型"构造体系"的本质,测定了和每一类型"构造体系"有关地区的构造运动的方向和方式,为地质力学打下初步基础。20世纪30年代至40年代初,李四光继续对尚未研究过的或尚未深入研究的各种具体构造类型进行研究,发现了许多"构造体系"的定型性、定位性和定时性及它们之间的复合关系,进一步修正、充实了"构造体系"这一概念的理论内涵。

1944年,李四光正式提出"地质力学"这一新学科名词。他说:"地质力学为本人新创之名词,涵义为应用材料力学之原理,并就岩层变形后其所受应力分配之现象,以解释地质构造,更由是而求出若干地质力学原理。"1947年1月,《地质力学之基础与方法》一书出版,标志着地质力学这一地质学和力学的交叉学科正式建立。地质力学理论的提出,为中国构造地质学的发展注入了活力。

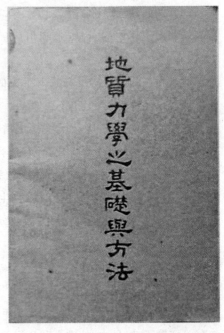

《地质力学之基础与方法》书影

华罗庚和"华氏定理"

数学是一门需要天分的学科,历史上有很多大数学家在很小岁数就展现出了极高的数学天赋。不过即便是天才,仍需要自身艰苦的努力和外在环境的磨练才能最终成功。在民国史上,就有这样一位"梅花香自苦寒来"的数学奇才。

他被称为"中国数学之神"、"中国现代数学之父"、"人民数学家"、"中国的爱因斯坦"。他是国际上享有盛誉的数学大师,他的名字在美国芝加哥科技博物馆等著名博物馆中,与少数经典数学家列在一起。他就是中国解析数论、矩阵几何学、典型群、自安函数论等多方面研究的创始人和开拓者——华罗庚。

1910年11月12日,华罗庚出生于江苏省金坛县一个小商人家庭。12岁那年,他进入金坛县立初级中学学习,年龄尚小,却在数学方面表现出了惊人的潜力。有一天,老师出了道"物不知其数"的算题。老师说,这是《孙子算经》中一道有名的算题:"今有物不知其数,三三数之剩二,五五数之剩三,七七数之剩二,问物几何?""23!"老师的话音刚落,华罗庚的答案就脱口而出。当时的华罗庚并未学过《孙子算经》,他是用如下妙法思考的:"三三数之剩二,七七数之剩二,余数都是二,此数可能是 $3 \times 7 + 2 = 23$,用5除之恰余3,所以23就是所求之数。"

华罗庚天资过人,但人生并非一帆风顺。中学毕业后由于家境窘迫他曾被迫退学,回家帮助父亲在"乾生泰"这个只有一间小门面的杂货店里干活、记

青年华罗庚

1916 年
吴有训考入南京高等师范学校,在胡刚复博士的引导下接触了 X 射线有关基础知识,逐渐培养起对 X 射线研究的浓厚兴趣。

1921 年
吴有训以优异成绩考取江西省赴美国官费留学生,入芝加哥大学物理系学习,师从康普顿。

1928 年
吴有训应聘到清华任教,执教时间长达17年。

1930 年
华罗庚受聘到清华大学任教。

账。他的姐姐华莲青回忆说："尽管是冬天，罗庚依然在账台上看他的数学书。鼻涕流下时，他用左手在鼻子上一抹，往旁边一甩，没有甩掉，就这样伸着，右手还在不停地写……"

当华罗庚开始他的数学家生涯时，手中仅有一本《代数》、一本《几何》和一本缺页的《微积分》。不过就是靠着这几本入门性质的读物，华罗庚19岁的时候就在上海《科学》杂志上发表了论文《苏家驹之代数的五次方程式解法不能成立的理由》。当时在清华大学数学系任主任的熊庆来看到后对这篇文章很重视，他问周围的人说："这个华罗庚是谁？"谁也答不上来。后来，一个名叫唐培经的清华教员向熊庆来介绍了他的同乡华罗庚的身世。熊庆来听后非常赞赏："这个年轻人真不简单啊！应该请他到清华来。"

1936 年
华罗庚赴英国剑桥大学访问、学习，两年后回国任西南联合大学教授。

1946 年
华罗庚赴美，任普林斯顿数学研究所研究员、普林斯顿大学和伊利诺伊大学教授，四年后回国。

1936 年，经熊庆来推荐，华罗庚前往英国，留学剑桥。声名显赫的数学家哈代，早就听说华罗庚很有才气，他说："你可以在两年之内获得博士学位。"可是华罗庚却说："我不想获得博士学位，我只要求做一个访问者。"两年中，他集中精力研究堆垒素数论，并就华林问题、他利问题、奇数哥德巴赫问题发表18篇论文，得出了著名的"华氏定理——体的半自同构必是自同构自同体或反同体"，向全世界显示了中国数学家出众的智慧与能力。1938 年华罗庚回国，受聘为西南联合大学教授。从 1939 年到 1941 年，他在极端困难的条件下，写了 20 多篇论文，完成了他的第一部数学专著《堆垒素数论》。《堆垒素数论》后来成为数学经典名著，1947 年在苏联出版俄文版，又先后在各国被翻译出版了德文、英文、日文和匈牙利文版。

1946 年，华罗庚应邀去美国讲学，并被伊利诺大学高薪聘为终身教授，生活条件十分优越，很多人认为他将长居海外。然而 1950 年，他毅然放弃在美国的优裕生活，回到了祖国，而且还给留美的中国学生写了一封公开信，动员大家回国参加社会主义建设。他在信中坦露出了一颗爱中华的赤子之心："朋友们！梁园虽好，非久居之乡。归去来兮……为了国家民族，我们应当回去……"虽然数学没有国界，但数学家却有自己的祖国。在这一点上，华罗庚表现出和中国近现代史上其他科学家一样深厚的民族主义情感。

吴有训与 X 光

　　吴有训(1897—1977)，字正之，江西高安人。1926 年，在芝加哥大学获物理学博士学位，同年秋回国。吴有训一生最光辉的成就便是他帮助康普顿证明了 X 光的存在。康普顿最初发表的论文只涉及一种散射物质(石墨)，尽管已经获得了明确的资料，但终究还只限于某一特殊条件，难以令人信服。为了证明这一效应的普遍性，这位年轻的中国留学生在康普顿的指导下，做了 7 种物质的 X 射线散射曲线。

　　为了确证锂散射的效果，吴有训独具匠心，巧妙地设计了实验方案。他把锂辐射物放在充有氢的铅室中，铅室上安有两扇云母窗，分别让原始的 X 射线进入和散射的二次射线射出。实验做得非常细致，结果是在金属锂散射的二次射线中康普顿效应的不变线消失了。

　　锂散射中不变线强度为零，证明康普顿提出的第一个假设，即"不变线是由于散射过程中电子获得的能量不足以使它脱离原子所引起"是正确的，另一个关于光子与原子核碰撞的假设是不对的。这样，就把康普顿效应的理论向前推进了一步。

　　吴有训以雄辩的事实，无可置疑地证实了"康普顿效应"，发展和丰富了康普顿的工作，使"康普顿效应"的怀疑者放弃了原有观点。康普顿因发现了 X 光于 1927 年荣获诺贝尔物理学奖。

　　吴有训进一步研究康普顿效应，并且把康普顿效应的理论向前推进。有一段时期前苏联学者鉴于吴有训的工作对肯定康普顿效应有功绩，因此将"康普顿效应"改称为"康普顿—吴有训效应"，但吴有训公开表示不同意，表现了一位科学家求实的态度和谦虚的美德。

茅以昇钱塘江造桥

秦代杭州名钱唐，唐时易唐为塘，大江经杭州而入东海，由此得名钱塘江。钱塘江，亦名浙江。《史记》载："三十七年十月癸丑，始皇出游，至钱唐，临浙江，水波恶，乃西行百廿里，从狭中渡，上会稽，祭大禹。"说的就是钱塘江波涛险恶，难以横渡，即便是尊荣已极的秦始皇，也只能"西行百廿里，从狭中渡"。再者钱塘江底的流沙变幻莫测，"钱塘江无底"的传说在杭州民间由来已久。百姓口中世代流传着这样一句歇后语："钱塘江建桥——办不到。"

要在钱塘江上造大桥果真办不到吗？从六和塔上俯瞰着滔滔江流，茅以昇一遍遍地问自己。茅以昇衡量着自己的能力：1919 年获得工科博士学位并被授予"菲梯士"金质奖章；回国后先后任教于唐山交通大学、东南大学、河海工大、北洋大学等校；1920 年担任修建南京下关惠民桥的工程顾问；1928 年参加了济南黄河大桥的修理工程——论学识、论经验均担得起建桥重担。但这里毕竟是钱塘江，建造的又是第一座完全由中国人来负责的大型桥梁，容不得半点马虎。好在身边有罗英这样技术精湛、经验丰富的好友一起共事，建好大桥有了更大的把握，茅以昇又宽心了许多。

经过半年多的细致勘测，综合各方建议，茅以昇最终敲定了最佳的建桥方案：大桥选址在杭州市区西南的闸口。北岸引桥 288 米，南岸引桥 93 米；江中为 16 孔正桥，每孔跨距为 67 米，计长 1072 米；大桥全长 1453 米。15 个桥墩，6 个在岸边，9 个位于江心。大桥钢梁使用高级合金钢，形制为双层联合桥，下层通火车，上层过汽车和行人，桥高 71 米。预算经费约需 510 万元。

浙江省建设厅长曾养甫对设计书十分满意，立即报铁道部准予施工。1935 年 4 月，我国第一座自行设计建造的铁路、公路两用双层现代化大桥正式开工。

建桥工程采用茅以昇提出的"上下并进，一气呵成"的新办法，同时启动基础、桥墩、钢梁三个主要工程。1935 年 6 月，用于建桥墩基础的打桩船就位，茅以昇和罗英亲自上船指挥操作，打桩工程开始了。但江底的流沙太厚、石层太深，工人们整整忙了一昼夜，只打进 1

根桩。每个桥墩要打 160 根桩,江心 9 个墩要 1440 根,若每天只能打 1 根桩,光打桩就得花 4 年时间,建桥工程将拖到什么时候?茅以昇皱着眉,没说一句话。一个又一个方案被否定,一个又一个不眠夜相随,不少人的信心都动摇了。后来,茅以昇从浇花壶水把土冲出小洞这件生活琐事中获得了启发,采用抽江水在厚硬泥沙上冲出深洞再打桩的"射水法",最终突破了打桩的难关,使原来一昼夜只打 1 根桩,提高到可以打 30 根桩,大大加快了工程进度,建桥工程得以顺利进行。

　　打桩期间,工人们已经按要求做好了长 18 米、宽 11 米、高 6 米、重 600 吨的钢筋混凝土沉箱。基础一经打好,紧接着就要浮运沉箱、筑桥墩。工人们齐喊着号子,把这个长方体庞然大物缓缓送下水,再由轮船将它拖到木桩跟前,准备下沉就位。不曾想正赶上海水落潮,6 个 3 吨重的铁锚根本拽不住沉箱,几百吨重的大家伙被潮水轻而易举地托起,顺势漂流而去。工人们费了九牛二虎之力拖回了沉箱,还没来得及让它沉到木桩上,汹涌的海潮又如千军万马奔腾而来,裹挟着沉箱把它带去了上游。就这样,江潮、海潮如同嬉戏般带着沉箱上下游窜,又给茅以昇出了一道难题。

　　装不了沉箱就筑不了桥墩,筑不起桥墩还造哪门子桥!所有人都急了,建设厅长几乎跳着脚对茅以昇吼:"大桥建不成咱俩都跳钱塘江,你先跳,我跟着你!"面对困难,茅以昇没有丝毫退缩,继续和总工程师罗英带着技术人员和工人,总结经验教训,分析研究江潮、海潮的规律。最后,茅以昇采用一位工人的建议,将 3 吨重的铁锚换成了 10 吨重的混凝土大锚,沉箱选在涨海潮时下水,落潮时下沉就位,结果十分顺利,闯过了建桥的又一难关。

　　建桥工程紧锣密鼓地进行着,但日本法西斯已向中国伸出了魔爪,侵华火焰很快蔓延到长三角地区。1937 年 8 月 14 日,日寇飞机开始袭扰杭州,企图炸毁尚未完工的钱塘江大桥。冒着生命危险,茅以昇和工友们日夜奋战在工地上,争取早日完工通车。1937 年 9 月 19 日、20 日,大桥的最后两孔钢梁装到了桥座上,大桥合龙了。9 月 26 日凌晨 4 时,一列火车长鸣着汽笛,从大桥上隆隆驶过钱塘江,钱塘江大桥建成了!

1937 年
9 月 26 日,钱塘江大桥正式通车。
李国豪获德国洪堡基金会奖学金,次年赴德国达姆施培特工业大学留学。

1946 年
李国豪回国,任工务局工程师,参与上海都市计划的制定等工作。

喜悦的气息还没散去，日寇已渐渐逼近杭州了。1937年11月16日，茅以昇接到上级命令：马上炸掉大桥，不能为敌人所用！这是花了两年半的时间，倾注心血才建成的大桥啊，如今就要毁掉，茅以昇心痛如刀绞，但也不能把它留给日本人。12月23日下午5点钟，隐约见日军奔抢而来，茅以昇断然下令引爆预埋的炸药。一声轰然巨响，硝烟腾起，钱塘江大桥被截成两段。

亲手炸掉自己新造的大桥，茅以昇夜不能寐，伏案写下："钱塘江上大桥横，众志成城万马奔。空破难关八十一，惊涛投险学唐僧。""天堑茫茫连沃焦，秦皇何事不安桥。安桥岂是干戈事，同轨同文无浪潮。""斗地风云突变色，炸桥挥泪断通途。五行缺火真来火，不复原桥不丈夫。"茅以昇带着14箱资料档案，辗转内迁。

终于，日本法西斯战败了，茅以昇的第一桩心愿就是修复钱塘江大桥。1946年春，茅以昇和同事们带着精心保护下来的14箱资料，回到了战后的杭州。9月，修复工程正式启动。到1953年9月，修复工程终于完成，茅以昇兑现了自己的诺言，大桥重又恢复了昔日雄姿，傲踞钱塘江两岸。

 相关链接

"悬索桥李"——李国豪

李国豪是名震中外的桥梁大师。1913年出生于广东梅县（今梅州市）一户农民家庭。1929年考入上海同济大学土木系。1938年赴德国达姆施培特工业大学留学，1940年获得博士学位。在此期间，李国豪一篇名为《悬索桥按二阶理论实用计算方法》的论文，在欧洲工程学界引起极大反响。这篇论文第一次改变了旧的通过直接求证桥梁承受压力的计算方法，是力学研究中的首创。他既解决了悬索桥建造中承受压力的计算方法难题，又独创了一种精密而系统的计算理论。西方桥梁工程专家尊称李国豪为"悬索桥李"。此时的他年仅26岁。1942年，李国豪又以论文《钢构分析的几何方法》，成为首名获得德国"特许任教工学博士"学位的中国留学生。这位双料博士提出桥梁建筑史上的变位理论实用计算方法，轰动了易北河两岸和阿尔卑斯山间的桥梁工程界。1946年夏，李国豪偕同妻子历尽艰难回到祖国，到达上海后，他回到同济大学，而且从此再也没有离开。

教育与文艺

　　辛亥革命后，国家政局仍动荡不安。一大批爱国知识分子开始从教育、文学、艺术等领域寻找救国之路。频仍的政治经济变动，阻碍了中国现代教育、文学和艺术的平稳发展，但某种意义上却成就其大放异彩。在复杂的社会矛盾和急剧的社会变革背景下，黄炎培、蔡元培、晏阳初、陶行知等教育家，分别从职业教育、军国民教育、平民教育、生活教育等方面入手，艰苦实践着教育救国的理想追求；鲁迅、郭沫若、张恨水、徐志摩、赵树理等作家，或以白话抨击黑暗的封建统治和帝国主义的丑恶嘴脸，或以浪漫的情怀抒发情感，或深入工农群众反映农村阶级斗争，从现实社会生活取材，共同繁荣了现代文学的创作内容与表现形式；在民族危亡时刻，梅兰芳蓄须明志，《义勇军进行曲》唱出了全中国的呼声，文艺工作者以心灵的感染力振奋了炎黄子孙共赴国难的精神。

《九方皋》

　　《九方皋》是徐悲鸿的代表作之一,创作于1931年。此画取材于《列子》所载的九方皋相马的故事,画中人物和马匹都采用的是饱满宏大、庄严稳定的构图,笔墨上也表现出了徐悲鸿高超的技巧,画面墨色的安排、线条的运用、虚实的处理均臻于尽善尽美。画上九方皋正全神贯注地相马,千里马为遇到知己而欢快地扬蹄嘶鸣。徐悲鸿留学回国后,目睹大量人才被压抑被埋没的情形。他借这幅作品倾诉了其内心的抑郁,抒发了渴望发掘人才的美好意愿。

壬戌学制

壬戌学制是清末民初出现最晚但持续最久、影响最大的一项教育改革成果。在壬戌学制之前,中国曾先后颁布壬寅学制、癸卯学制及壬子癸丑学制。但这些学制几乎完全照搬自日本,已不能适应中国社会,尤其是难以满足近代民族工业和新文化运动在经济、文化方面的需要。此时,回国的留美学者日渐增多,杜威、罗素、孟禄、杜里舒等一批著名学者相继来华,将欧美特别是美国的实用主义教育思想和教育制度逐渐引入我国。壬戌学制就在这样的历史背景下酝酿诞生了。

新学制的酝酿,始于 1916 年 10 月全国教育联合会第二届年会上对壬子癸丑学制中存在问题的讨论。会议指出:第一,壬子癸丑学制所规定的中学学习年限为 4 年,而《中学校令》中规定的教育宗旨是要求给予"完足的普通教育",这是难以达到的;而且中学毕业后继续升学者仅占十分之二三,又无法补足其缺失。第二,由于学习年限太短,学生在校时缺少谋求职业的训练,毕业后就缺少就业的本领,因此中学毕业后在升学、就业两方面都感到困难。为此建议教育部改变普通教育的宗旨,由"完足的普通教育,造成健全的国民",改为"以完足的普通教育为主,而以职业教育、预备教育为辅"。

1919 年 10 月,全国教育会联合会又在山西太原召开第五届年会,按照"适应社会进化之需要"、"发挥平民教育精神"、"谋个性之发展"、"注意国民经济力"、"注意生活教育"、"使教育易于普及"、"多留各地方伸缩余地"七条标准,开始讨论新的学制系统。1920 年第六届年会,又有安徽、奉天、云南、福建诸省教育会提出改革学制提案。年会要求各省教育会成立学制系统研究会,"以研究结果制成议案,分送各省区教育联合会,及第七次全国教育联合会事务所"。

1921 年 9 月 5 日,孟禄应范源濂、黄炎培、张伯苓、蒋梦麟等人邀请来华。此时正值新学制讨论、酝酿最热烈的时刻,孟禄对此尤为关注。抵华的第二天,孟禄即应上海教育界之请,与沈恩孚、黄炎培、余日章、郭秉文、朱经农、陶行知等人在上海商科大学讨论学制问题。9 月 7 日,又在江苏省教育会继续讨论。

1915 年
江苏省教育会副会长黄炎培等人发起成立全国省教育会联合会(又称全国教育联合会)。

1916 年
全国教育联合会第二届年会在北京召开,讨论壬子癸丑学制存在的不足。

1917 年
黄炎培联络教育界、实业界知名人士在上海发起创立中华职业教育社。次年,创建中华职业学校。

1921 年
全国教育联合会第七届年会在广州召开,决议以广东省学制改革议案为蓝本,讨论提出新的学制系统草案。

1922 年
中华民国北洋政府以大总统令颁布了《学校系统改革案》中规定的学制系统。

军国民教育

清末由国外传入的一种教育思想,就是要在学校教育的各门课程包括音乐、体育在内向学生进行军事知识方面的教育与军事体育训练。蔡元培认为,这并不是一种理想社会的教育,然而在中国,却是"今日所不能不采者",主要原因包括:(一)从国外环境看来,我国处于"邻强交逼,亟图自卫,而历年丧失之国权,非凭借武力,势难恢复"。(二)就国内情况而言,要打破军人成为"全国中特别之阶级"的局面,就"非行举国皆兵之制,否则无以平均其势力"。可见,蔡元培主张军国民教育,是为了对外实行自卫,对内反对军人的强权统治,这在当时是进步的。

1921 年 10 月,全国教育会联合会第七届年会在广州召开,以讨论学制改革为中心议题,广东等 11 个省区的代表分别提出了学制改革议案。经会议讨论,议决以广东省提案为大会讨论蓝本,提出了新的学制系统草案。10 月 29 日,孟禄专程赴广州参加这次年会,除发表《平民主义在教育上的应用》演说外,还与各省代表及《学制系统草案》的起草人黄炎培、袁希涛等进行了广泛的座谈、讨论、对话、交流。他的意见主张有力地影响了新学制的制定。

继第七届年会后,各地教育界纷纷开会讨论新学制,许多教育杂志还专辟了学制改革研究专号,一时形成举国上下讨论新学制的热潮。北洋政府教育部迫于形势,于 1922 年 9 月在北京召开"学制会议",邀请教育专家和各省行政负责人对"新学制草案"进行审订、修改。

1922 年 10 月 11 日,第八届全国教育联合会在济南举行,讨论通过了新学制议案。11 月,中华民国北洋政府以大总统令颁布了《学校系统改革案》中规定的学制系统。为区别于"壬子癸丑学制",又称"新学制"、"1922 年学制"或"壬戌学制"。

新学制对各级学校修业年限作出如下规定:(1)初等教育 6 年。其中初级小学 4 年(可单设),高级小学 2 年。(2)中等教育 6 年,分初、高两级,各为 3 年。初级中学施行普通教育,可单设,亦可根据地方需要,兼设各种职业科。高级中学分为普通、农、工、商、师范、家事等科。师范学校修业年限为 6 年。(3)高等教育 3—6 年,其中大学 4—6 年,专门学校 3 年以上。大学院为大学毕业及具有同等程度者研究之所,年限不定。因此,壬戌学制又名"六三三"学制。

壬戌学制是胡适、陶行知、黄炎培、蒋梦麟等民间知识分子发起的一场自下而上的教育改革。这场改革标志着中国近代教育制度从效法日本转向了效法美国、由军国民教育转向了平民主义教育。但它却并非盲从美制,而是中国教育界经过长期酝酿、集思广益的结晶。壬戌学制的颁布和实施,标志着中国资产阶级新教育制度的确立,宣告中国近代以来的学制体系建设的基本完成。

相关链接

职业教育

　　民国时期的职业教育运动是在美国实用主义教育思想影响下兴起的。1917 年 5 月 6 日，黄炎培联合教育界、实业界知名人士蔡元培、梁启超、张謇、宋汉章等 48 人在上海发起创立了中华职业教育社。职教社的宗旨是倡导、研究和推行职业教育，沟通教育与职业，改革脱离生产劳动、脱离社会生活的传统教

1939 年中华职教社在昆明召开会议。二排左六为黄炎培

育。次年，中华职业学校创建，以"劳工神圣"、"敬业乐群"为校训，教学注重"手脑并用"、"做学合一"、"理论与实际并行"、"知识与技能并重"。黄炎培早年在《实施实业教学要览》中给职业教育下的定义是："凡用教育方法，使人人获得生活的供给及乐趣，一面尽其对群众之义务，此教育名曰职业教育。"推广职业教育，乃是为着"谋个性之发展；为个人谋生之准备；为个人服务社会之准备；为国家及世界增进生产力之准备"。简单说，职业教育就是为使受教育者获得某种职业技能或职业知识、形成良好的职业道德，从而满足从事一定社会生产劳动的需要而开展的一种教育活动。

晏阳初倡导平民教育

他是中华民族传统文化与西方民主科学思想相结合的产儿。

他是一名传教士,传的是平民教育,出发点是仁和爱。

他是一位革命者,想以教育革除恶习败俗,去旧创新,但不主张以暴易暴,杀人放火。

他相信人类良知的普遍存在,"人皆可以为尧舜"。

他就是"世界平民教育之父","真正的哲学家与人道主义者","一个具有坚定信仰和丰富想象力的英勇学者,劳苦平民心智与精神的解放者"——晏阳初。

1890 年,晏阳初出生于四川省巴中县的一个书香门第。他的父亲是当地的塾师兼乡医,又在一所基督教内地会福音堂教中文,思想比较开明。晏阳初 11 岁那年,认识到"书香之外另有世界,西学乃潮流所趋"的父亲,将他送进离家 400 里的西学堂,接受新学。在这里,他不仅学习了算术、化学、物理、历史、地理、英语等现代科学知识,还接触到基督教文化,接受了洗礼。

1916 年,晏阳初考入美国耶鲁大学,研习政治学。西方发达的经济、文明的社会、先进的教育促使晏阳初开始思考中国落后的原因。

1918 年,晏阳初学成毕业,随即赴欧洲战场为华工服务。6 月中旬,晏阳初抵达法国北部的布朗,那里有华工 5000 余名。华工们目不识丁,最需要的一项服务,就是找个文化人代笔写家书,一来报平安,二来寄汇款。每天晚上都有几十甚至上百人来请晏阳初帮忙写信,一个月下来,把他累得够呛。晏阳初意识到这样不是办法,与其自己代笔,不如教他们识字、写信。于是他在华工营中开始试办识字班,以石板、石笔作教具,从"一二三四五"开始教起。四个月后,许多工友已经能写自己的姓名,写简单的家信,甚至可以读报、记账。这一形式也在英、法、美各国的华工营中

1918 年晏阳初(右)在法国华工营

推广开来，进一步"开通华工的智慧，辅助华工的道德，联络华工的感情"。

1919年6月，晏阳初结束了在法国近一年的华工服务。此时，他已立志从事平民教育，但他清楚这项工作异常艰巨，还需要进一步充实自己的学识，于是他回到美国继续求学，用不到一年的时间就在普林斯顿大学研究院取得了硕士学位。

1920年夏，怀着满腔热血，晏阳初迫不及待地回到了祖国，立即策划平民识字运动，号召"除文盲、做新民"。他选择长沙、烟台、嘉兴、武汉等地作实验区，每到一地先组织学生游行，宣传平民识字的意义与办法。征集在职的中小学教师做义务教员，按社区分段招收学生，利用商行、机关、寺庙空房组织平民识字班，按期开学。识字班每期4个月，教授《平民千字课》，学习日常用字1000余字，并教授简笔字，课文全部采用白话文。实验工作取得经验后，继续在本地与外埠推广。经过几年的努力，各地都有数以几万乃至几十万计的平民通过学习，取得了识字结业证。以长沙为例，识字合格的平民达20万之多，年龄从十几岁的失学孩童至六七十岁的老人，分属于58种不同职业。

1923年8月，陶行知、晏阳初等人利用中华教育改进社在北京召开第二届年会的机会，邀请各省代表成立平教会，9月发表《中华平民教育促进会宣言》。朱其慧任董事长，陶行知任董事部书记，晏阳初任总干事。总会设在北京，并陆续在全国20余个省区设立分会，开办平民教育。平教会最初在城市推行平民教育，后发现中国的文盲多在广大农村，便转到农村开办平民教育。开始将全国划分为七大平教区域，后来为集中人力和财力便改为集中开办定县实验区。平教会认为，中国重要的问题是民族衰老、民族堕落、民族涣散，根本的问题是"人"的问题。在平民教育中，他们认为发现了中国的"基本缺点"，就是"愚"、"穷"、"弱"、"私"。针对中国社会这四大弊病，提出了"文艺教育"、"生计教育"、"卫生教育"和"公民教育"四大教育内容。为了推行四大教育，又提出了"学校的"、"社会的"和"家庭的"三大教育方式。平教会的工作步骤是：调查、研究、实验、表演、推行。他们的最终目标是农村建设，定县只是实验的中心区。他们准备将

平民教育

泛指以普通民众为教育对象的教育活动。"五四"时期，一部分青年知识分子为探寻改造中国道路，决心改良和革新教育，而改良教育的方向就是使全体人民都受到民主与科学的熏陶，尤其要使目不识丁的工农群众受到教育。平民教育的真实精神就是求得社会中各分子的真正平等和真正自由，这是改造新世界的第一步。为此，很多青年知识分子发表鼓吹平民教育的文章，成立研究和从事平民教育的社团，在各地开办业余学校，为工人农民补习文化。北京高等师范学校的平民教育社和北京大学的平民教育讲演团等，就是当时宣传、研究与实行平民教育的著名团体。

定县研究所得到的一套制度办法推广到全国,作为使农村复兴的具体方案,从而创造出一条建设国家的新路子。

相关链接

河北定县乡村平民实验区

1930年晏阳初(后立者右五)及夫人(中坐者右三)与中华教育促进会同人及家属在定县合影

1926年秋,晏阳初选定河北定县为"华北实验区",以翟城村为中心,从事平民教育和乡村建设。1929年平教会从北平搬迁到河北定县。在晏阳初的带领与影响下,数以百计的中高级知识分子,其中包括陈筑山、瞿菊农、冯锐、孙伏园、李景汉等海归学者,纷纷放弃了都市中优越的工作条件与舒适的生活环境,携妻将雏,举家前往偏僻艰苦的定县,加入了乡村平民教育与乡村建设的行列。

30年代初,国民政府内政部次长到定县视察后,对定县的乡村改造工作极为赞赏,决定把这种模式向全国推广。南京政府通过决议,全国各省设立乡村建设研究院,并划出一个县做试点。

由于日本侵华,1936年晏阳初领导的平教会撤离定县,定县实验被迫中止。平教会后来辗转迁至湖南长沙、衡山,最后撤至四川。

陶行知与晓庄学校

　　南京北郊劳山脚下的晓庄师范学院，依山近水，静谧恬人，是一个读书的好地方。它的前身就是"人民教育家"陶行知一手创建的晓庄师范学校，这所学校在民国时期可谓声名隆盛，几乎无人不晓。

　　陶行知于1914年从金陵大学毕业，后赴美留学。三年后，他学成回国投身教育，历任南京高等师范学校教授、教务主任，东南大学教育科和教育系主任、南京安徽公学校长等职，并担任《新教育》杂志主编。

　　1921年底，陶行知与蔡元培等人发起成立中华教育改进社，主张反对帝国主义文化侵略，收回教育权利，推动教育的改进。此后又与晏阳初等人发起组织了中华平民教育促进会，与朱经农合编《平民千字课》，奔走于冀、察、苏、浙、皖、赣、豫、鄂等省，推行平民教育。

　　陶行知特别重视农村的教育，认为在3亿多农民中普及教育至关重要。1926年春，陶行知与赵叔愚、邵仲香等共同调查了沪宁路沿线乡村学校现状，考察了一些办得较好的乡村小学，以研究乡村教育的改进。是年秋，陶行知又以中华教育改进社名义在栖霞区明陵小学召开乡村教育研究会，会上他发表了《我们的信条》，提出了著名的"乡教十八条原则"，重要的有这样几条：

　　　　我们深信乡村学校应当作改造乡村生活的中心。

　　　　我们深信乡村教师应当作改造乡村生活的灵魂。

　　　　我们深信乡村教师必须有农夫的身手，科学的头脑，改造社会的精神。

　　　　我们深信乡村教师应当用科学的方法去征服自然，美术的观念去改造社会。

　　　　我们深信乡村教师要用最少的经费办理最好的教育。

　　发展乡村教育，最要紧的是建立一支合

1914 年

陶行知留学美国，入伊利诺大学获政治硕士学位，后入哥伦比亚大学研究教育，师从杜威。

1921 年

陶行知与蔡元培等人发起成立中华教育改进社。

1915 年陶行知与杜威合影

格的乡村师资队伍。所以,办好乡村师范是当务之急。

陶行知还以中华教育改进社名义发表《改进全国乡村教育宣言书》、《创设乡村幼稚园宣言书》,撰文《师范教育下乡运动》、《中国乡村教育之根本改造》,拟定推行乡村教育计划,发表《试验乡村师范学校第一院简章草案》,筹设试验乡村师范学校,倡导乡村教育运动。

1927 年,陶行知放弃了优厚的教授生活,谢绝了武昌高等师范(武汉大学的前身)和吉林大学校长的盛情邀请,脱去西装革履,穿上布衣草鞋,告别城市繁荣舒适的生活,在南京北郊晓庄创办了试验乡村师范学校,亲自培养训练乡村师资,开展乡村教育运动。他想通过培养具有"康健的体魄,农夫的身手,科学的头脑,艺术的兴趣,改造社会的精神"的乡村教师,以实现他的"改造一百万个乡村"的宏愿,"为三万万四千万农民烧心香"。

1927 年
陶行知在南京北郊晓庄创办试验乡村师范学校,创办第一个乡村幼稚园——燕子矶幼稚园。

1930 年
国民政府以武力封闭晓庄学校,陶行知遭通缉被迫流亡日本。

1927 年 1 月中旬,陶行知在南京神策门外老山脚下的小庄主持试验乡村师范奠基仪式,同时举行城乡人民团拜,宣布改"老山"为"劳山",改"小庄"为"晓庄",意为"在劳力上劳心"、"日出而作",又寓意学校的创办意义——为中国教育寻觅曙光,如日出破晓。

3 月 15 日,晓庄试验乡村师范在南京劳山脚下的晓庄举行开学典礼。陶行知发表了热情洋溢的演说,他说:"本校开学特异于平常学校有两点:一无校舍,二无教师。大凡一个学校创立,总要有房屋,才能开课。我们在这空旷的山麓行开学礼,实在是罕见的。要知道我们的校舍,上面盖的是天,下面踏的是地,我们的精神一样的要充溢于天地间,所造的草房不过避风躲雨之所。本校只有指导员而无教师,我们相信没有专能教的老师,只有比较经验稍深或学识稍好的指导者。所以农夫、村妇、渔人、樵子,都可做我们的指导员,因为我们很有不及他们之处。我们认清了这两点,才能在广漠的乡村教育的路上前进。"

1927 年 4 月,陶行知提出了晓庄试验乡村师范的使命:第一步,要谋中国三万万四千万农民之解放;第二步,要助东亚各国农民之解放;第三步,要助全世界农民之解放。这个学校不但要做中国教育革命之出发点,并且要做世界教育革命之中心。他逐渐形成了"生活即教育"、"社会即学校"、"教学做合一"等理论,提出"行是知之始,知是行之成"、"在劳力上劳心"、"以教人者教己"等教育观点。

1930 年 4 月,南京国民政府以"勾结叛逆,图谋不轨"为借口,武力封闭晓庄学校,学生 30 多人被捕,10 余名共产党员被杀害。陶行知也受到通缉,被迫避难日本。晓庄学校的发展告一段落。

相关链接

生活教育运动

生活教育运动是在西方近现代进步教育思想和运动的影响下产生的。

近代以来,西方资本主义发展日趋成熟。科学的进步,近代工业生产的突飞猛进,使教育日益落在时代的后面,与生活越离越远,时代要求教育与生活在新的基础上结合。美国实用主义进步教育运动的代表人物杜威,明确提出"教育即生活",而不是生活的预备,提倡在实际的生活中、经验中学习。新教育家们均主张,要使学校教育更加紧密地与社会生活联系起来,以适应资本主义工业社会的新发展。

20 世纪初,特别是"五四"新文化运动之后,西方近代新教育思想和运动相继被引进、介绍到中国,从而为生活教育运动提供了丰富的思想资源。中国的教育家们通过批判地继承这些西方的教育理论,结合自身在改造中国教育实践中所获得的宝贵经验,推动和促成了生活教育运动。

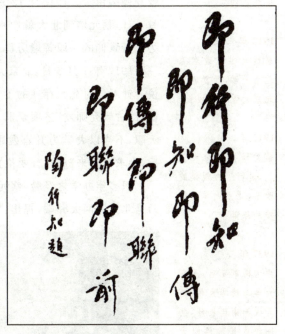

陶行知题字

蔡元培与北京大学

1898 年

经光绪皇帝下诏,中国近代史上第一所国立综合性大学——京师大学堂在孙家鼐的主持下在北京创立。

1912 年

京师大学堂改名为北京大学,严复成为北京大学首任校长。

1917 年

蔡元培接任北大校长,进行了大规模的改革,北京大学的风貌从此革新。

1937 年

卢沟桥事变后,北京大学与清华大学、南开大学南迁长沙,共同组成长沙临时大学。次年,再迁至昆明,改称国立西南联合大学。

若要问中国哪所大学最好,多数人会回答"北京大学"。北大之于中国,其意义不仅仅在于它是中国近代第一所国立大学,它还是科学和民主的旗帜,是民族性格和学术精神的象征。谈到兼容并包的北大,则不能不提及"北大之父"——蔡元培。

蔡元培(1868—1940),浙江绍兴人,字鹤卿,号子民。光绪进士。曾赴德国留学。1916 年 12 月 26 日,被任命为北京大学校长。次年 1 月 4 日,蔡元培到北大就职视事,从此开始了他一生中最有成就、最为人所景仰的一段辉煌历程。

1917 年 1 月 9 日,北京大学举行开学典礼,蔡元培发表了就职演说。针对当时北大存在的不良风气,他着重提出"抱定宗旨"、"砥砺德行"、"敬爱师友"三项要求。蔡元培指出,"大学生当以研究学术为天职,不当以大学为升官发财之阶梯",突出强调学生要把"抱定宗旨,为求学而来"放在首要位置。

积多年办学之经验,蔡元培深知"学课之凌杂"和"风纪之败坏"乃是北大的两大弊端,提出:"救第一弊,在延聘纯粹之学问家,一面教授,一面与学生共同研究,以改造大学为纯粹研究学问之机关。救第二弊,在延聘学生模范人物,以整饬学风。"为此,他人尚未走进北大校门,就开始了延聘名师、罗致英才的不懈努力,并留下了"三顾茅庐"聘请陈独秀任北大文科学长以及不拘一格聘任没有大学学历的梁漱溟到北大任教等佳话。

此后,蔡元培又相继聘请了胡适、李大钊、钱玄同、刘半农、吴虞、鲁迅、周作人等思想革新和学识渊博的新派人物到

蔡元培

北大文科任教。此外，马叙伦、刘师培、沈尹默、陈垣、陈大齐、萧友梅、沈兼士、徐悲鸿、熊十力、马寅初、陶孟和、王世杰、周鲠生、陈启修、高一涵等国内知名专家学者，也被聘为北大文科、法科教授或导师。在理工科方面，聘请当时国内第一个介绍爱因斯坦相对论的物理学家夏元瑮担任理科学长，知名学者李四光、丁燮林、颜任光、何杰、翁文灏、王星拱、李书华、丁文江、俞同奎、朱家骅、冯祖荀、秦汾以及外籍专家葛利普等先后到北大执教。一时间，北大名师荟萃，人才济济，学术空气浓厚活跃，教学科研盛况空前。

　　"大学者，研究高深学问者也。"蔡元培主张大学必须实行"思想自由、兼容并包"的方针，才能促进学术的繁荣和发展。他一再申明："对于学说，仿世界各大学通例，循思想自由原则，取兼容并包主义"，"无论为何种学派，苟其言之成理，持之有故，尚不达自然淘汰之运命者，虽彼此相反，而悉听其自由发展"。

　　蔡元培提出的"思想自由、兼容并包"方针，对封建文化专制主义来说具有革命意义。在新旧思想激烈冲突、社会发生急剧变化的20世纪初叶，这个方针适应了时势的需要，有利于新思想、新观点的存在、发展和传播。因此，民主科学思想乃至马克思主义才能出现在北京大学的学术舞台上，并以北大为基地迅速地传播开来。

　　从1917年主掌北大至1927年底脱离北大，时间长达十年有余。蔡元培曾自谦地说："综计我居北京大学校长的名义，十年有半，而实际在校办事，不过五年有半，一经回忆，不胜惭悼。"然而，事实已经证明，这十年是北大历史上生机勃勃、辉煌灿烂的十年，也是蔡元培生命历程中光彩夺目、建树最大的十年。

　　翻开北京大学百年奋进的光辉史册，人们就会发现，没有谁能比蔡元培同北大的关系更为密切的了。完全可以这样说：没有蔡元培，北大就不成其为北大；没有北大，蔡元培也不成其为蔡元培。蔡元培与北大，是名人与名校相得益彰、相辅相成的完美结合。

战时教育的发展

　　抗日战争爆发后，各级学校大举内迁，促进了全国教育资源的平衡化分布。自1938年后，教育规模开始恢复并扩大，各级学校、研究机构数量回升，在校学生数、毕业生数也有所增加。以高等教育为例，至1945年抗战胜利时，全国专科以上学校增至141所，较1936年增加30.6%；在校学生数增至83498人，为1936年的两倍；学校毕业生增至14463人，较1936年增加58%。抗战期间，在抗日救国信念的驱动下，各校从严治学，注重基础课教学，重视培养通才，教学质量也是较高的。这一时期还产生了大批学术价值颇高的研究成果，如冯友兰的《中国哲学史》、钱穆的《国史大纲》、吴大猷关于多元分子振动光谱与结构的研究等。

相关链接

西南联大

　　1937年全面抗战爆发后，北京大学、清华大学、南开大学先迁至湖南长沙，组成长沙临时大学，同年 10 月 25 日开学。1938 年 4 月又西迁昆明，改称国立西南联合大学。5 月 4 日开始上课，设立文、理、工、法商、师范 5 个院 26 个系，2 个专修科，1 个选修班。

西南联大校门

北大、清华、南开原为著名的高等学府，它们有各自独特的经历，有各自的教学作风，组成联大以后，汇集了一批著名专家、学者、教授，师资充实，人才济济。他们在极其艰苦的条件下，坚持严谨的治学态度，树立优良学风，使西南联大成为当时中国规模最大的著名高等学府。西南联大在办学的 8 年中毕业学生近 4000 人，均学有所成，杨振宁、李政道等人还成为举世闻名的专家学者，对中国的建设事业、高等教育的发展和世界学术研究，作出了贡献。1946 年 5 月 4 日，西南联大解散，三校分别迁回北平、天津复校。

弘一大师李叔同

"长亭外,古道边,芳草碧连天……"相信很多人对《送别》这首歌曲都很熟悉。它的词作者就是民国时期著名的文化奇才——李叔同。李叔同,多才多艺,戏剧、绘画、诗文、词曲、书法、篆刻无所不能,是学术界公认的通才。然而39岁时已经成家立业的他却突然出家,引起不小的轰动和诸多猜测。至今对于他出家的原因,仍然是众说纷纭,这也平添了他的传奇色彩。

李叔同出生在一个富贵人家,很小的时候就开始诵读《孝经》、《诗经》、唐诗、《千家诗》等。他非常喜欢唐及五代时期的诗作,对王维情有独钟,15岁的时候就有"人生犹似西山日,富贵终如草上霜"等诗句吟诵。从中可以看出,李叔同身上的文学气质很浓厚,颇有"视金钱如粪土"的情怀。后来他跟随天津久负盛名的赵幼梅学习诗词、辞赋、八股,又跟随唐敬岩学习篆隶刻石。也许是因为出生在一个动荡的年代,李叔同和清末民初的很多爱国文人一样,对社会、国家有一份特殊的责任感。随着年龄的增长,李叔同愈发觉得"文章虽好,亦不足制胜",所以又开始学习数学、外文。他天资聪慧,任何东西一学就会。面对落后衰落的清朝,李叔同非常伤感,他认为康梁变法是救国之道,"老大中华,非变法无以自存"。相传他还自刻"南海康君是吾师"印以明志。闲暇之余,这位才华横溢、风流倜傥、家境殷实的公子哥经常和朋友郊游,吟诗作对、谈古论今,颇有古代文人墨客的情趣。如果兴致上来了,他还会装扮好行头,给大家表演戏剧。当时李叔同因其才情而名噪一时。据说他加入"城南文社"后,许幻园极为欣赏他的才华,让出许家城南草堂的一部分让李叔同全家居住,二人后来还结为"金兰之谊"。

因为对艺术有着独特的爱好,25岁时李叔同留学日本,在东京美术学校专攻油画。在校期间,他不仅专心学习西方的绘画技巧、理论,还积极学习音乐、戏剧表演等。后来,酷爱戏剧表演的李叔同和同学曾孝谷等人筹办了"春柳社",这是中国第一个话剧团体。社团创办之后,李叔同和同学们排练了许多戏剧。在国外学习的李叔同时刻不忘祖国。1907年,"春柳社"为国内徐淮水灾赈灾义演《茶花女

1880 年
李叔同出生在天津一个殷实家庭。

1906 年
上海沪学会增设了演剧部,由李叔同主持,演出其所作新剧《文野婚姻》。

1910 年
任天知组建中国第一个职业性新剧团——进化团。

1911 年
北京大学、清华大学开始演出新剧。

1918 年
李叔同在虎跑寺出家。

1921 年
上海戏剧社成立。

丰子恺与《护生画集》

丰子恺（1898—1975），原名丰润，浙江崇德人。著名漫画家、文学家。1914年，入杭州浙江省立第一师范学校，师从李叔同学习绘画和音乐。1921年，东渡日本游学。1924年，首次发表漫画作品，从此以漫画作为一生的事业。其风格独特的漫画作品影响很大，深受人们的喜爱。

1927年，丰子恺在上海江湾的家里接待弘一法师。这天，他以弘一为师，皈依了佛法。他们商量由擅长绘画的丰子恺作画，由精通佛法的弘一法师撰文，共同编写《护生画集》。《护生画集》全套共6册，由丰子恺作画；第一、二集的文字为弘一法师题写，第三集为叶恭绰撰写，第四、六集由朱幼兰题写，第五集由虞愚书写。前后相继，创作过程长达46年。在佛教界、文艺界和广大普通读者中广泛流传，影响深远。

遗事》，李叔同扮演女主角玛格丽特。这次演出受到国外师生的广泛好评，也是中国人排练、演出话剧的第一次实践。当时日本一位老戏剧家松居，看完话剧后高度赞赏李叔同的演技。之后，"春柳社"成员又演出了《黑奴吁天录》、《生相怜》、《画家与其妹》等。他们的演出在社会上引起很大反响，开启了中国话剧艺术的帷幕，李叔同也成为中国话剧的奠基人。

在东京美术学校毕业后，李叔同回国，先后在天津、上海、浙江等地执教。当时国内学习艺术的学生对西方的艺术理论知之甚少，而且非常保守落后。面对这种情况，受过系统艺术教育的李叔同十分担忧。他立志要革新陈旧的教育模式，将西方先进的音乐、绘画、戏剧、文学理论等引入国内。据他的学生说，李叔同虽然思想先进，但是讲课时却极其严肃认真，不苟言笑。只要去学校给学生上课，他马上脱下西装，穿上黑马褂、布鞋，带上金丝边眼镜，一副严师模样。在音乐课上，他给学生讲解西方乐理中的和声、对位等，教学生们用五线谱作曲，鼓励学生积极创作。他还编写了《西洋乐器种类概说》，向学生介绍各种西洋乐器，其中他大力推广钢琴。在李叔同看来，音乐具有重要的社会教育作用，在任教期间他积极倡导"学堂乐歌"，培养学生对音乐的热情和创作的欲念，尤其想通过乐歌的传唱增强学生对祖国的热爱之情。在此期间，他创作了《祖国歌》、《大中华》、《我的国》等，其中最著名的《送别》，传唱了近一个世纪。可以说，李叔同对中国现代音乐的发展起到了重要的奠基作用。

在美术课上，李叔同更加"大胆"。为了改革中国美术课历来只授临摹画帖的状况，他开设了室内室外写生课，以训练学生绘画基本功。1914年，他在讲课时采用男性裸体模特写生，引起了极大轰动，这在中国现代美术发展史上具有开创意义。他广泛引进西方的美术理论和艺术思潮，组织西洋画研究会，撰写了《西洋美术史》、《欧洲文学之概观》等，这些著述皆创下同时期国人研究之第一。人们在今天仍能看到其炭笔素描《少女》、水彩《山茶花》、油画《裸女》和《自画像》等作品。他不仅引入西方美术原理，而且十分重视中国传统绘画技法，巧妙地将西洋画法与中国传统美术融为一体。他与弟子丰子恺合作的《护生画集》，诗画合璧，为人称颂。

李叔同是个非常惜才的老师。当时他对刘质平很赞赏，但刘因为家境贫寒而无法出国深造，李叔同便节衣缩食资助刘到东京音乐学校读书。此外，国画家潘天寿、艺术教育家李鸿梁等都出自李叔同的门下。

在教学上，李叔同独树一帜，大胆推陈出新。在生活中，他的很多行为也常常不为人们理解。在浙江教书的时候，有一天同事夏丏尊将日本杂志上一篇关于断食的文章介绍给李叔同阅读。李读后，格外兴奋，决心一试，年底就去了虎跑寺断食18天。在寺院断食的这段日子，对李叔同影响很大，他逐渐追求一种脱离尘世、内心宁静的境界。第二年，李叔同就开始素食了，并且研读佛教经典。39岁那年正月十五日，他终于在虎跑寺剃度出家，法名演音，号弘一，后人尊称其为弘一大师。据说，李叔同的这一举

李叔同出家前与弟子刘质平(左)、丰子恺摄影留念

动在当时引来很多非议，直至今天对他出家原因的揣测仍众说纷纭。在寺院清幽的环境中，李叔同潜心研究佛法戒律，其撰述的《四分律比丘戒相表记》和《南山律在家备览略篇》，将中国佛教律学推向极至。他还以其高尚的品德备受世人敬重，成为国内外佛教界著名的高僧。

弘一大师李叔同的一生辉煌且具传奇性。他"二十文章惊海内"，以卓越的艺术造诣，在多个领域开中华文化艺术之先河。就连一向孤傲的张爱玲都说："在弘一法师寺院围墙的外面，我是如此的谦卑。"1942年，他圆寂于福建泉州，留下的"悲欣交集"四字绝笔，可谓其一生之概括。

《送别》与学堂乐歌

长亭外，古道边，芳草碧连天。晚风拂柳笛声残，夕阳山外山。

天之涯，地之角，知交半零落。一瓢浊酒尽余欢，今宵别梦寒。

《送别》是李叔同于 1914 年所填，颇具中国诗韵。其曲调则取自美国作曲家约翰.P.奥德威的歌曲《梦见家与母亲》。《送别》这首歌，首先是作为学堂乐歌传唱的。后来被电影《早春二月》、《城南旧事》选作插曲、主题曲。其凄迷阴柔、哀而不伤的词句，配以绵软悠长、动人心弦的舒缓旋律，使这首歌成为世纪佳曲，一直传唱至今。

学堂乐歌，是上个世纪初期我国各地新式学校中音乐课上传唱的一些原创歌曲。这些歌曲的曲调来自日本、欧洲、美国等，由中国人以中文重新填词，进行传唱。学堂乐歌的代表人物有沈心工、李叔同等人，代表作有《送别》、《大中华》等。学堂乐歌多以"反帝"、"富国强民"、"抵御外侮"等思想为主题，唤醒民智，激起民众的爱国精神，在一定程度上符合当时反帝、反封建的要求。此外，通过学堂乐歌的传唱和学校音乐教育的发展，西方音乐理论开始系统地在中国传播，培养了中国近代音乐史上最早的一批音乐人才，为中国近现代音乐的发展作出了杰出的贡献。

李叔同填词的《送别歌》

郭沫若创作白话新诗

　　新诗革命即打破旧诗体的严格束缚，主张以白话俗语写诗，表达诗人真实感情，是五四新文学运动非常重要的一项内容。提到新诗革命，就不能不讲郭沫若和他的诗集《女神》。

　　1914年，郭沫若到日本九州帝国大学医学部学习医科。五四运动爆发后，他受到新思潮的影响，开始萌生弃医从文的念头。而那一年恰恰是著名诗人惠特曼诞辰一百周年，日本掀起了"惠特曼热"。惠特曼诗歌中流露出的自由清晰的气息和真挚奔放的情感，陶醉了一批又一批的青年人，郭沫若当然也在其中。在校园里，他经常一个人拿着《草叶集》，吟诵着里面的诗句：

　　　　徒步开怀，我走上这坦坦大道，

　　　　健全的世界，自由的世界，在我面前，

　　　　棕色的长路在我面前，引导着我，任我要到何方去。

　　　　……

　　惠特曼的诗歌点燃了郭沫若掩藏在心底的创作热情，他开始放弃医学，倾心于文学创作。他崇拜惠特曼，渴望用平实、清新的语言表达自己的真情实感，不被任何外物所束缚，自由自在。1918年，他写下了第一首新诗《死的诱惑》：

　　　　我有一把小刀，

　　　　倚在窗边向我笑。

　　　　她向我笑道：

　　　　沫若，你别用心焦！

　　　　你快来亲我的嘴儿，

　　　　我好替你除却许多烦恼。

　　　　……

　　1919年寒假，郭沫若在图书馆看书时，突然诗兴大发。他走出图书馆，脱下鞋子，赤脚在图书馆后面幽静的小路上踱步。阵阵轻风袭来，抚摸着他的脸

郭沫若

颊，脚下的石子小路亲吻着他的肌肤，他感受着与大自然的亲密无间，感动于地球母亲的温情博爱，内心最深处的灵感被拨动，于是他狂奔回家，写下了《地球，我的母亲》：

> 地球，我的母亲！
>
> 天已黎明了，
>
> 你把你怀中的儿来摇醒，
>
> 我现在正在你背上匍行。
>
> 地球，我的母亲！
>
> 你背负着我在这园中逍遥。
>
> 你还在那海洋里面，
>
> 奏出些音乐来，安慰我的灵魂。
>
> ……

寒假过后，新的学期又开始了，此时的郭沫若对新的一年充满了美好的憧憬。他希望经过"五四"，旧的中国将覆灭，迎来的是一个光明和谐的新中国。1 月 20 日上午，在教室中听课的郭沫若突然有了灵感，于是便有了著名的长诗《凤凰涅槃》——在"黑暗如漆"的世界里，临死前的凤凰从容地迎接"火"的洗礼，将自己"身外的一切"和"身内的一切"在烈火中焚毁，从而脱胎换骨，在死灰中获得新生。这"火"便象征了人民革命的烈火，这熊熊的烈火必将垂死的"凤凰"（旧中国的象征）彻底焚毁。

远在他乡的游子无时无刻不关怀着自己的祖国。在郭沫若眼中，经历"五四"洗礼的中国犹如"一位俊俏的有朝气的姑娘"，他多想回到祖国怀抱，多想为了祖国付出一切啊！在煤炉前生活做饭时，他将自己比作炉膛中的煤球，写下了他对祖国的热爱之情：

> 啊，我年轻的女郎！
>
> 我不辜负你的殷勤，
>
> 你也不要辜负了我的思量。
>
> 我为我心爱的人儿，
>
> 燃到了这般模样！
>
> ……

从 1919 年到 1921 年，郭沫若创作了 50 多首情真意切的精彩诗篇,这一首首诗篇陆续传回国内,后来集成了著名诗集《女神》,成为我国新诗的奠基之作。

 相关链接

徐志摩与新月派

徐志摩(1897—1931),原名章垿,留学美国时改字志摩,浙江海宁人。现代诗人、散文家。早年先后就读于上海沪江大学、天津北洋大学和北京大学。后赴美、英留学。从1921年起开始创作新诗。1923年,参与发起成立新月社。1924年,与胡适等创办《现代评论》周刊,任北京大学教授。后任光华大学、大夏大学和南京中央大学教授。曾主编《新月》、《诗刊》等文学期刊。1931年11月19日,因飞机失事遇难。著有诗集《翡冷翠的一夜》、《猛虎集》、《云游》,散文集《自剖》,小说集《轮盘》,译著《曼殊斐尔小说集》等。徐诗字句清新,韵律谐和,比喻新奇,想象丰富,意境优美,神思飘逸,富于变化,并追求艺术形式的整饬、华美,具有鲜明的艺术个性,为新月派的代表诗人。

泰戈尔来华时徐志摩和林徽因陪同

新月派是中国现代新诗史上一个重要的诗歌流派,主要代表人物有徐志摩、胡适、闻一多、林徽因、朱湘、饶孟侃、孙大雨、刘梦苇等。该诗派大体上以1927年为界分为前后两个时期。前期,他们以北京的《晨报副刊》为阵地从事文学创作。1927年春,胡适、徐志摩、闻一多、梁实秋等人创办新月书店,次年又创办《新月》月刊,新月派的主要活动转移到上海,新加入的成员有陈梦家、方玮德、卞之琳等。后期,该派成员以《新月》月刊和1930年创刊的《诗刊》季刊为主要阵地,继续创作。新月派诗人的创作极大地促进了新诗的发展,在现代文学史上具有很大影响。

鲁迅的白话小说

鲁迅一生创作的小说数量并不算多，仅《呐喊》、《彷徨》、《故事新编》三个集子，字数不到 30 万。但是，鲁迅却在中国文学史乃至世界文学史上占有重要地位。

1902 年，鲁迅东渡日本学医，意在救治像他父亲那样被庸医所害的病人，改善被讥为"东亚病夫"的中国人的健康状况。但是，残酷的现实将他的梦想击碎。有一次，在上课前放映的幻灯画片中，鲁迅看到一个中国人为俄国人做侦探，被日本军队捉住杀头，一群中国人却若无其事地站在旁边看热闹。鲁迅深刻认识到，精神上的麻木比身体上的虚弱更加可怕，于是弃医从文，从事文学创作。所以他写小说不是为艺术而艺术，他是用艺术来救国。

从早期医治国人身体到后来医治国人灵魂，这种思想转变不是一蹴而就的。1909 年，鲁迅回国，先后在杭州浙江两级师范学堂（今杭州高级中学）和绍兴府中学堂任教员。辛亥革命并没有改变中国沉滞落后的现实，社会的混乱、民族的灾难、个人婚姻生活的不幸，都使鲁迅愈发痛恨旧社会。他曾经问一位办《新青年》的朋友："假如一间铁屋子，是绝无窗户而万难破毁的，里面有许多熟睡的人们，不久都要闷死了，然而是从昏睡入死灭，并不感到就死的悲哀。现在你大嚷起来，惊起了较为清醒的几个人，使这不幸的少数者来受无可挽救的临终的苦楚，你倒以为对得起他们么？"那个人回答说："然而几个人既然起来，你不能说决没有毁坏这铁屋的希望。"于是鲁迅便开始写小说，希望自己的作品能叫醒"铁屋"中的人，使国人得救。

鲁迅

1918 年 5 月，鲁迅在《新青年》杂志上首次以"鲁迅"为笔名发表了第一篇白话小说《狂人日记》。他通过"狂人"之口，把几千年的中国封建专制的历史痛斥为"吃人"的历史，向沉滞落后的中国社会发出了极其严厉的抨击。《狂人日记》是鲁迅经历了沉默与思考后的第一次呐喊。后又陆续发表了

北京宣武门外南半截胡同的绍兴县馆。鲁迅在里面的补树书屋创作了《狂人日记》、《孔乙己》和《药》等作品

《孔乙己》、《药》、《啊 Q 正传》、《祝福》等。这些小说浓缩了他丰富的人生经历和感悟，沉淀了他对农村现实生活的体验和观察，对各个阶层人物性格的分析和认识。所以，他对底层人民生活的描写细致入微，对人物微妙心理的刻画入木三分，对封建旧社会的批判辛辣犀利。

谈鲁迅的白话小说，就不能不说他的童年乡村生活。鲁迅在绍兴农村长大，幼年的感受，故乡的一切，深深地烙在他的心中。所以，他的小说里蕴含了许多故乡农村的生活情境。不过，艺术来源于生活又高于生活。鲁迅笔下的农村并不局限在绍兴一处。品味他的小说，我们往往不自觉地感到在那个年代似乎中国的任何一个村落都有像孔乙己、阿 Q、祥林嫂那样的人，似乎都发生过科举落榜、人血馒头那样的事情。鲁迅自己也说过，他笔下的人物是拼凑起来的。他所着眼的不仅是家乡的农民，而且是中国农民共通的性格和境遇。但是，他不是把所有农民都写出来，他要抓住典型代表。一个孔乙己，让我们看到了科举背后的凄惨与无情；一个阿 Q，让我们看到了人的自愚与悲哀；一个祥林嫂，让我们看到了封建社会的黑暗与残忍……他笔触犀利，一针见血；他关注底层人民，情真意切。所以，在中国现代文学史上，鲁迅是一颗耀眼的巨星。

1936 年 10 月 19 日，鲁迅因肺结核病逝于上海。上百万民众自发为其送葬。在他的灵柩上覆盖着一面旗帜，上面写着"民族魂"三个字，这是他以笔代戈、战斗一生的完美诠释。

相关链接

茅盾和《子夜》

茅盾(1896—1981),原名沈德鸿,字雁冰,浙江桐乡人。著名作家,翻译家,社会活动家。1913年,考入北京大学预科第一类。1921年,与郑振铎、王统照、叶绍钧、周作人等在北京发起"文学研究会",宗旨是"研究介绍世界文学,整理中国旧文学,创造新文学",并主编《小说月报》。1930年在上海参加组织中国左翼作家联盟,曾任左联执行书记。1949年当选为全国文联副主席、中国作协主席。先后创作《子夜》、《蚀》、《春蚕》、《林家铺子》等大量优秀的文学作品。

《子夜》初版于1933年,是一部杰出的现实主义写实长篇小说。该书以上海为中心,全方位、多角度地展现了20世纪30年代初中国社会的图景:工人罢工,农民暴动,反动当局对人民革命运动的镇压和破坏,帝国主义掮客的活动,各色地主的行径,资本家家庭内部的各种矛盾等。全书的主线是民族资本家吴荪甫与买办赵伯韬之间的尖锐矛盾。围绕这一主线全书共分19章:第一、第二两章交待人物,其余17章虽各有重点但皆服从于全书的中心,小说结尾点明中国工农红军日益强大,指出了中国革命的真正出路。

《子夜》一经出版便震动了文坛。瞿秋白甚至称1933年为"子夜年"。它不仅在中国拥有广泛的读者,且被译成英、德、俄、日等十几种文字,产生了广泛的国际影响。日本著名文学研究家篠田一士在推荐10部20世纪世界文学巨著时,便选择了《子夜》,认为这是一部可以与《追忆逝水年华》、《百年孤独》相媲美的杰作。

农民作家赵树理

出生在山西农村的赵树理，是一位非常受中国农民喜爱的小说家。他种过地、当过泥水匠，后来转行当作家，创作了大量反映农民生活、农村状貌的优秀小说，像我们熟知的《小二黑结婚》、《李有才板话》等。这些小说通俗易懂，乡土气息浓厚，不仅认识字的人爱看，而且不认识字的人也爱听。

赵树理是一个多才多艺的人。据说他很会唱民歌，有时候一口气竟能唱出七八种不同的曲调。而且他还会变小魔术。在外出求学之前，他每天白天和农民们一起下地干活，晚上偶尔有集会，他就早早赶去，跟村民们聊天，给他们讲故事，逗得大家哈哈大笑。后来他离开家乡，外出求学。在求学期间，他渐渐喜欢上小说创作。以前的小说都是给有文化的人看的，而且内容大多是才子佳人。所以赵树理就暗下决心，要创作出反映农民生活，语言通俗易懂，让普通老百姓感觉亲切并且喜爱的小说。于是，只要一有空他就跑到地里帮农民干活，和农民聊天，搜集有价值的素材。20多岁时，赵树理首次发表了反映农民生活的短篇小说《铁牛的复职》，虽然影响不大，但为他以后的小说创作奠定了基础。

从农民到作家，虽然角色有了很大转变，但是赵树理一直保持着农民本色——经常戴一顶黑毡帽，穿着打着补丁的旧夹袄，腰上别着旱烟袋，和普通农民毫无差别。他经常去地里和农民一起干活，或者到村民家里和他们聊天，老百姓对赵树理没有什么距离感，畅所欲言。就

赵树理

1938 年
4 月，鲁迅艺术学院在延安成立。

1942 年
毛泽东发表《在延安文艺座谈会上的讲话》，指出文艺要为人民大众服务的方向。

1943 年
赵树理发表了他的成名作《小二黑结婚》。

1945 年
4 月，《白毛女》在延安首演，这是中国第一部新歌剧。

这样,赵树理观察着他们的生活,感受着他们的心理,搜集了大量真实、宝贵的素材。

1943年,赵树理发表了他的成名作《小二黑结婚》。这篇著名的短篇小说是抗战时期解放区文学的典范之作。小说描写了边区农村青年小二黑和小芹争取婚姻自主的故事,以主人公在新政权的支持下突破阻碍获得幸福婚姻,显示出民主政权的力量。这篇小说的成功之处不仅在于题材新颖,更在于赵树理贴近农民群众的写作风格。他深知农民爱听故事,所以小说以讲故事的形式展开,情节连贯,戏剧性强;且语言口语化,具有浓重的淳朴的山西风味,幽默生动。这样,赵树理的小说就深受老百姓喜爱,取得了巨大成功。后来《小二黑结婚》被多次拍成电影、戏剧搬上荧幕。

同年,赵树理又发表了中篇小说《李有才板话》。周扬高度评价这部小说是"反映农村斗争的最杰出的作品,也是解放区文艺的代表之作",该小说为赵树理赢得了更高荣誉。此后,他又发表了长篇小说《李家庄的变迁》,中篇小说《邪不压正》,短篇小说《地板》、《福贵》、《田寡妇看瓜》、《登记》等一系列有影响的作品。1954年后赵树理还创作了长篇小说《三里湾》,短篇小说《锻炼锻炼》、《套不住的手》、《实干家潘永福》等作品。

赵树理的作品具有浓厚的乡土气息,他以一种新鲜活泼、为老百姓喜闻乐见的形式进行创作,反映了20世纪30年代到60年代太行地区的农村生活,为我们描绘了一幅生动的农村风俗画。他也开创了一个俗称"山药蛋派"的文学流派。这个流派因其作品具有新鲜朴素的民族形式,生动活泼的群众语言,而受到广大读者的喜爱。其代表人物包括马烽、西戎、束为、孙谦等。在50年代后期,他们结成了一个作家群体,创作了许多优秀作品。

1970年9月23日,赵树理在"文革"过程中被迫害致死,终年64岁。他一生关注农村、心系农民,在小说艺术的民族化、群众化方面作出了很大贡献。

鲁迅艺术学院

简称"鲁艺",1940年后校名全称为鲁迅艺术文学院。抗战时期中国共产党创办的一所综合性艺术学校。1938年4月10日在延安成立。毛泽东、吴玉章、周扬先后担任院长。学校初办时设戏剧、音乐、美术3个系,后又增设文学系。鲁艺的教育方针是:团结与培养文学艺术的专门人才,以致力于新民主主义的文学艺术事业。毛泽东为这个学校题的校训是:"紧张、严肃、刻苦、虚心"。设有文艺工作团、实验剧团、歌舞团、美术工作团以及其他的科研组织。抗战期间,鲁艺师生创作了大批抗战文艺作品,如《黄河大合唱》、《南泥湾》、《白毛女》等。1943年4月,鲁艺并入延安大学。

相关链接

解放区的文艺创作

　　抗战爆发后,陕甘宁边区及各个抗日根据地先后成立了一大批抗战文艺团体,如边区文协、鲁迅艺术学院等,出版了《大众文艺》、《谷雨》等宣传抗日的刊物。许多作家走到群众中间,如丁玲、周立波等组成的西北战地服务团,刘白羽、吴伯箫等组织的抗战文艺工作队……他们一方面开展文艺活动,一方面体验敌后军民的生活,进行文学创作。

延安鲁艺女子合唱团演唱《黄河大合唱》时合影。右一为冼星海

　　1942 年 5 月,中共中央宣传部在延安召开了文艺座谈会,毛泽东发表讲话,指出文艺要为人民大众首先是为工农兵服务的方向。之后,解放区的文艺创作发生了较大变化。大批文艺工作者以农村为创作题材,出现了一批清新朴素、通俗易懂的优秀作品。其中具有较大影响的有:赵树理的《小二黑结婚》、《李有才板话》;马烽、西戎的《吕梁英雄传》;孙犁的《荷花淀》等。

"民国第一写手"张恨水

张恨水是20世纪二三十年代国内最走红的作家,他以《春明外史》、《金粉世家》、《啼笑因缘》等爱情小说风靡全国,赢得过无数痴男怨女的迷恋和眼泪。他一生创作了120多部小说和大量散文、诗词、游记,共近4000万字。他不仅是当时最多产的作家,而且其作品极其畅销,堪称"民国第一写手"。

张恨水出生于1895年,江西广信人,原名张心远,"恨水"是其笔名,取自南唐李煜"自是人生长恨水长东"之句。他从小就非常喜爱读《西游记》、《红楼梦》等小说,其中尤爱《红楼梦》中缠绵悱恻、凄苦凋零的爱情故事,所以后来他也采用章回体创作爱情小说。他最早发表的《南国相思谱》、《青衫泪》,消遣意味浓厚,影响不大。1924年4月,张恨水开始在《世界晚报·夜光》副刊上连载章回小说《春明外史》。这部以描写记者杨杏园与妓女梨云、女诗人李冬青的爱情故事为主线的长篇小说,使张恨水一举成名。当时有些读者为了先睹为快,居然每天下午到报馆门口排队等报。后来悲剧爱情小说《金粉世家》面世,进一步扩大了张恨水的影响。但是,真正将他的声望推至高峰的乃是1929年开始连载的章回小说《啼笑因缘》。这部一男三女的曲折爱情小说至今已有二三十个版本,先后6次拍成电影,创下了一个记录。

他的小说之所以如此畅销,有诸多原因。其作品俗中藏雅,雅中有趣,雅俗共赏。无论其人物性格塑造、心理描写,还是情节安排、语言风格,都承继了中国古典小说的精华。比如《啼笑因缘》中的人物,个性刻画各有不同,除主角樊家树自有其特点外,沈凤喜、关秀姑、何丽娜等人物,其言语、动作、思想,各有特色,个性鲜明;其他配角也刻画得十分丰满生动,使阅者如亲眼见着这许多人的行为,如亲耳听得这许多人的说话,感觉着有无穷的妙趣。此外,他的作品在"结构"和"布局"方面能深合情理。《啼笑因缘》全书22回,一气呵成,奇文迭起,往往使人看了上一回,猜不到下一回;看了前文,料不定后文。但事实上的变化,与文字上的曲折,细想起来,却丝丝入扣,深合情理。因此,张恨水的小说能令读者如入真境,以至于着迷。

当时,张恨水每天同时为七八家报馆创作连载小说。只要报纸上有张恨水的小说,那么该报很快就被人们抢购一空。所以即使不看小说的人也都知道张恨水的名字,就好像不听戏的人知道梅兰芳一样。他的作品雅俗共赏,上自学者,下到妇孺,很多都是他的"粉丝"。著名的学者陈寅恪就很爱看张恨水的小说。据说他在眼疾期间,请吴宓去借张恨水的《水浒新传》,每日必读给他听。鲁迅的母亲也是张的"小说迷",所以张恨水一出版新书,鲁迅必买来送给母亲。张恨水的小说一直影响到了今天。除了《金粉世家》、《啼笑因缘》以电视剧的形式搬上荧幕之外,他的《白蛇传》、《梁山伯与祝英台》、《满江红》(电视剧名为《红粉世家》)、《孔雀东南飞》等都被改编为电视剧,并受到观众喜爱。

张恨水是"三多"作家:第一,他一生创作的作品极多,近 4000 万字;第二,他的小说发行多,仅《啼笑因缘》就先后印了 20 多版;第三,他同时创作的小说数量多,别的作家是一部一部地写小说,而张恨水同时写六七部小说,创作速度非常快。他是民国小说界的一朵奇葩,他的"三多"创造了当时的一个奇迹。

1934 年,张恨水从陕西和甘肃回来后写作风格发生了很大变化。他开始描写民间疾苦,关注残酷的现实。抗日战争爆发后,他潜心撰写抗战小说,出版了著名的《热血之花》、《大江东去》、《巴山夜雨》、《八十一梦》等。其中《八十一梦》是其巅峰之作。抗战胜利后,张恨水致力于揭露国统区的黑暗,创作了《五子登科》等小说。但是他创作的这些小说,影响力稍逊于前期的爱情小说。

新中国成立后,身患疾病的张恨水无法写作,生活日渐拮据。他卖掉了原来的大院子,换了一处小四合院。身体恢复后,他又陆续发表了十几部中长篇小说。1967 年 2 月 15 日清晨,张恨水突然辞世,告别了这个他曾无数次描绘过的冷暖人间。

《金粉世家》

《金粉世家》是张恨水于 1926 年创作的章回体长篇小说。该小说以一个豪门弃妇为主线,描写了北洋军阀内阁总理之子金燕西与平民之女冷清秋一见钟情,由恋爱、结婚生子到反目、离异的悲剧爱情故事。在这部小说中,作者塑造了一批性格鲜明的人物形象,描绘了一幅乱世之秋封建大家族摧残爱情、毁灭人性的画卷,其以曲折的故事情节、凄楚的悲剧结局吸引了无数读者。书中既鞭挞了封建意识,又讴歌了人性中的真善美。全书以喜剧开头、悲剧结束,赋予了冷清秋、敏之等进步青年对光明的追求,闪烁出新思想和新时代的曙光。

相关链接

"孤岛"文学

1937 年 11 月,上海沦陷。被英、法等国控制的上海租界虽尚未被日军侵占,但四面均是日军控制的沦陷区,所以人们便将此时的上海租界称为"孤岛"。许多爱国的文艺工作者利用上海租界的特殊环境,以报刊、戏剧舞台为阵地,发表文章、公开演出,坚持抗日文学活动,即是我们常说的"孤岛"文学。其著名的代表人物有唐弢、柯灵、王任叔以及于伶、阿英等。这些"孤岛"文人多为共产党员,他们一直坚持创作,直至1941年12月珍珠港事变日军侵入租界,历时四年零一个月。

抗战时期我国大部分地区的文化事业步入低谷,然而"孤岛"文学却是异常灿烂的一朵奇葩。"孤岛"文学密切配合形势,及时反映现实,巧妙揭露日军罪行,讽刺殖民地的都市生活和知识社会的陈腐,表现当时的民族精神、社会声息。于伶、阿英的剧作,钱钟书、张爱玲的小说,唐弢、柯灵的杂文等都是其中的优秀代表。"孤岛"还出版了《鲁迅全集》、《西行漫记》等重要著作及大量文学刊物。

"孤岛"杂志《鲁迅风》

"孤岛"文学是抗日战争时期我国进步文艺工作者爱国情怀和民族气节的光辉写照,在鼓舞人民坚持抗战、推动抗战事业的发展以及中国文化的繁荣等方面意义重大。

梅兰芳蓄须明志

即使是不爱听戏的人，也都知道京剧大师梅兰芳。人们不会忘记京剧舞台上梅兰芳的出色表演，人们更不会忘记梅兰芳蓄须明志，拒绝为日本人唱戏所表现出来的铮铮傲骨和民族气节。他不仅推动着国内京剧事业的发展，更多次赴国外演出，将京剧带出国门，使其走向世界。

梅兰芳出生于京剧世家，原名叫梅澜，"兰芳"是他的艺名。他的祖父梅巧玲是清末著名旦角演员，伯父梅雨田是京剧胡琴演奏家。梅兰芳从小就学习唱戏，10岁开始登台表演，其扮相俊美、嗓音圆润，扮演的角色庄重大气，气度非凡，成功塑造了《贵妃醉酒》里的杨玉环，《宇宙锋》中的赵艳容，《霸王别姬》里的虞姬，还有《凤还巢》中的程雪娥等一个又一个华美形象。

1908年（光绪三十四年）秋天，"喜连成"班主叶春善带领他的科班在吉林演出。一天早晨，叶春善和筹资组建"喜连成"的牛子厚到吉林北山散步。他俩边爬山，边闲谈，忽然发现有一人在小树林里练剑，此人体态轻盈，动作敏捷，牛子厚简直看呆了。他生平酷爱京剧，也观赏过不少武术高手的表演，但像今天见到这样的绝伦剑技，还是不多，他情不自禁地连连拍手叫好。那舞剑人听到有人喝彩，连忙把剑收住，两颊绯红，恭敬地向牛子厚躬身施礼："牛老板，喜群献丑了。"这个自称"喜群"的人便是梅兰芳。"喜群"是叶春善给他起的艺名。牛子厚听到这个艺名沉吟良久说："这孩子相貌举止不俗，久后必成大器，给他更名'梅兰芳'如何？"叶春善师徒二人欣然同意。从此，"梅兰芳"这个名字享誉国内外。

1930年，梅兰芳到美国演出，引起轰动。当时正值美国经济危机，市场不景气，但梅兰芳在纽约百老汇的演出却受到热烈欢迎，最高票价6美元，黑市价则达16美元。美国南加利福尼亚大学和波摩拿学院分别授予梅兰芳文学博士学位。

1894年
10月22日，梅兰芳出生在北京一个梨园世家。

1904年
8月17日，梅兰芳在北京"广和楼"戏馆第一次登台，饰演《长生殿》里的织女。

1905年
中国最早的戏剧杂志《二十世纪大舞台》在上海创刊。

1930年
梅兰芳首次在美国演出京剧，征服美国观众。

《贵妃醉酒》中，梅兰芳饰杨贵妃

美国纽约一位著名富翁奥弗兰为了纪念梅兰芳到美国演出,特意将他的花园命名为"梅兰芳花园",并在花园里种下了36棵梅树以纪念梅兰芳36岁。此后梅兰芳还被邀请到日本、法国、德国、英国、意大利、苏联等国演出。

1935年,梅兰芳在苏联的演出更是轰动一时。梅兰芳在莫斯科演出时,帷幕拉开,舞台上展现一幅黄缎幕,上面绣有一株硕大的梅花和几枝兰花,并绣有"梅兰芳"三个大黑绒字。演出结束,观众如醉如痴,掌声经久不息,梅兰芳谢幕达10次之多。一向深居简出的斯大林以及苏联的党政要员都观看了梅兰芳的表演。大文学家高尔基、阿·托尔斯泰也前往观看。有许多戏迷买不到票,便聚在剧院门口,想一睹梅兰芳的风采,苏联警察为维持秩序,不得不骑着马驱赶。梅兰芳是我国向海外传播京剧艺术的先驱,在促进我国与国际间文化交流方面作出了卓越的贡献。

梅兰芳是个有民族正义感、有良知的京剧表演艺术家。九一八事变爆发后,他先后编演了京剧《抗金兵》和《生死恨》,表达了中华民族宁死不屈抵抗日本帝国主义的决心。卢沟桥事变发生以后,他先后隐居在香港和上海,蓄须明志,誓死不为日本人演出,成为京剧界抗敌的典范。这一事件成为感人的佳话,广为传颂。当时丰子恺因敬仰梅兰芳的爱国情操和高尚人格,将其蓄须明志的照片挂在墙上。

不表演就断绝了经济来源,当时梅兰芳的生活十分拮据。无奈之下,梅兰芳靠卖画来维持生计。有一次梅兰芳办画展,日伪汉奸获知后互相勾结,肆意捣乱。他们派来一群便衣警察,将画上贴满纸条,分别写着"汪主席订购"、"周副主席订购"等,还有一些写着"送东京展览"。梅兰芳看后愤慨至极,他在几分钟内将画作撕得粉碎。此义愤填膺的毁画举动,很快传向大江南北。宋庆龄、郭沫若、何香凝、欧阳予倩发表声援讲话,称赞梅兰芳民族气节凛然,为世人所敬仰。许多群众也寄来书信,支持他的爱国行动。梅兰芳看到大家对自己的支援,感动地对夫人说:"我梅兰芳再也不是一只孤燕了!"

新中国成立后,梅兰芳先后任中国戏曲研究院、中国戏曲学院、

《霸王别姬》

《霸王别姬》是"梅派"经典名剧之一,又名《九里山》、《楚汉争》、《亡乌江》、《十面埋伏》等。1918年,由杨小楼、尚小云在北京首演。1922年2月15日,杨小楼与梅兰芳联手演出《霸王别姬》,轰动一时。梅兰芳所塑造的虞姬,体态娇媚,气度非凡,曾倾倒无数戏迷。《霸王别姬》后来还被拍成电影,最有名的是1993年陈凯歌执导、张国荣主演的版本。

中国京剧院院长。他综合青衣、花旦、刀马旦的表演特点，创造出自己特有的表演形式和唱腔——梅派，先后培养了100多名学生，为中国京剧的发展作出了重大贡献。可以说，他是中国京剧表演艺术的象征，是文艺界的楷模。

相关链接

京剧四大名旦

"四大名旦"的称谓是由沙大风于1921年在天津《大风报》创刊号上首次提出的。京剧四大名旦指的是梅兰芳、程砚秋、尚小云和荀慧生。1927年，北京《顺天时报》举办中国首届旦角名伶评选，梅兰芳、程砚秋、尚小云、荀慧生当选。其中，梅兰芳影响最大，《顺天时报》将其称为四大名旦之首，从此定下"梅派"百年江山。他们的出现打破了老生为主角的传统，开启了以旦角挑班唱戏的新时代。四

四大名旦合影。前为程砚秋，后左起依次为尚小云、梅兰芳、荀慧生

大名旦共同的老师、梨园界的"通天教主"王瑶卿曾经分别用一个字来形容他们：梅兰芳的"样"，程砚秋的"唱"，尚小云的"棒"，荀慧生的"浪"。虽然难免偏颇，却一击即中，说出了这四大名旦各自最鲜明的特点。这四颗京剧舞台上的璀璨明星，以各自独特的艺术风格，开创了四大流派，培养了诸多弟子，将京剧艺术推向一个新的高峰。

聂耳与《义勇军进行曲》

我们从小唱着国歌长大,这首反映时代呼声、振奋民族精神的《义勇军进行曲》的曲作者便是聂耳。有人说,如果鲁迅是中国无产阶级文学的旗手,那么聂耳就是中国无产阶级音乐的旗手。在抗战时期,他用音乐反映民族呼声,激发人民的抗战热情。正如我们熟知的那句话,"他是天才的音乐家,又是革命者。恰恰因为后者,才能出现前者的辉煌"。

1912年,聂耳出生在云南昆明,从小对音乐就表现出特殊的兴趣和超人的才能。凑巧的是,他的名字也比别人多"长"了两只耳朵,这似乎寓意着聂耳就是个天生的音乐家。1927年,蒋介石叛变革命,云南很快笼罩在白色恐怖之中。聂耳亲眼目睹了生活在最底层的劳苦群众是怎样艰苦度日的,也亲眼目睹了大批共产党人慷慨就义和进步学生被捕或被杀害的情景。1928年,16岁的聂耳秘密加入了共产主义青年团。此后,他谱写出了一曲曲催人奋进的救国乐章。

1934年7月,田汉决定创作一部以抗日救亡为主题的电影,名叫《风云儿女》,并为该电影写了一首主题曲——《义勇军进行曲》。由于发现国民党特务已来追捕,他仓促间在一张小小的香烟包装纸上写下歌词,就被抓进监狱了。后来,电影的文学剧本由夏衍继续完成。聂耳听到这部电影需要谱写一首主题歌的消息后,便主动去找夏衍。他拿到剧本,把田汉写的歌词念了两遍后,顿觉浑身热血沸腾,激动地说:"作曲交给我吧!"

聂耳满怀激愤的心情拿回了词作,他"完全被义勇军救亡感情激励着,创作的冲动就像潮水一样从思想里涌出来,简直来不及写"。后来,他对影片导演

聂耳

许幸之说:"为创作《义勇军进行曲》,我几乎废寝忘食,夜以继日,一会儿在桌子上打拍子,一会儿坐在钢琴面前弹琴,一会儿在楼板上不停走动,一会儿又高声地唱起来。房东老太太可不答应了,以为我发了疯,并向我下逐客令,我只好再三向

聂耳创作的《进行曲》(即《义勇军进行曲》)手稿

她表示对不起,最后她才息了怒。"经过两个多月的酝酿、构思和反复的修改,聂耳完成了《义勇军进行曲》的初稿,以及该片的另一首插曲《铁蹄下的歌女》。

1935年初,上海的白色恐怖日益加剧,聂耳也面临被捕的危险。他决定经日本去欧洲、苏联。由于形势紧迫,他不得不将《义勇军进行曲》的乐谱带到日本去修改完善。在日本,虽然得到友人的热情接待,但是更目睹了日本帝国主义大肆鼓噪"扩大在支那利益"的罪恶言语。聂耳由此更激发了创作灵感,他迅速修改并最终将歌曲定稿寄回上海,其旋律更加高昂雄壮。

随着电影的公开放映,《义勇军进行曲》很快传遍了神州大地。由于震撼人心地唱出了团结战斗的意志,唱出了时代的呼唤和人民的心声,它不仅在民族危机日益深重的当时,在以后的抗日战争和民族解放战争时期,也一直犹如进军的号角,激励着人民的革命热情和战斗意志。《义勇军进行曲》在国际上也有着广泛而深刻的影响。1936年,被迫流亡国外的刘良模把这首歌带到了美国。著名黑人歌王保罗·罗伯逊最早在美国演唱了这首歌,并灌制了唱片,将它改名为《起来》。从此,《义勇军进行曲》也在国外唱响了。罗伯逊曾深情地对刘良模说:"这首歌不仅唱出了中国人民争取自由解放的决心,也唱出了全世界被压迫人民、包括美国黑人在内的争取解放的决心。"

1935 年

《风云儿女》开始拍摄。

同年,聂耳创作了著名的《义勇军进行曲》。

1941 年

徐悲鸿创作《奔马图》。

《风云儿女》

《风云儿女》是抗战时期影响最大的抗战电影。1935 年初,电通公司开拍此片,同年 5 月在上海金城大戏院(今黄浦剧场)首映。编剧始为田汉,他被抓后由夏衍继续完成。这是一部反映九一八事变后,青年知识分子走出彷徨,投身抗战的革命电影。其主题歌《义勇军进行曲》,以奔放的革命热情、激昂的旋律唱出了时代的声音,其影响远远超过影片本身,让当年的电影观众热血沸腾,吹响了抗战时代的进军号角,成为广泛流行的革命歌曲之一。

相关链接

徐悲鸿画马

徐悲鸿(1895—1953),江苏宜兴人,以画马蜚声海内外。他画的马,无论是奔、走、立、饮,都具有一种豪气勃发、自由奔放的意态,观之令人惊心动魄、振奋畅快。

为了画好马,徐悲鸿学习马的解剖,对马的骨骼、肌肉、组织了如指掌。同时,他还熟悉马的性格脾气、生活习性。画马时,他在每一个细节上都精益求精。徐悲鸿画出的马,不仅仅体现了马的形体美,更展现出了马的强健、奔放。在他的笔下,即使是低头饮水的马,也能够显出马的劲健、傲骨。人们说,"画马难画骨",徐悲鸿却不仅画出了马的骨,而且画出了马的神。

徐悲鸿画的马和古人不同,他继承中国画的传统,以酣畅的重墨勾画奔放有力的骏马;又吸收了西方画法,运用透视法、解剖法等,注意物象的光影明暗。所以,他的马是中西融合的产物——粗看上去展现了中国笔墨画的美,细致分析,又透露出西方绘画独特的艺术风格。徐悲鸿将两者结合得恰到好处,取得了前人画马没有的效果。徐悲鸿画马,不单纯是表现马的俊美和强健,更是以马喻人、托物抒怀,以此来表达自己的爱国热情。他笔下的马,大多是一无笼辔,二无鞍蹬,自由奔放,是对自由和激情的赞美和讴歌,让人看了精神振奋,积极向上。

1941年,徐悲鸿创作了《奔马图》。此时,日本侵略者想在发动太平洋战争之前彻底打败中国,于是倾尽全力发动长沙会战,企图打通南北交通咽喉。会战中我方一度失利,长沙为日寇所占,正在马来西亚槟榔屿办艺展募捐的徐悲鸿听闻国难当头,心急如焚。于是,他连夜画出《奔马图》以抒发自己的忧国之情。在画中,徐悲鸿运用饱酣奔放的墨色勾勒头、颈、胸、腿等大转折部位,并以干笔扫出鬃尾,使浓淡干湿的变化浑然天成。马腿的直线细劲有力,犹如钢刀,力透纸背,而腹部、臀部及鬃尾的弧线很有弹性,富于动感。整体上看,画面前大后小,透视感较强,前伸的双腿和马头有很强的冲击力,似乎要冲破画面。

生活与风俗

民国时期,在西方文明和西方生活观念的不断影响下,中国传统的生活方式和风俗习惯发生了深刻的变化,这种变化主要体现在衣食住行、婚丧嫁娶、社交礼仪、节令习俗、休闲娱乐等方面的进一步西化。如在"衣"上,朝野掀起了"西装热";在"食"上,西餐、西式糖果、点心、烟、酒大量地充斥市场;在"住"上,西式住宅在大、中城市不断涌现;在"行"上,汽车、火车、飞机逐渐取代旧式车马成为人们的重要交通工具;在"婚丧嫁娶"方面,具有西方元素的新式婚礼和新式葬礼逐渐为人们所接受;在"社交礼仪"方面,以鞠躬、脱帽、握手等新式礼节取代了旧式的跪拜礼;在"节令习俗"方面,传统节日中的陋俗逐渐被淡化或革除;在"休闲娱乐"方面,观话剧、看电影、跳舞、逛公园逐渐成为城市居民喜闻乐见的休闲娱乐方式。总而言之,这种种西化的生活方式与中国固有的传统不断地碰撞、融合,共同构筑了丰富多彩的民国社会生活画卷。

1935 年上海第一届集体婚礼的场景

1935 年 4 月 3 日,上海市政府在江湾市府礼堂举办第一届集体婚礼,参加新人 57 对。在军乐队进行曲伴奏下,57 对新人缓缓步入礼堂,分列两行。紧接着,由司仪宣告双方姓名,每两对一次,依序登台。接下来进行的是非传统意义上的"三鞠躬"。首先面向孙中山先生铜像立正三鞠躬,然后新郎新娘相对而立两鞠躬,再向证婚人一鞠躬。然后,由证婚人授赠结婚证书和纪念品,并致证婚辞。礼毕,新郎新娘在音乐声中步出礼堂,来到广场摄影留念。

剪辫风潮

发式是人体自身的一种饰物,不同的发式反映着人们不同的性别、年龄、职业和地位,不同的民族有着不同的发式习俗。在中国古代,汉族男子蓄发不剪,成年后于头顶束发加冠。但是,有着蓄辫传统的满族入主中原后,为铲除汉族的民族意识,强行推行剃发令,在"留头不留发"和"留发不留头"的角逐中,曾有几十万反对者惨遭杀戮。在清廷的高压政策下,全国男子渐渐地屈从了满族的剃发蓄辫习俗,历经 200 余年而不衰。

鸦片战争之后,随着国门的大开,男子头上的辫子成为西方人讥笑、嘲弄、诅咒中国人"落后"、"不开化"的由头,诸如"拖尾奴才"、"豚尾奴"、"半边和尚"等侮辱性语言不绝于耳。西方人的歧视和侮辱刺激了中国人麻木的神经,许多志士仁人积极倡导剪辫易服、革除陋俗、改良社会。如康有为曾奏请光绪帝断发易服,章太炎则发出了"割辫与绝"的呐喊。剪辫呼声既起,留学生和流亡海外的革命者率先剪发辫、着洋装,国内激进者也纷纷效法,剪辫风潮遍布全国 10 余省,并波及到兵营和学校。迫于形势,1910 年 12 月 7 日,清廷批准了资政院关于官民自由剪发的奏请。

辛亥革命爆发后,在革命党人推动下,宣布独立的省份再次掀起剪辫热潮,一时间剪辫与否成为倾向革命与否的标志。当时,湖北军政府以都督黎元洪的名义发布告示,命令一律剪辫,革命军还在各城门口严格检查,遇到不肯剪辫之人,就采取措施强行为之剪掉。广东省宣布独立之时,"无论老弱少壮之男子以及士农工商,罔不争先恐后,纷将天然锁链剪去。是日堤岸一带之剪辫店,自朝至暮,拥挤非常,操此业者,几致食亦无暇……统计是日剪辫者,尽有二十余万人"。在台湾,"辛亥革命的消息传来,一夜之间,所有的人都把辫子剪掉了,让日本人大吃一惊"。在浙江海宁乡下,"镇上茶馆里,就有五六个年轻朋友,专门乘人不

1910 年

资政院提出剪辫的动议,青年学生乘机哄传剪辫动议已获批准,纷纷剪去发辫,此风潮迅速波及全国 10 余省。

12 月,清廷下旨允许自由剪辫,自行剪辫者得到法律保护,因剪辫而遭受迫害告一段落。

1912 年

3 月 5 日,南京临时政府颁布《命内务部晓示人民一律剪辫令》,通令全国剪辫。

革命军强行剪辫图

备，代人剪辫，惹起许多口舌。有的人，辫子被剪掉了，抱头痛哭；有的人破口大骂；有的人硬要剪辫子的人赔偿损失"。

在剪辫大潮中，多数人兴高采烈、兴奋不已，但也有部分人垂头丧气，设法逃避。为此，民国建立后，南京临时政府发布《命内务部晓示人民一律剪辫令》，其中称："兹查通都大邑，剪辫者已多，至偏乡僻壤，留辫者尚复不少，仰内务部通令各省都督，转谕所属地方一体知悉。凡未去辫者，于令到之日限二十日，一律剪除净尽，有不遵者以违法论。"此令一出，剪辫高潮再起。这时，剪不剪辫子已不仅仅是革命与否的问题，而是拥护不拥护共和的问题。

1914年，北京政府内务部再次发布劝诫剪发条规，规定凡不剪辫者，停止职务或开除职务，经商者停止营业，同时须规范家属及仆从的发式。但仍有一些传统势力坚决反对剪辫。如清朝的部分遗老遗少们，以保留辫子的方式来表达他们对清廷的怀念和忠诚，甚至抱有复辟的梦想，辫帅张勋及其辫子军就是其中的典型代表。但在势不可挡的历史潮流和强大的政令面前，剪辫风潮在全国由南向北、由大城市向偏僻乡村逐渐扩展，剪辫已成为全社会的共识，大多数清朝遗老遗少也无奈地陆续剪去发辫。1919年，末代皇帝溥仪也在其外国老师庄士敦的劝说下剪掉了辫子，紫禁城内千余条辫子也随之剪掉。从此，除少数极端者之外，全国城乡的蓄辫者越来越少，特别是公共场合已为无辫人士所占据，蓄辫者只能在充分伪装后才能进出公众场合。

剪辫风潮的出现，除民族"自觉"和反清革命等政治因素外，也是近代社会生活的发展趋势和世界潮流使然。尽管在鲁迅笔下，辫子有着"打架时可拔，犯奸时可剪，做戏的可挂于铁竿，为父的可鞭其子女，变把戏的将头摇动，能飞舞如龙蛇"等种种令人捧腹的功能，但它确实与近代社会快节奏的生活方式格格不入，因为，脑后拖着一条长长的辫子，行礼不便于脱帽，健身不便于锻炼，做工时不便于开机器，练兵时不便于操演，每天要花时间梳头编辫子，勤洗更费时间，不勤洗又不卫生，衣服上沾满油渍，且繁殖细菌虱子，传播疾病。简言之，辫子"对于卫生对于操作对于经济均有所害"。所以，就社会生活而言，剪掉辫子也是大势所趋。

在剪掉辫子之后,中国男子并没有重新回到束发于顶的时代,而是顺应世界潮流开始了短发的时代,而且一直延续至今。

民国服饰的变革

民国时期,随着辫子的剪掉,服饰也开始打破君臣士庶"衣服有制"的封建等级传统。政府对服饰制度的改革基本遵循两个原则,其一是统一服制,以壮观瞻,以示维新;其二是既要结合传统,面对实际,也要面向世界,赶上西方文明的潮流。也就是说,民国时期的服装既有继承传统的稳定性,又有追随世界潮流的变异性。如男子的大礼服、常礼服就类似于西方的燕尾服,常服则为改造后的长袍马褂;女礼服为上衣下裙等。简言之,男子服装呈现出从长袍马褂向中山装、西装过渡的趋势,女子服装不但呈现华丽的趋势而且旗袍日益普及。其中,中山装和改良后的旗袍最能体现民国时期的男女服饰流变。

中山装是由孙中山创制的,其设计灵感的来源有日本学生装、日本铁路工人服、南洋华侨的"企领文装"等几种不同的说法,虽然它很大程度上仍然是西装的翻版,但是

烫发、穿短袖旗袍及高跟鞋的妇女

孙中山在对之进行改造的过程中,渗入了他的政治理想和中国的传统意识,使其不但庄重、实用,而且符合中国人的审美习惯,因而很快得以流行,并成为国际认可的中国男子礼服之一。

旗袍原本是满族妇女的服饰,袍身平直宽松,下摆宽大,领、袖、襟、裾处镶有各色宽条花边。20世纪20年代初,旗袍渐渐开始普及,当时旗袍的式样与以往相比没有太大的变化。但是在西方服饰特别是收腰贴身的连衣裙的影响下,旗袍的样式也不断地改进,如腰身收紧、长度缩短、领高降低、夏装旗袍去掉衣袖等。传统旗袍在注入了西方服饰的审美元素之后,穿着起来更加时尚得体,因而受到女性的普遍追捧。

总之,民国服饰的变革,虽然显示出日益西化的趋向,但并未完全走上西化的道路。

西式餐饮的流行

鸦片战争后,西方的餐饮方式伴随着列强的坚船利炮来到中国,到民国时期,广州、上海、北京、武汉等大城市西式餐饮的流行更为普遍。就西餐馆而言,民国时期既有面向上流社会的豪华大酒店,也有面向普通民众的简陋番菜馆。

中国最早的西餐馆出现在鸦片战争前后的广州。民国初年,广州的西餐馆主要集中在东堤大沙头和沙基谷埠。广州的西餐馆在口味方面以英、法两式为主,不但味道纯正,而且服务热情周到,就餐环境也非常雅致、舒适、讲究。

上海的西餐馆出现在 1843 年 11 月开埠之后,但当时餐馆的服务对象大多是外国食客。到民国时期,上海的西餐馆开始向社会开放。上海西餐馆的一大特征是品种齐全,英、法、意、德、俄等各国口味的菜品一应俱全。就餐场所既有礼查饭店、汇中饭店、大华饭店、国际饭店等大酒店,也有一家春、江南春、吉祥春等番菜馆。

北京的西餐馆最早出现在清末。民国建立后,1914 年北京较出名的番菜馆(也称"大菜馆")有 4 家,1920 年发展到 12 家。这些番菜馆,"有为外国人设者及为中国人设者二种。中国人设者多在前门西一带,趋时者每在此宴客,其价每人每食一元,点菜每件自一角五六分至二三角不等"。在北京,面向上流社会的西餐馆则有六国饭店、德昌饭店和长安饭店等,如许多官宦士绅"器必洋式,食必西餐","向日请客,大都同丰堂、会贤堂,皆中式菜馆。今则必六国饭店、德昌饭店、长安饭店,皆西式大餐矣","昔日喝酒,公推柳泉居之黄酒,今则非三星白兰地、啤酒不用矣"。

武汉的首家西餐馆为 1913 年汉口大旅社的"瑞海西餐厅"。此后,海天春、第一春等西餐馆陆续开业。到 20 世纪 30 年代,随着洋商买办的逐渐增多,武汉西餐业规模日益扩大,仅大中型的西餐馆就达到 26 家,小型的西餐馆则更多。

民国初年广州西餐馆——太平馆外景

此外，天津、重庆、沈阳等城市也出现了不少西餐馆。如在天津，民国后出现了 11 家西餐馆。在重庆，"民国光复，罐头之品，番餐之味，五方来会，烦费日增"。

事实上，并不是所有追捧西餐的人都喜欢吃西餐。20 世纪 20 年代初期一次民意测验表明，爱吃中餐者占 77％，爱吃西餐、中式西餐、西式中餐、兼食中西餐者占 23％。由此可见，人们趋之若鹜地吃西餐并不是因为它确实比中餐好吃，而是因为它代表着一种新鲜、时髦的风尚。

五星啤酒汽水广告

除西餐馆外，各种西式糖果、糕点、酒水饮料、纸烟等也在民国时期得到迅速普及。其中，西式糖果、糕点以其香甜可口、整洁卫生、品种繁多、便于携带储藏等优点而畅销，并占领了中国市场。啤酒、香槟酒、葡萄酒、咖啡、汽水等西式酒水饮料，也被越来越多的中国人所接受。美味食品和酒水饮料不但刺激了中国人的胃口，也刺激了中国人的生产意识。从清末民初以来，中国商人创立的生产西式糖果、糕点的工厂和酿酒厂不断增多。如 1895 年侨商张振勋创办的张裕葡萄酒酿酒公司，能够酿出优质的白兰地和葡萄酒。1915 年创办的北京双合盛啤酒厂，就是中国人自己创办的第一家啤酒厂，该厂生产五星啤酒，牌号一直沿用至今。纸烟则更是最为普及的舶来消费品。如在北京，"昔日抽烟用木杆白铜锅，抽关东大叶，今则换用纸烟，且非三炮台、政府牌不御矣"。

五星啤酒的诞生

1915 年张廷阁创办的北京双合盛啤酒厂是由中国人自己创办的第一家啤酒厂。张廷阁，号凤亭，1875 年出生在山东。1915 年，双合盛啤酒汽水厂投入生产，所产啤酒、汽水的注册标牌均为"五星"。但因人力不足，双合盛不久就放弃了五星汽水的生产，集中全力生产经营五星啤酒。

1921 年和 1930 年该厂进行了两次扩建。1921 年至 1932 年间，双合盛进入经营最旺盛的时期，有职工 500 余人，啤酒年产量达 10 万余箱，约合 3000 余吨，除在上海、天津、青岛、广州、武汉、大连等大城市销售外，还远销香港、澳门、及东南亚地区，总资产达 200 余万元。

五星啤酒矿物质丰富、口感醇厚、泡沫洁白，且有着浓郁的麦芽香味，曾于 1937 年在巴拿马国际博览会上获奖。

相关链接

民国饮食习俗的变化

饮食是人类维持生存的最基本的生理需求，它在整个社会生活和习俗中占有极重要

民国时期西式聚餐情景

的地位。民国时期，在社会风尚的大变革中，传统的饮食习俗也发生了一定程度的变化，而这种变化与西式餐饮在中国社会的流行有着密切的关系。

众所周知，中西饮食习俗无论在食品的原料、烹制方法，还是进餐方式等方面都存在着明显的差异。但是，当西式餐饮传入中国后，很快就受到相当一部分人的追捧，并成为中上层社会时髦的消费方式。民国时期，随着西式餐饮影响的日益扩大，中国传统的饮食习俗被打破。西菜、西点、西式酒水饮料等大量充斥中国市场，与中国菜肴、中式糕点、传统酒水交相辉映，共同构成了民国饮食业的新格局。

西式餐饮对中国传统饮食习俗产生了一定的积极影响。首先，它丰富了中国饮食的品种，完善了中国饮食的结构。而且中西餐在长期磨合的过程中互通有无、取长补短，形成了更多的菜肴品种。其次，使中国的传统饮食方式和进餐习惯有所改进。最后，使人们逐渐认识到科学饮食的重要性，从而兴起了食品科学研究的新风气。

西式餐饮虽然有其科学、文明、卫生的一面，但也有其奢华、浪费、不合中国人口味的一面。所以，尽管它在中国有一定的市场，终究也不可能使整个民族的饮食结构发生实质性的改变。

城市住宅的西化

民国时期，中国人的住宅是中、西、土、洋兼而有之。但在大中城市，西化的住宅越来越受到人们的喜爱。当时，大中城市中的西化住宅主要有里弄建筑、花园洋房、高层公寓、新式旅馆等。

里弄建筑是一种中西结合的住宅形式，它是在改造中国传统低层院落式住宅的基础上发展起来的。由于里弄住宅具有结构相对简单、造价低廉、实用性强等特点，因而很快成为普通城市居民的流行住宅。上海是最早有里弄式建筑的城市。到 20 世纪二三十年代，上海的里弄住宅有了较大的发展，不但增加了卫生设备，降低了围墙高度，而且样式也逐渐呈多样化趋势。受上海影响，北京、天津、南京、汉口、青岛、福州等大城市，也出现了不少里弄住宅。从建筑布局来看，里弄住宅的内部每个居住单位仍按中国传统设计：大致是主房居中，左右有两个对称的厢房；外部则是西式的楼房式样，单调平直。

在城市居民住宅西化的同时，花园洋房这种豪华的西化住宅则在所谓的上层社会中广为流行。民国时期，花园洋房大量地出现在城市、名山大川、避暑胜地。这时的花园洋房多采用英式、法式、德式、西班牙式等建筑形式，但也有采用混合建筑形式的。在当时，花园洋房、西式别墅可以说是身份的象征，因此，达官贵人、商贾买办、大小军阀等富贵、殷实、强权之家大都趋之若鹜，使修建之风很快就在全国流行开来，就连贵州遵义、桐梓这样的小城市，小洋楼也随处可见。花园洋房追求外宫殿内西洋式，内部有卧室、客厅、书房、厨房、浴室、卫生间等，并饰以油画、地毯、沙发、冷暖、洗浴等西式设备；外部则有凉台、庭院、花圃等。

高层公寓也是民国时期西式住宅的一种形式，它出现于 20 世纪 30 年代前后，多集中在大中城市。高层公寓之所以在这个时期大规模地出现，

20 世纪 30 年代前后
北京、上海等大城市出现高层公寓。

遵义会议会址。位于贵州遵义老城红旗路（原子尹路）80 号，是幢砖木结构、通体用灰砖砌成的两层楼房，建于 20 世纪 30 年代，原是贵州军阀、黔军二十五军第二师师长柏辉章的私人官邸

其原因有三：一是中国这时已经掌握了高层建筑的技术；二是在世界性经济危机的影响下，上海、北京等大城市的商业、金融业市场低迷，商人们把投资转向房地产业；三是城市人口的增长刺激了住宅的需求。当时较著名的高层公寓有上海沪西的炮台公寓、高纳公寓、毕卡第公寓、达华公寓，北京王府井的迎贤公寓等。这些高层公寓内设可以出售或出租的大小套房，其中小套房有卧室、起居室、厨房、浴室、储藏室，大套房则另加餐厅、书房、佣人室等。套房中家具、石壁炉台、壁橱、电灶、冰箱等设备一应俱全。高层公寓的住户大多是较有钱、并有一定社会地位和身份的华人或洋人。

除里弄住宅、花园洋房、高层公寓之外，城市中的旅馆也从一个侧面反映着城市住宅的西化。民国时期的旅馆虽然保持着新旧并存的局面，但是，采用西式建筑标准所建设的新式旅馆比旧式旅馆有更多的优越性。如在建筑风格和内部设施方面，旧式旅馆多为传统的平房，通风、采光、供暖、洗浴等设施都不太完善；新式旅馆则多为西式的高层建筑，通风、采光条件好，暖气、卫生间、冷热水供应系统完善，还有电梯、电灯、电话等。在建筑材料方面，旧式旅馆多用木材，不利于防火；新式旅馆多用钢筋、水泥、砖石等，坚固耐火。在内部结构方面，旧式旅馆只有客房、伙房、饭店、茶座等；而新式旅馆除客房、餐厅外，还有酒吧间、舞厅、弹子房、会客厅、理发室、小卖部等，能够全方位地满足客人的各种需求。这些优越性又极大地促进了新式旅馆在城市中的发展。上海的礼查饭店、华懋饭店、百乐门饭店，北京的北京饭店、六国饭店，天津的帝国饭店，广州的维多利亚饭店、万国酒店等都是民国时期名噪一时的新式旅馆。

在城市住宅样式西化的同时，居室周围环境的布局和居室内部的陈设也发生了相应的变化，如西式花园、西式客厅、西式家具等都成为人们追求的时尚。在城市住宅风格的影响下，中小城镇的居民住宅也出现了西化的倾向。

 相关链接

民国建筑风格的变革

近代以来，随着中西交往的增多和商品经济的发展，西式建筑开始在广州、上海等通

商口岸大量出现。到民国时期,西式
建筑已经形成一定的规模。在西式建
筑的影响下,中国的传统建筑风格出
现了西化的倾向。

在住宅方面,里弄建筑、花园洋
房、高层公寓等西式住宅大量地出现
在大中城市。在城市西化的住宅风格
影响下,中小城镇也出现了以砖瓦、水
泥、玻璃、金属等材料建筑的平房或楼
房。除居民住宅的西化外,在大中城
市中,街面建筑和公用设施的西化则

民国初年的北京正阳门火车站

更为突出。如一些大型公司、百货商场、商会、学校等建筑,大多都是颇具西式风格的高层
楼房。特别是在上海,自近代开埠以来,"文艺复兴式"、"哥特式"、"巴罗克式"、"古典主义
式"等西方各种风格的建筑随处可见,有着"建筑博览会"之称。就连向以传统帝王建筑风
格著称的北京,西式以及中西合璧的建筑也是鳞次栉比。如在北京政府时期落成的西式
建筑就有国会会场,市政公所,前门邮局,参谋本部,协和医院,劝业场,新世界游乐场,正
阳门火车站,北大红楼,清华大学的教学楼、图书馆、体育馆、科学馆、礼堂、宿舍,燕京大学
的水塔等。

这些西式建筑与中国传统的建筑相比,有着结构坚固、布局合理,通风、采光条件好等
诸多优点,因而很快被社会各阶层人士所认同。建筑风格的西化,从一个侧面反映了民国
社会走向现代化的进程。

城市交通的新发展

民国建立后,城市内传统的轿子、马车或牛车等短途交通工具逐渐被淘汰,代之以人力车、自行车、电车、汽车等新式的交通工具。

人力车源自日本,因此又称东洋车,于 19 世纪六七十年代传入中国,并首先出现在上海、北京、天津等大城市。这种车在各地的称呼也不尽相同,上海称之为"黄包车",北京称"东洋车"或"洋车",天津则称"胶皮(车)"等。而且它的样式和制作材料也不断地改进,如车轮原为木质、外裹铁圈,民国时期逐渐改用橡皮轮,改良后的人力车坐者舒适、拉者轻快。因人力车有着比中国传统的轿子先进,比西式马车简易、廉价等特点,所以很快为人们所接受并盛行于各大都市。在北京,人力车最多时曾达到 2 万余辆;在上海,大、小车行有数千家,每家车行拥有的人力车从数辆到上百辆不等。人力车的盛行造就了人力车夫这个阶层,他们虽然整日辛勤劳作,但生活依然非常困苦,老舍先生笔下的"骆驼祥子"就是他们中的典型代表。

自行车也是晚清时期从西方传入中国的新式交通工具,但是因当时道路状况不佳而未能普及。民国时期,随着中国城市道路的不断改进,自行车的数量逐渐增多并成为人们喜爱的代步工具,特别是自行车专卖店和修理店的大量出现,不但为人们选购自行车和修理自行车故障提供了方便,也大大促进了自行车在中国的普及。自行车对中国人"行"的观念影响深远。

富家少爷骑自行车

除东洋车、自行车等人力车外,电车、汽车则是民国时期城市交通中发展较快的机动车辆。其中,电车分有轨电车和无轨电车两种。1906 年,天津创办了国内首条有轨电车系统。之后,有轨电车在其他大城市中先后出现。继有轨电车之后,无轨电车也于1914年传入中国,并迅速发展起来。到1926年,上海、北京、大连、抚顺等城市都先后拥有了电车系统。正在修筑或计划修筑电车线路的城市有广州、沈阳、哈尔滨、杭州、常州、江阴、宜兴等地。电车的出现,标志着城市公共交通工具时代的到来。

有轨电车开通

上海第一条有轨电车线路创办于1908年,但开始时人们只是好奇地围观,误以为会触电而不敢接近、乘坐电车。在这种情况下,商家只好用免费或减价等方式来招揽乘客。当人们逐渐认同并接受电车后,电车行业便快速地发展起来。据统计,1921年,上海电车业投入运转的车辆达到273辆,乘客数量也比开始时增加了近10倍。到1926年,上海已经拥有3家电车公司、21条运营线路,当年公共租界人均年乘电车次数达到145次,华界和其他租界也达到100次。

北京电车的运营开始于1923年,到1928年前后,北京已拥有6条运营线路,全长39.8公里,拥有82辆运转车辆,日均载客量达到10万人次。北京的电车运营并没有遭遇像上海那样的尴尬,而是一开始就受到人们的欢迎。这表明,随着时间的推移,人们已经普遍地接受了电车这种快速、便捷的交通方式。

电车的开通对社会是一种进步,但人力车夫由于自身生计受到威胁,对电车的开行有一种本能的畏惧与反感。因此,在整个民国时期,人力车与电车或公共汽车的矛盾冲突从未间断过。

如果说电车是城市平民出行的主要交通工具,那么小汽车则是城市中上层人士必备的交通工具。汽车于1902年最早出现在中国,民国时期开始在全国各地流行。在上海、北京等大城市中,许多高

1929 年

5月,中国航空公司成立,这是国民政府航空运输业的开始。10月,北平人力车夫捣毁电车60余辆,司售人员受伤者二三十人,致使北平电车公司停业18天,经济损失惨重。

中国航空公司

国民政府于1929年创办的航空运输机构之一,起初为独资经营,后与美国合资经营,新公司于1930年8月正式成立,总部设在上海,通航线路主要有沪蜀线、沪平线、沪粤线三大干线。抗战期间,该公司迁至重庆。抗战后,又迁至香港。公司共有大小飞机56架,职工2000余人。1949年11月9日,该公司全体中国员工和中央航空公司全体中国员工驾驶12架客机一同起义,脱离国民党政府。

官、富商、资本家、名医等都拥有私家汽车,汽车不仅是他们出行代步的工具,更是他们身份和地位的象征。

在私家汽车流行的同时,出租车行业也在逐渐兴起。20世纪二三十年代,出租车迅速得到普及,乃至一般市民都可以乘坐。在上海,首家出租车行于1911年由美商开办,到1935年上海共有出租车行95家。在北京,第一家出租车公司飞燕汽车公司于1913年创办,到1928年前后,出租车行发展到近60家,拥有汽车200多辆。

总而言之,民国时期的城市交通与以往相比发生了巨大的变革,这种变革的总趋势是"西化"或"洋化",它反映了中国社会由传统走向现代化的历程。

 相关链接

民国出行方式的变迁

民国时期,在衣、食、住、行的社会大变革中,国人对"行"的变化是欣然接受的。在晚清时期,虽然新的交通方式已经出现,但主要还是以陆路和水路为主,所谓"北马南船"仍然是人们对整个中国交通状况的共识,特别是陆路的交通运输工具多以牲畜或畜力车为主。进入民国以后,旧式的交通方式和车马、轿子等交通工具逐渐被淘汰,代之而起的是新式的交通方式和交通工具。

新式交通分为城市内部交通和全国交通两种方式。市内的新式交通有人力车、自行车、电车、汽车等。新式全国交通的方式有陆路之火车、汽车;水路之轮船;航空之飞机等。就全国交通而言,民国年间的陆路、水路和民用航空交通等都得到了迅速的发展。据统计,1912年至1937年间,新增铁路1.1万多公里,铁路总长度达到2.2万公里。至民国末年,全国已有铁路干线58条,铁路网初步形成。就公路来说,1921年全国只有1185公里,到1936年底,公路总长度已达到6.9万公里,正在修筑的1万公里,计划修筑的3万公里,拥有京沪、京闽、沪桂、京鲁、京黔、京川、汴粤、洛韶等各大干线和上百条支线,形成了全国性的公路网。在民用航空方面,1929年中国航空公司成立,之后,欧亚航空公司、西南航空公司又相继成立。1937年已有民用飞机30架,开辟航线18000公里,航运里程大幅度增长。

新式交通的发展,不仅方便了人们的出行、拓展了人们交往活动的空间,也使人们"行"的观念发生了深刻的变化。

蒋介石与宋美龄的婚礼

　　宋美龄，宋氏三姐妹之一，1899年出生于上海，1910年赴美留学，1917年从威尔斯利学院毕业后回国。1922年12月，蒋介石在上海法租界莫里哀路的孙中山寓所中与宋美龄相识，随后开始了对宋美龄长达5年的苦苦追求。宋美龄全家都是基督教徒，而基督教是主张一夫一妻制的。由此看来，信奉佛教且已有家室妻妾的蒋介石根本不具备与宋美龄联姻的条件。但是，为了达到目的，蒋介石不但答应宋母试着信仰基督教、努力研究《圣经》，而且还在报纸上刊登启事，宣布与结发妻子毛福梅正式离婚、与侍妾姚冶诚和陈洁如脱离关系。在清除所有的障碍之后，蒋介石于1927年11月在《申报》刊登结婚启事。这样，处于政治权力巅峰的蒋介石最终与宋美龄结为夫妻。从此，宋美龄成为蒋介石的得力助手、中国的第一夫人。

　　1927年12月1日，蒋介石与宋美龄在上海举行了举世瞩目的盛大婚礼。婚礼分两步进行，先为基督教式的婚礼，后为中国传统式的婚礼。

　　基督教婚礼于下午3时在宋宅举行，礼堂设在会客厅，只有少数亲朋好友参加。其中，证婚人为中国基督教青年会全国协会总干事余日章，介绍人为谭延闿、何香凝、王正廷、李德全，主婚人为蒋锡侯夫妇、孔祥熙夫妇。蒋介石由刘纪文陪同先行进入礼堂，宋美龄挽着宋子文的手臂随后进入。蒋介石先为宋美龄戴戒指并宣读誓词："我蒋中

蒋介石、宋美龄婚礼照

1922年

12月，蒋介石在上海孙中山的寓所与宋美龄相识，从此开始了对宋美龄的不懈追求。

1927年

9月，蒋介石在报纸发表启事，声明1922年即与结发妻子毛福梅离婚，现与侍妾陈洁如、姚冶诚也已脱离关系。

11月，蒋介石在报纸上发布与宋美龄的结婚启事。

12月1日，蒋介石与宋美龄在上海举行了盛大的婚礼。

正情愿遵从上帝的意旨,娶你宋美龄为妻。从今以后,无论安乐患难康健疾病,一切与你相共,我必尽心竭力的爱敬你、保护你,终身不渝。上帝实临鉴之,这是我诚诚实实应许你的,如今特将此戒指授予你,以坚此盟。"随后,由宋美龄为蒋介石戴戒指并宣读誓词:"我宋美龄情愿遵从上帝的意旨,嫁你蒋中正,从你为夫。从今以后,无论安乐患难康健疾病,一切与你相共,我必尽心竭力的爱敬你、保护你,终身不渝。上帝实临鉴之,这是我诚诚实实应许你的,如今特将此戒指授予你,以坚此盟。"在基督教婚礼仪式之后,蒋宋二人赴大华饭店举行中国传统式的婚礼。

中式婚礼在大华饭店举行,礼堂设在该饭店的舞厅内,正中悬挂着孙中山遗像,两旁分别是国旗和党旗,四周以鲜花装饰。下午4时,蒋介石和宋美龄乘坐花车来到饭店。稍事休息后,在乐队奏响的门德尔松《结婚进行曲》中,典礼正式开始。蒋介石身着礼服,由男傧相刘纪文、孔祥熙陪同步入礼堂。随后,宋美龄一手挽着宋子文的臂膀,一手捧着一大束白色和粉色相间的玫瑰花,伴随着《新娘来了》的古老舞曲,由4位女傧相相伴而入。她穿着一件银色的旗袍,白色的乔其纱用一小枝橙黄色的花别着,斜披在身上,非常优雅。出席中式婚礼的中外来宾共计1300余人,为避免意外事件,来宾严格按照事先接到的、盖有宋子文私章的请柬入场。蒋锡侯、宋子文代表男女两家主婚,蔡元培、谭延闿、王正廷、何香凝、李德全、余日章证婚,由邵力子担任婚礼司仪。婚礼开始后,蒋介石和宋美龄向孙中山的遗像三鞠躬,并依次向右、向左、向中间的来宾鞠躬。接下来由蔡元培宣读证婚书,然后,证婚人、主婚人、结婚人依次在证书上盖章。最后,新郎、新娘彼此鞠躬,并向证婚人、主婚人及来宾各鞠一躬,婚礼遂告完成。

婚礼的当天,蒋介石写了《我们的今日》一文,其中说:"余确信余自今日与宋女士结婚以后,余之革命工作必有进步。余能安心尽

自由结婚

民国初年随着妇女解放运动的兴起而开始流行的婚俗,也被称作"文明结婚",即男女双方自行认识或经人介绍认识后,经过一段时间的相处产生爱情并自愿结为夫妻的婚姻形式。

上海大华饭店。蒋介石与宋庆龄在此举行了婚礼

革命之责任，即自今日始也。"婚后，蒋介石和宋美龄离开上海到浙江杭州和莫干山度蜜月。

　　蒋介石、宋美龄的婚礼是典型的中西结合的婚礼，既有西方资产阶级的情调，又有中国上层贵族的排场。12 月 2 日，即婚礼的次日，《上海时报》报道说："这是近年来的一次辉煌盛举，也是中国人的一个显赫的结婚典礼。"

 相关链接

民国婚俗的变革

　　婚俗是婚姻家庭观念的产物，它随着婚姻家庭观念的变迁而变迁。在中国，传统的婚姻讲究"门当户对"、"父母之命，媒妁之言"，婚姻双方的当事人基本无权决定自己的终身大事。近代以来，随着西方文明的输入，中国的传统婚俗也在发生着巨大的变化。民国建立后，除在闭塞的内地仍然沿用旧式婚礼外，在交通便利的城市中新式婚礼、新旧参半式婚礼开始普遍流行。新式婚礼包括订婚形式和结婚形式。订婚的形式有行礼订婚法、通告订婚法和信物订婚法等，这是男女双方经过恋爱后的自主订婚，是自由的恋爱、婚姻观的体现。婚礼的形式有政府规定的结婚礼、旅行结婚、教堂结婚、公证结婚、登报公布结婚、茶话会式的婚礼、集体婚礼等，特别是集体婚礼，仪式简单、费用节俭，引领了社会新风尚，给人以耳目一新的感觉。新旧参半式婚礼，是在采用新式结婚仪式的同时，又增加了一些传统婚礼的项目。

　　总之，民国时期，随着民主、自由观念的传播，婚俗呈现出多样性和并存性，婚姻的仪式趋于简化、节俭，婚俗中的一些繁文缛节逐渐被革除，男女都有结婚和离婚的自由，男女平等的精神在婚姻中得到了一定程度的体现。但是按照民国的法律，纳妾不构成重婚罪，妾所生庶子也有合法的身份，这就导致了蓄妾之风的盛行，这种陋习在民国解体后才彻底被废止。

孙中山的"国葬"

　　1929 年 6 月 1 日,南京国民政府为孙中山举行了将其灵柩由北京西山碧云寺移葬南京紫金山的国葬仪式,也称"奉安大典"。

　　1924 年 10 月,冯玉祥发动"北京政变"后电邀孙中山北上共商国是。为了国家的统一大计,孙中山在夫人宋庆龄的陪同下冒险北上。而在孙中山北上途中,军阀段祺瑞、张作霖入主北京,成立以段祺瑞为执政的"中华民国执政府",冯玉祥被排挤到张家口。12 月 4 日,孙中山到天津后与张作霖进行了会谈。由于旅途劳顿,当晚孙中山突然高烧不止,肝脏剧烈地疼痛,入院后被确诊为肝癌,但医生已无力回天。1925 年 3 月 12 日,中华民国的缔造者孙中山在北京病逝,灵柩暂厝北京西山碧云寺。

　　根据孙中山的遗愿,北京政府下令国葬他于南京紫金山南麓。墓址由宋庆龄实地勘察并选定,建筑图案由著名建筑师吕彦直设计。1926 年 3 月 12 日,中山陵奠基动工。1929 年春,中山陵主体工程基本完工。主要建筑有牌坊、墓道、陵门、碑亭、祭堂和墓室等。同年 6 月 1 日,国民政府在南京为孙中山举办了隆重的国葬典礼。

　　1929 年 1 月 14 日,国民政府公布"总理奉安委员会"组织章程和组成人员名单,由蒋介石任主席委员,胡汉民、王宠惠、谭延闿、戴季陶、蔡元培、林森、张继等 27 人为委员,下设总务、财务、文书、布置、警卫、典礼、招待、交通等 8 个组。

　　1929 年 5 月 28 日凌晨,孙中山的灵榇由专列从北京运往南京,停灵于南京国民党中央党部礼堂。从即日起,

1925 年 3 月 24 日,孙中山的灵柩运往西山

国民党中央委员轮流为之守灵，直到国葬典礼结束。5月29日至31日3天为公祭日。公祭结束的当天下午6点，由蒋介石主持举行了封棺典礼。参加者在鞠躬、默哀之后，由蒋介石引导依次瞻仰孙中山的遗容，然后封棺。

6月1日凌晨2点，奉安总指挥朱培德、总干事孔祥熙、各组正、副主任到场，并有条不紊地指挥各组做各种准备工作。宋庆龄、孙科夫妇及子女、蒋介石夫妇、宋子文

孙中山灵榇抵达中山陵祭堂前

夫妇、宋蔼龄等亲朋以及全体国民党中央委员、国民政府委员、葬事筹备委员、迎榇专员、各国代表等陆续来到中央党部礼堂前等候。4点15分开始鸣礼炮101响，灵榇移出大门并抬上灵车。4点25分，灵车启动。整个护灵队伍绵延五六里，其中，全副武装的军校学生200余人组成护灵团分列两侧，宋庆龄等家属及女眷分乘马车随行，男士分左右两列执绋步行，其他机关团体人员沿途依次加入。沿途搭建松柏牌楼、青白布牌楼等多座，南京市万人空巷，群众纷纷自发地为孙中山送殡。

上午9时20分，灵车缓缓开到陵园广场，先期到达的送灵队伍在静静地等候，108名杠夫也早已肃立在灵舆两侧等候。9点30分，由孔祥熙等人率领10名杠夫移灵至灵舆。9点45分起杠，由石阶缓缓而上。10点过后灵舆到达祭堂前平台，杠夫换用小杠把灵榇抬入祭堂中央。随后，典礼开始，由蒋介石主祭，谭延闿、胡汉民、王宠惠、戴季陶、蔡元培陪祭，依次进行奏哀乐、行鞠躬礼、献花圈、读诔文等新式葬仪。仪式完毕后，孔祥熙率杠夫把灵榇移入墓室。孙中山的亲属、故旧、国民党中央代表蒋介石、各国专使代表等一同进入墓室，率杠夫安放灵榇，灵穴上放置捷克雕塑家设计的孙中山汉白玉卧像。这时，再鸣礼炮101响，全国民众停止工作默哀3分钟。12点整典礼完毕。在祭堂内参加典礼的人员先后进墓门瞻仰，然后回到祭堂。

公墓制度

公墓制度起源于西方，后随西方列强的入侵传入中国。在中国，最早提议设立公墓是在1917年，但直到1928年国民政府才正式决定在全国实行公墓制度并公布了《公墓条例》。该条例参照西方国家的公墓制度，规定：市、县政府、私人和私人团体都可以设置公墓。公墓应设于市、村附近，并与工厂、学校、公共处所、住宅、水源、道路有一定距离。其面积、深度由市、县政府统一规定。各墓尺寸不过六尺，前后不过十尺，各墓应标号，并有人管理。碑上须注明姓名、籍贯、殁葬年月日，非经墓主同意不得起掘。在其初创时期由于种种原因收效甚微。1944年以后，公墓的推广才取得一些成绩。

最后,宋庆龄率孙科夫妇等亲属关闭墓门,典礼遂告完成。

国葬仪式结束后,"奉安委员会"成立"总理奉安专刊编纂委员会",以蒋介石、胡汉民、戴季陶、孙科、叶楚伧、于右任、孔祥熙为委员,负责编写《总理奉安实录》。该实录于1930年出版,分卷上、卷下两册,详细记载了孙中山灵榇移灵、奉安及兴建中山陵的经过等。

 相关链接

民国丧葬礼俗的变革

　　丧葬礼俗即丧葬礼仪制度与民间丧葬风俗,它是人生礼仪中的最后一个环节。在中国,由于受到儒家"慎终追远"、"事死如生"等思想的影响,各民族、各阶层自古就对丧事非常重视,并形成了一整套严密的礼仪制度。传统的丧礼不仅有着明显的封建等级性,而且还带有浓厚的迷信色彩,因而导致厚葬久丧等陋俗泛滥。民国建立后,随着西方文明的不断输入,传统丧礼中存在的陋俗也逐渐被革除。

　　民国时期,为革除传统丧礼中的弊端,政府制定了关于国葬、公葬、公职人员新式葬礼、民间通行丧礼的有关规定。其中,"国葬"是以国家的名义举行的葬礼,如在孙中山的国葬典礼之前,民国北京政府曾于1917年的4月12日和15日,以国葬礼先后安葬护国功臣蔡锷和开国元勋黄兴于湖南长沙岳麓山。"公葬"则是对那些有功于国家但还未达到国葬条件者所举行的丧仪,如部分国民党元老和为国捐躯的将领曾受公葬礼遇。丧礼中最有意义的改革就是开追悼会,南京国民政府称之为"公祭",包括全体肃立、奏哀乐、三鞠躬、献花、读祭文等内容。后来,追悼会这种庄重简便易行的丧仪逐渐在公职人员中推广,进而带动了民间丧礼的改革,使简约、文明的西式丧葬风俗逐渐深入人心。另外,民国丧俗的重要变革还表现在公墓制度的建立等方面。

鞠 躬、握 手 礼 的 流 行

民国建立后,随着封建帝制的消亡,对封建礼仪制度的变革也迅速提上了议事日程。其中,社交礼仪方面最重要的变革是跪拜礼的废除和鞠躬、握手礼的流行。1912 年 3 月,民国政府明令在祭祀孔子时"除去跪拜之礼,改行三鞠躬,祭服则用便服"。不久之后,又明令废除了社交礼仪中的叩拜、相揖、请安、拱手等旧式礼节,改行鞠躬礼。后经临时参议院议决,袁世凯的北京政府于当年 8 月 17 日公布了《民国礼制》,共 2 章 7 条,全文如下:

1912 年
8 月 17 日,民国北京政府公布了《民国礼制》。

第一章　男子礼

第一条　男子礼为脱帽鞠躬。

第二条　庆典、祀典、婚礼、丧礼、聘问,用脱帽三鞠躬礼。

第三条　公宴、公礼式及寻常庆吊、交际宴会,用脱帽一鞠躬礼。

第四条　寻常相见,用脱帽礼。

第五条　军人、警察有特别规定者,不适用本制。

第二章　女子礼

第六条　女子礼适用第二条、第三条之规定,但不脱帽。寻常相见,用一鞠躬礼。

第七条　本制自公布日施行。

该《礼制》公布后,全国各地的社交礼仪为之一新。如在北京,"凡于婚丧喜事仪制,前清跪拜礼节,今盖改用鞠躬"。在武汉,"小礼一鞠躬,大礼三鞠躬,诚为简便"。在四川,县官上任"拜北阙,行三点头鞠躬礼","祭孔庙、祭武庙亦行三点头鞠躬礼"。在福建,"有用新丧礼者,吊丧之人行脱帽鞠躬礼"。在河北房山县,鞠躬礼用于一切相见礼中。

以鞠躬礼代替跪拜礼既是对君权、族权、神权的挑战,也是人际交往中民主、平等思想的体现。但是,和其他新生事物一样,鞠躬礼出现后也受到了一定程度的抵制。如清朝的遗老遗少在紫禁城内仍然坚持用跪拜礼觐见清逊帝。曾经的维新志士康有为也极力反对废止跪拜礼,如他说:"中国人不敬天,亦不敬教主,不知其留此膝以傲慢何为也?"就连颁布民国新礼制的袁世凯,也为了祭孔和复辟帝制又一度下令恢复跪拜礼。而在民间,也有人认为"寻常庆吊三鞠躬,礼神谒圣亦三鞠躬,未免礼无差等",因而仍然顽固地坚持跪拜礼。1917年,湖南慈利县一位还乡官员在父丧中采用鞠躬礼,结果被参加者认为是对其父的大不敬而唏嘘不已,一哄而散。

但是,随着民主、自由、平等观念的深入人心,简便易行的鞠躬礼还是逐渐被人们所认同,并成为最普遍的社交礼节而在全国城乡逐步推广。正如有人评论说:"作为一种社交礼节,跪拜已完成了它的历史使命。只是作为一块青记,它还残留在现代社会的臀部。它的最终消失,有待于人们物质生活和文化生活的进一步丰富提高。"

除鞠躬礼外,握手礼也是民国时期被广泛采用的社交礼节。握手时双方相距一步,握后上下微摇,受礼者为男士可稍重一些,如为女士则要轻握。与位高者见面,必须由位高者先伸手。与女士握手,必须由女士先伸手。在民国社交礼仪中,中国人在握手礼方面的西化程度最深。

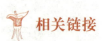

相关链接

跪拜礼和脱帽礼

中国古代拜礼,有稽首、顿首等多种形式。民国建立后,虽然政府明令废除跪拜礼代之以鞠躬、握手礼,但民间仍然有所保留。

脱帽礼常与鞠躬并用,它起源于欧洲,近代传入中国。民国时期,政府废除跪拜礼而倡导鞠躬脱帽为相见礼,祭奠先圣英烈时也多采用之。

民国社交礼俗的变革

中国是世界公认的"礼仪之邦",所谓"大礼三百、小礼三千",即是中国有着系统的礼仪制度的体现。近代以来,在欧风美雨的浸润下,中国传统的礼仪制度也在不断地发生着变革。到民国时期,在整个社会的大变革中,社交礼俗也发生了更加明显的变化。首先,随着社会风气的开化、经济的发展、西化程度的加深,人们的交往观念逐渐由中转西,并表现出越来越西化的趋新色彩,传统的社交方式在阶级、阶层之间的界限则呈现出淡化的趋势。其次,在交往礼节方面,废除跪拜礼,改行鞠躬、握手等新式礼节。与此同时,还革除了与跪拜礼密切相关的"大人"、"老爷"等称谓,改称"先生"、"君"、"同志"等,体现出对人格的尊重和人与人之间的平等观念。再次,在交往方式方面,除传统的应酬之外,跳舞、茶会、春游、音乐会等西式社交方式也被越来越多的人所接受。此外,民国时期社交礼俗变革的另一大特点是男女社交的公开,打破了旧时男女不能杂坐看戏、乘车、游园以及同台演戏等陋习,体现了妇女地位的提升和男女平等的观念。

新式纪念日的出现

1912 年 1 月，孙中山在南京就任中华民国临时大总统后，正式通电各省：中华民国改用阳历，以黄帝纪元四千六百零九年十一月十三日为中华民国元年元旦。改用阳历后，由政府规定的以阳历计算的具有现代意义的新式节日、纪念日有 1 月 1 日民国成立日，2 月 12 日北京宣布共和南北统一日，3 月 29 日先烈纪念日，4 月 5 日植树节，4 月 8 日国会开幕日，5 月 9 日国耻纪念日，7 月 3 日马厂首义再造共和日，9 月 28 日教师节，10 月 10 日国庆节，12 月 25 日云南起义纪念日等。这些由官方确定的纪念日有着浓厚的政治色彩，所以有些节日往往会随着政治环境的变化而变化，如皖系失败后，7 月 3 日马厂首义再造共和纪念日就被取消。但也有些纪念日如 10 月 10 日国庆节等曾被民众广泛的接受，形成具有民俗活动内容的节令。就绝大多数的新式纪念日来说，主要还是由政府机关、学校等团体来纪念，采用的方式有悬挂国旗、张灯结彩、开庆祝会、放假休息、游园、游行等。

1930 年 7 月 10 日，国民党中央执行委员会第 100 次常务会议通过了《革命纪念日简明表》及《革命纪念日史略及宣传要点》，按照阳历把革命纪念日分为"国定纪念日"和"本党纪念日"两种。其中，"国定纪念日"有 1 月 1 日民国成立纪念日、3 月 12 日孙中山逝世纪念日、3 月 29 日革命先烈纪念日、5 月 5 日革命政府纪念日、5 月 9 日国耻纪念日、7 月 9 日国民革命军誓师纪念日、10 月 10 日国庆纪念日、11 月 12 日孙中山诞辰纪念日等。"本党纪念日"有 3 月 18 日北平民众革命纪念日、5 月 18 日陈英士殉国纪念日、6 月 16 日孙中山广州蒙难纪念日、8 月 20 日廖仲恺殉国纪念日、9 月 9 日孙中山第一次起义纪念日、9 月 21 日朱执信殉国纪念日、10 月 11 日孙中山伦敦蒙难纪念日、12 月 5 日肇和兵舰举义纪念日、12 月 25 日云南起义纪念日等。

国民党中央在确定纪念日的同时，还对各种纪念日的纪念方式作了详细的规定。在"国定纪念日"中，1 月 1 日民国成立纪念日和 10 月 10 日国庆纪念日，各休假一天，全国一律悬旗扎彩提灯志庆，各地党政军警各机关各团体各学校均分别集会庆祝，并由各该地高级党部召开各界庆祝大会；5月5日革命政府纪念日、7月9日国民革命军誓师纪念日和11月12日孙中山诞辰纪念日，各休假一天，全国一律悬旗庆祝，各地党政军警各机关各团体各学校分别集会纪念，并由各该地高级党部召开各界纪念小会；3月12日孙中山逝世纪念日，休假一天，全国一律举行追悼纪念，停止娱乐宴会，各地党政军警各机关各团体各学校均分别集会纪念，并由各该地高级党部召开各界纪念大会；3月29日革命先烈纪念日，休假一天，由各高级党部召集当地各机关团体学校分别祭奠所有为革命而死之烈士，并举行纪念大会；5月9日国耻纪念日，全国党政军警各机关团体学校一律分别集会纪念，停止娱乐宴会，并由各该地高级党部召开民众大会兼作废除不平等条约运动，不放假。而在"本党纪念日"中，则由各地高级党部召集党员开会纪念，各机关团体学校可派代表参加，不放假。

无论是"国定纪念日"还是"本党纪念日"，大多是国民政府为纪念重大政治事件而规定的节日，一般都是由政府通令各地党政机关严格遵行，所以各地党政机关学校及团体基本上均能做到。

除上述政治性较强的纪念日外，随着时间的推移又出现了一些职业性的纪念日和民间倡议的纪念日。职业性纪念日有1月11日司法节、6月6日工程师节、7月9日陆军节、8月14日空军节、9月28日教师节、9月1日记者节、11月2日医师节等，民间倡议的纪念日有2月16日戏剧节、3月5日童军节、3月17日国医节、3月25日美术节、3月29日青年节、4月4日儿童节、4月5日音乐节、5月12日母亲节、6月3日禁烟节、8月8日父亲节、9月9日体育节、11月1日商人节等。在这些纪念日中，除陆军节、空军节外，其他大多数纪念日因没有得到政府的支持，因而也就没有形成惯例。

民国教师节

1932年，北平、上海等大城市的教育家们认为教师所担负的责任重大，教师的地位应该受到尊崇，倡议以每年的6月6日为教师节，得到了全国的响应。1939年，陈立夫任教育部长后，国民政府教育部又重新规定以中国古代教育家孔子的诞辰日9月28日（夏历8月27日）为教师节。

民国初年安徽蒙城植树节植树场景

相关链接

民国岁时节令习俗的变化

民国时期，岁时节令习俗方面的主要变化就是改历和改元。所谓改历就是以阳历取代中国传统的旧历（即夏历，俗称阴历）；改元就是以"中华民国"年号纪元取代黄帝纪元法。

1912年1月，南京临时政府宣布全国改用阳历，但基于传统的旧历与农事耕作密切相关等原因，政府又在新、旧历的使用方面作了一些变通，如规定"新旧二历并存"、"新历下附星期，旧历下附节气"等。一般说来，以新历为"官历"，以旧历为"民历"。因而在岁时节令中，官方的政治活动和新式纪念日按照新历进行，而民间的农事活动和传统节日仍按照旧历进行，可谓"新旧参用，官民各分"。这样，新旧两种历法互为补充，在人们的社会活动和日常生活中发挥着各自的作用。这种新旧历并行使用的局面，既适应了世界潮流，又保存了中国传统，反映了民国时期新旧习俗的碰撞与融合。

中国古代一直以"天干"、"地支"配以帝王年号等方式纪元，到清朝末年，资产阶级革命派又以黄帝纪元法否定了清帝纪元法。所谓黄帝纪元法采用的是宋教仁的说法，即以黄帝即位元年癸亥纪年。民国成立后，南京临时政府以国号纪元。国号纪元法结束了中国自古以来以帝王为转移的纪年方式，体现了民主共和的精神，但它未能采用世界通行的公元纪年，体现了改革的不彻底性。

改历、改元之后，不但新式节日、纪念日相继出现在人们的政治生活和日常生活中，使社会风气为之一新，而且传统节日在传承中也在不断地革新，其中的迷信色彩等陋俗逐渐被淡化或革除，处处洋溢着新时代的气息。

新 式 娱 乐 的 流 行

民国时期,随着西方文化影响的不断加深,看电影、跳舞、逛公园等新式娱乐方式开始在社会上流行,并逐渐成为民众社会生活的一个组成部分。

电影于 1896 年传入上海。1908 年,中国的第一家电影院——上海虹口大戏院建成。此后,全国各大城市相继建起影院,看电影的人数也越来越多。民国建立后,中国电影业迅速发展起来。就电影公司或电影制片厂来说,先后有数十家,其中较著名的有亚细亚影戏公司、上海影片公司、明星影片公司、大中华影片公司、中国电影制片厂等。当时影片的题材有爱情片、侦探片、武打片、社会片、时事片、纪录片六大类,代表作有《红楼梦》、《阎瑞生》、《火烧红莲寺》、《八千里路云和月》、《一江春水向东流》、《孙中山》等。丰富多样的影片不但吸引了数千万的观众和影迷,同时也造就了一批享誉海内外的电影导演和男女影星,其中,著名导演有欧阳予倩、田汉、郑正秋等,著名男女影星有张织云、阮玲玉、胡蝶、赵丹等。电影业的快速发展使看电影很快成为广大民众喜闻乐见的娱乐方式。抗日战争爆发后,中国电影业平稳发展的态势被打破,许多制片厂因演员纷纷投身抗日战场而停办,但这个时期也出现了不少宣传抗日的优秀影片。

除看电影外,跳舞也是民国时期的一种公众娱乐方式。西方交谊舞于晚清时期传入中国,但到民国初年,交谊舞仍然只在上层社会和来华外国人中流行。1914 年前后,关于舞会的报道开始见诸报端。其中,尤以北京上层官员举行的舞会最为隆重、奢华。直到 1922 年上海一品香旅馆率先举办以中国人为主的交谊舞会后,交谊舞才逐渐在中国

1914 年
中央公园(今中山公园)开放,这是北京第一个具有近代意义的公园。

1931 年
中国第一部有声电影《歌女红牡丹》在上海诞生,由胡蝶主演。

1932 年
中国商人顾联承投资 70 万两白银,购上海静安寺地营建 *Paramount Hall*,以谐音取名"百乐门"。

1935 年
3 月 8 日,一代影星阮玲玉服毒身亡。

1948 年
中国第一部彩色电影——戏曲片《生死恨》,由华艺影片公司出品,由梅兰芳主演。

阮玲玉休闲照

社会广泛地流行开来。特别是一些大饭店不仅经常举办舞会，而且还以各种方式宣传舞会。如北京六国饭店门口，就长期张贴着赞美交谊舞的对联："以安宾客，以悦远人。"各饭店还招募大量舞女以满足客人的需要。与此同时，各地营业性的舞厅也大量出现。其中，最豪华的舞厅当属上海的百乐门，其全称为"百乐门大饭店舞厅"，这是上海最著名的综合性娱乐场所，有"东方第一乐府"之誉。当时关于百乐门的诗曰："月明星稀，灯光如练。何处寄足，高楼广寒。非敢作遨游之梦，吾爱此天上人间。"百乐门舞厅中最大的舞池有 500 余平方米，其周围还有可以随意分割的小舞池，大小舞池同时起用可容纳千人跳舞。舞厅内装有冷暖空调，陈设豪华。百乐门是上海滩豪门、名流的主要娱乐场所。除百乐门外，上海还有大小舞厅约五六十家，舞女多达 1000 余人。

公园是供群众游乐、休息以及进行文娱、体育活动的公共园林，也是近代城市文明的象征。中国过去只有官家或私家园林，普通百姓根本无缘涉足其间。在中国，近代意义上的公园是由西方传入的。中国境内最早的公园是 1868 年 8 月出现于上海租界、只对外国人开放的外滩公园，时称"公家花园"。之后公园又向华界、其他沿海城市以及内陆城市发展。到 20 世纪初，公园开始在全国各地兴建，并逐渐成为人们的休闲娱乐场所。民国建立后，公园被列为各地市政建设的重要内容之一。1914 年开放的中央公园是北京第一个具有近代意义的公园，也是第一座由皇家坛庙改建的大众公园，此后，先农坛、天坛、地坛、北海、颐和园等皇家园林和坛庙也先后被辟为公园。在天津，20 世纪以后各租界都扩充或修建了风格不同的公园。另外，在南京、广州、长沙、杭州、西安等城市也相继开辟了不少公园。随着公园的不断开辟，逛公园逐渐成为城市市民一种时尚的休闲方式。开始时，大多数公园都制定了男女分单双日游园的规定，但"男女同游"根本无法禁止，天长日

20 世纪 20 年代北京政要游园图

阮玲玉

祖籍广东中山县，1910 年出生在上海，乳名凤根，学名玉英，艺名玲玉。1926 年考入上海明星公司，1928 年转入大中华百合影片公司，1930 年进联华影业公司。因主演《野草闲花》(饰演卖花女)一举成名。1933 年，阮玲玉与其夫张达民协议离婚，后与茶商唐季珊同居。1935 年 3 月 8 日，因不堪新闻界的人身攻讦，服毒自杀，留下遗言："人言可畏！"阮玲玉在她短暂的一生中，共主演《故都春梦》、《三个摩登女性》、《新女性》等 29 部电影，塑造了各种性格迥异的经典女性银幕形象，在民国电影史上占有重要的地位。

久,这一规定也就成了一纸空文,男女不但结伴游园,而且还把公园作为理想的恋爱场所。总而言之,公园不仅为城市市民提供了休闲娱乐的公共空间,同时也在一定程度上实现了政府教化市民的初衷。

 **相关链接**

民国休闲娱乐方式的变迁

民国建立后,随着西方文化影响的加深,社会生活也发生了较大变化,这种变化不仅表现在衣食住行等物质生活层面,也表现在休闲娱乐等精神生活层面。西式的休闲娱乐方式与中国传统的休闲方式交相辉映,使民国时期的休闲文化呈现出多样化的特征。

休闲娱乐是闲暇生活的内容之一,而娱乐的时间和经费决定着娱乐的内容和方式。一般说来,看电影、看话剧、听音乐、跳舞、逛公园等新式休闲娱乐方式,多是有钱有闲或有着西方文化修养的阶层的选择,他们的休闲娱乐方式呈现出西化或现代化的倾向。而对于整日劳作仍难以维持生计的普通民众来说,看戏、喝茶、逛庙会等传统的休闲娱乐方式仍然是他们最常见的活动。因为,传统戏曲的活动场所,从城市的戏院、公园到农村的庙会、集市,分布十分广泛、随处可见,民众只要花很少的钱或不花钱就能欣赏到他们喜闻乐见的戏曲表演。民国时期的茶馆遍布全国城乡各地,许多茶馆内都设有说书场,资费低廉,是下层民众休闲娱乐的理想场所。而庙会则是在商业不发达、娱乐场所很少的社会条件下产生和发展起来的,到民国时期,由于新式商店和公园等休闲娱乐场所的陆续增加,庙会的宗教色彩日趋淡薄,多数庙会逐渐发展为纯商业性的集市,出售民众必需的、且适合他们消费水平的日常生活商品,正是这种浓郁的生活气息使庙会具有了顽强的生命力,民众乐此不疲逛庙会的习惯至今仍然有所保留。

总之,民国时期西式休闲方式在社会上的流行,打破了传统娱乐方式一统天下的局面,新旧娱乐方式经过不断的冲突与碰撞,最终形成了一种相对稳定的状态,共同编织了传统与现代相互交织的休闲文化生活,这既是逐渐走向现代化的民国社会包容性的体现,也是传统文化与西方文化中都蕴含着魅力深厚的文化因素使然。